Zu diesem Buch

Rockmusik ist während der letzten zwanzig Jahre zur bestimmenden Sparte der populären Kultur und zur lukrativsten Branche der internationalen Unterhaltungsindustrie geworden. Trotz Millionen von Wörtern, die über Rock und Pop geschrieben wurden, ist doch die Wirkung dieses Massenmediums bislang kaum untersucht worden. Die Welt des Rock selber verliert sich in einem Wust von Legenden, Wunschdenken und Wersprüchen, und Kritiker von außen erliegen nur allzu schnell und allzu bereit ihren eigenen Projektionen. Es ist Absicht von «Jugendkultur und Rockmusik», die Welt des Rock als soziales Problem ernst zu nehmen.

In dem Moment, da sich ein Stil, eine Richtung, ein Genre in der Rockmusik entwickelt, verbinden die Musiker und die Konsumenten, die an der Entstehung der neuen Musik beteiligt sind, gewiß keine spezifischen Absichten mit einem solchen Ereignis. Sie machen und hören Musik, weil sie persönlich gar nicht anders können. Doch die Summe der musikmachenden und musik-konsumierenden Jugendlichen hat eine gesellschaftliche Relevanz, die sich in der Erziehung, in Moralvorstellungen, in Rundfunk, Fernsehen und Presse, im Gebaren der Industrie, im Selbstverständnis von Kultur, Sexualität und Freizeitverhalten niederschlägt.

Simon Frith hat in diesem Buch die Zusammenhänge zwischen individuellem Musikerlebnis und gesellschaftlichen Bedingungen dargestellt und analysiert, von der Country-Musik bis zum Punk, von der Plattenindustrie bis zur Musikpresse, vom Rockstar bis zum jugendlichen Fan, von Amerika bis England – die erste umfassende «Soziologie der Rockmusik».

Simon Frith lehrt Soziologie an der Universität Warwick in Coventry. Er schreibt über Rockmusik seit 1969, für *Creem* und *Melody Maker*, hat jetzt eine monatliche Kolumne im *New York Rocker,* schreibt regelmäßig für *New Society*. Zusammen mit Charlie Gillett gibt er die Rock File-Bücher heraus und ist Mitautor in *Rock Session.*

Simon Frith

Jugendkultur und Rockmusik

Soziologie der englischen Musikszene

Aus dem Englischen von
Hans-Hinrich Harbort

rororo

Rowohlt

Die englische Ausgabe erschien 1978 unter dem Titel
«The Sociology of Rock» in der Reihe
‹Communication and Society› im Verlag Constable, London
Die Übersetzung folgt der amerikanischen Fassung,
die vom Autor überarbeitet 1981 unter dem Titel
«Sounds Effects: Youth, Leisure and the Politics of Rock 'n' Roll»
bei Pantheon Books erscheint
Redaktion Niko Hansen
Umschlagentwurf Michael Behr

Deutsche Erstausgabe
Veröffentlicht im Rowohlt Taschenbuch Verlag GmbH,
Reinbek bei Hamburg, September 1981

Satz Times (Linotron 404)
Gesamtherstellung Clausen & Bosse, Leck
Printed in Germany
1280-ISBN 3 499 17443 X

Inhalt

Einleitung

Das vorliegende Buch ist ursprünglich in England unter dem Titel «The Sociology of Rock» als wissenschaftlicher Text in einer wissenschaftlichen Buchreihe zum Thema «Kommunikation und Gesellschaft» erschienen. Der Text war gründlich und trocken; mein Bemühen war es gewesen, die Rockmusik «ernst zu nehmen». Ich hatte einerseits meine soziologischen Kollegen im Auge, die in ihren Theorien der Massenmedien die Musik immer noch ignorierten, und zum anderen die Rock-Anhänger, die ihre Musik immer noch im Zusammenhang mit den vagen politischen Überzeugungen der 60er Jahre betrachteten. Mein Buch war abgesichert mit Anmerkungen und Statistiken; alles, was ich zu sagen hatte, war ausführlich dokumentiert, jede Behauptung «bewiesen». Mein Ansatz einer vorsichtigen Objektivität spiegelte meine eigene Situation – ich war sowohl wissenschaftlicher Soziologe als auch Rock-Journalist –, aber auch allgemeine englische Vorstellungen von Rockmusik und ihrer Bedeutung.

Als ich 1964 auf die Universität kam, dachte ich, die Zeit meiner Teenager-Musikbegeisterung sei nun vorbei, und ich nahm meine Schallplattensammlung gar nicht erst mit. Rockmusik wurde damals – auch von mir – als Jugendmusik und darüber hinaus als Musik der Arbeiterklasse verstanden, und ich wollte endlich erwachsen werden. Drei Jahre später hatte ich einen Oxford-Abschluß, die Eintrittskarte für das bürgerliche Kulturleben – man schrieb das Jahr 1967 –, und ich kam mir nicht besonders ungewöhnlich vor, als ich mich auf den Weg nach Kalifornien machte, angeregt durch einen Ponp-Song: Scott McKenzies *San Francisco*. Mein Musikverständnis hatte sich also doch nicht so sehr verändert, und auch in England erkannte man jetzt allgemein die Macht der Popmusik. In Berkeley stieß ich dann auf eine Kultur, bei der Rock und Politik, Musik und «Bewegung», Spaß und politische Aktion eine untrennbare Einheit bildeten. Diese Einheit existiert für mich auch heute noch, und als ich im Jahre 1968 nach England zurückkehrte, war ich davon überzeugt, daß Rockmusik das interessanteste und lebendigste aller modernen Massenmedien sei.

In der Blütezeit der Gegenkultur und der Studentenbewegung war das eine weithin akzeptierte – wenn auch nur selten untersuchte – Ansicht. Wie Robert Christgau spöttisch meinte: «Was haben Rock und Revolution gemeinsam? Sie sind beide so ‹groovy›!» Aber in den 70er Jahren richteten die Soziologen ihre Aufmerksamkeit wieder mehr auf traditionelle wissenschaftliche Themen, und die vielen gelehrten Abhandlungen über die Rockmusik, die man erwartet hatte, wurden nie geschrieben. Dieses schwindende Interesse an der Rockmusik äußerte sich besonders deutlich in England, wo es die Musik sowieso nie zu einem wirklichen kulturellen Ansehen gebracht hatte. Sie hatte lediglich den Stellenwert einer «kurzlebigen Neuigkeit», und die Kunstredaktionen der bürgerlichen Presse verbannten bald – und mit einer gewissen Erleichterung – die wenigen Rockkritiker wieder aus ihren Spalten. Nicht Ernüchterung, sondern vielmehr eine gewisse Selbstgefälligkeit begann sich breitzumachen: nach all dem Begrüßungsgeschrei zeigte sich, daß die Rockmusik doch nur von vorübergehendem akademischem Interesse war – nichts weiter als eine neue Masche der Jugendkultur.

Um mein Interesse an der Rockmusik weiter zu verfolgen, mußte ich ein Doppelleben führen: auf der einen Seite die Verpflichtungen einer soziologischen Karriere – anerkannte Forschungsarbeit über Jugend als gesellschaftliches Phänomen; auf der anderen Seite die Arbeit als halbprofessioneller Rock-Journalist, der den unzähligen Kommentaren, die das Erscheinen jeder neuen Rockplatte und die Entdeckung jedes neuen Rockstars begleiten, noch seine eigenen eingefahrenen Vorurteile und Begeisterungsstürme hinzufügt.

Diese beiden Berufe waren nur schwer unter einen Hut zu bekommen: Das Schreiben über Rockmusik wird nicht als Bestandteil einer akademischen Laufbahn anerkannt, und für Rock-Journalisten ist «Soziologie» eher ein Schimpfwort. Dennoch hielt ich an meinen Überzeugungen fest, die diese beiden Welten miteinander verbanden. Ich verstand Rockmusik als zentrales kulturelles Phänomen, zu dessen Verständnis eine soziologische Analyse notwendig war; aber ich konnte auch eine gewisse Defensivhaltung nicht vermeiden. So hatte «The Sociology of Rock» durchgängig den Charakter der Legitimation. Immer wieder quälten mich die Fragen «Ist dieses Thema wirklich für eine soziologische Untersuchung geeignet? Wird dieser Ansatz auch der Rockmusik gerecht?»

Mein Glaube an die gesellschaftliche Bedeutung der Rockmusik wurde durch die Verkaufsstatistiken erhärtet. Mitte der 70er Jahre wurden in der ganzen Welt jährlich über 4 Milliarden Dollar für Produkte der Musikbranche ausgegeben, und in den USA war Musik zur beliebtesten Unterhaltungsform reüssiert; der Verkauf von Schallplatten und Tonbandkassetten brachte größere Profite als Filme oder Sportveranstaltungen. Die englische Plattenindustrie hatte von 1955 bis 1975 ihre Produktion verdreifacht, und der Zusammenbruch bei Decca und EMI im Jahre 1979 war weniger auf sinkende Verkaufsziffern zurückzuführen als vielmehr auf die Unfähigkeit der Mananger, mit anderen Umständen als einem ausgesprochenen Boom fertig zu werden. Erst in der Rezession wurde den Leuten klar, wie groß das Musikgeschäft wirklich geworden war: Die Probleme, vor denen die Schallplattenindustrie in den 80er Jahren steht, sind aus dem Erfolg erwachsen.[1] Es stellt sich die Frage, was diese Verkaufszahlen bedeuten. Die Soziologen konnten die vielen Plattenspieler, Tonbandgeräte und Transistorradios nicht länger ignorieren, die in den 60er Jahren in fast keinem Haushalt mehr fehlten, und schon bald darauf wurden Schallplatten auch in den Lehrbüchern unter der Kategorie Massenmedien mit aufgeführt. Das war allerdings im allgemeinen die einzige Beachtung, die man den Platten in dieser Hinsicht schenkte. Die Medienanalysen auf beiden Seiten des Atlantiks werden immer noch von den Untersuchungen über Fernsehen und Presse beherrscht, und die Schallplatten passen nicht so ohne weiteres in die dabei entwickelten Theorien. Zwar weisen die von mir zitierten Zahlen auf einen großen Industriezweig hin, aber sie verleihen der Schallplatte noch nicht den Status eines *Massenmediums*. Um die gesellschaftliche Macht der Rockmusik erfassen zu können, mußte ich also über die Analyse von Bilanzen und Verkaufszahlen hinausgehen und mich mit den Definitionen der Massenkommunikationsforschung auseinandersetzen.

Einige Aspekte dieser Untersuchung lagen offen auf der Hand. Schallplatten sind das Produkt komplexer Organisationen. Bei sonstigen Erfahrungen mit Musik liegt zwischen Musikern und Publikum nur die Schallübertragung durch die Luft, während bei konservierter Musik eine komplexe Industrie als Bindeglied die beiden Seiten miteinander verbindet. Zwischen der ursprünglichen Musik und den letztendlichen Zuhörern stehen die technologischen Prozesse der Umsetzung von Klängen auf Tonbänder und Schallplatten sowie die ökonomischen Prozesse der Verpakkung und Vermarktung dieser Produkte. Wie andere Massenmedien sind auch die Schallplatten abhängig von Kapitalinvestititionen und einer hochentwickelten Technologie wie auch von der Koordinierung einer Vielzahl von qualifizierten Tätigkeiten. Voraussetzung einer jeden soziologischen Untersuchung über das Medium Schallplatte muß daher eine Analyse der Schallplattenindustrie selbst sein. Damit beschäftigt sich der zweite Teil dieses Buches. Die unmittelbare Frage in bezug auf die Schallplattenproduktion muß aber lauten: Wenden sich Schallplatten an ein großes Publikum? Angesichts der Verkaufszahlen mag diese Frage überflüssig erscheinen, aber sie bildet die wesentliche Voraussetzung für das Verständnis der Rockmusik als *Massen*kultur (im Unterschied zu anderen Musikrichtungen und anderen Formen der Kultur).

In der Medienforschung ist «groß» ein relativer Begriff: So haben Massenmedien ein großes Publikum im Vergleich zu anderen Medien und zur geringen Zahl der beteiligten Kommunikatoren; aber es gibt keine bestimmte Publikumsgröße, von der ab eine Kommunikationsform zur

Massenkommunikation würde. Im Falle der Schallplatte wird die Situation noch dadurch verkompliziert, daß man zwischen der Schallplattenindustrie selbst und ihren Produkten, den einzelnen Platten, unterscheiden muß. Die Schallplattenindustrie ist ausgerichtet auf Kapitalakkumulation, und ihre Profite sind abhängig von der Zahl der verkauften Schallplatten. Die eigentlichen Aufnahmekosten sind einmalige Ausgaben, die von der Zahl der hergestellten Platten nicht beeinflußt werden, während die Herstellungs- und Verteilungskosten mit zunehmenden Stückzahlen anteilmäßig sinken. Die Schallplattenindustrie folgt also der Logik der Massenproduktion mit dem beherrschenden Ziel eines möglichst großen Marktes.

Dieser Markt besteht jedoch aus unterschiedlichen Publikumsgruppen, die unterschiedliche Platten kaufen und unterschiedliche Musik hören, und die Verkaufszahlen einer Platte bewegen sich zwischen wenigen Dutzend für den Mitschnitt eines Avantgarde-Konzertes und mehreren Millionen im Falle des neuesten Platin-Erfolges von Fleetwood Mac. Sollen wir davon ausgehen, daß sich alle Schallplatten – ganz gleich, aus welchem Genre sie stammen und wie hoch die Verkaufszahlen sind – an ein großes Publikum wenden? Oder sollen wir eine bestimmte (willkürliche?) Verkaufszahl festsetzen, die eine Platte erreichen muß, um als Massenkommunikation eingestuft zu werden?

Beide Ansätze sind falsch. Es ist sehr viel konstruktiver, zwischen solcher Musik zu unterscheiden, die nicht für einen Massenmarkt gemacht wird, und solcher, die eindeutig und ausschließlich auf einen Massenmarkt gerichtet ist. Zur ersten Kategorie zählen klassische Musik, Volksmusik und ein Großteil des Jazz, die zweite Kategorie ist die Popmusik. Im Gegensatz zu anderen Musikarten wird die Popmusik geprägt von der Ausrichtung der Schallplattenindustrie auf einen möglichst großen Markt (und wir werden sehen, daß einer der Widersprüche der Rockmusik auf dieser Unterscheidung basiert). Die Tatsache, daß man klassische Musik oder Volksmusik von Schallplatten hören kann, hat auf ihre Form und ihren Inhalt keinen Einfluß; einzig die Popmusik ist *ihrem Wesen nach* eine Musik, die durch ein Massenmedium verbreitet wird. Es spielt dabei keine Rolle, daß einige Klassik-Platten Verkaufszahlen von mehreren Zehntausend erreichen und sich die meisten Pop-Platten ausgesprochen schlecht verkaufen. Egal ob erfolgreich oder nicht, Popmusik wird für ein großes Publikum gemacht und von der Schallplattenindustrie entsprechend vermarktet: Pop-Platten sind für die Werbung, den Vertrieb und den Einzelhandel am wichtigsten. Bei klassischer Musik, Volksmusik und den anderen «besonderen» Musikrichtungen geht man davon aus, daß sie ein relativ kleines und gleichbleibendes Publikum haben. Klassische Musik macht zum Beispiel höchstens 10 Prozent aller verkauften Schallplatten aus, Pop dagegen 85 bis 90 Prozent, und eine veränderte Marktstrategie kann durchaus tiefgehende musikalische Veränderungen bei einer anscheinend «stabilen» Form der Volksmusik haben, wie beispielsweise im Falle der Country-Musik.

Nach dieser Definition beschränkt sich die Popmusik durchaus nicht auf Schallplatten – schon lange vor der Blütezeit der Schallplattenindustrie zielte die Tin Pan Alley mit ihren Songs auf einen Massenmarkt –, aber zumindest seit dem 2. Weltkrieg ist Popmusik gleichbedeutend mit Pop-Schallplatten. Die Definition von Pop als Musik für einen großen Markt beinhaltet heute gleichzeitig die Ausrichtung auf den Umsatz, und Pop-Platten sind offensichtlich für jeden zugänglich. Ist eine Platte einmal veröffentlicht, so kann sie jeder hören – es sei denn, ihr Preis wäre zu hoch oder ein Abspielgerät nicht vorhanden (was heute aber nur selten der Fall ist). Ein Rundfunksender kann sich zwar weigern, eine bestimmte Platte zu spielen, aber nicht verhindern, daß sie von den Leuten gekauft wird. *God Save the Queen* von den Sex Pistols wurde Nummer eins der englischen Hitparade, obwohl der BBC, die kommerziellen Radiosender und sogar die Plattengeschäfte die Platte zu boykottieren versuchten. Die Steuerung der Konsumentenentscheidungen ist bei Schallplatten bei weitem nicht so effektiv wie beispielsweise bei Filmen. In der Tat haben Pop-Schallplatten ein sehr viel größeres Publikum als jedes andere Medium, weil Analphabetismus und fremde Sprachen kein Hindernis darstellen; sie überwinden alle politischen und kulturellen Grenzen. So waren Elvis Presley in den 50er Jahren, die Beatles in den 60ern und Abba in den 70ern in fast allen Ländern der Erde Massenerfolge, und es besteht eine ständige Wechselbeziehung zwischen englischer, amerikanischer und kontinentaleuropäischer Pop-Musik. Die anglo-amerikanische Massenmusik beherrscht die Welt viel wirksamer als jedes andere Massenmedium.

Daraus wird deutlich, daß die schallplattenkaufende Öffentlichkeit sehr heterogen ist und eine Vielzahl von gesellschaftlichen Bereichen umfaßt. Damit bin ich aber beim wichtigsten Charakteristikum des Mediums Schallplatte: Das Interesse an der Popmusik ist weder länder- oder klassenspezifisch, noch ist es abhängig von bestimmten Erziehungs- oder kulturellen Lernprozessen, vielmehr hängt es offensichtlich mit dem Alter zusammen: es gibt eine besondere Beziehung zwischen Popmusik und Jugend.

Die Bedeutung dieses speziellen Bezuges zur Jugend wird deutlicher, wenn wir die «Gleichzeitigkeit» des Schallplattenhörens betrachten. Grundsätzlich ist das Pop-Publikum sehr verstreut: wenn Leute die gleichen Platten hören, dann meist unabhängig voneinander. Aber wo ist da die «Gleichzeitigkeit» des Hörens? Bei den anderen Massenmedien liegt die Bedeutung dieses Kriteriums auf der Hand. Radiohören und Fernsehen sind völlig «gleichzeitige» Vorgänge, und auch das Lesen von Zeitungen und Zeitschriften kann als «gleichzeitig» aufgefaßt werden, denn die meisten lesen die Dienstagszeitung an dem betreffenden Dienstag. Aber es gibt keinen einzigen technologischen oder aktuellen Grund dafür, daß das Schallplattenhören ebenso zeitgebunden sein müßte. Man kann seine Platten hören, wann man will, und ihr Wert ist nicht an ein bestimmtes Datum gebunden. Auf der anderen Seite gibt es einleuchtende ökonomische Gründe dafür, Schallplatten auch zu datieren. Die Schallplattenindustrie verlangt nach einem kontinuierlichen Umsatz und bedient sich der verschiedensten Mode- und Verhaltensstrategien, um die Menschen zu immer neuem Konsum zu bewegen.

Die englischen Plattenfirmen bringen jedes Jahr etwa 3000 Singles und 3000 Pop-LPs auf den Markt; die entsprechenden Zahlen für die USA liegen bei 7000 Singles und 5000 LPs. Ein Teil davon sind Wiederveröffentlichungen oder Neuverpackungen alter Aufnahmen, aber bei der Mehrzahl handelt es sich um Neuproduktionen. Die Plattenfirmen versuchen mit großem Aufwand, diese Platten «zeitabhängig» zu machen, d. h. die Konsumenten so zu beeinflussen, daß sie die Platten zum Zeitpunkt ihres Erscheinens kaufen, sie nach ein paar Wochen langweilig finden und durch Neuerscheinungen ersetzen usw. usw. Die Veröffentlichung neuer Platten wird gekoppelt mit einem riesigen Werbe- und Publicityaufwand. Alle Platten zielen direkt auf die Hitparaden ab, die ein gewisses Maß für die Gleichzeitigkeit des Hörens sind, indem sie jene Platten aufführen, die in der jweils vorangegangenen Woche am meisten verkauft wurden. Außerdem haben die Platten nur eine begrenzte Laufzeit (die bei Singles 60 bis 180 Tage beträgt, je nach Erfolg), während derer man sie im Radio, in den Musikautomaten und in Diskotheken hören kann. Danach sind sie «veraltet» und werden nicht mehr gespielt. Sie werden aus dem Programm genommen und bestenfalls als «Oldies» wiederbelebt, wobei ihr Reiz dann ausschließlich in der Erinnerung an vergangene Zeiten besteht. Beeinflußt vom Marktdruck, von Neuheiten und Modetrends übernehmen die Konsumenten dieses Muster in ihren Hörgewohnheiten. Auch bei ihnen erleben die Platten meist eine kurze Blütezeit, in der sie dauernd gespielt werden, bis sie von Neuerscheinungen verdrängt und höchstens als Erinnerungsstücke wieder hervorgekramt werden.

Dieser «Datierungsprozeß» ist für die Pop-Fans so selbstverständlich, daß ihnen der konservative Charakter anderer Musikrichtungen seltsam erscheint (wenn beispielsweise Ernest-Tubb-Fans über Jahrzehnte hinweg von ihrem Idol die gleiche Country-Show erwarten). In der Tat sind dafür eine ganze Reihe von Datierungsprozessen verantwortlich, wobei die Hitparaden allerdings die wichtigste Rolle spielen. Sie bestimmen die Playlist der Rundfunkstationen, die Gagen der Musiker und die Karrieren der A&R-Leute. Im strengen Sinne spiegeln die «Charts» lediglich die Häufigkeit wider, mit der bestimmte Platten verkauft bzw. gespielt werden, aber nach Ansicht der Marktforscher in dieser Branche bestimmen die vorangegangenen Verkaufszahlen unmittelbar den zukünftigen Absatz, weil sie die Häufigkeit der Rundfunksendung sowie Promotion und Lagerbestände des Einzelhandels beeinflussen. Das verwirrende Ergebnis ist, daß eine Industrie, die beträchtliche Summen für die genaue Erfassung der Verkaufszahlen ausgibt, gleichzeitig Leute beschäftigt, die diese Zahlen wieder verfälschen, indem sie die Ergebnisse «frisieren»: Es gibt genügend Methoden, Scheinverkäufe zu arrangieren und Sendezeit zu kaufen.

Obwohl nur 7 bis 8 Prozent der jährlich veröffentlichten Platten zu Hits werden, wird die Bedeutung der Hitparaden daraus ersichtlich, daß der größte Teil der verkauften Schallplatten – Singles wie Langspielplatten – aus den TOP 30 kommt. Darüber hinaus wird der Eindruck von ständigen musikalischen Sensationen und Neuigkeiten zusätzlich durch die Musikzeitschriften und die Pop-Programme des Rundfunks verstärkt, in denen Pop-Musik aktuelles Informationsthema ist, wodurch die einzelnen Platten noch präziser datiert werden. Alle diese Vorgänge bewirken im Endeffekt, daß zumindest ein Teil des Pop-Publikums die Platten in der Tat «gleichzeitig» kauft und hört: die individuellen Entscheidungen summieren sich zu einer kollektiven Macht.

In England wird sehr deutlich, daß das «kollektive» Element des Pop-Publikums die Jugend ist. Das zeigt sich nicht nur in der Anziehungskraft der «Charts»-Platten selbst, sondern auch in der ganzen Erscheinungsform des «Charts»-Pop. So sind beispielsweise mindestens 70 Prozent der Leser der englischen Musikpresse jünger als 24 Jahre, und sowohl Radio One als auch Radio Luxemburg haben vorwiegend jugendliche Hörer. Auch «old pop» und «Middle-of-the-Road»-Musik wird für einen Massenmarkt produziert, doch fehlen hier im allgemeinen die Hitparaden, Zeitschriften und Musikautomaten des jungen Pop. Diese Musik besteht eher aus Evergreens mit «zeitlosem» Reiz. «Qualitäts-Pop» dieser Art findet sich im Programm von Radio 2, dem englischen «Middle-of-the-Road»-Sender, sowie in den Clubs der Arbeiter und in den Unterhaltungsshows des Fernsehens; er taucht immer wieder als Film- und Hintergrundmusik auf und ist schwierig zu datieren. «Middle-of-the-Road» soll per Definition weder den historischen Zeitpunkt seiner Entstehung spiegeln noch direkt auf die Bedürfnisse der Zuhörer eingehen. Seine «Qualitäten» sind eher negativer Art.

Es gibt allerdings keine klare Trennung zwischen «Charts»-Pop und «Middle-ofthe-Road». MOR-Stars tauchen in den Hitparaden auf, Spitzenreiter werden zu Evergreens, und es gibt Musiker, die sich zwischen beiden Musikrichtungen und Publikumsgruppen hin und her bewegen. Außerdem ist es natürlich nicht so, daß das Hitparaden-Publikum ausschließlich aus Jugendlichen, das MOR-Publikum ausschließlich aus Älteren besteht. Trotzdem geht nicht zuletzt die Plattenindustrie immer von der Verbindung zwischen «Charts»-Pop und Jugendlichen aus. Im großen und ganzen bilden die Pop-Konsumenten auch nichts anderes als ein unpersönliches und anonymes Massenpublikum, und der Musikmarkt ist keineswegs organisiert, sondern er besteht lediglich aus einer Vielzahl von Individuen. Dennoch haben besonders die jugendlichen Konsumenten irgendwie das Gefühl, Teil einer Gemeinschaft zu sein, sei es als Generation oder als Kultgruppe, und Pop-Stars wie Elvis Presley waren immer ein – und wenn auch noch so unpersönlicher – Teil dieser Gemeinschaft: Sie waren auch jung. Die Soziologie der Rockmusik ist also nicht zu trennen von der Jugendsoziologie.

Zumindest in England läßt sich die Soziologie der Rockmusik eher in Begriffen der Jugendkultur als in Begriffen der Massenkultur fassen. Die wenigen wissenschaftlichen Theorien der Rockmusik in England sind aus Untersuchungen über die Jugend hervorgegangen, und diese Situation spiegelt ein allgemeines kulturelles Prinzip wider: in England ist die Musik völlig anders mit der Jugendkultur verbunden als beispielsweise in den USA. Punkrock ist lediglich der jüngste Ausdruck dieser Funktion der Musik als Zeichen einer Subkultur: die Geschichte des englischen Pop-Publikums war immer die Geschichte der englischen Jugendtrends.

Diese Aussage läßt sich aber auch umkehren: Amerika hat demnach ein erwachsenes Musikpublikum, wie es in Englang unbekannt ist, wo in den 70er Jahren die Leute mit 25 Jahren aufhörten, neue Schallplatten zu kaufen. Amerika hat eine echte Rockgeneration, die mit Rock 'n' Roll aufgewachsen und auch als Erwachsene und Eltern noch mit ihrer Musik verbunden ist. Dieser andere Typus von Publikum wird auch im Bereich der Musikpresse sichtbar: der *Rolling Stone* ist mit seinen Lesern erwachsen geworden, und seine «Verbraucher-Tips» zielen zunehmend auf mittlere Altersgruppen. Im Gegensatz dazu werden die englischen Musikzeitschriften für ein sich ständig erneuerndes Teenager-Publikum geschrieben. So erklärt sich auch die unterschiedliche Reaktion auf das Phänomen des Punkrock: der *Rolling Stone* reagierte zurückhaltend, unwillig und herablassend, während der *New Musical Express* sich – halb zynisch, halb begeistert – kopfüber in den Strudel stürzte.

Natürlich gibt es auch in Amerika eine ähnliche Beziehung zwischen der Musik und der amerikanischen Jugend, aber die gesellschaftliche Bedeutung der Rockmusik *definiert* sich nicht, wie in England, über die Jugend; oder vielmehr, Jugend selbst wird in Amerika anders definiert: Nicht nur als Altersgruppe, sondern auch als ideologische Kategorie. Im dritten Teil des Buches werde ich auf diese Fragen – Fragen nach Jugend und Familie, nach Freizeit und Vergnügen – näher eingehen; an dieser Stelle sei nur darauf verwiesen, daß aus unterschiedlichen Annahmen über das Pop-Publikum auch unterschiedliche Theorien darüber resultieren, wie und was populäre Musik *bedeutet*.

Die amerikanischen Musik-Journalisten neigen zur Mythologisierung: sie durchsuchen die Musik nach symbolischen Bedeutungen, und ihre Symbole stammen aus dem gesamten Spektrum der amerikanischen Kultur: Diese Kritiker schreiben als Kritiker der amerikanischen Kultur und sie werden auch so gelesen. Im Gegensatz dazu sind die englischen Rock-Journalisten immer noch Pop-Fans, isoliert in ihrer eigenen Kultwelt, und in ihren Artikeln geht es ihnen entweder um Dokumentation (die begeistertsten Archivare der amerikanischen Populärmusik sind die Engländer!) oder um Solidarität – die englischen Schreiber haben ein ausgeprägtes Bewußtsein von ihren jungen Lesern und deren Bedürfnissen. Aber es geht hier nicht nur um die Grundhaltung der Kritik, sondern auch um eine Definitionsfrage. Die Soziologie der Rockmusik wird bestimmt von ihrem Untersuchungsgegenstand, und ich habe noch nicht gefragt, was «Rock» eigentlich ist.

In «The Sociology of Rock» versuchte ich eine objektive Definition: Rock ist eine Musik, die für den gleichzeitigen Konsum durch einen jugendlichen Massenmarkt produziert wird. Diese Definition bestimmte auch die Gliederung meiner Analyse: die Beschreibung der Produzenten (der Schallplattenindustrie) und die Beschreibung der Konsumenten (der Jugend) – die Beziehung dieser beiden Exponenten zueinander bestimmt die Bedeutung der Rockmusik, ihren Gebrauchs- und Tauschwert, ihre Rolle im dauernden Zirkulationsprozeß des kulturellen Kapitals. Dieser positivistische Ansatz schien meinem englischen Informationsmaterial gerecht zu werden, und die übrigen, eher konventionellen Definitionen der Rockmusik, die sich anboten, führten offensichtlich zu Schwierigkeiten. Man kann Rockmusik zwar musikalisch als ein Pop-Genre (den Sound der frühen 70er Jahre?) definieren, aber «Rock» hat auch ideologische Bedeutung. Das Suffix «Rock» bei einer musikalischen Kategorisierung (Folk-Rock, Country-Rock, Punk-Rock) verweist nicht nur auf einen bestimmten Sound oder Beat, sondern auch auf eine Intention und eine Wirkung. Im Gegensatz zu «Pop» beinhaltet «Rock» Begriffe wie Ehrlichkeit, Authentizität, Kunst und nicht-kommerzielle Interessen.

Mit der Entwicklung der Rockmusik zur Schallplattenindustrie haben sich diese Bedeutungen zwar verwischt, entscheidend aber sind die darin enthaltenen Möglichkeiten und Hoffnungen. Der Nachteil meiner ursprünglichen Definition, die auf den Prozessen von Produktion und Konsumtion basierte, bestand darin, daß der eigentliche Gegenstand der Definition, die Musik selbst, aus dem Blickfeld verschwand. Ich war mir dieser Gefahr als Rockkritiker immer bewußt: Ich lasse mich zu leicht von anderen Aspekten – z. B. Biographie, Geschichte, Bilanzbuchhaltung, Ikonographie der Jugend – ablenken und vergesse dabei, daß die eigentliche Aufgabe darin besteht, die Freude am musikalischen Text selbst zu untersuchen. Die Soziologie der Rockmusik muß in letzter Instanz die

Soziologie der musikalischen Erfahrungen sein, und diese Erfahrungen lassen sich nicht einfach in ihrem kommerziellen Kontext oder im Kontext ihrer Jugendlichkeit aufheben. Deshalb habe ich im vorliegenden Buch meine ursprüngliche Vorgehensweise umgekehrt: Ich werde nicht versuchen, die Bedeutung der Rockmusik aus den Prozessen ihrer Produktion und Konsumtion abzuleiten, sondern mich vielmehr bemühen, die Rock-Produktion und -Konsumtion auf der Grundlage des Inhaltes dieser Prozesse zu verstehen: Auf der Grundlage der musikalischen, kulturellen und ideologischen *Praxis*. Das ist mein Thema im ersten Teil.

Das vorliegende Buch ist weit spekulativer und weniger vorsichtig als «The Sociology of Rock»; es ist heute weniger entscheidend für mich, was die Fachleute (Soziologen und Fans) denken. Mein Vorteil bei diesem Vorgehen liegt darin, daß ich jetzt an dem Punkt beginnen kann, an dem die «Sociology of Rock» endete: Rockmusik wird durch ihre Widersprüche definiert. Sie ist massenhaft produzierte Musik, die eine Kritik an ihren eigenen Produktionsbedingungen in sich trägt – eine massenhaft konsumierte Musik, die sich ihr eigenes «jugendliches» Publikum schafft.

Ein letzter Hinweis: Rockmusik ist amerikanische Musik, und ich beziehe mich in meiner Untersuchung im wesentlichen auf englische Erfahrungen und Beispiele. Das soll keine Entschuldigung sein, denn Rockmusik ist auch das einzige Massenmedium, in dem Beiträge aus England Bedeutung erlangt haben. Ich behaupte, daß Rockmusik ein allgemeines Medium der kapitalistischen Kultur ist. Die sich daraus ergebenden Fragestellungen betreffen nicht nur die Musik selbst, sondern auch die Stromlinienförmigkeit, die Macht und die gesamte Vorstellung von «Amerika».

I

Rockkultur

Kapitel 1
Rock und Musikkulturen

Trotz der vielen Millionen Worte, die über ihn geschrieben werden, ist der Rock nur selten Gegenstand musikalischer Analysen, Dave Marsh meint dazu: «Nur wenige Rockkritiken beschäftigen sich mit der Musik, weil die meisten Rockkritiker sich weniger für den Sound als für Soziologie interessieren.» Die Schreiber sehen die Bedeutung des Rock nicht so sehr als Musik, sondern als viel unbestimmteres ‹kulturelles Phänomen›. Die Begriffe der Rockkritik sind impressionistisch; es werden Töne beschrieben, deren Wirkung und Funktion jedoch subjektive Eindrücke bleiben; die interessantesten Fragen – Warum hat dieser Ton eine bestimmte Wirkung, eine bestimmte Bedeutung? – werden am wenigsten beantwortet. Die Musiker beklagen sich darüber, daß Rockkritiker sich nicht mit ihren musikalischen Intentionen und Problemen auseinandersetzen. Aber auch die musikalischen Analysen der Musiker selbst sind begrenzt. Die wenigen ernsthaften musikalischen Kritiken der Rockmusik kamen von außerhalb der Rockkultur und hatten nur geringe Auswirkungen auf sie. Die Kluft zwischen der Musikwissenschaft und der Rockpraxis wird besonders deutlich an den folgenden Kommentaren zu dem Animals-Song *I'm Crying*. Zunächst der Musikwissenschaftler Richard Middleton:

> Bei *I'm Crying* werden Ostinato und modale Harmonien wiederum ganz ähnlich verwandt, sind aber im Rahmen eines 12-Takt-Blues-Systems organisiert (wobei das Ostinato tatsächlich wie ein Riff behandelt wird). Dazu kommt ein Refrain mit modaler Zweitstimme. Die resultierende kulturelle Mischung ist typisch für den Rhythm & Blues. Die Querbeziehungen im Ostinato (welches sowohl melodisch als auch harmonisch ist) entsprechen den «blue notes» und entstehen aus einem ähnlichen Konflikt zwischen melodischen und tonalen Implikationen. Die modale Melodiebewegung des Ostinato mit ihren kleinen Terzen verträgt sich nicht mit dem tonalen Erfordernis eines Dur-Akkords, wie ihn das 12taktige Blues-System verlangt. Diese Querbeziehungen sind symptomatisch für die harmonische Komplexität des Songs, bei der ein modales «blue» Ostinato in den äußeren Rahmen einer tonalen, aber durchgängigen und repetitiven Bluesform gestellt, durch ein lei-

denschaftliches ‹blue› Vocal ergänzt und von einem Refrain mit einem triadischen, aber modalen «Organum» (d. h. parallele Dreiklänge) gefolgt wird. Die daraus resultierende Spannung – die ihrer Art und Wirkung nach der des City Blues verwandt, wenn auch in der kulturellen Konfiguration leicht abweichend ist – wird durch die verbindende Rolle des Ostinato und den universalisierenden, depersonalisierenden Effekt des «Organum» nur zum Teil aufgelöst.

Und dagegen Alan Price:

> Ich habe *I'm Crying* zusammen mit Eric (Burdon) geschrieben, und zwar im Laderaum eines Lieferwagens. Ich schrieb die Musik und Eric den Text, und dann haben wir beides einfach zusammengeworfen – das war während einer Probe auf dem North Pier in Blackpool an einem Sonntagnachmittag. Wir haben die Teile einfach zusammengehauen und aufgenommen, und es wurde zufällig ein Erfolg. Wir hatten uns nichts Besonderes vorgenommen, wir konnten einfach nicht anders, weißt Du.[1]

Ein Grund für die eklatanten Unterschiede in den Aussagen ist die Unkenntnis. Die meisten Rockmusiker haben keine formale musikalische Ausbildung, und dasselbe gilt für fast alle Rockkommentatoren. Ihnen fehlen Vokabular und Technik der musikalischen Analyse, und selbst die beschreibenden Ausdrücke, derer sich Kritiker und Fans bedienen – wie Harmonie, Melodie, Riff, Beat usw. –, werden nur oberflächlich verstanden und benutzt. Ich teile diese Unkenntnis, und dieses Kapitel soll kein Beitrag zu einer musikwissenschaftlichen Betrachtungsweise der Rockmusik nach Middletons Vorbild sein.

Rock muß aber, auch vom soziologischen Standpunkt aus, als eine Musikform verstanden werden: die kulturelle Wirkung hat musikalische Ursachen. Dabei liegt eine Schwierigkeit in der Tatsache, daß Rock eine Liedform ist – die Versuchung ist groß, eher den Text als die Musik zu analysieren: es ist verhältnismäßig leicht, den Text für einen Kommentar heranzuziehen; Reime sind leichter zu verstehen als Akkorde; die Soziologen, die sich mit der populären Musik beschäftigt haben, sind immer bei den einfachen Begriffen einer Textanalyse stehengeblieben. Dieser vom Text ausgehende Ansatz ist nicht sehr geeignet, die Bedeutung des Rock zu erfassen; die Fans wissen, wie Greil Marcus sagt, daß «Wörter zunächst Klänge sind, die wir fühlen können, und erst in zweiter Linie Aussagen, die wir verstehen». Der Erfolg der meisten Rockplatten beruht auf der Musik, nicht so sehr auf dem Text – der Text wird, wenn er überhaupt eine Rolle spielt, erst dann registriert, wenn die Musik angekommen ist; die entscheidenden Faktoren sind Sound und Rhythmus.

Hier liegt ein Widerspruch – Rock hat kulturelle Bedeutung als Musikform, aber die Ideologie des Rock drückt sich nicht in musikalischen Begriffen aus –, doch hinter diesem Widerspruch steht das zentrale musikalische Charakteristikum des Rock: sein Eklektizismus. Rock hat keine einheitliche musikalische Form, sondern er ist das Ergebnis einer immer neuen Kombination von unabhängig voneinander entwickelten musikalischen Elementen, und wenn die Musiktheorie des Rock auch unterentwickelt ist, so ist die Geschichtsschreibung des Rock um so umfangreicher. Der größte Teil der ernsthaften Auseinandersetzungen mit Rockmusik beschäftigt sich mit der Herausarbeitung der vielfältigen musikalischen Stränge.

Schwarze Musik

White folks got all the money
Colored folks got all the signs,
Signs won't buy you nothin' ...»[2]

Die musikalischen Formen und Stile der Schwarzen sind mindestens seit Mitte des 19. Jahrhunderts Bestandteil der westlichen Populärkultur. Eileen Southern zitiert einen Autoren des *Knickerbocker Magazine* aus dem Jahre 1845:

> Wer sind unsere wahren Herrscher? Mit Sicherheit die schwarzen Dichter. Diktieren sie nicht die Mode? Schreiben sie nicht der Öffentlichkeit den Geschmack vor? In den Sümpfen von Carolina komponiert einer von ihnen einen neuen Song, und sobald das Werk einem weißen Amateur zu Ohren kommt, wird es zu Papier gebracht, verbessert (d. h. eher verdorben), gedruckt und einer schnellen und weiten Verbreitung zugeführt, die bis an die Grenzen der angelsächsischen, vielleicht sogar der ganzen Welt reicht. Unterdessen bearbeitet der arme Komponist weiter mit seiner Hacke das Feld und weiß gar nichts von seiner Größe.[3]

Der Einfluß des Rhythm and Blues auf die Jugendmusik der 50er und 60er Jahre war in vieler Hinsicht nur ein weiteres Beispiel für den kontinuierlichen Prozeß, in dem die weiße Populärmusik durch Stilrichtungen und Werte belebt wird, die aus der schwarzen Kultur stammen – Stile und Werte, die ihre Kraft und ihre Bedeutung verlieren, sobald sie durch die sanfte Mangel der Massenmusik gedreht werden und die trotzdem von jeder neuen Generation «bewußter» Musiker und Fans neu entdeckt werden. Schwarze Musik war immer sehr wichtig für die Popmusik, und wenn der Rock 'n' Roll Ideen der schwarzen Musik aufgegriffen hat, so waren diese Ideen – in verwässerter und verzerrter Form – immer schon Bestandteil der breiten Massenkultur. Eine gute Grundlage für das Verständnis dieser Ideen findet sich in Marshall Stearns Definition des Jazz, der die Hauptquelle des Einflusses schwarzer Musik auf die Popmusik in den 20er und 30er Jahren bildet. Danach ist Jazz

> eine halb-improvisierende amerikanische Musik, die sich auszeichnet durch die Unmittelbarkeit der Kommunikation, durch eine für die ungebundene Nutzung der menschlichen Stimme charakteristische Ausdruckskraft und einen komplexen fließenden Rhythmus; sie ist das Ergebnis einer dreihundertjährigen Vermischung von europäischen und afrikanischen Musiktraditionen in den Vereinigten Staaten; und ihre bestimmenden Komponenten sind europäische Harmonien, euro-afrikanische Melodien und afrikanische Rhythmen.[4]

Ich möchte im folgenden die einzelnen Elemente dieser Definition genauer betrachten. Zunächst die *Unmittelbarkeit der Kommunikation*.

Im Mittelpunkt der afro-amerikanischen Musik steht die Darbietung: Schwarze Musik ist in erster Linie lebendige Musik und weniger komponierte Musik (selbst Jazz-Komponisten wie Duke Ellington schrieben für bestimmte Künstler). Die schwarze Musik beruht auf den unmittelbaren Wirkungen von Melodie und Rhythmus, und nicht so sehr auf der durchgängigen Anwendung von Thema und Harmonien – mehr auf «intentionalen» Modulationen als auf «extentionaler» Entwicklung, wie Andrew Chester es ausdrückt. Sie wird improvisiert, spontan komponiert, und es sind die unmittelbaren Bedingungen der Darbietung in den afrikanischen Traditionen (die Reaktion der Zuhörer, das Verhalten der anderen Musiker und selbst das Wetter), die die Entwicklung von Beat, Melodie, Klangfärbung, Tempo und Wirkung dieser Musik bestimmen. Die Bedeutung der schwarzen Musik liegt nicht so sehr darin, daß sie neue Lösungen für musikalische Probleme findet oder daß die Künstler bei der Interpretation notierter Musikstücke ihr Können unter Beweis stellen, sondern vielmehr in der emotionellen Wirkung und in der Darstellung der persönlichen Empfindungen der Musiker. Franklin Rosemont sagt, «das gesprochene Wort, der Gesang und der Tanz waren die einzigen kreativen Ausdrucksformen, die den Sklaven blieben», und mit diesen Elementen haben sie die Kunst des intensiven Ausdrucks entwickelt, die stets Kern der Ideologie der schwarzen Musik geblieben ist:

> Die Soulsänger dringen in die Tiefe ihres eigenen Innern vor und bringen sie in das Lied ein. Man wird nur selten zwei genau gleiche Live-Interpretationen erleben. Der Grund liegt darin, daß das menschliche Empfinden, das aktuelle und unmittelbare menschliche Empfinden so viel von dem ausmacht, was wir «Soul» nennen.[5]

Schwarze Musik ist unmittelbar und demokratisch – eine Darbietung ist einmalig, und die Zuhörer einer Darbietung werden zum eigenen Bestandteil der Ereignisse. Sie bedürfen keiner speziellen Ausbildung oder spezieller Kenntnisse, um sie verstehen zu können – bei spontaner Musik kommt es eher auf emotionelle als auf technische Qualitäten an, und die Musiker werden nach ihrer Unmittelbarkeit, ihrer Leidenschaft beurteilt.

Diese grundlegende Spontaneität der schwarzen Musik begrenzte anfangs ihre Möglichkeiten im Bereich des Pop – um aus schwarzer Musik Massenmusik zu machen, mußte man sie einem viel größeren Publikum zugänglich machen, als dies in einer Live-Darbietung möglich war. Die Lösung lag in der elektrischen Wiedergabe, die es ermöglichte, Darbietungen festzuhalten, aufzubewahren und wirken zu lassen, wenn die eigentlichen Zusammenhänge längst vergessen waren. Mit anderen Worten, die «live»-Qualitäten der schwarzen Musik wurden erst in dem Moment allgemein zugänglich, als man sie auf Schallplatten hören konnte.

Es handelt sich hierbei jedoch um eine Wechselbeziehung: Wenn einerseits eine «lebendige» Musikform für die Entwicklung des Mediums Schallplatte so wichtig ist, dann hat andererseits die Entwicklung dieses Mediums auch bestimmte Auswirkungen auf diese Musik. Die Massenmusikindustrie basiert auf Musikkompositionen: die amerikanischen Urhebergesetze schützen die Komponisten und nicht die Interpreten und ermöglichten damit die systematische Ausbeutung der schwarzen Künstler, deren Musik im Sinne des Gesetzes meist ‹keinen Komponisten hat›. Die schwarzen Musiker mußten für den Kampf um ihre wirtschaftlichen Rechte die Spielregeln der Industrie lernen und sich sowohl den Prinzipien der Massenmusik als auch der Technologie der Plattenaufnahmen anpassen. Der Einfluß der Massenmusik auf die schwarze Musik wird am deutlichsten bei der Umorientierung von der Darbietung auf den Interpreten: die schwarzen Künstler sind in das Starsystem integriert worden. Das bringt mich zum zweiten Element von Stearns Definition des Jazz: *die charakteristische Ausdruckskraft der menschlichen Stimme*.

Das Wesen der schwarzen Musik ist der Ausdruck der Empfindungen des Künstlers, und die Ausdrucksmöglichkeiten sind dabei abhängig von den «vokalen» Qualitäten der Musik. Dazu Ian Hoare:

> Selbst beim instrumentalen Jazz besteht die wesentliche Ausdrucksform in der Nachahmung der Effekte des menschlichen Kehlkopfs. Die Stimme kann ursprüngliche Emotionen direkt ausdrücken, z. B. durch Lachen oder Schreien oder Stöhnen oder Grunzen, sie kann aber in Form von Beschreibungen, Analysen und Bewertungen auch Erfahrungen wiedergeben – unter Einsatz aller sprachlichen Möglichkeiten, die einer reinen Instrumentalmusik nicht zur Verfügung stehen.[6]

Diese Betonung der Stimme als Ausdrucksmöglichkeit des Menschen hat eine Reihe von Konsequenzen für die Musik: Hoare kontrastiert Gesangstechniken des Blues wie das Melisma mit der vollkommenen Tonreinheit und der sauberen Aussprache bei klassischen Sängern; Jazzkritiker sprechen davon, daß Musiker auf ihren Instrumenten mit einer Art «Stimme» spielen. Es waren auch die von schwarzen Musikern entwickelten «stimmlichen» Qualitäten der elektrischen Gitarre, die in den 60er Jahren eine ganze Generation von weißen Rockmusikern inspirierte, und in den 70er Jahren sprach man davon, daß Bassisten wie Larry Graham ein Instrument «befreit» hätten, das bis dahin «zu elektrisch» gewesen war. In den Worten von Joachim Ernst Berendt: «Wir hörten von den Elektrobassisten Klänge mit menschlichen, expressiven, emotionellen und sogar erzählenden Qualitäten.»

In der Gospelmusik drücken die Stimmen nicht nur individuelle religiöse Empfindungen aus, sondern durch den Wechselgesang, durch Ruf und Antwort von Prediger und Gemeinde, manifestiert sich in ihnen auch die religiöse Bewegung der Gemeinschhaft. Schwarze Sänger entwickelten mit diesen Gesangstechniken eine Liedform, die individuellen und kollektiven Ausdruck vereinte. Im Gegensatz dazu schienen die Schlagersänger der traditionellen Popmusik immer nur für einen einzelnen Zuhörer zu singen – das weiße Popideal war eine Form von Massenkommunikation, die sich eher wie eine private Unterhaltung und nicht wie ein öffentliches Ereignis darstellte.

Mit der Eingliederung der schwarzen Musik in das Pop-Geschäft wurden ihre Gesangsqualitäten dem Starsystem untergeordnet. Die Plattenfirmen wollten den Ausdruck kontrollieren, sie wollten Leidenschaft verpacken und Ehrlichkeit verkaufen. Die «Soul» des Künstlers wurde als «Effekt», als jederzeit wiederholbarer Sound vermarktet, so daß dic Live-Auftritte genauso austauschbar wurden wie die Platten. An die Stelle der direkten Beziehung zwischen Künstler und Publikum, bei der die Musik ihre Bedeutung aus der gemeinsamen Erfahrung gewann, trat die Kluft zwischen Star und Konsument; und es entwickelte sich eine Spannung zwischen den Anliegen der Künstler, dem Publikumswunsch nach Bestätigung und der Einschätzung der Bedürfnisse der Konsumenten durch die Industrie. Diese Spannung wurde am deutlichsten im Hinblick auf das dritte Element der schwarzen Musik – ihren *Rhythmus*.

Der wesentlichste Einfluß der schwarzen Musik auf die Popmusik liegt im Bereich des Rhythmus: als Tanzmusik wurde die schwarze Musik Bestandteil der Massenkultur. Die schwarzen Musiker (so beispielsweise die Avantgarde im Jazz) haben in den meisten Fällen ihre «nicht-kommerzielle» Musik als das genaue Gegenteil eines solchen Funktionalismus und der formalen Rigidität eines gleichmäßigen Big Band- oder Disco-Rhythmus definiert. Und doch erlangte die schwarze Musik ihre kulturelle Bedeutung für die Weißen als Tanzmusik; eine Bedeutung, die vom Charakter des Tanzes selbst bestimmt war.

Der augenfälligste Aspekt des Tanzens ist sein sexueller Charakter: der Gesellschaftstanz als besonders ritualisierte Form körperlicher Beziehungen ist erfüllt von sexuellen Spannungen und Möglichkeiten; private Begierden werden öffentlich zur Schau gestellt, unterdrückte Bedürfnisse werden stolz geäußert – so z. B. wenn Schwule sich gefahrlos amüsieren können. Ein Aspekt des Rhythmus in der schwarzen Musik – wofür Disco das jüngste Beispiel liefert – ist die eindeutige Äußerung solcher Spannungen und Bedürfnisse. Im Gegensatz zu den westlichen Tanzformen, die die Körperbewegungen, und damit die Sexualität selbst, mit formalen Rhythmen und unverfänglichen Melodien unter Kontrolle halten, wird in der schwarzen Musik der Körper und damit die Sexualität durch einen direkten körperlichen Beat und einen intensiven emotionellen Sound unmittelbar angesprochen – Sound und Beat werden in erster Linie *gefühlt* und nicht über formelle Konventionen interpretiert. Die schwarzen Musiker arbeiten in der Tat mit einer hoch entwickelten Ästhetik der öffentlichen Sexualität. (Historisch gesehen war die Sexualität das einzige ideologische Thema, das die Sklaven musikalisch ausdrücken konnten, während die weißen Künstler durch den Puritanismus zu eher privaten Äußerungen von Erotik gezwungen waren, zu Literatur und Poesie.)

Die schwarze Musik macht das potentielle Chaos sexueller Gefühle deutlich, und die ihrer Herkunft nach ‹schwarzen› Tanzformen des Rock waren für die Moralisten immer ein Angriff auf gebührliche Verhaltensformen. Kurz, die schwarze Musik diente zur öffentlichen Äußerung von normalerweise privatisierten Empfindungen, und damit bekamen auch die Einrichtungen, in denen sie gespielt wird, den Charakter von Risiko, Erregung und Erwartung; sie wurden für die jungen Leute, die sie anzogen, zum Symbol der Rebellion. In England wie in den USA war die Schwarze Musik, vom Jazz bis zum Reggae, schon seit mindestens vier Generationen, latent die Hintergrundmusik für die «bewußten» Jugendlichen.

Die Schwarze Musik spielt auf die realen Bedürfnisse und Kräfte in der Gesellschaft an und läßt hinter den besänftigenden Bildern der Massenkultur eine tiefere Wahrheit durchscheinen, wobei sie aus dem Ausdruck von Sexualität zwar ihre lebendige Kraft bezieht, aber nicht ausschließlich auf ihn beschränkt ist. Paul Garon hat den Blues als «aggressive und kompromißlose Durchsetzung der Allmacht von Begierde und Phantasie im Angesicht aller Unterdrückungen» beschrieben. Blues besteht damit für Gedichte des Widerstands gegen

> die Erniedrigung der Sprache, die repressiven Kräfte der Kirche, der Polizei, der Familie und der herrschenden Klasse, gegen die Unterdrückung von Sexualität und Aggression, gegen den allgemeinen Widerwillen im Alltag.[7]

Selbst die ‹anständige› schwarze Musik – die Gospelmusik der Familiengottesdienste – beinhaltet einen offenen Ausdruck von seelischen Begierden und steht dem Tanzboden näher als der weißen Kirche. Und wenn die schwarze Musik im wesentlichen «Körpermusik» ist, so haben auch ihre Aussagen poetischen, lyrischen Charakter. Jazz-Fans haben immer schon die «Realitätsnähe» des Blues gegenüber den leeren, romantischen Klischees der Popmusik betont, und wenn es auch stimmen mag – wie Dave Harker schreibt – daß «die Offenheit, Deutlichkeit und allgemeine Ehrlichkeit des Erwachsenen-Blues» für die ersten Rock 'n' Roller «kaum eine Rolle spielten», so übernahmen die Rockfans nichtsdestoweniger nach und nach den gesellschaftlichen Realismus der schwarzen Texte. In den 60er Jahren bot der Blues den jungen weißen Musikern ein ehrlicheres Bild von der Welt als die Popmusik der Teenager. Wie Ian Birchall schreibt:

> Im Rhythm and Blues verbindet sich das Bewußtsein von Frustration und Unterdrückung mit ihrer nachdrücklichen Ablehnung. Dieser Stil, der von den amerikanischen Negern ausging, konnte mit nur geringfügigen Modifikationen übernommen werden, um die Haltung und die Anliegen der englischen Arbeiterjugend in den frühen sechziger Jahren auszudrücken.[8]

In dieser Zeit wurde – vor dem Hintergrund der Bürgerrechtsbewegung – auch die politische Bedeutung der schwarzen Musik deutlich. Der alte Stil des indirekten, blues-ähnlichen gesellschaftlichen Kommentars (ein Charakteristikum der schwarzen Texte sind die raffinierten und ausgefeilten Metaphern) wurde durch eindeutigere und aggressivere Songs abgelöst. Michael Haralambos schreibt, daß der politische Fatalismus des weltlichen Blues mit den sozialen Hoffnungen und der kollektiven Spannung des Gospel in einer musikalischen Form kombiniert wurde, die eindeutig politischen Charakter hatte: dem Soul. Er zitiert Curtis Mayfield:

> Wir wollen nicht nur unterhalten, sondern auch erziehen. Man könnte unsere Tätigkeit auch als «schmerzloses Predigen» bezeichnen. Wenn man auf dem Nachhauseweg von einer Party ein Lied singt, dann ist es besser, einen Song der Selbstachtung wie *We're a winner* zu singen als meinetwegen *Do the Boo-ga-loo!*.[9]

Und Martin Luther King meint:

> Die Kraft unserer Freiheitsbewegung in den Vereinigten Staaten kam zum großen Teil aus dieser Musik. Ihre kräftigen Rhythmen haben uns immer wieder bestärkt, wenn uns der Mut zu verlassen drohte. Und ihre reichen Harmonien haben uns immer wieder beruhigt, wenn wir niedergeschlagen waren.[10]

Rock-Ideologen haben daraus ihren eigenen Anspruch auf Gemeinschaftsgefühl entwickelt, als sie erkannten (wie Ian Hoare sagt), daß

> Soul eine Musik ist, die sich dadurch auszeichnet, daß sie die verbreitetsten Schwächen der gesamten Popmusik vermeidet: Die apathische Haltung, mit der private Lösungen für allgemeine Probleme gesucht werden. Soul stellt diese Haltung sogar auf den Kopf: Aus «I'm a loser» wird «We're a winner».[11]

Schwarze Musik wurde vor allen Dingen in ihrer Funktion als Ausdrucksmittel für kollektive Gefühle zum Bestandteil der Rockkultur. Der Glaube an den Rock 'n' Roll ist der Glaube an die schwarzen Elemente der Musik, an die Wichtigkeit der Darbietung, die körperliche Energie, ihre Direktheit, ihre vokalen und rhythmischen Techniken. Diese Qualitäten des Rock machten es möglich, daß die Musiker der 60er Jahre wie Pete Townshend auch als Superstars noch ein Bewußtsein von einer Rock-Gemeinschaft haben konnten. Und für die Punks am Ende der 70er Jahre, die den Rock wieder zu einer Gemeinschaftsmusik machen wollten, war das Vorbild der Reggae – jene Musik, die sowohl in den Straßen von Shantytown als auch auf den ländlichen Feldwegen Jamaicas die Alltagskultur verkörperte und organisierte. Es war das Ziel von Gruppen wie Clash, eine Musik zu machen, die für weiße Jugendliche eine Raggae-Funktion haben sollte – «wir woll'n den Aufstand, wir woll'n unseren *eigenen* Aufstand».

In der Mitte der 60er Jahre kam die Übernahme von Rhythm and Blues und Soul durch die Weißen zu einem Höhepunkt, und die Rockfans brüteten über der schwierigen Frage, ob man als Weißer auch Blues singen könne. Diese Debatte, die sich beispielsweise für Eric Clapton um den Stellenwert des «Leidens» drehte, ging jedoch größtenteils am Problem vorbei. Genau wie vorher der Rock 'n' Roll, so diente auch der weiße Blues nicht als Ausdruck von individueller Angst, sondern zur Darstellung kollektiver Gefühle in der Jugend, zur Darstellung von Frustration, Aggression, Rebellion und Lust; die jeweiligen Texte der Songs waren weniger wichtig als die musikalischen Qualitäten, die sie gemein hatten: der Rock 'n' Roll hatte seine eigene Form von authentischem Gefühl, seinen eigenen einsamen Rhythmus gefunden, und diese beiden Faktoren bildeten die Grundlage für die Ansprüche des Rock, eine Jugendkultur zu sein. In den Worten von Leroi Jones:

> Rock 'n' Roll ist die Bluesform derjenigen Gruppen in der amerikanischen Bevölkerung, die nicht differenziert genug sind, um im weitesten Sinne zur «Intelligenz» zu zählen, oder zu naiv, um im Hauptstrom des amerikanischen Geschmacks mitzuschwimmen.[12]

Jones hat seine Begriffe – «naiv»/«differenziert» – sorgfältig gewählt. Wenn die schwarze Musik die Grundlage für die Sprache des Rock bildet, dann ist sie über eine Reihe von paradoxen Vermittlungen in das Rockvokabular eingegangen. Insbesondere der Anspruch des Rock seit Mitte der 60er Jahre, Kunstform zu sein, basierte auf Versuchen, die Praktiken der weißen Musiker von denen der Schwarzen zu unterscheiden.

In den 30er Jahren schrieb der New Yorker Theaterkritiker George Jean Nathan über eine Tanzaufführung von Schwarzen:

> Diese «Darkies» wiederholen wie die meisten «Darkies» einfach immer wieder die ein oder zwei kleinen Tricks, die sie können, und damit wirken sie ziemlich ermüdend, wenn man ihnen schon jahrelang zugesehen hat.[13]

Dasselbe hatte man zwanzig Jahre vorher auch über den Ragtime gesagt, und Rockideologen haben sich ähnlich vernichtend, wenn auch nicht so eindeutig rassistisch über schwarze Tanzmusik geäußert – in den späten 70er Jahren waren die letzten Seiten des *Rolling Stone* voll von Anzeigen für T-Shirts mit der Aufschrift «Disco Sucks!». Diese Annahme geht davon aus, daß die Schwarze Musik zwar als Ausdruck von Vitalität und Aufregung von Bedeutung ist – mit anderen Worten, sie eignet sich «gut zum Tanzen» –, daß ihr aber die intellektuellen Qualitäten fehlen, die die Voraussetzung für echten *künstlerischen* Ausdruck sind. Die amerikanische Reaktion auf schwarze Musik war in der Tat klassenspezifisch: während die Arbeiterklasse auf ihre Unterhaltungsqualitäten ansprach, zog die «kultivierte» Klasse es vor, die Aussagen der Schwarzen zu ignorieren.

Diese Haltung geht von einer eindeutigen Trennung zwischen Geist und Körper aus. Schwarze Musik, als «Körpermusik», ist demnach «natürlich», «unvermittelt», «spontan». Im Gegensatz dazu ist Kunst bewußt geschaffen, überlegt *erdacht* und sie beinhaltet der Definition nach Komplexität und Entwicklung. In den späten 60er Jahren übernahmen Rockmusiker diese Ideologie zur Legitimierung und Erklärung ihres Rückzugs vom Live-Auftritt in das Studio, vom gemeinsamen Fest zur individuellen Lyrik, von tanzenden Teenagern zum verständigen Zuhörer. Sie entfernten sich sowohl kommerziell als auch in ihrer Praxis und Kreativität von den Orten und Aktivitäten, aus denen Rock 'n' Roll und Rhythm and Blues ihre Inhalte bezogen hatten. Rockmusik wurde «progressiv» und bezog damit ihren kulturellen Stellenwert aus den nicht-schwarzen Elementen ihres Vokabulars. Nur diejenigen schwarzen Musiker konnten als Rock-«Künstler» akzeptiert werden, die auf ähnlichen individuellen Entdeckungsreisen waren – z. B. Jimi Hendrix und Stevie Wonder, zeitweilig auch Sly Stone.

Die Begründung dafür war, daß Rhythm and Blues im wesentlichen eine kollektive Form sei und nicht genug Raum für echten individuellen Ausdruck ließe. Die neuen Kriterien von Individualität bezogen sich aber nicht auf emotionelle, sondern auf literarische Wirkungen. Die Betonung lag jetzt auf Kunstfertigkeit, auf individuellen Fähigkeiten, auf der Darstellung technischer Reife, auf «unnatürlichen», weil personalisierten Erfahrungsberichten. Schwarze Musik war in diesem Sinne *zu* direkt; gerade ihre vokalen Qualitäten ließen sie ihrem Wesen nach für künstlerische Weiterentwicklung ungeeignet erscheinen.

Während so die Bluestradition zu natürlich war, um Kunst sein zu können, waren die schwarze Popmusik und der Soul zu künstlich geworden. Die Plattenfirmen verkauften Soul als Etikett; sie erwarteten nicht, daß ihre Künstler sich veränderten, sondern lediglich, daß sie den Sound, den sie ohnehin schon hatten, noch perfekter verkauften, und so wurden aus den schwarzen Musikern jene Show-Business-Symbole, die mit ihren Glitzerkostümen eine Glamour-Unterhaltung boten, wie sie im Rock nicht mehr möglich war. In den 70er Jahren kritisierte der *Rolling Stone* Motown-Platten mit den Worten «Tom-Travestien» und «opportunistische, kommerzielle Plattenproduktion der schlimmsten Sorte». Und der *New Musical Express* fragte: «Wo sind die Zeiten, als schwarze Musik noch schwarz war und nicht ein Brei von ausdrucksloser Synthetikmusik und hochtrabendem Gefasel?»

So ist es vielleicht nicht weiter verwunderlich, daß die schwarzen Künstler immer militantere Musik machten, während das weiße Rockpublikum Soul als zu «primitiv» oder zu «unecht» abtat. Das eigentliche Problem war das Verhältnis von schwarzer Darbietung und weißem Genuß, ein Verhältnis mit langer und bewegter Geschichte. Die «glatte» Tanzroutine der Motown-Gruppen, die entscheidenden Einfluß sowohl auf den Erfolg dieser Gruppen im Show-Business wie auch auf ihre Ablehnung im Bereich des Rock hatte, war beispielsweise eine Schöpfung der Tanzmeister der 30er Jahre (wie Cholly Atkins), deren Traditionen bis zurück ins 19. Jahrhundert reichten. Auch der Begriff der Unterhaltung selbst (mit Elementen wie Glamour, Stil und Show) hat für die sozialen Beziehungen zwischen Weißen und Schwarzen seit den Tagen der Sklaverei eine wichtige Rolle gespielt.

Im Jahre 1852 schrieb ein Weißer, der den Süden bereitste:

> Der Fiedler tritt auf und beginnt eine Melodie, und schon steigern sich alle in eine regelrechte Raserei, denn hier fühlen sie sich zu Hause ... Ich habe in meinem ganzen Leben keinen Sklaven gesehen, der nicht beim Klang einer Fiedel innehalten würde, als wäre er von einer Kugel getroffen, um dann anzufangen zu tanzen, und wenn er auch eine 200 Pfund schwere Last auf dem Kopf trüge. Man könnte meinen, in ihrem Körper verberge sich eine Dampfmaschine, die sie so gewaltig schüt-

telt, denn sie vollführen in einer Minute mehr Bewegungen als andere in zwei Monaten, und bei all ihren komischen Gebärden, ihrem spaßigen Aussehen, ihren lustigen Streichen und wahrhaft witzigen Liedern findet sich nicht ihresgleichen. Jeder Hinweis auf die Fellows' Minstrels oder irgendeine andere Gruppe von «Äthiopier»-Imitationen ist müßig, denn sie halten einem Vergleich mit den Negern auf den Plantagen nicht stand.[14]

Die Widersprüchlichkeit des Beitrags der Schwarzen Musik zur amerikanischen Populärkultur liegt darin, daß die Musik der Sklaven der eindringlichste Ausdruck von menschlicher Freiheit und menschlichen Sehnsüchten ist. Die Reaktion der Sklavenhalter ist Vergnügen, gemischt mit Schuldgefühlen. Wenn die erheiterndste Form der Unterhaltung auf der schlimmsten menschlichen Erniedrigung beruht, dann beinhaltet der Genuß dieser Unterhaltung einen heimlichen Kampf mit der Realität. Constance Rourke vertritt die These, daß der Neger im Amerika des 19. Jahrhunderts zu einem «sympathiebeladenen» Symbol wurde «für ein Volk von Pionieren, deren wichtigste Eigenschaft es war, sich nicht unterkriegen zu lassen» – aber Sympathie ist ein ausweichendes Gefühl. Die unmittelbare ästhetische Reaktion auf einen Künstler ist Identifizierung, und die Problematik dieses Spannungsverhältnisses zwischen schwarzem Künstler und weißem Publikum bildet das «Herzstück» der amerikanischen Populärkultur – Sympathie ist nur eine Form der Flucht vor diesem Problem. Die Kraft der schwarzen Musik ist letzten Endes eine Form von «Black Power» – ein Tanzkritiker kommentierte im Jahre 1929: «Männer und Frauen, die so tanzen, haben auch die Fähigkeit zur Gewalt» – und für die «bewußte» Jugend liegt die Attraktivität der schwarzen Musik – sei es der Blues der 20er Jahre oder die heutigen Rastafari-Musik – gerade in ihrer Gefährlichkeit, in dem deutlichen Ausgeschlossensein der weißen Fans von den kulturellen Inhalten der Musik.

Die Weißen haben sich von den Schwarzen unterhalten lassen, seit die Besitzer der Sklavenschiffe ihre Gefangenen zwecks Aufwärmung und Bewegung zum Tanzen zwangen. Später behaupteten die Pflanzer, ihre Arbeiter seien «eine große Herde fröhlicher und zufriedener Sklaven, die immer lustig sind und bei der Arbeit stets singen». Eileen Southern zitiert dazu den Kommentar eines Sklaven:

> Wir versuchen durchzuhalten, so gut wir können. Und was können wir machen, wenn wir uns nicht ein starkes Herz bewahren? Wenn wir schwach würden, müßten wir sterben.[15]

Dieses Überlebensproblem der Schwarzen wurde für die Weißen zur Quelle der Entspannung. Die Sklaven stellten die Musikanten für die Tänze und Bälle ihrer Herren, und so wurde «Unterhaltung» vom Beginn der Sklaverei an zum Grundmuster für die kulturellen Beziehungen zwischen Schwarzen und Weißen. Der junge englische Reggae-Musiker David Hins bemerkte 1978 gegenüber dem *Melody Maker*: «Ein Weißer nimmt einen schwarzen Musiker nicht wirklich ernst. Der einzige Schwarze, den die Weißen respektieren, ist ein Musiker oder Unterhaltungskünstler – das ist die einzige Kommunikationsebene, die sie zulassen.» Hins bezog sich dabei auf «Rock Against Racism», eine Organisation, die Konzerte und Festivals veranstaltet, um Punk- und Reggae-Musiker, schwarze und weiße Jugendliche zusammenzubringen und damit gegen die National Front aufzutreten. Es zeigte sich, daß nicht die Shows am erfolgreichsten waren, die den Rassismus leugneten, sondern diejenigen, bei denen er im Mittelpunkt stand: bei diesen Veranstaltungen waren es die Spannungen zwischen Schwarz und Weiß, nicht ihre Einheit, die dem Publikum deutlich machten, daß sie alle in einem Boot saßen.

Country Music

Die Country Music wird oft der «Blues des weißen Mannes» genannt, und die Geschichte der weißen und schwarzen Musik der ländlichen Südstaaten läßt sich nur schwer voneinander trennen. Henry Pleasants kommentiert in einer Stilanalyse der Musik des Country-Sängers Jimmy Rodgers:

> Die Country Music und natürlich der Blues demonstrieren deutlicher als jeder andere afro-amerikanische Musikstil außer der Gospelmusik die Beziehungen zwischen Musik und Sprache, oder, dogmatischer ausgedrückt, den sprachlichen Ursprung der Musik.[16]

Die Betonung liegt hier auf musikalischen Entsprechungen, auf dem gleichzeitigen Gebrauch von scharfen, rauhen Stimmen und von Harmonien, Instrumenten und Instrumentaltechniken, die auch nichtgesungenen Klängen individuelle stimmliche Qualitäten verleihen. Schwarzes und weißes Country-Publikum verachteten gleichermaßen die Stimmreinheit und den Ausdruck der klassischen Sänger, die langweilige Genauigkeit der Schnulzensänger von der Tin Pan Alley. (Ausgebildeten Country-Sängern wie Vernon Dalhert und glatten Pop-Stylisten wie Eddy Arnold und Jim Reeves sind Country-Fans immer noch verdächtig.) Schwarze wie weiße Musiker waren gleichermaßen an den vokalen Qualitäten ihrer Instrumente interessiert; so wurden beispielsweise zu Anfang dieses Jahrhunderts aus der Hawaii-Gitarre gleichermaßen die Blues Slide Guitar und die Country Steel Guitar entwickelt. In den Kirchen der Südstaaten arbeiteten sowohl schwarze wie weiße Gospelgruppen an neuen Harmonietechniken, die individuelle und kollektive Leidenschaft in sich vereinten, und während der 20er und 30er Jahre lernten schwarze wie weiße Musiker in den Aufnahmestudios des Südens, wie sich Spontaneität auf Platte bannen läßt.

Andere Autoren haben auf den ähnlichen lyrischen Gehalt der schwarzen und der weißen Country Music hingewiesen. Bill Malone geht davon aus, daß

> Country Music mehr als jede andere Musikform, die naturalistische Ausdrucksform der amerikanischen Musik wurde und sich mit Problemen wie Trunksucht, Scheidungen, Untreue, Eheproblemen und Tragödien beschäftigte.[17]

Die naturalistischen Techniken der Country-Texter weichen von denen der Blues-Texter ab; sie bedienen sich bewußt weltlicher, nüchterner Geschichten und Melodien, aber – wie der schwarze Sänger Jerry Butler meint – Country- und Soul-Musik

> bleiben gefragt, weil sie sich mit alltäglichen Situationen beschäftigen; sie sind aus dem Leben gegriffen. Sie fallen weder auf eine Phantasiewelt noch auf den Broadway herein. Sie erzählen den Menschen, was Menschen widerfährt.[18]

Die ländliche Musik der schwarzen und weißen Amerikaner entwickelte sich in der ersten Hälfte dieses Jahrhunderts als Antwort auf durchaus ähnliche kulturelle Bedürfnisse. Beide Musikrichtungen boten weltliche Unterhaltung und geistliche Erbauung; beide Arten von Musik eigneten sich für öffentliche Feste, für kollektive Begeisterung, für den Ausdruck religiöser Stimmungen wie auch für Gesellschaftskritik. Wie die Blues-Musiker sangen auch die Country-Musiker von den «schändlichen» Aspekten des Lebens in den Südstaaten: Rassismus und Sexualität (obwohl solche Songs seit dem Aufstieg von Nashville und der kommerziellen Country Music verdrängt worden sind); und als Elvis Presley und die anderen Rockabilly-Sänger in den 50er Jahren diese beiden Musikrichtungen zum Rock 'n' Roll vereinigten, sorgte das nicht so sehr für einen musikalischen (schon in den 40er Jahren haben sowohl schwarze als auch weiße Dancebands [Tanzorchester] Anspruch auf «die erste Rock 'n' Roll-Platte» erhoben) als vielmehr für einen ideologischen Schock: die eigentliche Herausforderung bestand in der offenen, bejahenden, *gesellschaftlichen* Vermischung von Schwarz und Weiß. Die musikalische Vermischung gehörte in den Südstaaten schon seit über 100 Jahren zum Alltag.

Es gibt jedoch Unterschiede in den Entwicklungen der schwarzen und weißen Musikrichtungen. Diese Unterschiede haben sich seit Kriegsende deutlicher gezeigt und sind von entscheidender Bedeutung für die Entwicklung des Rock als Jugendkultur – die Synthese des Rock 'n' Roll war so aufregend, weil sie so große Unterschiede vereinigte. Bei allem Realismus und Populismus ist die Country Music eine konservative Musikform mit einem konservativen Inhalt. Die Texte handeln vorwiegend von Menschen, die wissen, wo sie hingehören, und die Spannungen, die sich daraus beispielsweise für Frauen ergeben, werden als unglücklich oder gar tragisch betrachtet, nicht aber als lösbar. Anders als Popsongs leugnen Country-Songs keineswegs die Auswirkungen der sexuellen Ungleichheit, aber sie leugnen die Möglichkeiten, an diesen Umständen etwas zu ändern: Loretta Lynn singt, «been that way since the world began». Die mächtigen und würdevollen Sprecher der «schweigenden Mehrheit» – Frauen, die Arbeiterklasse – gingen aus der Country Music hervor, aber ihre Würde beruht auf ihrer Passivität. Country Music sagt zwar, wie es ist, aber die Möglichkeiten, etwas zu verändern, sind abhängig vom Glück, von harter Arbeit und von Gottes Segen. Die Grundstimmung in der Country Music ist ein verschrobener Stoizismus. Es gibt in der Country Music keine Entsprechung für die aggressive politische Musik, die die Schwarzen entwickelt haben. Die Botschaft des Country-Populismus bleibt: «We're a loser!»

In ähnlicher Weise erkennt die Country Music auch sexuelle Gefühle an und beschäftigt sich mit ihnen, doch werden sie nur selten verherrlicht: das Grundthema auch der anzüglichsten Country Music ist die Schande. Country Music ist, viel deutlicher als Schwarze Musik, eine Form der Familienunterhaltung; ihre Beliebtheit beim Massenpublikum entstand in den 20er und 30er Jahren durch das Radio, ein Medium für die ganze Familie. Und selbst die Honky-Tonk-Musik der Bars und Musikboxen betonte, daß hemmungsloser Sex, Alkohol und Vergnügen in erster Linie Ausdruck von Einsamkeit sind, vom *Fehlen* einer Familie.

Der Konservatismus der Country Music bezieht sich sowohl auf die Form wie auf den Inhalt. Die Neuerungen in der Instrumentierung gingen sehr langsam vonstatten, jeder Fortschritt – z. B. die Einführung des Schlagzeugs oder der elektrischen Verstärkung – wurde hart umkämpft, und anders als bei der Schwarzen Musik liegt das Schwergewicht bei der Country Music auf den Songs und nicht so sehr auf dem Sound. Country ist eine Form der Darbietung, die aber weniger auf improvisierender Kreativität als auf dem virtuosen Umgang mit erprobten und erfolgreichen Standard-Songs beruht. Deshalb war es für die Country-Musiker mit ihren Musikverlagen sehr viel leichter als für die schwarzen Musiker, in den Hauptstrom des amerikanischen Showgeschäfts integriert zu werden. Natürlich gab es viele Konflikte, als die hausgemachte Musik zum Big Business wurde und als die Jungen und Mädchen von nebenan ihre Gemeinschaften verließen und zu Stars wurden; aber der Glamour der Country Music hatte nur selten Bohème-Charakter, und die Künstler der Country Music teilen mehr als alle anderen populären Unterhaltungskünstler immer noch die Wertvorstellungen ihres Publikums und pflegen eine unmittelbare Beziehung zu ihren Fans.

Dieser Konservatismus der Country Music wurde in ihrer ideologischen Geschichte der letzten 20 Jahre (und in ihrem erstaunlichen Aufstieg zur kommerziellen Popularität) sehr deutlich. Die heutigen Country-Platten symbolisieren die Vergangenheit, sie verkörpern Nostalgie und beschreiben einen Lebensstil, der für die Stadtbewohner immer wichtiger wird, je weniger sie ihn wirklich leben müssen. Hierin liegt der zentrale Unterschied zwischen den weißen und schwarzen Elementen der amerikanischen Populärmusik: Die weiße Form ist ihrem Selbstverständnis nach eine ländliche Musik, während die schwarze Musik zur Musik der Städte geworden ist. Die Country Music hat auf gesellschaftliche Veränderungen mit dem Rückgriff auf ländliche Wertvorstellungen und Lebensformen reagiert; sie ist als *vor*-städtische Ausdrucksform in den Hauptstrom der amerikanischen Massenmusik eingegangen.

Die Country Music war ein wichtiges musikalisches Element des Rock 'n' Roll, weil die Rockabilly-Sänger selbst aus dem ländlichen Süden kamen, aber für die junge Generation der 50er Jahre waren gerade der ländliche Charakter und der Konservatismus die offensichtlichen Schwächen der Country Music. Sie bot keinen erkennbaren Raum für Rebellion oder Hedonismus, keine Symbole für das gesellschaftliche Engagement und die Unruhe der Jugend; sie beschrieb die Lebensprobleme des «Poor White Trash», nicht aber die neuen Möglichkeiten der Nachkriegszeit. Für die Teenager auf dem Lande wurde die schwarze Musik zur Quelle von musikalischer Sexualität, von Nonkonformismus und schlichtem Spaß, und die sich daraus entwickelnde Verschmelzung von Schwarz und Weiß beschränkte sich nicht auf das Moment des Rock 'n' Roll. Die Freizeit-Kultur der weißen Südstaaten-Teenager drückt sich nach wie vor in einer aggressiven regionalen Rockmusik aus – zwar unter Benutzung von Country-Instrumenten und Traditionen, aber immer noch auf der Grundlage des Blues.

Die Formel «Rock 'n' Roll = Blues + Country» ist in der Geschichte der Rockmusik tief verwurzelt. Wie richtig sie auch immer in musikalischer Hinsicht sein mag, ihre kulturelle Bedeutung läßt sich nicht so leicht einschätzen. Greil Marcus schreibt in seinem Buch «Mystery Train» überzeugend, daß die ursprünglichen Rock 'n' Roller mit ihren Wertvorstellungen der Country Music in die ländliche Kultur des amerikanischen Südens eingebunden waren und daß Rock 'n' Roll eine widersprüchliche Musikform ist, die Stolz mit Scham, Lebenslust mit Schuld und Empörung mit Hinnahme vermischt – diese Widersprüche waren für Rock 'n' Roll-Künstler wie Elvis Presley die Quelle von Einfühlungsvermögen und Kraft. Aus dieser Sicht spiegeln die Country-Elemente der Rockmusik, der Gebrauch von Fiedel, Steel- und Rhythmusgitarre, die sehnsüchtigen Stimmen und der rollende Beat, die Songs voller Selbstmitleid und Selbstgenügsamkeit, ihr Gefühl für Alter, Veränderungen und Geschichte, spiegeln all diese Faktoren durchaus allgemeine kulturelle Bedürfnisse wider. Besonders der Country-Rock ist der bewußt nostalgische Versuch der Musiker, zu längst vergangenen Wurzeln zurückzukehren. Und wenn einerseits die jungen Rockabilly-Sänger von der Country-Moral erdrückt wurden, dann bedienten sich andererseits die Country-Rockmusiker des ländlichen Sounds, um ihre «erwachsenen» Ansichten zu unterstreichen.

Es handelt sich hierbei um ein allgemeines kulturelles Phänomen, das im Rock zum Ausdruck kommt: die Spannungen zwischen dem Land und der Stadt. Das Land symbolisiert die Vergangenheit, die Familie und die Gemeinschaft, Stabilität und das Gefühl für den Ort. Und in dem Maße, wie die Stadtkultur zur Kommerz-Kultur wurde – zentralisiert, homogenisiert, vermittelt durch die *Massen*-Medien –, wurde das Land auch zum Symbol für «Authentizität».

Folk Music

Die Frühzeit des amerikanischen Folk-«Revival» (in dem der Einfluß der Folk Music auf den Rock am deutlichsten ist) war bestimmt von einem ländlichen Romantizismus, von der Suche nach Werten und Lebensformen, die ein Gegengewicht zur städtischen Korruption, zum Kommerz, zur Massenmusik bilden sollten. Das nach dem Krieg neu erwachende New Yorker Interesse an Blues und Bluegrass entsprach um die Jahrhundertwende in England dem neuen Interesse an der englischen ländlichen Musik. Während aber Cecil Sharp und seine Mitsammler in gewissem Sinne Angst vor dem städtischen Proletariat und seiner Musik hatten, stand die ländliche Nostalgie in Amerika im Zeichen des Populismus. In der Folk-Ideologie der Radikalen war die Folk Music nicht etwa Anlaß zu Bedauern (wie bei der Gegenüberstellung der «organischen Gemeinschaften» der Vergangenheit mit den Klassenkonflikten von heute), sondern eine Quelle von Inspiration, ein Weg, den lähmenden Wirkungen der Massenmedien zu entgehen und die Arbeiterklasse mit einem «Volks-Bewußtsein» zu erfüllen. In den 30er Jahren übernahm die amerikanische Kommunistische Partei die ländliche Musik als die passendste Ausdrucksform für die städtischen Arbeiter; die Intellektuellen der Partei wurden zu «Volkskünstlern», indem sie sich Oakie-Kleidung anzogen und Folksongs sangen.

Das amerikanische Folk-Revival gründete sich auf einen Widerspruch. Die gefeierte «spontane Volkskunst» war das Produkt musikalischer Beurteilung durch Außenseiter, durch die städtischen Musiker (ähnlich wie die englische Folk-«Tradition» in erster Linie von bürgerlichen Gelehrten geschaffen wurde). Das Problem war eigentlich, wie man «Volk» definierte, und in den 30er Jahren verschob sich die Politik der Kommunistischen Partei, weg von «*neuen* Liedern, die so sehr mit den Arbeitern verbunden sein sollen, daß niemand sie ihnen wegnehmen kann», und hin zu «der Nutzung des eigenen Bewußtseins und der Traditionen des Volkes – dem Schatz der Volkskunst», wie Parteisprecher Mike Gold es ausdrückte. Das politische Problem bestand in der Verwendung von Musik, um die Leute in eine Organisation zu locken, ihr Klassenbewußtsein zu entwikkeln; und wenn sich auch die Taktik änderte – von dem Ziel der Entwicklung einer neuen Form von «Arbeitermusik» zur Nutzung der alten Form –, so blieb das kulturelle Ziel doch das gleiche: die «richtigen» Songs waren immer noch die, die ein Gefühl von Klassensolidarität produzierten. Die Authentizität der Musik wurde trotz der Sprache des «Folk» immer noch an ihrer Wirkung statt an ihrer Herkunft gemessen. Selbst Woody Guthrie – in sozialer Hinsicht das große Vorbild für den Folk Rock der 60er Jahre – machte seine Musik eher für ein gebildetes Stadtpublikum als für die Landarbeiter, von denen er sang: bei den Oakies und Arkies, die aus dem Dustbowl flohen, hörte man kein einziges Guthrie-Lied; bei ihnen regierte bereits die kommerzielle Musik von Radio und Schallplatte.

Die ‹radikale› Tradition der amerikanischen Music war primär das Werk einer Gruppe von Leuten aus der städtischen linken Bohème: ihr Bild vom «Volk» war genauso im Mythos und in ihrer eigenen Situation verwurzelt wie das ihrer respektableren bürgerlichen Vorgänger. Trotzdem aber war es die Folk-Bewegung, die es den Musikern ermöglichte, eine populäre Musik am Leben zu erhalten, die sich sowohl politisch wie auch musikalisch als Gegenpol zum kommerziellen Pop verstand. Auch wenn sich die amerikanische Folk Music – wie Denisoff zynisch meint – letztlich auf das reduziert, «was man sich auf den privaten Treffen und Veranstaltungen, den ‹Chaotenkränzchen› der Radikalen (Linken) anhörte», so nahmen die Rockmusiker diese Kommunikationsformen nichtsdestoweniger zum Ausgangspunkt ihres eigenen Anspruchs auf musikalische Authentizität.

«Singe die Wahrheit so einfach, wie du kannst», forderten die Almanac Singers, «und wiederhole sie so oft es nötig ist». Bei der Folk Music lag die Betonung auf den Texten und einer nüchternen Vortragsweise; das wichtigste Musikinstrument war die Stimme, und Reinheit wurde an stimmlichen Qualitäten gemessen. In der Musik des Volkes gab es keine Stars und keine Hits, keine Unterscheidung zwischen Künstler und Publikum, was wiederum in den musikalischen Konventionen, in den Normen der kollektiven Darbietung zum Ausdruck kam: in Wiederholung und Refrain sowie in klischeehaften Melodien, in der Nüchternheit des Gesangs und der Beschränkung der Instrumente (Gitarre oder Klavier) auf reine Begleitungsfunktionen. Die Folk-Gemeinschaft entstand erst durch das gemeinsame Musizieren; das «Folk»-Bewußtsein war das Ergebnis des «Folk singing». Gegen Ende der 40er Jahre beschränkte sich diese Art des Singens fast ausschließlich auf die Colleges, aber selbst bei diesen «bürgerlichen» Dilettantentreffen konnten die Studenten, wie Irwin Silber es so treffend ausdrückte, ein «Gefühl für das wahre Amerika» entwickeln.

In den 60er Jahren war die Folk Music für junge Weiße, insbesondere an den Colleges, die einzige Ausdrucksform, in die sie ihre politischen Anliegen einbringen konnten und die somit für sie denselben kulturellen Stellenwert hatte wie dic schwarze Musik für die Schwarzen. Diese beiden politischen Anliegen und Musikrichtungen trafen sich wohl am deutlichsten in der Bürgerrechtsbewegung.

«Protestmusik» beschränkte sich nicht auf politische Ereignisse; das Wiederaufleben der Folk Music brachte auch eine neue Blüte für typische Folk-Treffpunkte, wie Clubs, Kaffeehäuser und Festivals, und die Folk-Gemeinschaft der 60er Jahre definierte sich über diese Treffpunkte. Sie war eine ideologische Gemeinschaft, verbunden durch eine gemeinsame Einstellung zum Musizieren. In den Folk-Clubs gab es theoretisch keine Unterscheidung von Künstler und Publikum: jeder konnte auf die Bühne gehen und singen. Die ästhetischen Kriterien bezogen sich weniger auf Technik als auf ‹Wahrheit›, und die musikalische «Ehrlichkeit» der Künstler maß sich an dem, was sie nicht taten. Die Sängerin Jean Ray erinnert sich:

> Die jungen Leute in den 60er Jahren, die ein Gefühl für die Folk Music hatten, konnten sich nicht mit den Äußerlichkeiten und Bewegungen anfreunden, mit denen Popsänger einen Song «verkaufen», mit Gesten und so. Solche Mätzchen waren tabu. Man mußte einfach aufrecht dastehen und seine Botschaft verkünden. Kein Schnickschnack. Kein modischer Zauber.[19]

Die Folk-Bewegung verstand sich ganz bewußt als Gegensatz zu den Konventionen der Massenmusik, und ihre Maßstäbe und Werte entwickelten sich unabhängig von der normalen Praxis der Popmusik. Diese Werte gewannen in dem Maße an Wichtigkeit, in dem die Kraft des Rock 'n' Roll von den Banalitäten des «Bandstand» aufgesogen wurde. Es war das große Verdienst von Pete Seeger, in einer Zeit der kulturellen Repression in den 50er Jahren eine alternative Form des Musikmachens am Leben erhalten zu haben, und diese Alternative war besonders wichtig für die Musiker, die ihre Existenz nicht den Manipulationen und der Ausbeutung durch die Pop-Magnaten überlassen wollten:

Neben der musikalischen Herausforderung bot die Folk-Music noch etwas anderes: ein Gefühl von Engagement – sei es politisch oder wie auch immer – und einen ganzen Lebensstil, der in direktem Gegensatz zu der Welt des «American Bandstand» stand.

Die Musiker fanden in der Folk Music:

Den Gedanken, daß Songs sich mit viel wichtigeren Themen als den herkömmlichen Liebesgeschichten beschäftigen können, daß man als Musiker seine Arbeit als «Selbstverwirklichung» verstehen kann und nicht nur ‹den Leuten gibt, was sie hören wollen».[20]

Mitte der 60er Jahre fanden diese Vorstellungen Eingang «in das Herz des Hauptstroms der Popmusik», und die Betonung von Songs und Texten, von Ehrlichkeit und Engagement, wurde für die kommerziellen Zwecke des Rock übernommen. Die Ironie liegt darin, daß Rock gerade auf der Grundlage seines «Folk»-Charakters als «hohe» Kunst verstanden werden will.

Die Beliebtheit des Rock 'n' Roll als Teenager-Musik rührte zum großen Teil daher, daß jeder sie machen konnte – jeder konnte solche unkomplizierte Musik machen und solche direkten Lieder schreiben. Das Verständnis der Folk-Künstler vom Rock 'n' Roll sah etwas anders aus: Zwar konnte jeder Folk Music spielen – die Technik der Gitarre und Mundharmonika war leicht zu erlenen und der rauhe, undeutliche Gesang machte ohnehin keine Probleme –, aber nicht jeder konnte sie «originell» spielen. Bob Dylan wurde zum Symbol eines neuen Verständnisses: Er wurde anerkannt wegen seiner eigenen Genialität, wegen seiner persönlichen Erkenntnisse, seiner einzigartigen Stimme und wegen seines Stils. Seine Songs in ihrer dichten poetischen Form und ihrer unregelmäßigen melodischen Struktur machten eine Publikumsbeteiligung unmöglich: der Refrain tauchte nicht regelmäßig auf und wurde oft weit hinausgeschoben; nichts wurde erklärt.

Wenn gute Musik nicht von jedem gemacht werden konnte, dann war sie auch nicht für jeden verständlich: Auch vom Zuhörer wurden «Einsichten» verlangt – ein Gedanke, den das neue, «intelligente» Rockpublikum als durchaus schmeichelhaft akzeptierte. Güte wurde zunehmend an der musikalischen, lyrischen und emotionellen Komplexität gemessen – künstlerische Kriterien, die den Rock von den «Banalitäten» des Teenager-Pop unterschieden. Die Rock 'n' Roll-Rebellion hatte sich zwar gegen die Erwachsenen, nicht aber gegen ihre Plattenfirmen und die kulturelle Form der Erwachsenenunterhaltung gerichtet. Erst jetzt, nach der Folk-Bewegung, entwickelte sich eine Rock-Kultur, die sich ausdrücklich als Opposition zur Massenmusik verstand, aber mit der Entwicklung vom

Folk zum Folk-Rock wurde die politische Einstellung immer widersprüchlicher.

Im Jahre 1965 sagte Phil Ochs in einem Interview mit der *Village Voice*:

> Ich schreibe, um Geld zu verdienen. Ich schreibe über Kuba und Mississippi aus einem inneren Bedürfnis und nicht, um die Welt zu verändern. Die Wurzeln meiner Songs sind psychologischer, nicht politischer Art.[21]

Marc Eliot hat die These aufgestellt, daß es in der New Yorker Folk-Szene um die Mitte der 60er Jahre eine Entwicklung «von der romantischen Politik zur politischen Romantik» gab. Diese Veränderung beinhaltet auch ein neues Verhältnis zwischen Künstler und Publikum, eine neue Definition von «Authentizität». Zu Beginn des Folk-Revival waren die Songs noch propagandistisch: Ihr Ziel war es, Solidarität zu erzeugen und die Zuhörer in politische Organisationen zu locken. Bis Mitte der 60er Jahre jedoch waren die Folksongs eher rhetorisch geworden: in ihnen drückte sich nur noch individuelle Unzufriedenheit mit der Realität aus. Die Texte wurden immer literarischer, und die künstlerische Distanz zwischen Sänger und Publikum wurde musikalisch durch den Wechsel von akustischen zu elektrischen Instrumenten, von der Bühne ins Studio unterstrichen.

In dem ursprünglichen, politischen Folk-Bewußtsein hatte es einen Widerspruch gegeben: Einerseits war Folk Music eine offensive Waffe, ein Mittel, die Kultur der Arbeiterklasse von bürgerlicher Ideologie zu befreien; andererseits war sie der spontane Ausdruck der Leute selbst – darin bestand die politische Bedeutung der Folk-Tradition. Mit anderen Worten: Folk-«Authentizität» bestimmte sich an zwei Kriterien – zum einen an ihrer politischen Richtigkeit, zum anderen an ihrer Herkunft aus dem Volk. Der Trick der Radikalen bestand darin, daß sie diese beiden Kriterien gleichsetzten: Folk-Künstler *repräsentieren* das Volk, sie lehren und lernen von ihm. Auf diese Weise *vermitteln* die Folk-Künstler die Interessen des Volkes und sollen entsprechend anonym und unpersönlich bleiben – sie sind sozusagen wie ein Musikinstrument, das *vom Publikum* gespielt wird.

In den 60er Jahren wehrten sich Folksänger wie Phil Ochs und Bob Dylan gegen die Vorstellung, daß sie ihr Publikum repräsentierten, daß sie ihm untergeordnet seien, aber sie meinten das nicht nur im politischen Sinne – ihre politischen Überzeugungen waren immer noch die gleichen. Es ging ihnen vielmehr um das Verhältnis von Musik und Erfahrung. Alan Lomax hatte in *Sing Out!* geschrieben, ein «authentischer» Folksänger müsse «die Gefühle *erfahren*, die seiner Kunst zugrunde liegen», und dieser Begriff von Authentizität – sich selbst und nicht einer Bewegung oder einem Publikum treu zu bleiben – behielt für die Folk-Musiker seine Bedeutung, als sie sich zu kommerziell erfolgreichen Sängern/Songschreibern entwickelten, als ihr Musikmachen den Folk-Charakter verlor und kapitalistisch wurde.

Pop-Musik

Für die Plattenfirmen ist die Form der Musik ziemlich gleichgültig, solange sie organisiert und kontrolliert werden kann und solange sie Profit verspricht – Musik und Musiker werden verpackt und verkauft, egal welchen Stil sie haben. Das heißt aber nicht, die Musikindustrie hätte *keine* Vorurteile. Musik war schon lange vor dem Rock 'n' Roll eine Ware, und die Kriterien der Musikindustrie sind die ihres eigenen Ursprungs als Musikverlage. Tin Pan Alley gründete sich auf Songs und nicht auf Konzerte, und auch wenn in den 20er Jahren ein Wandel stattfand – die Produktion von Waren zum Musikmachen (Noten und Klaviere) wurde aufgegeben zugunsten der Produktion von Waren für den Musikkonsum (Schallplatten, Plattenspieler und Radios) –, so stand nach wie vor der (wie Ian Whitecomb es ausdrückt) «angenehme, universelle, gut gemachte Song» im Mittelpunkt.

Von den 20er Jahren bis Anfang der 50er Jahre zielten die Produkte der Musikindustrie auf ein Familienpublikum; die Platten erreichten die Öffentlichkeit über das familieneigene Radio und den familieneigenen Plattenspieler: in den meisten Haushalten gab es nur jeweils ein Gerät. Der Aufstieg der Schallplattenindustrie basierte auf zwei Vorgängen (die beide systematisch schwarze Musiker von einem Pop-Erfolg ausschlossen, trotz der zentralen Rolle, die sie sich im Vaudeville erkämpft hatten). Erstens mußte eine Platte, um erfolgreich zu sein, die Verschiedenartigkeit der Zuhörer überwinden: sie mußte alle Altersgruppen, Klassen, Rassen, Regionen, beide Geschlechter, die verschiedensten Stimmungen, Kulturen und Wertvorstellungen ansprechen. Zweitens mußte das musikalische Vergnügen aus dem Tanzsaal und aus den Bars ins Wohnzimmer verlagert werden: damit verlor die populäre Musik ihren gefährlichen Aspekt, ihre emotionelle Kritik der Alltagsroutine: Pop-Schallplatten mußten fröhlich und erbauend sein, sie mußten in den häuslichen Rahmen passen. Diese Art «netter» Musik wurde auch von den technologischen Unzulänglichkeiten im frühen Stadium von Rundfunk und Aufnahmetechnik mit geprägt; Feinheiten von Ton, Harmonie oder Melodie konnten nicht reproduziert werden; bei der primitiven Aufnahmetechnik durfte nichts zu lang oder unharmonisch oder zu kompliziert oder zu laut sein; den Songschreibern wurde empfohlen, sich auf die Mittellage des Klaviers zu beschränken.

Diese musikalischen Wertvorstellungen aus der Frühzeit der Schallplattenindustrie werden auch heute noch in den Vorstellungen von Radioprogrammen wie «Easy Listening» und «Middle of the Road» deutlich, und sie lieferten auch die Kategorien, mit denen die Musikindustrie auf den Rock 'n' Roll reagierte. Man bemühte sich, angenehme und handwerklich gute Songs für den Teenager-Markt zu produzieren und die Sänger zu jungen Unterhaltungskünstlern zu machen. Das Hauptziel war, den Sängern das richtige Image zu verpassen, Teenageridole zu schaffen, die aussahen wie ihre Fans. Die Showbiz-Vorstellung vom «ehrlichen» Künstler bekam ein neues Aussehen: das Mädchen oder der Junge von nebenan, der Schwarm. Man konnte Rock 'n' Roll-Stars in Filmen und im Fernsehen und bei Gruppen-Tourneen bewundern, wobei solche Tourneen Show-Business, Unterhaltung, Glamour und ‹Maschen› verkörpern sollten. Ende der 50er Jahre wurde die Teenager-Musik von erwachsenen Produzenten beherrscht, Platten wurden als «Klang-Angebote» zurechtgemacht, und die Stars präsentierten nur die Musik, die ihnen vorgesetzt wurde, sie verkauften ihre «Persönlichkeit».

Charlie Gillett beschrieb die daraus resultierende «abnehmende Bedeutung von Tanzrhythmen; Worte und Klänge hatten Vorrang», und diese Worte und Klänge wurden nach den gängigen Tin-Pan-Alley-Kriterien produziert. Wie die populäre Musik der Erwachsenen, so beschrieb auch der Teenager-Pop ein romantisches Wolkenkuckucksland; Popsongs wurden auf Jugend getrimmt, indem man ganz einfach das Land auf seine Bezüge zu Teenagern reduzierte: Die Liebeslieder handelten von ersten Begegnungen, von schnellem Verlassenwerden, von neuer Liebe und von verlorenen Freunden – aber die Teenage-Popsongs aus dem Brill-Building unterschieden sich in formaler Hinsicht nur wenig von den ähnlich gutgemachten Lovesongs, die schon seit Jahrzehnten aus der Tin Pan Alley kamen. David Riesmans Beschreibung der Pop-Vorstellung amerikanischer Jugendlicher um 1950 könnte genausogut auf die Teenager-Musik der 60er Jahre gemünzt sein: «Eine unbeschwerte Zeit mit regelloser Kleidung und regellosem Verhalten, mit Jitterbug-Slang, Ausflügen in Cola-Bars, und ‹Blues›, die nicht wirklich ‹blue› sind.»

In den 60er Jahren wurde aus der Ideologie des Heranwachsens jedoch eine Ideologie der Jugend: aus *The Young Ones* wurde *My Generation*. Zwar war die Zeit des Heranwachsens immer schon in Songs romantisiert worden, und die Teenager-Welt hatte immer schon ihren Glamour gehabt, aber bisher hatte man Jugend stets als ein Stadium auf dem Wege zum Erwachsenen behandelt. Die Tatsache, daß es eine Phase des Werbens um das andere Geschlecht gab, beinhaltete beispielsweise, daß emotionale und sexuelle Bedürfnisse *in der Zukunft* befriedigt würden: das Ziel war die Ehe. In den 60er Jahren hieß es dann, daß Jugend dem Alter vorzuziehen sei und daß niemand jemals alt werden müsse. Dabei ging es aber nicht um Chronologie, sondern um Ideologie. Wenn Jugend der erstrebenswerteste soziale Zustand war, wenn Jungsein bedeutete, frei zu sein vom engen Trott des Erwachsenseins, sexuell leistungsfähig und emotionell ungehemmt zu sein, dann konnte jeder, der richtig lebte und fühlte, «jung» sein, egal wie alt er war. Teenage-Kultur, das Modell eines «irregulären, spontanen, unvorhersehbaren, exhibitionistischen Verhaltens», wurde zur Grundlage einer allgemeinen Orientierung am Vergnügen als Lebensprinzip und die Inhaltsanalyse von Pop-Texten ergab immer häufiger die Glorifizierung dessen, was J. T. Carey als «existentielle Entscheidung» bezeichnet hat: Liebesgeschichten hatten nicht mehr den Charakter des «in alle Ewigkeit», den Charakter der Wahl eines Lebensgefährten; die Beziehungen zwischen Jungen und Mädchen wurden aktiv gestaltet und behielten ihren Wert noch über ihr Ende hinaus – die Instabilität der sexuellen Beziehungen wurde zum Maß für die Ehrlichkeit der jungen Leute, für ein Sich-selbst-treu-Bleiben, für die Weigerung, sich gesellschaftlichen Konventionen anzupassen.

Aber Soziologen wie Carey, die die Textinhalte analysierten, wurden durch ihre eigenen Methoden bei dem Versuch beschränkt, die Bedeutung von Pop zu erklären – sie behaupteten, daß die Songs die gesellschaftliche Moral reflektierten, aber sie konnten nicht erklären, wie diese «Reflexion» vor sich ging. Trotzdem ist ihre Auseinandersetzung mit den Texten wichtig: Die Bedeutung der Popmusik basierte immer schon auf der Verwendung der Liedform.

Im Jahre 1899 spekulierte der englische Komponist Sir Hubert Parry:

> Das moderne populäre Lied erinnert einen an die Randgebiete unserer schrecklich übervölkerten Städte ... Für Leute, die in diesen ungesunden Gegenden leben, Leute, die die falschesten Vorstellungen haben, die immer um das Überleben kämpfen, die das gemeinste Rowdytum für den höchsten Ausdruck menschlicher Gefühle halten, für sie wird diese populäre Musik gemacht, und zwar wird sie – aus kommerziellen Gründen – aus Slang-Elementen zusammengesetzt.[22]

Die Songs der Music Hall bedienten sich der Alltagssprache, und wie bei den amerikanischen Popsongs der 30er Jahre war ihr Ton sowohl zynisch als auch sentimental – es waren bitter-süße Lovesongs, in denen die Liebesträume vor dem pragmatischen Hintergrund der Arbeiterehen gesehen wurden. Diesen Popsongs fehlte zwar die Leidenschaftlichkeit und der «Realismus», den beispielsweise der Blues besitzt, aber sie hatten nichtsdestoweniger kulturelle Kraft.

Eine Ebene, auf der sich Rock vom Pop der 60er Jahre unterschied, war der Text – hier lag die symbolische Bedeutung des Erfolgs von Bob Dylan. Beim Rock war der Text wichtig, während beim Pop die Sache anders zu sein schien; Rocktexte waren Dichtung, während die Poptexte in der beschränkten Sprache der Gefühle, im einfachen Reimschema von Liebe/Triebe gefangen waren. Aber die daraus resultierende Unterscheidung wurde sogleich wieder zur Regel – ‹poetische› Texte (die sich aus der Folk-Bewegung entwickelten) waren poetisch, weil sie bestimmte Sprachformen benutzten: Archaismen, schwerfällige Konstruktionen und mystische/pastorale/historische Anspielungen. National Lampoon parodierten das Ergebnis in ihrer *Art Rock Suite:*

A canyon filled with dream whipped cream, a castle in the air,
The footman knows your secret, as he meets you on the stair,
The jester gleams with emeralds, as he juggles in the hall ...
But the unicorn is weeping on the rug upon the wall.
Someone's dying, someone's born,
Purple fog is drifting over endless fields of corn.

Das Problem bei der «Rock-Poesie» lag in der Unklarheit hinsichtlich der verwendeten Worte (Sprache): Bei Liedern spielen Worte die Rolle von Zeichen einer Stimme. Ein Lied wird immer vorgetragen, und seine Worte werden immer mit einem bestimmten Akzent deklamiert; in dieser Hinsicht ähneln Lieder eher Theaterstücken als Gedichten. Die Worte sind ein Medium der Stimme, und die Stimme bedient sich auch noch anderer, nicht-verbaler Mittel, um bestimmte Aussagen zu machen: Seufzer, Zögern, Intonation beispielsweise. Kurz, die Liedworte fungieren als *Sprache*, als Klangstrukturen, als *direkte* Zeichen von Emotion und Charakter. Songschreiber schöpfen aus ihrem umgangssprachlichen Verständnis der Funktionen der Stimme – deswegen benutzen sie alltägliche Redewendungen und Slangelemente.

Popsongs besingen nicht das Deutliche, sondern das Verschwommene, und Popsänger werden nicht nach Worten, sondern nach Klängen beurteilt, nach den Geräuschen, die die Worte umgeben. Im Alltagsleben werden unsere intensivsten Gefühle nicht mit Worten, sondern mit Geräuschen ausgedrückt. Wir keuchen, stöhnen, lachen, weinen usw., und wir erkennen die Tiefe und Echtheit unserer Gefühle daran, daß wir *nicht in der Lage* sind, sie mit Worten auszudrücken: Aussagen wie «ich habe Angst» oder «ich liebe dich» scheinen den Gefühlen, die sie ausdrücken sollen, nicht gerecht zu werden. Das ist der eigentliche Grund, warum Lieder überhaupt gesungen werden, und im Alltag sind wir immer mißtrauisch gegenüber den allzu sprachgewandten Rednern, Verführern, Politikern und Handelsvertretern. Für Popsong-Schreiber ist Verschwommenheit und nicht Poesie das gewohnte Zeichen von Ehrlichkeit.

In der schwarzen Musik bringen die Sänger Ehrfurcht und Leidenschaft eher durch einen offenbar spontanen Kampf *gegen* die Worte zum Ausdruck – Soul meint eine Ehrlichkeit, die *nur* mit Klängen ausgedrückt werden kann, durch einen Zustand und nicht durch einen Inhalt: die

Echtheit des Soul mißt sich daran, wie der Sänger mit nicht-verbalen Ausdrucksmöglichkeiten umgeht. Dagegen beruht die weiße Popmusik auf der kommerziellen Ausschöpfung von Kunstgriffen, und die einzigartige Fähigkeit der Stimme zur direkten Kommunikation bildet die Grundlage für das beherrschende Ziel des Stimmgebrauchs in der Popmusik: Intimität. Lieder werden so geschrieben, daß beim Zuhörer der Eindruck entsteht, der Sänger spreche direkt zu ihm. Die Songschreiber benutzen unterschiedliche Formen der Konversation, von oberflächlicher Unterhaltung bis zum innigen Gespräch, aber Worte und Musik dienen dazu, uns den Sänger nahezubringen.

Lyrische Sprachformen dienen zum Beispiel zur Unterscheidung verschiedener Pop-Genres: Disco-Texte fordern uns immer wieder zum Tanzen auf und vermitteln uns Konsumhaltung; Country-Texter benutzen eine nüchterne Sprache und indirekte Rede, und Country-Sänger erscheinen als objektive Beobachter von emotionellen Schwierigkeiten; die poetische Botschaft der Punks fand sich ganz einfach in den wenigen Worten, die aus dem lärmenden Refrain herausstachen – der Punk-Sound war die Variation einer kurzen und harten Aussage: «ich will nicht/ich will». Die persönliche Note der «bed-sitting» Musik der späten 60er Jahre war genauso konstruiert wie die unpersönlichen lyrischen Phrasen des Disco in den späten siebzigern. Jedes Genre basiert auf gewissen Vorstellungen über die Künstler, und es ist eine Aufgabe der Texte, diesen Vorstellungen zu entsprechen. Punk-Sprache diente dazu, ihre Benutzer als Punks zu charakterisieren – zusammenhanglos, vulgär, widerwillig – ähnlich wie Literatursprache ihre Benutzer als Poeten kennzeichnet. Sänger/Songschreiber drückten ihre «Ehrlichkeit» durch eine «bekennende» Sprache aus, aber jeder Pop-Auftritt basiert auf einem Schwindel: Unterhaltungsstars täuschen Ehrlichkeit vor, Rockpoeten Intimität – jeder hat ein Image und eine Meinung. Die Kluft zwischen dem Anschein und der Realität eines Auftritts bildet den Ausgangspunkt für das wichtigste Rüstzeug des Poplyrikers, die Ironie, und ihren wichtigsten sprachlichen Ausdruck, die Banalität.

In allen Bereichen des Pop fungieren Worte nicht als Poesie, sondern als Symbole. Die Texter benutzen eine gemeinsame Sprache, um ein Gefühl von Gemeinschaft zu erzeugen. Dabei handelt es sich einmal um ein Folk-Kriterium (populäre Musik drückt gemeinsame Erfahrungen und Aktivitäten aus) und zum anderen um einen Verkaufstrick (Platten verkaufen sich aufgrund von Modetrends; das Schöne am Pop-Konsum ist der gemeinsame Konsum), und die besten Pop-Schreiber sind diejenigen, die den erwarteten Textformulierungen unerwartete Wendungen geben.

Dieser Aspekt wurde in der Diskussion über die «Rock-Dichtung» übersehen, weil man davon ausging, daß poetische Sprache (komplizierte Ausdrücke, veraltete Konstruktionen) bedeutungsreicher seien als die Gemeinplätze des alltäglichen Pop. Bob Dylan selbst soll Smokey Robinson einmal «den größten lebenden Dichter Amerikas» genannt haben, aber nur wenige seiner Fans werden sich wohl nach dem Grund gefragt haben. Robinson besaß die Fähigkeit, alten Redewendungen neues Leben zu geben. Er gebrauchte unerwartete Verknüpfungen von Bildern und Ausdrücken sowie ganz persönliche Wortspiele und Metaphern:

Maybe you want to give me kisses sweet,
But only for one night, with no repeat.
And maybe you'll go away and never call
And a taste of love is worse than none at all.
In that case I don't want no part
I do believe that that would break my heart.
But if you feel like loving me, if you've got the notion,
I second that emotion ...

Im Vergleich dazu ein Texter der 30er Jahre, Ira Gershwin:

The only work that really brings enjoyment
Is the kind that is for girl and boy meant
Fall in love – you won't regret it,
That's the best work of all – if you can get it.
Holding hands at midnight, 'neath a starry sky ...
Nice work if you can get it, and you can get it – if you try.

Pop-Lyriker arbeiten mit der Alltäglichkeit der Sprache; sie sorgen dafür, daß uns die banalsten Worte und Ausdrücke raffiniert, witzig und anspielungsreich erscheinen. Alle hervorragenden Pop-Texter benutzen eine Vielzahl von sprachlichen Tricks und spielerischen Klischees; gute Lyriker, von Bob Dylan bis zu Ira Gershwin, erweitern unser Gefühl für die *Alltags*sprache. In ihren Songs geht es um Worte: Sie eröffnen uns neue Möglichkeiten, das Gewöhnliche des Alltagslebens auszudrücken.

Die Stärke der Popsänger liegt, anders ausgedrückt, in der Fähigkeit, gewöhnliche Sprache mit Intensität und Leben zu erfüllen. Sie bringen Worte zum Klingen – und damit einen Hauch von Phantasie in unseren eintönigen Sprachgebrauch. Dementsprechend wirken Popsongs nur, wenn sie nicht Gedichte sein wollen. Als die Pink Floyd «we don't want no education» sangen, machten sie damit keine wesentliche Aussage über das Schulsystem, sondern sie gaben den Schulkindern ganz einfach einen witzigen und wirkungsvollen Pausengesang (weshalb «The Wall» in Südafrika verboten wurde). Die Pop-Phrasen, die die Leute übernehmen, sind im allgemeinen weniger Erleuchtungen als Ermunterungen: Sie geben der stereotypen Sprache, auf die die meisten Leute im Alltagsleben beschränkt sind, neue emotionelle Bedeutung. Plötzlich erscheint die uns einengende Sprache ganz offen: Wenn wir uns schon nicht in Gedichten ausdrücken können, dann wenigstens in Popsongs.

Musik und Bedeutung

Zu Anfang dieses Kapitels habe ich behauptet, daß die Kritiker nur selten untersuchen, wie der Rock seine musikalischen Wirkungen erzielt. Als Rock in den späten 60er Jahren zum erstenmal als Kunstform betrachtet wurde, waren die Zuhörer noch weit mehr am Inhalt als an der Form interessiert; es kam mehr darauf an, *was* über Erfahrungen und Gefühle gesagt wurde, als *wie* es gesagt wurde. Die wenigen «ernsthaften» Avantgarde-Komponisten, die von der Rockmusik lernten, «jede rhythmische, harmonische, melodische und dynamische Variation zu vermeiden», und die bei ihrer Musik Rockelemente benutzten (rhythmische Wiederholung, Feedback, elektronisch im Studio erzeugte «konkrete Musik»), waren eindeutig *keine* Rockmusiker, weil sie an den sozialen Wirkungen von Auftritten nicht interessiert waren.

Rock ist ein musikalisches Mittel, kein musikalischer Endzweck. Rock *soll* emotionelle, soziale, körperliche und kommerzielle Wirkungen erzielen und ist nicht «Selbstzweck». Lester Bangs formuliert seine Zweifel an dem «ernsthaften» Avantgarde-Anspruch von Blondie folgendermaßen:

> Wenn wir – wie ich mein Leben lang geglaubt habe – in erster Linie deswegen Musik hören, um den Ausdruck von Leidenschaft zu erleben, was *soll* dann diese Musik überhaupt?[23]

Die Klangeffekte des Rock sind die Klangeffekte des täglichen Lebens. Rock ist insofern primitiv, als er von einem primitiven Verständnis der Funktion von Klängen und Rhythmen und ihren emotionellen und körperlichen Wirkungen ausgeht. Die Fragestellungen, die sich daraus ergeben, sind in gewisser Hinsicht vor-musikalisch: warum reagieren wir in bestimmter Weise auf das Schreien eines Babys, das Lächeln eines Fremden, einen lauten, harten Beat? Rockmusik ist im wesentlichen Vokalmusik und in hohem Maße abhängig von den sozialen Wirkungen der menschlichen Stimme, und deshalb ist die Frage danach, wie sie ihre Wirkungen erzielt, nicht nur eine musikwissenschaftliche Frage: Was macht eine Stimme gespenstisch oder sexy oder deprimierend?

Die Unkenntnis der Funktionsweise ihrer Musik beeinträchtigt keineswegs die Aufnahmebereitschaft des Rockpublikums; die einzig notwendige Voraussetzung ist die gemeinsame Erfahrung von Sehnsucht, Hoffnung, Angst; und die Reaktion auf die Musik ist körperlich: eine Wirkung der Musik ist zum Beispiel das Einfühlen in das Musikmachen selbst, wenn die Zuhörer die Bewegungen der Gitarristen, Schlagzeuger oder Sänger imitieren. Mir geht es hier um den *Spaß* am Rock, und der bezieht sich nicht nur auf die Musik, sondern auch auf die Kultur: die moderne populäre Musik ist in ihrer Bedeutung nicht festgelegt, sondern sie ist das

Ergebnis einer Auseinandersetzung, die mit der Entwicklung des Industriekapitalismus begann und sich um den natürlichen Hang zu unschuldigem Vergnügen und passivem Konsum dreht.

Im Jahre 1835 behauptete der englische Komponist George Hogarth:

> Musik hat die Tendenz, den Geist zu entspannen und zu läutern. Die Kultivierung des musikalischen Geschmacks ist für die Reichen eine vornehme intellektuelle Beschäftigung, die frivoles oder sündhaftes Amusement ausschließt, und für die Armen eine «laborum dulce lenimen», eine Entspannung nach der Arbeit, die weit anziehender ist als die Verlockungen der Trunksucht.

Sir John Herschel äußerte sich 1839 weniger zuversichtlich:

> Musik und Tanz sind beklagenswerterweise bei den weniger kultivierten Schichten so eng mit der Vorstellung von Aufruhr und Ausschweifung verbunden, daß man von einer Vorliebe für Musik und Tanz im eigentlichen Sinne nicht mehr sprechen kann, und bis man sie als harmlose und ungefährliche Vergnügen empfehlen kann, muß sich noch eine Menge ändern.[24]

Die Fähigkeit der Musik, einerseits zu begeistern – für den Krieg, für Ausschweifungen, Revolution, religiöse Ekstase – und andererseits zu beruhigen und zu besänftigen, wurde im 19. Jahrhundert zu einem Element neuer Klassenbeziehungen, neuer Erfahrungen von Arbeit und Freizeit. Die «Unschuld» der Musik wurde zum Streitobjekt politischer Debatten. Die Musik wurde zum Instrument des Nationalismus, zur Ware auf dem Markt, und aus den «Zuhörern» wurde «das Volk». Gegen Ende des 19. Jahrhunderts ging die aktive Beteiligung der Leute am Musikmachen zurück. Robert Blatchford kommentierte diesen Sachverhalt 1894 im *Labour Prophet* folgendermaßen:

> Vor wenigen Jahrhunderten waren die Engländer ein musikalisches Volk. Wechselgesang war sehr beliebt. Die Mehrzahl der Leute konnte Noten lesen und vom Blatt singen, und die englischen Tafellieder und Madrigale aus jener Zeit sind unübertroffen. Aber wie viele der Arbeiter in Lancashire können heute noch Musik lesen oder singen? Wie viele hören lieber eine korrekte Wiedergabe von *Since I First Saw Your Face* als das laute Geheule von *The Man That Broke The Bank At Monte Carlo*? Wie viele der Lancashire-Arbeiter, die noch ein Klavier im Hause haben, können auch noch geschmackvoll und korrekt spielen? Seht Euch die Musik an, die bei ihnen beliebt ist: Wieviel davon ist noch echte Musik, und in welchem Verhältnis steht sie zu dem Übergewicht von Moody und Sankey, zum Witzlied, zur kitschigen Ballade und zum Karussellwalzer?

Der Aufstieg von Tin Pan Alley und das Aufkommen der Massenmedien bedeuteten eine ständig wachsende zentralisierte und kommerzialisierte Kontrolle der zu hörenden Musik: Immer weniger Leute machten selbst Musik, und der Massengeschmack war immer leichter zu steuern. Die «Unschuld» musikalischen Vergnügens wurde durch die Bedingungen von kommerzieller Ausbeutung und Manipulation getrübt, und populäre Musik entsprang in zunehmendem Maße den Bedingungen der Warenproduktion: Ihre kulturelle Wirkung war die einer neuen Form von «passivem Konsum». Seit den 30er Jahren geht es in den zentralen kulturellen Diskussionen über populäre Musik um die Bedeutungen und Wirkungen der «Massenkultur».

Kapitel 2
Rock und Massenkultur

Die Literatur über Massenkultur ist größtenteils entmutigend. Die Massenmedien werden an den Maßstäben und Praktiken der ‹hohen› wie der der Volkskunst gemessen. Auch Rockkritiker benutzen diesen Vergleichsmaßstab: Platten werden wegen ihrer künstlerischen Intensität und ihrer Lebensnähe gelobt; und sie werden verurteilt, wenn sie zu kommerziell sind. Im Mittelpunkt der Rockideologie steht der Glaube an einen immerwährenden Kampf der Musik gegen den Kommerz. Manchmal brechen Künstler und Publikum aus diesem System aus, aber meistens regieren die Geschäftsinteressen. So schreibt beispielsweise Jon Landau:

> Rock, die Musik der sechziger Jahre, war eine spontane Musik. Sie war eine Volksmusik, denn sie wurde gemacht und gehört von einer bestimmten Gruppe von Leuten. Sie kam nicht aus einem New Yorker Bürogebäude, in dem Leute sitzen und das schreiben, was das Publikum ihrer Meinung nach hören will. Sie kam aus den Lebenserfahrungen der Künstler und der Wechselbeziehung mit einem etwa gleichaltrigen Publikum. Als Spontaneität und Kreativität immer mehr stilisiert, analysiert und strukturiert wurden, wurde es auch zunehmend leichter für die Geschäftsleute und die Manipulierer hinter den Kulissen, diese Musik für ihre Zwecke nutzbar zu machen. Stars zu produzieren ist heute so selbstverständlich und so trocken wie eine mathematische Gleichung.[1]

Diese kritische Einschätzung bildet die Grundlage des Verständnisses von Rockhistorikern, die einen Zusammenhang zwischen Konkurrenz und Kreativität sehen und behaupten, Fortschritte im Rock kämen von den unabhängigen lokalen Plattenfirmen, während die großen Musikkonzerne nur eine Stagnation in der Musik erzeugen. Man geht davon aus, daß Rockmusik nur als Kunstform oder als Volksmusik, nicht aber als Massenkultur gute Musik sein kann.

Massenkultur

Die Kritik der Massenkultur wird von den beiden großen, sich überschneidenen Ansätzen der Literaturkritik nach Leavis einerseits und der Ideologiekritik des Marxismus andererseits bestimmt.

Der Leavis-Ansatz stellt die standardisierten, eskapistischen und passiv konsumierten Objekte der Massenkultur gegen Kunstobjekte, die einzigartig, anregend und lehrreich sind. Die Massenkultur wird mit den Instrumenten der Literaturkritik analysiert und folgerichtig verdammt: Massenmusik ist wertlos, denn sie enthält Leavis zufolge «in der Musik selbst nichts Wesentliches, das einem edlen Gefühl oder einer unverkennbaren inneren Vitalität entspringt».

Dieses Urteil basiert nicht auf einer Gegenüberstellung des guten Geschmacks einer gebildeten Elite mit dem schlechten Geschmack der ungebildeten Massen, sondern auf der Untersuchung der Art und Weise, wie verschiedene kulturelle Phänomene produziert und konsumiert werden. Tatsächlich verteidigt die Leavis-Schule die Grundwerte einer «populären» Kunst, aber sie behauptet, daß die Massenkultur die «Korruption» solcher Kunst sei. Der kritische Schlüsselbegriff heißt «Authentizität», und die Behauptung lautet, daß eine Kultur, die aus kommerziellen Profitinteressen geschaffen wird, «eine gewisse Authentizität» vermissen läßt, auch wenn sie «authentische Gefühle ausdrückt». Hall und Whannel formulieren, Massenkultur für Teenager sei «eine widersprüchliche Mischung von Authentischem und Künstlichem – ein Bereich der Selbstdarstellung für Jugendliche, aber gleichzeitig eine Pfründe für die kommerziellen Produzenten».

Für die Leavis-Anhänger ist die Produktion von Massenkultur eine Produktion nach einem Schema, welches die individuelle Kreativität einschränkt, und das Massenkulturpublikum als Konsumpublikum beschränkt mit seinen Marktentscheidungen die künstlerischen Ausdrucksmöglichkeiten. Das Weltbild der Massenkultur ist demzufolge trivial. Diese Kultur korrumpiert wahres Gefühl; sie stellt keine Anforderungen an ihre Konsumenten, sondern schmeichelt ihnen mit seinen Stars, seiner Verherrlichung der Mittelmäßigkeit und seinem Mythos vom Massenkonsumenten als Durchschnittsbürger.

Der kommerzielle Charakter der Massenkultur erklärt sowohl ihre Existenz als auch ihre Qualität. Massenkunst wird des Profits wegen produziert, und die Profitgier bestimmt ihre Form und ihren Inhalt. Die Schwierigkeit liegt darin, den Kulturkonsum zu erklären, und zu begründen, warum Volkskunst in den letzten 100 Jahren durch Massenkunst ersetzt wurde. Der Verweis auf die Macht der Werbung und Marktmanipulationen reicht nicht aus: Die Angebote der Massenkultur mögen zwar «falsch» sein, doch die Bedürfnisse, auf die sie eingehen, sind echt.

David Holbrook hat diese These mit besonderer Eindringlichkeit auf die Musik bezogen, und er hört in der Popmusik eindeutig die *Entartung* der Kunst: die Musik lebt von der Kraft wahrer Ängste und Emotionen, aber sie setzt sich nicht mit ihnen auseinander, sondern beutet sie aus. Teenager-Pop treibt lediglich ein Spiel mit den psychologischen Spannungen der Pubertät und bietet nur eine «kurzfristige und wahnhafte Befreiung»:

> Die Einstellung zur sexuellen Liebe in den «Pop»-Songs ist so häßlich und mechanisch, daß sie gleichsam schizoid und psychopathologisch erscheint. Die jungen Leute werden dadurch, daß sie solch mächtigen kulturellen Aussagen ausgesetzt sind, ermutigt, die echten Bindungen der Liebe mit entpersönlichter sexueller Aktivität zu vertauschen, die auch einen Aspekt von Gewalt beinhalten, und falsche Lösungen zu suchen, bei denen ihre innersten Bedürfnisse von Haß überlagert werden.[2]

Holbrook behauptet, daß die Ausbeutung der Bedürfnisse der Heranwachsenden auf der vorsätzlichen Erzeugung einer kommerziellen Jugend-«Kultur» beruht, die die Jugendlichen aus Familie und Gemeinschaft herauslöse und sie so als Konsumenten verwundbarer mache. Daher ist Rock als Massenmedium eine falsche Kunst für eine falsche Gemeinschaft.

Diese Gleichsetzung von Korruption und Kommerz entspricht auch Leavis' eigener Einschätzung des Industriekapitalismus (obwohl es noch eine andere kritische Schule gibt, die die Massenkultur zwar ablehnt, aber am Glauben an die Marktprinzipien festhält: Für die Kommentatoren der politischen Rechten in Amerika ist die Korruption durch die Rockmusik – «Drogen, Sex und Revolution» – eine kommunistische Verschwörung), und auch marxistische Kommentatoren beschreiben Jugendkultur mit ähnlichen Begriffen. So erweitert beispielsweise der englische Kommunist Charles Parker die Pop-Theorie der Leavis-Schule lediglich dadurch, daß er die Wurzeln der Rockkultur nicht nur in den ökonomischen, sondern auch in den politischen Bedingungen des Kapitalismus sieht: «Meine These lautet also, daß Pop heutzutage in Wahrheit von der herrschenden Klasse als unvergleichliches Instrument zur sozialen Kontrolle gepflegt wird.»

Parker argumentiert, daß die Jugendkultur aus ideologischen wie kommerziellen Überlegungen heraus geschaffen wurde. Die gewaltigen beziehungsweise radikalen Aspekte der Erfahrungen von Jugendlichen werden durch die Rockmusik kanalisiert auf «die unechte Gemeinschaft der kosmopolitischen Teenager-Szene, in der Identität in den normalen konditionierten Reaktionen des Bauches untergeht». Rock – «dieser Hexensabbat bedeutungsloser orgiastischer Ausdrucksformen» – wird von der herrschenden Klasse bewußt dazu benutzt, ihren politischen Einfluß abzusichern und die Bedürfnisse des Volkes zu kontrollieren und von ihnen abzulenken.

Marxisten sehen im Warencharakter der Massenkultur einen weiteren Aspekt der allgemeinen Umwälzung der gesellschaftlichen Verhältnisse durch das Kapital. Das Problem liegt nicht in einer Verschwörung, sondern in der Ideologie: Marx selber meinte, daß die in einer Gesellschaft herrschenden Ideen immer die Ideen der herrschenden Klasse seien.

Die differenzierteste Kritik der Massenmusik aus dieser Perspektive ist die der Frankfurter Schule. Insbesondere Adorno ging davon aus, daß die kulturelle Bedeutung der Massenmusik aus ihrem Warencharakter, ihrem Konsumwert hervorgeht – populäre Musik muß *konsumierbar* sein, sie ist eher ein Mittel (für den Profit einerseits, für das Wohlbefinden andererseits) als ein Zweck. Die konsequente Standardisierung der musikalischen Form ist Ursache ihrer ideologischen Wirkung – Einschläferung des gesellschaftlichen Bewußtseins. Die Reduzierung der Kultur auf Ware und Ideologie wird möglich durch die Technologie der mechanischen Reproduktion, durch die Aufnahme- und Sendetechniken, die den Kulturkonsum zu einem individualisierten, entfremdeten Vorgang machen. Die Konsumenten der Massenmusik haben weder zu den Produzenten der Musik noch zu den übrigen Konsumenten eine echte Beziehung. Aus Kunst wurde Unterhaltung, Kulturverhalten wurde zur freien Auswahl auf dem Markt, und aus der Kreativität des Volkes wurde der kommerzielle Versuch, die größtmögliche Zahl von Konsumenten zu erreichen.

Adorno begründete die Wirkung der Massenmusik mit Freudscher Psychologie. Hier seine Beschreibung von Pop-Fans der 40er Jahre:

> Meist berauschen sie sich an dem Ruhm der Massenkultur, den diese manipuliert; sie können ebensogut sich in Klubs zur Verehrung von Filmstars zusammenfinden oder Autogramme anderer Prominenzen sammeln. Ihnen kommt es auf die Hörigkeit als solche, auf Identifikation an, ohne daß sie viel Aufhebens von dem jeweiligen Inhalt machten. Sind es Mädchen, so haben sie sich geschult, bei der Stimme eines «crooner», eines Jazzsängers, in Ohnmacht zu fallen. Ihr auf ein Lichtsignal einschnappender Beifall wird bei populären Radioprogrammen, deren Sendung sie beiwohnen dürfen, gleich mit übertragen; sie nennen sich selbst «jitterbugs», Käfer, die Reflexbewegungen ausführen, Schauspieler der eigenen Ekstase. Überhaupt von etwas hingerissen sein, eine vermeintlich eigene Sache haben, entschädigt sie für ihr armes und bilderloses Dasein. Der Gestus der Adoleszenz, entschlossen für diesen oder jenen von einem zum andern Tag zu «schwärmen», mit der immer gegenwärtigen Möglichkeit, morgen schon als Narrheit zu verdammen, was man heute eifernd anbetet, ist sozialisiert.[3]

Adorno sieht die ästhetische Grundlage der Kunst in ihrem «praktisch nutzlosen, imaginativen Element», ihrem utopischen Protest gegen die Realität. Kunst ist die Quelle menschlicher Hoffnung, die Inspiration für den Kampf um gesellschaftliche Veränderung. Im Gegensatz dazu arrangiert sich Massenkultur mit der Realität und korrumpiert auf diese Weise die ihr zugrunde liegende Phantasie; sie macht ihre Konsumenten impotent: Adorno hört im Jazz (und so bezeichnet er alle Bereiche der Massenmusik) nur ein Symbol von Kastration:

> Der Ausdruck aber, eigentlicher Träger des ästhetischen Protests, wird ereilt von der Macht, gegen die er protestiert. Von ihr nimmt er den Klang des Hämischen und Jämmerlichen an, der eben noch flüchtig ins Grelle und Aufreizende sich kostümiert. Das Subjekt, das sich ausdrückt, drückt eben damit aus: ich bin nichts, ich bin Dreck, es geschieht mir recht, was man mit mir macht; ... Kunst ... wird am Leben gelassen nur, wenn sie aufs Recht der Andersheit verzichtet und der Allherrschaft der Profanität sich einordnet ... Nichts darf sein, was nicht ist wie das Seiende. Jazz ist die falsche Liquidation der Kunst: anstatt daß die Utopie sich verwirklichte, verschwindet sie aus dem Bilde.[4]

Adornos Theorie ist die wohl systematischste und beeindruckendste Analyse der Massenkultur, und niemand, der auch nur den geringsten Wert in den Erzeugnissen der Musikindustrie erkennt, kann sie ignorieren. Genau wie später die amerikanischen marxistischen Ökonomen geht Adorno davon aus, daß das moderne Kapital mit dem Problem der Überproduktion konfrontiert ist. Märkte lassen sich nur ausweiten, wenn Bedürfnisse *geschaffen* werden, die nicht mehr aus menschlicher Logik, sondern aus der Logik des Kapitals entspringen und daher notwendig unecht sind. Im heutigen Kapitalismus ist die Kulturindustrie das wichtigste Instrument für die Erzeugung und Befriedigung unechter Bedürfnisse.

Unechte Bedürfnisse lassen sich wiederum unterschiedlich verstehen. Einige Theoretiker nehmen an, daß die musikalischen Waren die «Subjektivität des Zuhörers» selbst erzeugen: Das Bedürfnis, das durch den Konsum befriedigt wird, ist eben das Konsumbedürfnis. Aus dieser Sicht evoziert die populäre Musik beim Zuhörer direkte emotionale und körperliche Reaktionen, die mit der Lust am Besitz verknüpft werden. Der Konsum wird, wie Frederick Jameson sagt, zu «seiner eigenen Ideologie»: Der Warencharakter der Musik liegt in ihrem ideologischen Inhalt, und das von ihr befriedigte Bedürfnis, nämlich das Konsumbedürfnis, ist so stark, daß es gleichgültig ist, *was* konsumiert wird. Die Massenkultur hat den kapitalistischen Wunschtraum erfüllt: *Alle* produzierten Waren werden verkauft – ihr Gebrauchswert *ist* gerade ihr Tauschwert.

Andere Theoretiker sind der Meinung, es geht nicht so sehr um die

Erzeugung neuer Bedürfnisse aus dem Nichts, sondern um die Umformung vorhandener «realer Bedürfnisse». Massenmusik verschleiert die Bedingungen ihrer Produktion und kann so als *rein* emotionale Wirkung konsumiert werden: Die realen Bedürfnisse der Konsumenten – in ihrer eigenen Situation einen Sinn zu erkennen und ihre Isolation zu überwinden – werden in einem flüchtigen Gefühlsmoment aufgelöst. Die Konsumierung von Massenkultur läßt kein Denken zu – sie schließt die Möglichkeit aus, gesellschaftliche Verhältnisse zu verstehen und zu verändern. Die Produkte der Massenkultur gehen also nur insoweit auf reale Bedürfnisse ein, als sie eine momentane Ablenkung bieten.

Das Problem der Theorie der Frankfurter Schule liegt in ihrer Abstraktion. Der tatsächliche Umgang der Fans mit der Popmusik wird nur selten untersucht; man geht von ihrer Passivität aus. Die vermuteten Wirkungen der Popmusik werden in erster Linie aus dem Wesen der Musik selbst abgeleitet, und die Musiklehre der Frankfurter Schule stand ganz im Zeichen eines Anti-Amerikanismus. Adornos Kritik war in der europäischen Kunsttradition verwurzelt und hatte kein Verständnis für den Jazz, eine Musik mit völlig abweichenden Prinzipien und Wirkungen.

Der deutsche Filmemacher Wim Wenders hat einmal gesagt, «die Amerikaner haben unser Unterbewußtsein kolonisiert», und die Entwicklung der Massenkultur bedeutete die Anwendung amerikanischer Kulturformen auf sämtliche kulturellen Bereiche. Wie sich an den Beispielen Film und Musik erkennen läßt, ist Amerika selbst zum Konsumobjekt, zum Symbol einer neuen Form des Vergnügens geworden, und die Diskussion über die Massenkultur war auch immer eine Diskussion über die amerikanische Kultur.

Am deutlichsten wurde dieser Sachverhalt in den 50er Jahren, als die amerikanischen Soziologen der Massenkultur zu Hilfe kamen. Ihr Hauptaugenmerk richtete sich auf empirische Beweise. Die Soziologen bemühten sich, Kulturkonsum zu «messen», und ihre Untersuchungen konzentrierten sich auf jene gesellschaftlichen Strukturen, die den Gebrauch der Massenmedien bestimmen. Sie wollten zeigen, daß das Verhältnis zwischen Medien und Konsumenten sehr komplex ist und daß die Medien gegenüber dem Konsumenten nur einer unter vielen Bedeutungsträgern sind. In der Phase des Kalten Krieges ging es ihnen darum, ein positives Bild von Amerika und vom Kulturkapitalismus zu zeichnen. Sie stellten den Begriff des ‹Massenpublikums› von sich aus in Frage, indem sie behaupteten, daß die Medien von unterschiedlichen Gruppen unterschiedlich benützt werden. Die Aufgabe der Soziologen sei es nicht, eine einheitliche Bedeutung der Massenkultur zu entwickeln, sondern eine Pluralität von Bedeutungen zu beschreiben. Massenkultur bedeutete demokratische Kultur.

In den 60er Jahren wurde diese Theorie durch die Aufnahme von Interaktionsansätzen noch komplexer. Jetzt wurde behauptet, daß ein außenstehender Beobachter kulturelle Symbole nicht verstehen, sondern lediglich den Zusammenhang beschreiben könne, in dem sie gebraucht werden – sie erhielten ihre Bedeutung nicht nur von den Produzenten, sondern gleichermaßen auch von den Konsumenten. Darum sei es unmöglich, ohne Einbeziehung der jeweiligen Leser die Bedeutung von kulturellen Texten zu erfassen. Der Warencharakter *bestimme* nicht die kulturellen Möglichkeiten; die Entscheidung, ob eine Pop-Schallplatte «authentisch» ist oder nicht, setze eine genaue Beschäftigung mit der Zuhörerschaft voraus.

Eine ganz ähnliche Überlegung wurde von marxistischen Theoretikern angestellt. Schon in den 30er Jahren fand Adornos pessimistische Einschätzung der Massenkultur ihren Gegenpol in Walter Benjamin, der im «Kunstwerk im Zeitalter der technischen Reproduzierbarkeit» viele positive Möglichkeiten erkannte. Benjamin sah die Technologie der massenhaften Reproduktion als fortschrittliche Kraft und als das Mittel, mit dem die überkommene Autorität und «Aura» der Kunst zerstört werden könne. Massenkünstler seien demokratische Künstler; ihre Arbeit werde von einem Publikum aufgenommen, in dem jeder ein «Experte» sei. Die Technologie der Massenmedien hatte das Verhältnis der Massen zur Kunst verändert und neue Möglichkeiten für kulturelle Arbeit geschaffen: Kreativität war vom individuellen zum kollektiven Prozeß geworden, und die Herausbildung einer vergesellschafteten Ausdrucksform ermöglichte eine sozialistische Ästhetik.

In den 50er Jahren standen die Marxisten vor dem Problem, den Mangel an Widerstand gegen die kapitalistische Gesellschaftsordnung zu begründen und die ideologische Wirkung der Massenmedien zu erklären. Aber im Rahmen der kulturellen Konflikte der 60er Jahre verloren diese Fragen ihre Bedeutung, und Benjamins Theorie wurde neu entdeckt. Sie war besonders für die Kritiker der populären Musik einleuchtend: Das Enstehen einer radikalen Jugendbewegung bedeutete die Notwendigkeit einer Neueinschätzung der ideologischen Wirkungen der Rockmusik. So behauptete beispielsweise Dave Laing, die kapitalistischen Kulturformen enthielten sowohl befreiende als auch unterdrückerische Momente; Rock sei das Ergebnis des Konflikts zwischen kommerzieller Maschinerie und den Interessen der Jugend: Einerseits war die Industrie bestrebt, einen neuen Markt auszuschöpfen, andererseits suchte das jugendliche Publikum ein Medium, in dem es seine Erfahrungen ausdrükken konnte, und die Musiker, die im Zentrum dieses Konflikts standen, konnten Spielräume für ihre eigenen Kreativität entwickeln. Laing folgerte daraus, die Massenmedien seien nicht der Ort eines kulturellen Pluralismus, sondern vielmehr einer kulturellen Auseinandersetzung: Wenn die kapitalistische Organisation der Kulturproduktion nicht allein bestimmend war, dann konnten sowohl Künstler als auch Publikum um die Kontrolle über die Bedeutung der kulturellen Symbole kämpfen. Benjamins Ausgangspunkt rückte wieder ins Blickfeld: erst die technologische und vergesellschaftete Grundlage der Massenmusikproduktion machte den kulturellen Kampf möglich.

Diese Überlegungen standen hinter den radikalen Ansprüchen des Rock in den 60er Jahren und hinter den politischen Forderungen der bewußteren Punks in den späten siebzigern. Die Vorstellung war, daß bestimmte Bereiche der Popmusik in bestimmten Situationen mehr ausdrückten als nur die Profitkultur und mehr beinhalteten als nur Konsumideologie.

Rock als Volksmusik

Die Unterscheidung von Massen- und Volkskultur war immer sehr wichtig für die Kritiker der Massenmedien, und diese Kritiker verstehen Masse und Gemeinschaft, vereinzelten Konsum und kollektives Schaffen, Entfremdung und Solidarität, Passivität und Aktivität immer als Gegensätze. Auch die Ideologie der ursprünglichen Volksmusikbewegung Ende des 19. Jahrhunderts ging von eben diesen Gegensätzen aus. Sir Hubert Parry äußerte sich folgendermaßen über die Volksmusik:

> Sie wuchs in den Herzen der Menschen, bevor diese anfingen, sich so ausdauernd dem schnellen Geldverdienen zu widmen; sie wuchs, weil die Menschen gerne Musik machten und Freude hatten an dem, was sie machten. Nur so kann gute Musik entstehen.[5]

Eine «Volks»-Kultur entsteht demnach unmittelbar und spontan aus der gemeinsamen Erfahrung; sie ist die Kultur der arbeitenden Klassen und drückt die gemeinsamen Erfahrungen der Arbeit aus. Hier gibt es keine Trennung von Produktion und Konsumtion. A. L. Lloyd formulierte das folgendermaßen: «Die Hauptsache ist, daß die Lieder von Menschen gemacht und gesungen werden, die hinsichtlich Stellung, Beruf, Lebensgefühl und Alltagserfahrung mit ihren Zuhörern identisch sind.»

Die «Volksmusik»-These lautet, daß diese Form der gemeinschaftlichen Kreativität – «echt, natürlich, Musik ‹in Reih und Glied›», wie Dave Harker es ausdrückt – durch die Mittel und Bedingungen der künstlerischen Produktion im Kapitalismus zerstört worden ist. Kulturwaren werden heute aus Profitinteresse produziert und verkauft, und die damit verbundenen Prozesse der Geschmacksmanipulation und der künstlerischen Ausbeutung werden erst durch die neuen Aufnahmetechniken ermöglicht: Diese Musik kann massenhaft produziert und individuell konsumiert werden. Im Gegensatz dazu pflegen die «Folkies» die Tradition der Live-Darbietung, und die direkte Verbindung von Künstler und Zuhörer wird nicht einmal durch elektrische Verstärkung unterbrochen – Bob Dylan wurde auf dem Newport Folk Festival allein deswegen ausgebuht, weil er elektrisch verstärkte Instrumente benutzte.

Unbeeindruckt von diesen Argumenten behauptet Jon Landau, der Rock 'n' Roll sei

> eindeutig eine Form der Volksmusik. Diese Musiker brachten (innerhalb der von den Medien gesetzten Grenzen) Einstellungen, Stilrichtungen und Gefühle zum Ausdruck, die direkt ihre eigenen Erfahrungen und die gesellschaftlichen Bedingungen, von denen diese Erfahrungen mit bestimmt wurden, widerspiegelten.[6]

Greil Marcus meint, Rock 'n' Roll sei das «Geheimnis» gewesen, das eine ganze Generation zusammenhielt und von ihren Eltern kulturell unabhängig machte; Robert Christgau behauptet, die Musik sei eine Quelle für Solidarität gewesen. Für diese beiden Autoren waren es nicht die Texte des Rock 'n' Roll (die zahlreichen Teenager-Themen), die ihn zu einer echten Ausdrucksform der Jugendlichen machten, sondern vielmehr der Beat: Rock 'n' Roll wurde zur Volksmusik, weil er Tanzmusik war; er gab der Energie derjenigen, die ihn benutzten, eine symbolische Form.

Weiter wird behauptet, es gäbe keine Distanz zwischen Rock 'n' Roll-Musikern und ihren Fans. In Landaus Worten: «Es gab eine enge Verbindung zwischen Künstler und Publikum, eine natürliche Verwandtschaft, das Gefühl, daß die Stars nicht von oben aufgezwungen wurden, sondern aus den eigenen Reihen stammten. Wir konnten uns ohne Schwierigkeiten mit ihnen identifizieren.» Und es war die mit dem Rock 'n' Roll verbundene Technologie – insbesondere das Radio – die es ihm ermöglichte, seinem weit verstreuten Publikum ein Gefühl von Gemeinschaft zu vermitteln. Marcus formuliert das folgendermaßen:

> Wir kämpfen uns unseren Weg durch den vermaßten und eingeebneten kollektiven, sicheren Geschmack von Top 40, stets auf der Suche nach einem kleinen Etwas, das wir unser eigen nennen können. Aber wenn wir es finden und am Radio hängen, um es wieder und wieder zu hören, gehört es nicht mehr uns allein – es stellt eine Verbindung zu Tausenden anderer her, die es mit uns teilen. Für einen einzelnen Song bedeutet das vielleicht sehr wenig; als Kultur, als «Way-of-Life», ist es unbezwingbar.[7]

Wilfred Mellers ist der Auffassung, die Langspielplatte habe «das Ritual aus dem Tempel oder aus dem Theater überall dahin verlagert, wo sich zwei oder drei Leute zusammenfinden.» Rockkultur ist nicht beschränkt auf festliche Anlässe, sondern sie gehört ohne jede «Aura» zum Bestandteil des Alltags. Das Rockpublikum ist keine passive Menge, die Platten konsumiert wie Cornflakes, sondern eine aktive Gemeinschaft, für die die Musik ein Symbol der Solidarität ist. Dieses Publikum ist nicht manipuliert, sondern es trifft eine echte Wahl; und die Musik zwingt ihm keine Ideologie auf, sondern – so Marcus – sie «absorbiert Ereignisse», sie absorbiert die Interessen und Werte ihrer Zuhörer.

Diese These, daß Rockmusik die Volkskunst einer neuen Art von Jugendbewegung sei, war bereits gegen Ende der 60er Jahre zum Klischee geworden – sie bildete unter anderem den Grundgedanken des Buches «The Story of Rock» von Carl Belz, der ersten wissenschaftlichen Auseinandersetzung mit dieser Musikform. Das Problem dieser Argumentation lag in ihrer Zirkelhaftigkeit: Die Musik war eine neue Form der Volksmusik, weil ihr Publikum eine echte Gemeinschhaft bildete, aber diese Gemeinschaft entstand nur durch den gemeinsamen Gebrauch dieser Musik. Nur so läßt sich auch das inhaltsleere Schlagwort von der «Woodstock Generation» verstehen. Der einzige Ausweg aus diesem Zirkel führte über eine unabhängige Definition der Rock-Gemeinschaft, und hier gab es zwei unterschiedliche Positionen: Entweder man betrachtete Rock als Jugendkultur, als Musik der Gemeinschaft von Teenagern, oder man betrachtete ihn als Gegenkultur, als die Musik spezieller, progressiver Gruppen von Jugendlichen.

Der erste Standpunkt war – im Sinne der «Volksmusik»-Argumentation – ziemlich begrenzt. Die Bedeutung der Rockmusik wurde aus den allgemeinen Bedürfnissen und Interessen der Teenager abgeleitet; die Musik war demnach Ausdruck des allgemeinen Vergnügens, der Aufregungen, Ängste und der Sexualität von Teenagern. Die Schwierigkeit bestand aber nicht darin, die allgemeine Bedeutung der Rockmusik für junge Leute zu begründen, sondern vielmehr darin, Kriterien für die ausgesprochene Authentizität bestimmter Rockplatten zu finden, und in dieser Hinsicht war die Klassifizierung als *Volks*-Kultur der Teenager nicht überzeugend: Jugend selbst bildet noch keine Gemeinschaft. Darüber hinaus handelt Rockmusik primär von Freizeit und nicht von Arbeit, und die Künstler selbst sind Stars, die sich in bezug auf Status, Einfluß und Lebensbereich von ihrem Publikum stark unterscheiden – einem Teenagerpublikum, dem die Musik zur Unterhaltung dient. Die allgemeine Relevanz der Rockmusik für die Jugend und ihre Bedeutung als Massenmedium für Teenager machen sie weniger zu einer Volkskultur als vielmehr zu einer Populärkultur. Im nächsten Kapitel werde ich auf diesen Sachverhalt näher eingehen.

Der zweite Standpunkt war schon überzeugender. David Riesman hatte 1950 unter den amerikanischen Jugendlichen eine Minderheit ausgemacht, die das Bild der Jugend, das die Massenmedien eben dieser Jugend vorsetzten, nicht einfach übernehmen wollte. Riesman meinte, «eine solche ‹Jugendbewegung› unterscheidet sich von den Jugendbewegungen anderer Länder insofern, als sie sich nicht selbst als Bewegung versteht, als sie kein direktes politisches Bewußtsein von sich selbst hat und im großen und ganzen keine eigenen Kommunikations-Medien besitzt». Aber diese Einschätzung traf in den 60er Jahren nicht mehr zu: Die rebellierende Jugend hatte durchaus Selbstbewußtsein entwickelt, sie artikulierte sich politisch und sie begann, ihre eigenen Medien und Ausdrucksformen zu entwickeln. Es waren die Hippies, die den neuen «Folk»-Anspruch verkörperten, Rockmusik sei Gegenkultur. Dieses Verständnis der Rockmusik fußte auf einer Analyse der Bedingungen, unter denen die Musik produziert und konsumiert wurde, und es war für das Selbstverständnis der Gegenkultur wichtig, daß die Rockmusiker ein Teil der Gemeinschaft blieben, für die sie Musik machten, und daß ihre Kunst bewußter Ausdruck der gemeinsamen Vorstellungen war. Diese Musik war nicht Volksmusik *trotz* des Kommerzes, sondern Volksmusik *im Gegensatz* zum Kommerz, und man ging davon aus, daß die Stellung der Musiker als Repräsentanten ihrer Gemeinschaft durch deren Verbindung mit der kapitalistischen Organisation der Schallplattenindustrie gefährdet sei.

Es wird argumentiert, daß die Gegenkultur-Musik die Interessen derjenigen Gruppen der Jugend repräsentiert, der die Musiker selbst angehören. Diesen Anspruch erhoben die Punk-Musiker in den 70er Jahren genauso wie die Hippies in den 60er Jahren. Schwierig wird es immer erst dann, wenn diese «authentischen» Musiker kommerziellen Erfolg haben und man ihnen vorwirft, sie würden sich «verkaufen». Von der Technologie hingegen, die mit der Rockmusik verbunden ist, ging eine andere Wirkung aus: Verstärkertechnik und Aufnahmetechnik bewirkten immer größere Kontrolle durch Geschäftsleute. Solange die Künstler nur lokal begrenzt und live auftreten, bleiben sie mit ihrer Gemeinschaft verbunden und teilen dieselben Werte und Bedürfnisse; aber sobald sie Schallplatten aufnehmen, sind sie den Zwängen des Marktes ausgesetzt und verwandeln sich in «Rock 'n' Roll-Imperialisten», die nationale und internationale Verkaufserfolge anstreben. Die neue «Gemeinschaft» der Schallplatten-Musiker wird also, kurz gesagt, durch Konsummuster definiert.

Diese These impliziert, daß Rock-Musik nur in bestimmten Situationen als Gegenkultur fungiert. Es gibt zwar kreative Durchbrüche, in denen die Musik die wahren Bedürfnisse wirklich zusammengehöriger Gemeinschaften verkörpert, aber es dauert meistens nicht lange, bis die Industrie die Kontrolle übernimmt und die Resultate verfälscht. In der Tat hat die Verwechslung von Gegenkultur-Ideologie und Jugendideologie diese Bemühungen der Plattenfirmen nur noch begünstigt. Michael Lydon sagte dazu Ende der 60er Jahre:

Im Grunde ist Rockmusik weniger ein Beispiel dafür, wie man innerhalb des kapitalistischen Systems Freiheit erreichen kann, als vielmehr dafür, wie leicht es der Kapitalismus hat, diejenigen zu täuschen, die er unterdrückt ... Die Rockindustrie hat den Glauben an eine bevorstehende Machtübernahme durch eine progressive Jugend so erfolgreich bestärkt, daß die wahre politische Stärke der Rockmusik, die immer neue Thematisierung der vielfältigen Frustationen der Jugend, verdrängt und geschwächt wurde.[8]

Ein Jahrzehnt später entstand aus dem ausdrücklichen Bemühen, die weitreichenden Auswirkungen jugendlicher Frustrationen genauer zu artikulieren, der Punk-Rock, aber auch hier schien die zunehmende Kommerzialisierung die These zu bestätigen, daß Rockmusik nur für kurze Zeit in der Lage ist, die Werte bestimmter Gruppen zu repräsentieren. Mit anderen Worten, Rockmusik ist nur selten eine Volksmusik – ihre kulturelle Bedeutung gehorcht anderen Gesetzen.

Rockmusik als Kunst

Als in den 70er Jahren die Idee einer Gegenkultur ihre Kraft verlor und zu einem bloßen Werbeslogan wurde, ging man immer mehr dazu über, den besonderen Charakter der wirklich guten Rockmusik unter dem Aspekt von Kunst anstatt von Gemeinschaftsbezogenheit zu betrachten.

Die Unterscheidung von Kunst und Massenkultur basiert auf der Trennung zwischen individueller Sensibilität und Massengeschmack, zwischen «Bereicherung» und «Flucht». So behauptet beispielsweise Wilfred Mellers, Unterhaltung sei nichts weiter als eine Imitation von Erfahrungen, ein bloßer Ersatz. Popmusik vermittelt ihrem Publikum zwar eine gewisse Erregung, aber ihr fehlen «Engagement und Bedrohung». Im Gegensatz dazu beinhaltet Rock-Kunst komplexe symbolische Strukturen, die direkt aus den Erfahrungen der Musiker erwachsen und für das Publikum eine echte Herausforderung darstellen.

Die Analyse der Rock-Kunst wirft zwei Probleme auf. Zum einen wird Rockmusik, ebenso wie andere Kunstwerke im Zeitalter der technischen Reproduzierbarkeit, nicht von individuellen Künstlern unmittelbar für ihr Publikum gemacht: Die Herstellung von Schallplatten beinhaltet ein kompliziertes System von Menschen und Maschinen. Darum sahen die Rockkritiker die Notwendigkeit, eine eigene Version der «Auteur»-Theorie zu entwickeln. So nimmt zum Beispiel Jon Landau für sich in Anspruch: «Für mich ist das Kriterium für Kunst in der Rockmusik die

Fähigkeit des Musikers, eine persönliche, beinahe private Welt zu schaffen und vollständig auszudrücken.»

Der Rock-«Auteur» (sei er Komponist, Sänger, Instrumentalist, Gruppe, Plattenproduzent oder gar Toningenieur) erschafft die Musik; alle anderen an der Plattenherstellung Beteiligten sind lediglich Bestandteil des Kommunikationsmittels. Für viele Fans war es gerade dieses Konzept des individuellen Schaffens, das die Rockmusik aus anderen Formen der Massenmusik heraushob. Die Beatles schrieben ihre eigenen Songs und waren dadurch sowohl ideologisch als auch ökonomisch nicht mehr von Tin Pan Alley abhängig, und in den 70er Jahren war es zur Routine geworden, Kunst mit «persönlicher Aussage» gleichzusetzen. Selbstbewußtsein wurde zum Maßstab für den Kunstwert von Schallplatten; künstlerische Erkennungszeichen waren Offenheit, musikalische Phantasie und die Verwendung von Ironie und Paradoxie: Diese reflektierte Haltung machte den «Auteur» in der großen Maschinerie sichtbar. Der versierte Zuhörer zeichnete sich dadurch aus, daß er in der Lage war, einen Künstler trotz seiner kommerziellen Verpackung zu erkennen; und das genau wurde die Aufgabe der Schallplattenkritik.

Die zweite Schwierigkeit in bezug auf den Kunstanspruch der Rockmusik lag darin, daß sie stets ihre Unterhaltungsfunktion behielt. Unterhaltungskünstler sind nicht an einer «Vervollkommnung» oder «Belehrung» ihres Publikums interessiert; ihre Musik stellt keine großen Ansprüche, während wahre Kunst zum Nachdenken zwingt. Eine Lösung dieser Schwierigkeit lag darin, auch bei der Rockmusik die Anforderungen an die Zuhörer zu erhöhen, indem man komplizierte Strukturen verwendete – sei es durch Nachahmung der klassischen Musik bzw. des Jazz, sei es durch Verlagerung des Schwergewichts von der Live-Darbietung auf die Komposition und entsprechend durch Verlagerung des Publikums vom Tanzboden in die Konzerthalle. Die Zuhörer betonten immer stärker die Tatsache, daß der bloße unmittelbare Genuß der Musik ihre Bedeutung keineswegs erschöpfte: Man konnte nicht mehr einfach nur seinen Spaß an der Musik haben, sondern man mußte sich mit ihr wie mit anderen Kunstwerken auseinandersetzen, auf ihre Spannungen und Widersprüche eingehen und sie interpretieren. Dave Harker meint dazu, Bob Dylan sei deswegen ein Rock-Künstler gewesen, weil man «die Bedeutung seiner Songs aus den eigenen Erfahrungen heraus nachvollziehen» mußte. Dylan war nicht einfach konsumierbar, weil man «diese Songs *selbst* erarbeiten mußte».

Diese Auffassung von Schallplatten als Ergebnis der harten Arbeit der Rock-«Auteurs» hat den Nachteil, daß sie nur geringen Erklärungswert hat, und die Vorstellung von den individuell schaffenden Künstlern wurde bald von der «Maschinerie der Star-Produktion» übergeschluckt (auf diesen Aspekt der Rock-Ideologie ließen sich am einfachsten Argumentationen gründen). Tatsächlich sind alle musikalischen Werke gesellschaftliche Produkte, und Rockmusiker stehen genau wie andere Massenkünstler unter dem ständigen Druck, ihre Position zu verteidigen, indem sie ihrem Publikum immer wieder die gleiche Musik bieten, der sie ihre Beliebtheit verdanken. Es gibt also einen permanenten Widerspruch zwischen dem «Künstler», der nur seiner eigenen Phantasie verantwortlich ist, und dem Star, der seinem Publikum verantwortlich ist.

Für die Anhänger der Rockmusik-als-Kunst wurde es immer schwieriger zu erklären, wie ihre erwählten Musiker/Künstler angesichts dieser Marktzwänge ihre Kreativität aufrechterhalten konnten. Es wurde deutlich, daß eben dies den meisten nicht gelang: Das Schicksal der Folkies, vom kreativen Durchbruch bis zur Kommerzialisierung, ereilte auch die Rock-«Künstler». Der Kunstanspruch der Rockmusik basiert nicht auf der kulturellen Erscheinung selbst, sondern auf den Leistungen einer Handvoll einzelner Persönlichkeiten, die *trotz* ihrer Kulturproduktion Künstler bleiben. Die meisten Rockmusiker unterscheiden sich dagegen nicht von der Mehrzahl der übrigen Unterhaltungskünstler: Sie sind immer bestrebt, einem bestimmten Publikum das zu bieten, was es ihrer Meinung nach hören will, und wenn dieser Markt eben nach Künstlern verlangt, dann werden Künstler geliefert. Robert Levin sagt dazu:

> Die Rockmusik verdankt ihre Überlegenheit gegenüber vorangegangenen Formen der populären Musik ausschließlich der Tatsache, daß sie in einer Periode erweiterten und geschärften gesellschaftlichen, politischen und psychologischen Bewußtseins entstanden ist – einer Periode, die «bewußte» und relevante Populärmusik möglich und notwendig macht.[9]

Wir sind wieder bei der Rockmusik als Populärkultur angelangt, diesmal allerdings nicht als Populärkultur von Teenagern, sondern von intelligenten und individualistischen Jugendlichen in Vorstädten und Colleges. Diese jungen Leute mögen vielleicht Disco und die «geistlose Popmusik» der Teenager verachten, und sie haben vielleicht ihre Starposter gegen LP-Hüllen und ihre Tanzschuhe gegen Kopfhörer vertauscht, aber die Musik auf ihrem Plattenteller ist immer noch das Produkt derselben kommerziellen Plattenindustrie.

Die Frage, die diesem Kapitel zugrunde liegt, ist sehr einfach: Wann ist ein Produkt der Massenkultur gut oder schlecht? Der Streit geht also um Beurteilungskriterien. Die Kritiker der «gehobenen Kunst» schreiben oft so, als ginge es ihnen ausschließlich um ästhetische Kategorien, aber die Kritiker der Massenkultur können die gesellschaftliche Grundlage einer jeden kulturellen Bewertung nicht übersehen: letztlich entscheidet die *Wirkung* eines Kulturprodukts. Wirkt es befreiend oder repressiv? Ist es eskapistisch oder lehrreich? Dabei ist das ästhetische Problem – die Frage, wie der Text seine Wirkung erzielt – von zweitrangiger Bedeutung. Die Aufgabe bei der Beurteilung eines Rockmusikers oder einer Schallplatte (und nichts anderes tun all jene, die täglich mit dieser Musik umgehen) besteht darin, Künstler und Produkt anhand einer allgemeinen Vorstellung von den Möglichkeiten und Potenzen der Rockmusik einzuordnen. Ich habe in diesem Kapitel zu zeigen versucht, daß der positive Anspruch der Rockmusik, Volkskunst oder gehobene Kunst zu sein, sich darauf bezieht, was die Musiker *trotz* ihrer Einbindung in ein Massenmedium zu leisten fähig sind. Das bedeutet, daß die meisten Pop-Erzeugnisse keinen kulturellen Wert besitzen, und je mehr Rockfans von dem besonderen künstlerischen Rang «ihrer» Künstler überzeugt sind, desto hochmütiger sehen sie auf das bloße Vergnügen herab, das die übrigen Konsumenten der Pop-Musik empfinden.

Diese Einstellung läßt jedoch eine wichtige Frage unbeantwortet: Welche Ausdrucksmöglichkeiten *eröffnen* sich den Musikern (oder musikalischen Gemeinschaften) durch die Tatsache, daß Rockmusik ein Massenmedium ist? Die allgemeine kulturelle Bedeutung der Rockmusik liegt schließlich darin, daß ihre Botschaften *nicht* auf spezielle Volksgruppen oder Künstlercliquen beschränkt sind.

Kapitel 3
Die Ideologie der Rockmusik

Die zentrale Frage aller Medienuntersuchungen betrifft Ideologie. Welche ideologische Funktion haben die Verschiedenen Medien? Worin liegen ihre ideologischen Wirkungen und wie werden sie erzielt? Dabei steht das Konzept der Sinnstruktur im Mittelpunkt: Wie organisieren die verschiedenen Medien die *Bedeutungen*, die ihren Inhalt und Hintergrund bilden?

«Realistische» Theorien gehen davon aus, daß die Medien einen bestimmten Grad an Transparenz aufweisen: ihre Darstellungen zeigen die Realität wie durch ein Fenster oder wie in einem Spiegel; sie sind in dem Maße ideologisch, wie sie unecht sind, und das wiederum läßt sich im Vergleich mit nicht-ideologischen Darstellungen, mit Erfahrungen feststellen. Die politische Fragestellung lautet: Warum verzerren Medien die Realität? Die Antwort auf diese Frage findet sich nicht in dem Charakter der Medien (den man nur untersucht, um den Mechanismus der Verzerrung zu studieren), sondern bei denjenigen, die Medien kontrollieren. Es gibt verschiedene Grade von Kontrolle – von direkter Zensur bis zum unbestimmten «Gefühl» der Medienfachleute –, aber alle haben die gleiche ideologische Wirkung: Sie führen zu einem verzerrten Bild von der Welt. Der Weg zur Veränderung dieser Medienbotschaft führt über die Eroberung der technischen Mittel zur Erzeugung dieser Botschaft, d. h. über die Inbesitznahme der Maschinen. Ideologie ist eine Frage von Inhalt und Kontrolle; die Medien vermitteln nur die Botschaften, die ihnen eingegeben werden.

«Formalistische» Theorien konzentrieren sich demgegenüber auf die formalen Aspekte der Sinnstruktur. Sie gehen davon aus, daß die Medienbilder die Realität nicht spiegeln oder nachahmen, sondern konstruieren. Die Medien sind ihrem Wesen nach Bedeutungsstrukturen, die uns in ein ideologisches Bild von der Welt einbinden. Schon die Vorstellung, wir könnten dieses Bild auf Grund unserer Erfahrungen beurteilen, beruht auf «einem ideologischen Effekt der realistischen Theorie». Die Form hat, unabhängig davon, in wessen Besitz sie sich befindet, immer die gleiche ideologische Wirkung, und das politische Problem liegt demzufolge weniger in der Frage, wie ein neutraler Produktionsprozeß kontrolliert werden kann, als vielmehr in der Art und Weise, wie Bedeutungsstrukturen gelesen werden sollen. Es handelt sich nicht um eine Frage des Zugangs, sondern um eine Frage der Bedeutung. Die ideologische Wirkung beruht auf der Wechselbeziehung zwischen Medientexten und ihren Lesern, nicht aber zwischen Medienbildern und der Realität.

Kulturtheoretiker stehen immer wieder vor dem Problem, allgemeine Ideologietheorien auf die Strukturen konkreter Medien anzuwenden. So ist es ganz offensichtlich sehr schwer, Musik in semiologischen Begriffen zu beschreiben. Die meisten kulturbezogenen Theorien waren das Werk von Literaturkritikern und insofern für Musikkritiker nicht unbedingt sofort brauchbar, sofern man nicht Musik auf Songs und Songs auf Texte reduzieren wollte. Und gerade weil die Bedeutung der Musik nicht augenfällig ist, stellt das Problem ihrer Kontrolle eine sehr viel kompliziertere Frage dar als beispielsweise bei den Strukturen des Fernsehens. Zwar versucht der Staat, die musikalische Kommunikation zu kontrollieren – so werden in England zum Beispiel Platten von Rundfunksendungen und bestimmte Gruppen von städtischen Konzertsälen ausgeschlossen –, aber diese Kontrolle ist nur begrenzt wirksam (*Anarchy in the UK* wurde trotzdem ein Bestseller), und die Kritik richtet sich sowieso meistens gegen den Text oder gegen visuelle Elemente: Der subversive Charakter der Musik selbst läßt sich nicht ohne weiteres nachweisen.

Es ist also genauso schwierig festzustellen, wie musikalisch ‹Texte› wirken oder darstellen, wie Strukturen bei der Entstehung von Musik oder bei ihrer Kontrolle ausfindig zu machen. (Wem gehören denn die Produktionsmittel der Musik – den Musikern? Den Plattenfirmen? Dem Rundfunk?) Radikale Musikkritiker der Rockmusik beschäftigen sich in der Regel nicht mit Problemen von Form und Inhalt, sondern ausschließlich mit der Produktion und Konsumtion der Musik. Sie gehen entweder davon aus, daß die ideologische Bedeutung der Musik in der Art und Weise ihrer kommerziellen Produktion, also in ihrem Warencharakter, liegt oder sie nehmen an, daß die Konsumenten aus den angebotenen Waren ihre eigenen Bedeutungen konstruieren.

Wir haben also gesehen, daß Produktion und Konsumtion im Mittelpunkt der Massenkultur-Debatte stehen. Die Frankfurter Schule argumentierte, daß die Produktion von Musik als Ware ihre kulturelle Qualität bestimmt, daß die Standardisierung der Musik der Ausgangspunkt ihrer ideologischen Wirkung ist. Nach Adorno ermöglichte erst die Technologie der Massenproduktion die Unterwerfung der künstlerischen Kreativität unter das «Diktat des Kapitals», und die Popularität der Massenmusik war mit psychologischen Begriffen erklärbar: Die Lust an der Massenkultur ist die Lust an einer speziellen Form der Konsumtion – der passiven, endlos wiederholten Bestätigung der «real existierenden Welt». Massentexte erfüllen ihre ideologische Funktion, indem sie eine *Illusion* von Realität erzeugen. Die Konsumenten «erleben» Massenkunst so, als würden sie sich selbst etwas aneignen, aber in Wahrheit gibt es keine Möglichkeit, individuelle Bedeutungen zu konstruieren: Subjektivität ist in diesem Zusammenhang auf die reine Marktentscheidung reduziert.

Die Schwäche dieser Argumentation liegt in dem zugrundeliegenden Verständnis von Konsumtion, in der Reduzierung eines komplizierten gesellschaftlichen Prozesses auf einen psychologischen Effekt. Walter Benjamins positive Einschätzung der mechanischen Reproduktion basierte auf der These, die künstlerische Autorität von Kunstwerken sei durchbrochen und ihre Bedeutung damit eine Streitfrage geworden: Die ideologische Bedeutung der Massenkultur werde im Konsumtionsprozeß bestimmt, und die Aneignung bestimmter Werke durch bestimmte Hörergruppen sei eher ein politischer als ein psychologischer Prozeß. (Die Frage, wie diese Werke auf den Markt kamen, war von geringerem Stellenwert; Benjamin selbst betrachtete die Massenkommunikationsmittel im technologischen Sinne eher als neutral.)

Kritische Untersuchungen der Popmusik gehen immer noch von den Positionen Adornos und Benjamins aus. Die Adorno-Schule erstellte Analysen der Unterhaltungsökonomie, in denen die ideologischen Wirkungen der kommerziellen Musik – die Verwandlung eines aktiven Volkes in eine passive Masse – stillschweigend vorausgesetzt wurden (wie beispielsweise in der Untersuchung der amerikanischen Musikindustrie durch Chapple und Garafalo). Aus den benjaminschen Richtung kamen Theorien der Subkultur, Beschreibungen des Kampfes um Zeichen: Es wird behauptet, daß die Subkulturen der Jugend ihre eigenen Bedeutungen erzeugen, daß sie in ihrem Konsumtionsverhalten eigene Kulturen *schaffen*. Das Problem besteht demnach darin, das Verhältnis von kommerzieller und kultureller Funktion der Rockmusik zu bestimmen.

Populärkultur

Manfred Mann hat einmal gesagt, «je mehr Leute eine Platte kaufen, um so erfolgreicher ist sie – nicht nur in kommerzieller, sondern auch in künstlerischer Hinsicht». Die ideologische Macht der populären Musik entsteht also mit ihrer Popularität. Musik wird zur Massenkultur, wenn sie in das Bewußtsein der Massen eindringt, wenn sie zur gleichen Zeit im Radio und auf dem Plattenspieler, in den Musikboxen der Kneipen und Cafés, in Discos und auf Partys gehört wird. Massenmusik ist konservierte Musik, und Schallplatten, die sich nicht verkaufen und somit nicht populär werden, dringen auch nicht in das Bewußtsein der Massen ein – ganz gleich, wie groß künstlerischer Anspruch, ihre Authentizität und ihre musikalische Bedeutung ist. Rock ist ein Massenmedium, und deshalb gehen alle Versuche, seine Produkte als Volksmusik oder als Kunst zu beanspruchen, am Problem vorbei. Der ideologische Einfluß einer Schallplatte wird vom Marktgeschehen bestimmt.

Die Kritiker der Massenkultur behaupten, wer den Markt kontrolliert, der kontrolliert auch die Inhalte, und das Massenpublikum sei für das kulturelle Schaffen irrelevant, weil sogar seine Marktentscheidungen manipuliert seien. Auf Rockmusik scheint das allerdings nicht ganz zuzutreffen. Der größte Teil der Musik, die auf den Massenmarkt geworfen wird, erreicht ihre Konsumenten gar nicht, und die Musikindustrie hat dauernd mit dem Problem der Überproduktion zu kämpfen: Ihr Hauptproblem besteht nicht darin, Nachfrage zu erzeugen, sondern auf sie zu reagieren. Nur wenige Plattenfirmen haben genügend Kapital oder Mut, um neue Bedürfnisse zu wecken, und die Plattenindustrie hat ihr Geld immer damit verdient, daß sie auf unabhängig von ihr selbst entstandene Bedürfnisse eingeht. Der Punk-Rock ist ein Beispiel für eine Musikrichtung, die von Musikern und Hörern außerhalb des normalen Geschäftsbereichs der Plattenindustrie entwickelt wurde, und erst als die Marktchancen gesichert schienen, wurde sie von der Musikindustrie übernommen und ausgebeutet. Ganz allgemein läßt sich sagen, daß die Rock-Industrie auf der Entdeckung zweier großer neuer Märkte basiert: dem Markt der Jugendlichen aus der Arbeiterklasse in den 50er Jahren und dem Markt der Mittelklasse-Jugend in den 60ern. Die Industrie mußte erst lernen, mit diesen Publikumsgruppen und ihren Bedürfnissen umzugehen, und ihre Produkte wurden viel mehr von Geschmack und Auswahl der Jugendlichen bestimmt als umgekehrt.

In den Augen der Kritiker hat Popmusik immer die gleiche psychologische Funktion, und deswegen ist jede Auswahl, die innerhalb dieser Musik getroffen wird, unbedeutend und spiegelt lediglich die Konkurrenzüberlegungen der Produzenten und die regellose Irrationalität der Konsumentscheidungen wider. Aber wenn die Macht der populären Musik in ihrer Popularität liegt, dann ist die Auswahl, die die Käufer treffen, sehr wohl wichtig. In ihr manifestiert sich die Unterscheidung von Massenkultur – deren Ideologie mit den Begriffen Produzentenreiz/Publikumsreaktion vollauf erklärt werden kann – und Populärkultur – deren Ideologie auch das Ergebnis wirklich populärer Einstellungen und Werte ist. Rock ist ein kapitalistischer Industriezweig und nicht eine Volkskunst, aber seine erfolgreichsten Produkte sind irgendwie Ausdruck und Spiegelung der Interessen des Publikums.

Greil Marcus schreibt in seinem Buch «Mystery Train» – dem konsequentesten und differenziertesten Versuch, Rock als Populärkultur zu analysieren –, daß Rockmusik, genau wie jede andere Form der Massenkultur, die Funktion hat, einem Publikum, das durch die Erfahrungen des

Konkurrenzkapitalismus fragmentiert wird, ein Gefühl von Gemeinschaft zu geben. Der größte Teil der Massenkultur macht sich diese Aufgabe sehr leicht; da wird das Amerikaner-Sein oder Engländer-Sein zur eintönigen und weit verbreiteten Akzeptieren der Lüge, daß alles prima ist, so wie es ist. Nach Meinung von Marcus kann Massenkultur nur dann zur Kunst werden, wenn sie zum Träger unkonventioneller Visionen wird, die so stark sind, daß auch der Massenkonsum sich nicht vor ihnen verschließen kann. Die größte Sorge der Populärkünstler ist folgende: «Wenn du das, was du zu sagen hast, einem Massenpublikum auch wirklich vermitteln kannst, so würde das bedeuten, daß das, was du sagst, nicht tiefsinnig oder wesentlich genug ist, um wirklich von Bedeutung zu sein.»

Diese Sorge beschäftigt auch die Kulturkritiker, aber Marcus sagt weiter, daß die Massenmedien durchaus beunruhigende Wahrheiten verbreiten und somit zum Vehikel für eine populäre Kunst werden können, wenn sie die im Bewußtsein der Massen bereits vorhandenen beunruhigenden und wesentlichen Vorstellungen aufgreifen und auf sie eingehen. Rockmusik ist in dem Maße Populärkunst, in dem sie Widersprüche ausdrückt und symbolisch verarbeitet, und für Marcus ist von besonderer Bedeutung, wie amerikanische Rockmusik die Ideologie der Gleichheit verarbeitet – eine Ideologie, die in besonderer Weise mit Widersprüchlichkeiten beladen ist, denn das Ideal der Gleichheit widerspricht nicht nur der alltäglichen Erfahrung, sondern es trägt selbst einen Widerspruch in sich: Gleichheit steht im Gegensatz zu jeglichen Ambitionen und zu dem persönlichen Gefühl, für die Gemeinschaft von Bedeutung zu sein, und sie verstärkt die kollektiven Vorurteile, die den weniger Gleichen ihr persönliches Versagen noch deutlicher machen. Eben diesen Widerspruch sieht Marcus in der erfolgreichsten Rockmusik verkörpert: Auf der einen Seite Ehrgeiz und Risikobereitschaft, ein Sinn für Lebensstil und Abenteuer, die Weigerung, sich abzufinden; auf der anderen Seite ein Gefühl für Ursprung und Geschichte, eine Abhängigkeit von Gemeinschaft und Tradition, das Akzeptieren des eigenen Schicksals. Die zentrale Figur für die amerikanische Populärkultur ist Elvis Presley, der ein schönes Leben anstrebt und sein Ziel auch erreicht, und dem alles viel zu leicht in den Schoß fällt. Mit der Entwicklung vom Rock 'n' Roll zur Rockmusik und mit dem Eindringen dieser Musik in immer weitere Kulturbereiche der weißen Jugend, gewann die spannungsgeladene Verbindung von Unzufriedenheit und Schuldgefühl den Charakter eines weniger zwingenden Widerspruchs zwischen Utopie – Kalifornien als gelobtes Land – und Zynismus – Kalifornien als letzte Ruhestätte der toten Seelen.

Marcus geht davon aus, daß man aus den Kulturwaren durchaus kulturelle Bedeutung entwickeln kann, aber eine Frage bleibt unbeantwortet: Wie frei kann eine solche «Entwicklung» sein? Wo sind die Grenzen der Rockmusik als Text (nicht als Ware), als Zeichensystem mit eigenen Regeln und Beschränkungen? Und damit sind wir wieder bei den Problemen, die ich im 2. Kapitel diskutiert habe, nämlich bei der Frage nach der Musik selbst, nach Form und Inhalt (und nicht nach Produktion und Konsumtion).

Die Schwierigkeit besteht darin, daß musikalische Texte sehr «fließend» sind. Das ist einer der Gründe, warum die Diskussion um Rockmusik als Ware in einer Sackgasse steckt: Die Bedeutungen wandeln sich so schnell, daß beide Seiten immer im Recht zu sein scheinen. So veränderte sich die Reaktion auf Elvis Presley, auf die Rolling Stones und die Sex Pistols sehr schnell vom Schock zur Nostalgie, und unterschiedlichen Hörergruppen dient die Musik zu unterschiedlichen Zwecken: ein und dieselbe Platte läßt sich einmal gemeinschaftlich (als Tanzmusik), zum anderen aber auch individuell (als gekaufte Ware) konsumieren. Die Bedeutung der Musikkonsumtion stellt sich als Resultat eines Prozesses dar, bei dem die Bedeutung des Textes selbst und die spezifische Struktur der Klänge, weder gleichbleibend noch bestimmend ist, sondern vielmehr eine Vielzahl von Kontext-Fragen beinhaltet – Fragen nach dem Charakter von Unterhaltung und musikalischem Vergnügen. Diese Frage werde ich eingehender am Beispiel der jüngsten radikalen Entwicklung der Rockmusik, dem Phänomen des englischen Punk-Rock, diskutieren.

Das Beispiel des Punk-Rock

Als der Punk-Rock 1977 zum erstenmal öffentlich in Erscheinung trat, waren sich alle radikalen Kritiker in England einig, daß Punk-Rock eine gute Sache sei. Zur Begründung dieser Einschätzung wurden drei Argumente ins Feld geführt. Erstens hielt man diese Musik für repräsentativ für das Bewußtsein der Arbeiterjugend. Zweitens schien der Punk-Rock die kapitalistische Herrschaft über die Massenmusik in Frage zu stellen, denn die Betonung lag auf einem «Do-it-yourself», auf der eigenen Verfügung über die technischen Produktionsmittel der Musik. Und schließlich stellt der Punk-Rock auch erneut die Frage nach der Bedeutung von Musik und entwickelte neue Klänge, neue Formen, neue Texte. Jedenfalls besänftigte der Punk-Rock die Zweifel der linken Rockkritiker und erneuerte die Hoffnungen des alten Rock-Traums aus den 60er Jahren: Er schien sich von der übrigen Massenmusik dadurch zu unterscheiden, wie er gemacht wurde *und* wie er benutzt wurde *und* wie er wirkte.

Die politische Behauptung, Punk repräsentiere die Arbeiterjugend, basierte auf der Theorie der Subkultur. Man verstand die Musik als Ausdruck der Wertvorstellungen einer Punk-Subkultur, die wiederum als ein

Ausdruck eines bestimmten Bewußtseins der Arbeiterklasse interpretiert wurde. Dick Hebdige sprach von «einer massiven Herausforderung für die Hegemonie». In vieler Hinsicht bedeutete die Punk-Musik allerdings keine so große Abkehr von der Rock 'n' Roll-Tradition: Das Punk-Bewußtsein war lediglich eine neue Variante der bekannten rebellischen Einstellung von Jugendlichen. Aber die radikalen Kommentatoren verstanden Punk-Rock nichtsdestoweniger als Unterschicht-Musik, als unmittelbare Beschreibung der Realität, als eine Form des Realismus.

Diese Argumentation war aber selbst im Hinblick auf die Widerspiegelungstheorie – Punk-Rock als spontanes Abbild von gelebter Erfahrung – nicht sehr einleuchtend. Die ursprünglichen Erfinder des Punk-Rock waren eine sehr reflektierte und phatasievolle Gruppe von Leuten, die sowohl mit der Rock-Tradition als auch mit dem «populistischen Klischee» sehr wohl vertraut waren. Ihre Musik spiegelte genausowenig die Realität der Arbeitslosenschlangen wider, wie sie spontane Ausdrucksform war. Der musikalische «Realismus» des Punk-Rock war vielmehr ein Ergebnis formaler Konventionen, eine besondere Klangverbindung; er definierte sich durch den hörbaren Gegensatz zur «Unwirklichkeit» der Pop- und Rockmusik des «mainstream». Die Unterscheidung von realistisch/unrealistisch spielte aber auch auf eine ganze Reihe von musikalischen Gegensatzpaaren an: häßlich/schön; rauh/sanft; Energie/Kunst; und «roh» (Texte aus einfachsten Silben zusammengesetzt, Beschränkung auf drei Akkorde, ‹primitiver› Rhythmus, spontane Darbietung) gegen «gekocht» (Rockdichtung, Virtuosität, technische Reife, aufwendige Studioproduktionen). Die Elemente dieses musikalischen Realismus, dieser Form von «unvermittelter» Emotion, entsprachen in Wirklichkeit den wohlbekannten Konventionen des Rock 'n' Roll und hatten ihren Ursprung in den amerikanischen «Garagen-Bands», auch wenn ihnen im Zusammenhang mit der englischen Rock-Ideologie eine andere kulturelle Bedeutung zukam.

Die Punk-Argumentation bezüglich der Produktionsweise dieser Musik war direkt aus den Diskussionen der 60er Jahre abgeleitet. Punk-Rock war in zweifacher Hinsicht Gegenstück zur kommerziellen Musik. Erstens bedeutete er eine Absage an die multinationalen Schallplattenkonzerne, eine neue Variante von «Small-is-beautiful»: Punk-Musik war wirklich das Produkt kleiner und unabhängiger Schallplatten- und Vertriebsfirmen. Und zweitens stellt die Punk-Musik eine Entmystifizierung des Produktionsprozesses selbst dar: seine Botschaft bestand darin, daß *jeder* diese Musik machen konnte. Die Folge war eine erstaunliche Zunahme der Zahl von regionalen Bands. Das wichtigste Element dieser Entwicklung aber war die Herausbildung eines neuen Bewußtseins der Kulturkonsumenten, die darauf bestanden, daß sie als Schallplattenkäufer ein Recht auf möglichst große Auswahlmöglichkeiten hätten und daß der

Kauf von Schallplatten in erster Linie Ausdruck ihrer eigenen Interessen und nicht das Ergebnis von Manipulations-Strategien der Plattenhersteller zu sein habe. Der Unternehmergeist der Hippies in den 60er Jahren hatte in England seine erfolgreichste Manifestation in der Plattenfirma Virgin Records gefunden, die ihren Ursprung in einem kleinen Laden hatte, und es war typisch, daß die aktivste und erfolgreichste Punk-Firma – Rough Trade – sich ebenfalls aus einem kleinen Laden entwickelte. Dieses neue Konsumentenbewußtsein führte zur Etablierung eines «alternativen» Produktionssystems, das sich am Vorbild der großen Branche orientierte und mit ihr verkoppelt war (die «alternativen» Läden verkauften Platten, die von «alternativen» Firmen hergestellt und in einer «alternativen» Hitparade aufgeführt wurden). Auch die «unabhängigen» Schallplatten der Do-it-Yourself-Firmen behielten also ihren Warencharakter.

Der Begriff Unabhängigkeit scheint in diesem Zusammenhang in erster Linie auf die Frage der künstlerischen Kontrolle zu zielen: Genau wie früher die Hippies nahmen auch die Punk-Musiker eine Mittelstellung zwischen Kunst und Kommerz, zwischen Ehrlichkeit und Bürokratie ein. Und das ließ nicht nur den alten Streit der Massenkulturtheoretiker über den Warencharakter neu aufleben, sondern es führte auch zu einem sehr romantischen Verständnis von Kreativität. Musiker wurden nicht als Arbeiter, als Kultur-Beschäftigte verstanden, sondern eher als individuelle Künstler. Ihre Musik war progressiv, da sie als direkter Ausdruck der Kunst des Volkes verstanden wurde. Der Punk-Rock erklärte es zu seiner Aufgabe, aus jedem einen Star zu machen. Die Botschaften des Punk konnten vom kommerziellen Produktionsprozeß nur dann verfälscht werden, wenn die Kontrolle über diesen Prozeß in den falschen Händen (von multinationalen Bürokraten und lahmen Wichsern) lag. Die Punk-Wahrheiten konnten nur durchgesetzt werden, wenn die Musiker und die Jugendlichen selbst die Kontrolle über die Produktionsmittel der Musik hatten.

Die ersten Punk-Texte übten eine große Schockwirkung aus, sie stellten alle Konventionen der Pop- und Rockmusik über Romantik, Schönheit und Lebenslust in Frage. Die Texte bezogen sich auf gesellschaftliche und politische Themen, sie verhöhnten die herkömmlichen Beschwörungen des Rock 'n' Roll von jugendlicher Virilität und Macht, und sie unterbrachen mit ihren Bildern und Klängen immer wieder den eigenen Redefluß. Mit dem Nachlassen der Schockwirkungen wurde jedoch sehr bald deutlich, daß der Punk-Rock sich selbst einengte mit seinem «realistischen» Anspruch und der Verwendung von melodischen und rhythmischen Strukturen, die nur deshalb eine direkte Beschreibung der Realität liefern konnten, *weil* sie den Gesetzen des Rock 'n' Roll folgten.

Die Folge dieser eingeschränkten Experimentiermöglichkeiten war

1977 ein deutlicher Bruch zwischen den Punk-«Populisten» und einer Punk-Avantgarde. Die «Populisten» blieben ihrer ursprünglichen Einstellung treu. Sie interpretierten Teenagerverhalten und hörten Punk-Musik als spontanen Ausdruck einer anti-hegemonistischen Jugend; für sie bestand das politische Problem darin, ein Jugendbewußtsein zu entwickeln und ihre eigenen Symbole vor der Kommerzialisierung zu bewahren. Die Punk-Avantgarde dagegen interessierte sich stärker für die musikalischen Bedeutungen selbst, für die stilistischen Kriterien, die eine Subkultur verbinden. Diese Musiker – allen voran die Gang of Four – begannen mit neuen Textstrukturen zu experimentieren, wie wir das von anderen Medien her kennen (vgl. zum Beispiel die Filme von Godard), indem sie sich von ihren eigenen Darstellungsweisen distanzierten und Elemente aus unterschiedlichen Genres kombinierten (musikalische Montagen von Rock, Reggae und Funk). Ihr Ziel war es, die populistischen Vorstellungen von der Transparenz und subkulturellen Identität zu unterlaufen, die Konzeption einer direkten Beziehung zwischen gesellschaftlichen Erfahrungen und musikalischen Formen zu ironisieren und die subjektiven Ansprüche deutlich zu machen, die jeder Rockmusik zugrunde liegen.

Die Musik ist ein Medium, in dem sich Emotionen so direkt ausdrücken (und die Künstler uns so direkt ansprechen), daß sich weitreichende Konventionen von «subjektivem Realismus» und Gefühlstreue entwickelt haben. Die Rockmusiker erlangten ihre «Authentizität» durch die Verwendung von Elementen des Blues und der Folk-Music, und dieselben Elemente waren auch für die Punk-Musiker von Bedeutung – sie bilden die Grundlage des «realistischen» Anspruchs.

Im täglichen Diskurs sind Stimme und Person *identisch*. Die Stimme ist das Instrument, mit dem wir anderen Menschen unser «Ich» mitteilen, und während wir mit Sprache lügen und auch durch nicht-verbale Geräusche ausgedrückte Gefühle vortäuschen können, ist die Grundlage jeder Kommunikation das Vertrauen in die Stimme als direkten Ausdruck der Person. Daher ist bei Punk-Musikern der Gesangsstil der deutlichste Hinweis auf ihre Intentionen. Punksänger wie Johnny Rotten entwickelten eine Stimme, wie sie für die Arbeiterklasse typisch ist, indem sie proletarische Sprechweisen und Anfeuerungs-Gesänge der Fußball-Fans verarbeiteten und eine Undeutlichkeit und eine genuschelte, verzerrte Distanzierung von den Wortfetzen erkennen ließen, die sie aus den Klischees der Alltagssprache übernahmen. Diese für das Ohr so irritierenden Ausdrucksformen trugen dazu bei, daß sich die Punk-Sänger genauso darstellten wie die traditionellen Rock-Sänger: Sie drückten offen und direkt ihre eigenen Gefühle aus. Die ursprünglichen Punk-Musiker waren alle echte Persönlichkeiten.

Die Rockkritiker haben Kunst immer als subjektiven Ausdruck definiert. Musik verlangt Ehrlichkeit: Eine Darbietung wird gelobt, wenn sie den Eindruck eines authentischen Gefühls vermittelt, und je deutlicher und intensiver dieses Gefühl ist, desto höher wird die Qualität der Musik eingeschätzt. Ganz naiv betrachtet würde das bedeuten, daß man einen Text so aufnimmt, als vermittele er die eigenen Erfahrungen des Sängers. Aber auch sehr differenzierte Kritiker suchen nach dieser «Ehrlichkeit»: Auch für sie ist Musik um so wertvoller, je eindeutiger sie als Beschreibung einer individuellen Sensibilität verstanden werden kann. Die Kreativität der Rockmusik wird den seelenlosen Formeln der Popmusik gegenübergestellt.

Dieser Ansatz konnte aber der Punk-Avantgarde und ihrer in gewissem Sinne «objektiven» Haltung nicht gerecht werden. Diese Musiker stellten die Auffassung in Frage, daß Musik als eine Art emotioneller Kode fungiert und daß man individuelle Sensibilität am musikalischen Produkt ablesen kann. Sie entwickelten den manirierten, fast monotonen Gesangsstil des Punk-Rock weiter und gingen davon aus, daß der Sänger außerhalb seiner Songs stehen müsse – die Stimme sei nur ein Instrument zum Singen, nicht aber persönliches «Sprachrohr».

Gleichzeitig nahm die Verwendung von elektronischen Apparaten zu, von Maschinen, die keine emotionelle Ausdruckskraft besitzen. In der Rockmusik wurde die elektrisch verstärkte Gitarre – das Rock-Instrument schlechthin – fast persönlich behandelt: Das Urbild der Rockmusik ist der Star-Gitarrist, der mit zurückgeworfenem Kopf und verzerrtem Gesichtsausdruck sein ganzes Gefühl sichtbar in die Fingerspitzen verlegt. Im Gegensatz dazu lassen sich elektronische Instrumente nicht so persönlich spielen und symbolisieren: Mit dem entsprechenden Programm versehen kann jeder, unabhängig vom persönlichen Einfühlungsvermögen *genau den gleichen* Klang mit ihnen erzeugen. Für die Elektronik-Musiker ist der spontane Aspekt eines Klanges – *das* kreative Element des Live-Rock – weniger bedeutsam als seine Vorausplanung. Für sie sind Selbstdisziplin und Intelligenz wichtigere musikalische Tugenden als Gefühlsintensität oder Leidenschaftlichkeit.

Die Begriffe subjektiv und objektiv verweisen auf emotionalen Realismus und auf Gefühlstreue – und die beiden anderen Voraussetzungen der Rockkritiker, die von der Punk-Avantgarde in Frage gestellt wurden, betrafen gesellschaftlichen Realismus und Erfahrungstreue. Wir halten es für selbstverständlich, daß Klänge mit gesellschaftlichen Bedingungen zusammenhängen, daß musikalische Effekte unmittelbare gesellschaftliche Bedeutungen tragen: Wir empfinden den Ausdruck einer Stimme als «sexy», einen Akkordwechsel als «aggressiv», den Klang einer Gitarre als «rauh». Aber Ende der 70er Jahre war es für Rockmusiker – ganz gleich welchen Alters – unmöglich, eine neue Musik zu machen, die sich nicht in erster Linie auf frühere Rock-Musiker zurückbezog. Die Musik hatte immer auch sich selbst zum Thema, ob sie wollte oder nicht. Das wurde sogar (oder vielleicht gerade) in der Musik eines so begabten Rock-Naturtalents wie Bruce Springsteen deutlich.

Für die Punk-Avantgardisten wurde diese Art des musikalischen Bezuges zum künstlerischen Ziel: Sie hinterfragten die «Natürlichkeit» der musikalischen Sprache. Ausgehend von der Annahme, daß alle Musik konstruierte Musik ist, machten sie sich daran, sie bis auf ihre Fundamente abzutragen. Sie kombinierten Regeln und Gesetze aus unterschiedlichen Genres und luden die Zuhörer ein, bis dahin ungehörte Effekte zu entdecken. Diese Musiker legten größten Wert auf eine Eigenschaft der Pop-Musik, die von den meisten Rock-Fans verachtet wurde: Künstlichkeit. Sie beschäftigten sich mit rhythmischen Variationen (Disco, Funk, Reggae), weil der Rhythmus dasjenige Musikelement ist, das sich am wenigsten mit subjektivistischen oder realistischen Begriffen beschreiben läßt: Anders als bei einem Gitarristen oder Sänger achtet man bei einem Schlagzeuger nicht darauf, ob er seine eigene Persönlichkeit ausdrückt, und die soziale Bedeutung des Rhythmus in der Pop-Musik ist meist funktional – er dient dazu, die Musik zur Tanzmusik zu machen.

Die Rockkritiker beurteilen die einzelnen Klänge, indem sie sie mit den unmittelbaren Bedingungen ihrer Produktion in Beziehung setzen: Mit der Schallplattenindustrie, einer Subkultur, einem künstlerischen Standpunkt. Von der Punk-Avantgarde sahen sie sich jetzt vor die neue Aufgabe gestellt, eine allgemeine Theorie der Bedeutung der Rockmusik als Sinnstruktur zu entwickeln. Musikalische Wirkungen sind nicht biologisch vorgegeben, auch wenn die Menschen in bestimmten Kulturen sich mit Musik genauso natürlich verständigen wie mit der Sprache. Im Normalfall ist für die Musiker wie für die Zuhörer wichtiger, *was die* Musik ausdrückt, als *wie* sich musikalische Ausdrucksformen herausbilden. So ist zum Beispiel die soziale Bedeutung des Blues für die schwarzen Musiker in Amerika ganz selbstverständlich. Wenn man solche Kulturen ins Auge faßt, in denen Musik eine alltägliche Rolle spielt, in denen jeder auf irgendeine Weise selbst Musik macht, ist die Annahme einer unproblematischen Beziehung zwischen Erfahrung und Ausdruck völlig ausreichend. Im Falle der Massenmusik taucht jedoch die Schwierigkeit auf, daß die Klänge, die unser Leben begleiten, immer *für* uns gemacht werden. In wirklichen Musikkulturen lernen die Menschen diese Sprache durch die Praxis; sie wissen, wie musikalische Bedeutungen entstehen, weil sie selbst Musik machen. Aber in unserer Massenkultur hören wir die Musik, ohne darüber nachzudenken, wie sie eigentlich entstanden ist.

Nach dem ersten spontanen Wutausbruch gegen die Welt des Rock-Establishments ging eine erstaunlich große Anzahl englischer Punk-Musiker dazu über, sich systematisch und theoretisch mit anderen Formen des Musikmachens auseinanderzusetzen. Viele dieser Musiker kamen von den Kunstschulen oder Universitäten und waren mit ähnlichen Problemen in anderen Medien durchaus vertraut; sie holten sich ihre Ideen nicht nur aus der Filmtheorie, sondern auch aus der «neuen Nüchternheit» der Weimarer Republik, die in den 20er Jahren als Antwort auf den Expressionismus entstanden war. In ihr tritt, wie John Willett es formuliert hat, «Objektivität an die Stelle der bis dahin vorherrschenden überspannten Subjektivität, Selbstdisziplin an die Stelle der Leidenschaftlichkeit, Skepsis und Ironie an die Stelle von Feierlichkeit und Glauben».

Diese Beschreibung könnte genausogut für die Reaktion der Punk-Avantgarde auf die Rockmusik zutreffen. Das Ergebnis war nicht mehr Kunst als Selbstzweck, sondern ein neuer Ansatz zur Beantwortung der Frage, *wie* Musik Erfahrungen aufnimmt, verarbeitet und beeinflußt. Diese Musiker wollten immer noch Rock 'n' Roll machen; sie versuchten, wie Robert Christgau meint, «den Spätkapitalismus in einer Art Haß-Liebe zu fassen, deren Probleme zur Kenntnis genommen und in einigen Fällen durch den Gebrauch der ästhetischen Mittel der Ironie (formale Rigidität, Rollenspiele und Humor) neutralisiert werden».

Die «Spontaneität» der Rockmusik stützte sich auf selbstverständlich gewordene und daher unhörbare, unreflektierte Strukturen. Jetzt aber stellte sich die Frage, was diese Strukturen eigentlich aussagten. In der Praxis kann man (im Gegensatz zur Auffassung der allgemeinen kritischen Theoretiker) musikalische Qualität nicht danach beurteilen, wie die Musik hergestellt wurde – etwa mit dem Verweis auf die guten Intentionen des Künstlers und die schlechten Absichten der Profitmacher. Die musikalischen Wirkungen gehen vielmehr von der Musik selbst aus, und vom Standpunkt des Musikers sind die wichtigsten Entscheidungen nicht die, welchen Vertrag er unterschreiben, sondern eher, welche Noten er spielen soll. Wenn diese letztere Entscheidung nicht nur eine Sache von Eingebung, von spontanen Gefühlen oder einem «innersten Wesen» ist (so eine weitere verbreitete kritische Theorie), sondern Resultat von Überlegung und Intelligenz, dann eröffnet theoretisches Wissen ein neues Spektrum musikalischer Möglichkeiten. Rockmusik braucht dann nicht nur, wie Keith Richards es ausdrückte, «Musik für unterhalb des Halsansatzes» sein.

Die Punk-Avantgarde war selbst am meisten von den Reggae-Musikern beeinflußt, weil Reggae für sie ein völlig andersartiges musikalisches Verständnis zu verkörpern schien und Fragen nach Raum und Zeit eröffnete, bei denen die Wahl der musikalischen Mittel – in der Tat gerade die *Freiheit* dieser Wahl – in krassem Gegensatz zu der Gedankenlosigkeit des Rock 'n' Roll zu stehen und darüber hinaus eine Art Heimatlosigkeit zu implizieren schien: Der Reggae vermittelte den erschreckenden Aspekt dieser Wahlfreiheit. Die Eigenheiten dieser Musik selbst – das Fehlen einer Klanghierarchie und die rhythmische Tiefe – standen im

Mittelpunkt der kulturellen Untersuchung. Diese Musik drückte nicht irgend etwas aus, irgendeine vorausgegangene Realität, sondern sie war *selbst* strukturierte Erfahrung für die Musiker wie für die Zuhörer.

Musik und Vergnügen

Roland Barthes bezweifelte «die weitverbreitete Meinung, daß alles, was nicht ausdrucksvoll ist, notwendig kalt und intellektuell sein muß», die Annahme also, daß Abstraktion definiert ist als das Gegenteil von Sinnlichkeit. Diese Annahme fußt auf der herkömmlichen bürgerlichen Auffassung vom Musikvergnügen. Dabei wird Musik als Beschreibung von etwas anderem verstanden – eher als «Zeichen» von Erfahrung denn als Erfahrung selbst. Die daraus resultierende Ästhetik basiert auf einer «Einschüchterung im Detail»: Eine Serie von diskreten Zeichen – Worte, Töne, Takte, Klänge –, die sich akkumulieren, bis sie uns schließlich mit Gefühlen «überschwemmen» und «überwältigen». Barthes geht davon aus, daß eine solche Ästhetik uns letztlich gegen jedes Vergnügen an der Musik selbst immunisiert: Die Musik wird reduziert auf ein Set von vorkodierten Erfahrungen und beschrieben als etwas, das sich bereits in Worten fassen läßt. Damit nimmt man der Musik ihre Einzigartigkeit. Solche Musikkritik war immer eine Sache von Adjektiven.

Für Barthes bedeutet das Interpretieren von Musik, das Vergnügen am Text zu leugnen. Um das zu verstehen, müssen wir das Ziel des kritischen Diskurses neu definieren: Die Aufgabe besteht nicht darin, die einzelnen Details zu bestimmen, die die musikalische Erfahrung ausmachen, sondern direkt auf ihre «Gesamtoberfläche» zu reagieren. Barthes führt das Beispiel der Stimme an: Die Lust am Singen, für den Zuhörer wie auch für den Sänger selbst, resultiert nicht aus den gesungenen Worten oder Tönen, sondern aus dem *Wesen* der Stimme selbst, aus ihrer «Körperlichkeit». Singen ist ein körperliches Vergnügen, und wir empfinden nicht deshalb Vergnügen am Gesang, weil er irgend etwas anderes ausdrücken will oder weil die Stimme die dahinterstehende «Person» repräsentiert, sondern weil der Klang der Stimme selbst uns ganz unmittelbar «sinnlich» anspricht.

Das Vergnügen an Rocktexten war immer eine Sache der sinnlichen Wirkung der Stimmen, und im Gegensatz zu den Kunstexperten haben die Rockfans immer verstanden, daß die sinnliche Wahrheit von Musik nicht von den Ausdrucksformen abhängig ist. Wir reagieren in erster Linie auf die «Körperlichkeit» der Rock-Klänge, und das Rock-Erlebnis ist seinem Wesen nach durchaus erotisch: Es beinhaltet nicht die Bestätigung des Ich durch die Sprache (wie es das Kennzeichen der bürgerlichen Ästhetik ist, die alles beherrscht), sondern vielmehr die Auflösung des «Ich» in einer Art sinnlichem Rausch.

Barthes argumentiert, daß es für das Vergnügen an der Musik nicht auf die Sinnstruktur ankommt, sondern auf die Sinnübertragung – auf die eigentliche Entstehung von Sinn. Unsere fröhliche Reaktion auf Musik ist keine Reaktion auf ihre Bedeutungen, sondern auf die Schaffung von Bedeutungen, und sinnlicher Genuß ist wie die sexuelle Lust eine Form der Selbstaufgabe, in der die Begriffe, die wir normalerweise benutzen, um uns selbst zu definieren und zusammenzuhalten, plötzlich zerfließen. Wenn das als Theorie über die «Lust» am Rock 'n' Roll unwahrscheinlich klingt, dann brauchen wir uns nur an Elvis Presley zu erinnern: Letzten Endes ist dies die einzige Art, wie wir seinen «Appeal» verstehen können – nicht im Hinblick auf irgendwelche Inhalte, die er (gesellschaftlich oder persönlich) verkörperte, sondern nur vom «Wesen» seiner Stimme her. Elvis Presleys Musik war deswegen so aufregend, weil sie die Symbole auflöste, mit denen bis zu diesem Zeitpunkt die Welt der Heranwachsenden definiert wurde. Er verkörperte viel eindeutiger und sinnlicher als irgendein anderer Rocksänger den Vorgang der Symbolbildung selbst.

Im zweiten Kapitel dieses Buches habe ich Lester Bangs' These zitiert, daß wir Rockmusik als Darstellung von Leidenschaften hören. Ich behaupte nun, daß solche Leidenschaften nicht als ein bestimmtes Etwas hinter oder außerhalb der Musik verstanden werden dürfen. Lust an der Musik beinhaltet nicht nur die Darstellung von Leidenschaft, sondern auch die Leidenschaftlichkeit der Darstellung. Und auch damit sind die Probleme der Ideologie der Rockmusik noch längst nicht ausgeschöpft. Robert Christgau schreibt dazu: «Rock 'n' Roll ist nicht etwas, woran man in der onanistischen und selbstbespiegelnden Weise glaubt, die so weite Bereiche der modernistischen Kunst vergiftet. Rock 'n' Roll ist etwas, das man macht, um woanders hinzukommen.»

Musik und Freizeit

Die Texte der Rockmusik, so sinnlich oder «objektiv» sie auch sein mögen, haben immer noch Warencharakter, und Rockmusiker müssen, unabhängig von ihrem Bewußtsein von Semiologie, nach wie vor lernen, was es heißt, populär zu sein und konsumiert zu werden. Rock-Phänomenologie kann sich nicht auf die Frage von Bedeutungen reduzieren. Die Theorie der Rock-Musik muß an der Praxis entwickelt werden, und die Praxis der Rockmusik beinhaltet die vielfältigen Beziehungen zwischen Musikern und Publikum in den verschiedenen kulturellen Institutionen. Die Ideologie der Rockmusik wird nicht nur von ihren Texten, sondern auch von ihren Kontexten bestimmt. Rockmusik ist ein Element der Freizeitgestaltung, und die «Schockwirkung» der besten Rocktexte entfaltet sich in den meisten Fällen im Rahmen eines «Freizeit-Charakters»: Das Publikum koppelt meistens das Vergnügen an der Musik von den übrigen Lebensbereichen ab, und so verflüchtigt sich der Schock sehr schnell in Eskapismus, die momentane Leidenschaftlichkeit in Alltagsroutine.

Der Begriff «Freizeit» eröffnet eine weitere Möglichkeit, innerhalb der Zirkulation der Kulturwaren den Gebrauchs- und den Tauschwert in einen Zusammenhang zu bringen, und dieser Ansatz hat den großen Vorteil, daß er einen historischen und materiellen Überblick über die verschiedenen Bedürfnisse und Wertvorstellungen vermittelt. Trotzdem hat er in den Kulturtheorien erstaunlich wenig Anklang gefunden und soll uns hier nur zu einer kurzen Feststellung dienen: Gemäß der Ideologie der Freizeit in kapitalistischen Gesellschaftssystemen arbeiten die Menschen, um ihre Freizeit genießen zu können – sie ist die arbeits-«freie» Zeit, in der die Menschen tun können, was ihnen Spaß macht, in der sie ihre individuellen Fähigkeiten und Interessen realisieren können. Selbst in der marxistischen Theorie findet sich die Annahme, daß die Wertvorstellungen der Freizeit in einem rein ideologischen Kampf bestimmt werden.

Der Begriff der Freiheit, der dieser Freizeittheorie zugrunde liegt, ist irreführend. Auch die Kapitalseite braucht nämlich die Freizeit der Arbeitenden als die Zeit, in der die Arbeitsfähigkeit physisch und kulturell regeneriert wird; es ist die Zeit der «Re-Kreation», die Zeit, in der Konsum stattfindet, in der Mehrwert realisiert wird. Die «freie» Zeit wird nicht nur durch ideelle Vorstellungen, sondern auch durch materielle Kräfte strukturiert: durch das Angebot von Waren und Ressourcen und durch die Auswirkungen des Arbeitsprozesses auf die Möglichkeiten und Wünsche der Menschen. Freizeit ist gekennzeichnet durch eine Spannung zwischen Auswahl und Beschränkung – sie ist ein Aspekt im allgemeinen Verhältnis von Produktion und Konsumtion. Sie ist auf der einen Seite die Quelle von Spaß, Freiheit und Vergnügen und damit notwendiger Gegenpol zur entfremdenden Arbeit; aber auf der anderen Seite muß auch sie beschränkt, kontrolliert und trivialisiert werden, um den Arbeitsprozeß selbst nicht zu gefährden.

Dieses Spannungsverhältnis wird besonders von den Jugendlichen sehr deutlich erfahren, deren Freizeit wirklich noch «freier» ist als die der Erwachsenen, und deren Hedonismus aus diesem Grunde auch «risikoreicher» ist – und die Rockmusik ist das Symbol, welches dieses Risiko am deutlichsten ausdrückt. (Ich werde im dritten Teil des Buches näher darauf eingehen.) Die Rockmusik hat eine rebellische und radikale Seite: Sie trägt die Möglichkeiten in sich, die auf dem Arbeitsmarkt verdrängt werden müssen; sie schafft eine Solidarität, eine Sinnlichkeit, Anmut, Freude und Energie, für die in der Arbeit selbst kein Platz ist.

Das Wesen der Rockmusik ist Spaß – ein Begriff, den die Soziologen so merkwürdig vernachlässigen. Die Theoretiker der gehobenen Kunst müssen stets die Autonomie der ästhetischen Kriterien im Auge behalten; die Soziologen der populären Kunst hingegen setzen sich, wie wir gesehen haben, nicht mit dem Spaß auseinander, sondern sprechen mit einer derartig hochmütigen Verachtung von der «Irrationalität» des Massengeschmacks, als sei diese Irrationalität eine völlig unwichtige Nebensache und nicht wesentliches Element der Populärkultur. Insbesondere Marxisten haben die Tatsache, daß die Menschen die Produkte der Massenkultur *genießen*, als Anlaß zur Verzweiflung betrachtet. So lobte beispielsweise Adorno die «hohe Kunst» für ihre Phantasie und ihren utopischen Charakter und disqualifizierte gleichzeitig die Träume der Massenkultur als psychologische Störungen. Aber die Macht der Phantasie in der Rockmusik beruht gerade auf ihrem Utopie-Charakter. Karl Marx schreibt in «Grundrisse der Kritik der politischen Ökonomie»: weil der Kapitalist Konsumenten für seine Waren braucht,

> sucht er daher alle Mittel auf, um sie zum Konsum anzuspornen, neue Reize seinen Waren zu geben, neue Bedürfnisse ihnen anzuschwatzen etc. Es ist grade diese Seite des Verhältnisses von Kapital und Arbeit, die ein wesentliches Zivilisationsmoment ist und worauf die historische Berechtigung, aber auch die gegenwärtige Macht des Kapitals beruht.[1]

Zwar mögen die Kulturwaren die derzeitige Macht des Kapitals mit am Leben erhalten, doch gleichzeitig haben sie auch ihre zivilisierenden Aspekte, und die Rockmusik ist sogar noch als harmlose Hintergrundmusik eine Quelle von Kraft und Freude und Wohlbefinden, und das ist für den politischen Kampf am nächsten Tag genauso wichtig wie für den nächsten Arbeitstag. Spaß an der Rockmusik resultiert genauso aus dem Gebrauch der Musik wie aus ihrer Form. Die Theorie geht gewöhnlich davon aus, daß die Stars dem Leben ihrer Fans, der einfachen Leute, eine Komponente von Aufregung und Glamour verleihen. Aber diese Beziehung gilt auch in umgekehrter Richtung: Langweilige Profis werden oft erst durch die Phantasie, den Witz und die Begeisterung ihrer Fans zu großen Stars. Die kapitalistischen Produzenten der Rockmusik müssen also sowohl den Gebrauch als auch die Form der Rockmusik kontrollieren – und dabei geht es um die Ideologie der Freizeit. Ein wichtiger Grund für die Tatsache, daß die Rockmusik die lebendigste Form der Populärkultur in den letzten 20 Jahren war, liegt darin, daß sie den Widerspruch, auf dem sie aufbaut, so deutlich gemacht hat: Rockmusik ist gleichzeitig eine Form von individueller Flucht und eine Quelle von Solidarität und aktiver Unzufriedenheit.

Das Vergnügen an der Rockmusik ist also nicht allein eine Sache des

Textes, sondern es reflektiert auch die allgemeineren Definitionen von Freizeit, wie sie in Begriffen wie «Unterhaltung», «Entspannung» und «Spaß» enthalten sind, die ihrerseits wiederum in der kulturellen Auseinandersetzung entstanden sind und auf einem komplizierten System der Rollenverteilung der Geschlechter beruhen. Selbst die einfachsten Rockmusik-Kategorien wie Tanzmusik oder Partymusik sind beladen mit gesellschaftlicher Bedeutung: Tänze und Parties sind historisch und gesellschaftlich gewachsene Institutionen; ihre kulturelle Funktion – als Arbeitsunterbrechung, als Spielraum für Sexualität und Solidarität – drückt sich nicht nur in den verschiedenen Musikrichtungen (z. B. Disco, die Rolling Stones usw.) aus, sondern sie bestimmt gleichzeitig auch die Wirkungen und Bedeutungen dieser Musikrichtungen selbst.

Der Gebrauchswert von Unterhaltung ergibt sich aus den Anteilen an Spaß, Nichtverantwortung und Erfüllung, die sie in sich birgt – Freizeit beinhaltet als solche gleichzeitig eine Kritik an der Arbeit. Die Ideologie der Freizeit muß ein Gleichgewicht zwischen Freiheit und Ordnung aufrechterhalten: Die Erfahrung der Freiheit muß durchaus real sein (sonst hätten die Freizeit-Waren keine echte Funktion), aber sie darf die geregelte Arbeit nicht beeinträchtigen. Freizeit muß Vergnügen sein, aber nicht zuviel Vergnügen. Und Vergnügen wiederum ist nicht nur ein psychologischer Zustand, sondern bezieht sich auf konkrete Erfahrungen, die in den gesellschaftlichen Produktionsverhältnissen verwurzelt sind – Vergnügen bildet einen Gegenpol zu den komplementären Erfahrungen von Unlust, Schmerz und Realität. In diesem Zusammenhang ist es notwendig, auf die Bedeutung der Boheme-Tradition für die Rockmusik – wie für die Kulturgeschichte überhaupt – hinzuweisen: die Boheme artikuliert ihre Kritik am Arbeitsethos durch die Freizeit; die Bohemiens sind Kultur-Radikale, und zwar nicht nur als Begründer der formalistischen Avantgarde, sondern auch in gesellschaftlicher Hinsicht – sie arbeiten nicht.

Wenn also die Auseinandersetzung um die Zeichen, die die Rockmusik setzt, sowohl ihre kulturelle Verwendung als auch ihre kulturelle Form betrifft, dann ist die Ideologie der Rockmusik mehr als nur eine Funktion der Beziehung zwischen Produzenten und Konsumenten, mehr als nur eine Serie musikalischer Texte – sie ist auch von den Auswirkungen der Versuche abhängig, die Bedeutung der Rockmusik einzuschränken, indem man ihre Benutzung einschränkt. Die Rockmusik erreicht ihr Publikum auf dem Wege über andere Medien: Radio, Fernsehen, Zeitungen und die Musikpresse. Für die meisten Rock-Konsumenten (und Künstler) sind diese Medien die Basis ihres Wissens und ihrer Interpretationen von bestimmten Stilrichtungen, Stars und Sounds der Rockmusik. Die ideologische Aufgabe der Rock-Industrie besteht nicht in der Erzeugung, sondern in der Beherrschung von Bedeutungen: Musik und Musiker müssen in eine bestimmte Organisation von Unterhaltung, Publikumsgeschmack und Vergnügen eingebunden werden.

Im nächsten Teil des Buches werde ich genauer auf die Schallplattenindustrie eingehen. An dieser Stelle möchte ich jedoch feststellen, daß das bestimmende Spannungsverhältnis in der Rockmusik – Rockmusik schafft Vergnügen, welches sowohl beunruhigt als auch entspannt – nicht nur eine Funktion des Konfliktes zwischen den Schallplattenfirmen und den Künstlern beziehungsweise ihren Publikumsgruppen ist. Dieses Spannungsverhältnis existiert vielmehr auch innerhalb der Industrie, innerhalb des Publikums, innerhalb der Musiker – und innerhalb der Musik selbst. Die sich daraus ergebenden Widersprüche von Ordnung und Unordnung, Gesellschaft und Individuum, Sicherheitsbedürfnis und Phantasie – besitzen für jede symbolische Kunst in jeder Gesellschaft Gültigkeit. Das entscheidende dabei ist der Utopie-Charakter der Kunst – das, was Marcuse «die große Weigerung» nannte, die Gegenüberstellung von Realität und Möglichkeit.

Marxismus und Musik

Die Frankfurter Schule behauptete, daß die Umwandlung von Kunst in Waren die Phantasie aushöhle und Hoffnungen ersticke: Die vorstellbaren Möglichkeiten und das tatsächliche Existierende würden damit identisch. Aber künstlerische Impulse werden durch das Kapital nicht zerstört, sondern transformiert. Die Utopien werden durch die neuen Formen der Kulturproduktion und -konsumtion vermittelt, und damit beginnt gleichzeitig eine neue Art der Auseinandersetzung über Gemeinschaft und Freizeit. Man macht es sich zu einfach, wenn man den Bereich der Konsumtion als «passiv» abqualifiziert. Die Komplexität der Populärkultur bleibt dabei unberücksichtigt. Schon die «konnotative Fülle» der Rockmusik zeigt beispielsweise, daß das vorschnelle Urteil von der Passivität des Publikums falsch ist: Die Bedeutungen der Musik sind dafür zu vielfältig.

Die Musiksoziologie stützt sich gewöhnlich auf mehr oder weniger grobe Widerspiegelungstheorien: Die Musik ist für sie nur eine Spiegelung, sie ist lediglich «homolog» mit der Gesellschaft oder mit jener gesellschaftlichen Gruppe, die diese Musik macht. Damit ist Musik als eine besondere Form des ideologischen Ausdrucks interpretierbar: Jazz drückt die Ideologie der schwarzen Amerikaner aus, klassische Musik verkörpert die Ideologie der europäischen Bourgeoisie, Rock 'n' Roll verkörpert die Ideologie der Jugend usw. Diese voneinander unabhängigen Ideologien können dann zur Erklärung der ihnen entsprechenden musikalischen Formen herangezogen werden: Die Musik wird erklärt mit dem Hinweis auf die gesellschaftliche Gruppe, die sie benutzt – Musik wird zum «gesellschaftlichen Symbol» der jeweiligen Gruppe.

Die Marxisten haben diesen Ansatz mit dem Begriff der Klasse verbunden. Die unterschiedlichen Formen der Musik repräsentieren unterschiedliche Klassenideologien, und die Beurteilung dieser Musikformen ist eher eine Aufgabe der Politik als der Ästhetik – bürgerliche Musik ist unterdrückerisch, proletarische Musik dagegen befreiend. So haben marxistische Musiktheoretiker behauptet, das Wesentliche der bürgerlichen Musik sei ihre Notierung, ihre rationale Ordnung; für die Bourgeoisie seien nur diejenigen Musikelemente wertvoll, die sich in ein Ordnungssystem fassen lassen. Im Gegensatz dazu bilden Jazz und jazzverwandte Musikrichtungen ein Widerspruch zur bürgerlichen Ordnung: Sie lassen sich nicht in eine rationale Herrschaft einfügen, denn sie setzen der «Hierarchie der diatonischen Harmonie» eine «gegenseitige Gemeinschaftlichkeit» und der «Überlegung» eine «Unmittelbarkeit» entgegen.

Aus dieser Argumentation läßt sich der Schluß ziehen, daß wir Musik funktional verstehen müssen – als ein Mittel, mit dem sich gesellschaftliche Gruppen kulturell reproduzieren. Ganz allgemein ausgedrückt beinhaltet die kulturelle Reproduktion, daß die herrschende Klasse ihren «hegemonialen Diskurs» den unterdrückten Klassen aufzwingt. Deshalb ist die Ideologie der Rockmusik nur zu verstehen, wenn man ihre Rolle in der Reproduktion des kulturellen Kapitals und als Widerstand gegen das kulturelle Kapital berücksichtigt – Die Widersprüchlichkeiten der Rockmusik sind Zeichen des Klassenkampfes.

Ich sympathisiere durchaus mit diesem Ansatz – auch mir geht es um das Verständnis von Kultur und Klasse –, aber er erscheint mir doch zu düster, zu mechanisch. Klasseninteressen sind keine abstrakten Größen, die man mehr oder weniger wirkungsvoll symbolisieren muß, sondern sie sind selbst kulturelle Effekte. Bei der Kulturpolitik geht es um Situationen, nicht um Intentionen, und die Rockmusik ist wichtig, weil sie die Situation verändern kann. Dieses Buch geht davon aus, daß Rockmusik eine Form der kapitalistischen Kultur ist, und daß wir versuchen müssen, diese kapitalistische Kultur zu verstehen und zu benutzen, zu unterwandern und zu genießen.

II
Rockproduktion

Kapitel 4
Die Produktion von Schallplatten

In ihrer pessimistischen Analyse der amerikanischen Schallplattenindustrie beschreiben Steve Chapple und Reebee Garofalo das, was sie die «Vereinnahmung der Rockmusik» nennen. Sie sind der Meinung, daß die Entwicklung der Rockmusik als «Kulturware in einer Konsumwirtschaft jeden eindeutig anti-materialistischen Inhalt der Musik geschwächt» habe. Die Entstehung des Rock 'n' Roll war anfänglich unabhängig von der Musikindustrie, die ihn lediglich als Ware verkaufte; aber als die Verkaufszahlen stiegen, brach diese Unterscheidung zusammen: «Die Art und Weise, wie Schallplatten verkauft werden, vereinnahmt an sich schon Musik und Musiker, indem sie sie zur Handelsware macht.» Die Musiker wurden immer mehr in die Industrie integriert, bis in den 70er Jahren deutlich wurde,

> daß die Rock-Musik kaum mehr eine Herausforderung für die Grundlagen der amerikanischen Gesellschaft ist – die Produktion für den privaten Profit, die Gesellschaftsstruktur, die Konsum-Orientierung, die Produktion von Wegwerfartikeln und Waffen, die ausgeklügelten Institutionen und die Geisteshaltungen, die hinter ihnen stehen, die Konzerne, die alles zu vereinnahmen in der Lage sind, die «hip» Medien, die Lust am Verbrauch, die Sexualität im Dienste des Systems.[1]

Chapple und Garofalo gehen in ihrer Analyse von der Annahme eines Gegensatzes von Kreativität und Kommerz aus. Ihrer Meinung nach lassen sich Musiker in zwei Gruppen einteilen – «einmal diejenigen, die unbedingt Erfolg haben wollen, die auf nichts anderes aus sind, als ‹es zu schaffen›, zum anderen diejenigen, denen es mehr um ihre Musik geht als um Geld und Ruhm» –, und Mitte der 70er Jahre hätten erstere die Rockmusik den letzteren weggenommen.

Ich behaupte, daß es für einen Einstieg in eine Massenkultur wie die Rockmusik nichts bringt, wenn man Kunst und Geschäft gegeneinanderstellt. Rockmusik ist gerade deswegen so wichtig, weil es weder Musikern noch Publikumsgruppen gelingt, Musik, Geld und Ruhm voneinander zu trennen: Rockfans und Rockmusiker gleichermaßen wollen, daß ihre Musik mächtig ist, Wirkung hat, als Musik *und* als Ware erfolgreich ist.

Die Warenform der Musik ist die Schallplatte, und eine der unausgesprochenen Annahmen von Chapple und Garofalo besteht darin, daß *echte* Musik «live» ist und von einer bestimmten Jugend- oder Rassenkultur in ihrer direkten Umgebung – in Clubs, Bars und auf den Straßen – gemacht wird. Die Autoren verstehen «Records» im wörtlichen Sinne als Aufzeichnungen von ihrer Definition nach unabhängigen musikalischen Ereignissen, also als bloßes Mittel, die Darbietungen einem größeren Publikum zugänglich zu machen. Die Schwierigkeit besteht aber darin, daß Schallplatten als Waren auch der Musikindustrie zur Durchsetzung ihrer Interessen dienen: Schallplatten sind ein Mittel der kulturellen Herrschaft. «Unter derartigen Bedingungen», so schreibt Ortiz Walton, «opfert die Technologie den natürlichen, organischen, kreativen Prozeß der Musik für künstliche, simulierte und abgepackte musikalische Umweltgifte», und die ursprünglich kreative Beziehung wird umgekehrt: Die Live-Musik wird in den Dienst des Plattenverkaufs gestellt. Dagegen gehe ich davon aus, daß Rockkultur wegen (und nicht trotz) ihrer konservierten Form wichtig ist: Rockkultur wird durch einen kommerziellen Prozeß vermittelt, der seinem Wesen nach *widersprüchlich* ist.

Dick Clark schrieb über die späten 50er Jahre: «Das war die Zeit, in der ich beschloß, ins Schallplattengeschäft einzusteigen. Dazu gehörte damals für mich die Förderung des Nachwuchses, das Verlegen von Musik, das Pressen von Schallplatten, die Herstellung von Labels, Vertriebsarbeit, Inlands- und Auslandsrechte, Filme, Show-Promotion und Andenkenartikel für die Fans.» Zwanzig Jahre später veröffentlichte der *Rolling Stone* eine Liste der «100 einflußreichsten Persönlichkeiten der Musikindustrie». Die Branche war durchaus nicht komplexer als zu Clarks Zeiten, aber diese Liste spiegelte eine weit differenziertere Arbeitsteilung wider. Heute dreht sich die Organisation der Schallplattenindustrie um Kauf und Verkauf spezieller Dienstleistungen (nämlich Dienstleistungen von Managern, Rechtsanwälten, Rundfunk- und Konzertberatern, Promotern und Publizisten, Sicherheitsdiensten und Chauffeuren, Designern von Studio- und Bühnenausrüstungen usw. usw.). Der Wandel von den 50er bis zu den 70er Jahren bedeutete nicht eine Verstärkung des Warencharakters, sondern eine zunehmende Professionalisierung, weil jeder dieser Rock-Spezialisten von den anderen immer bessere Arbeit verlangte.

Für viele Rockfans war dieser Aufstieg der Professionals schmerzlich. Das Gefühl der Desillusionierung wird sehr deutlich in Stephan Holdens Roman «Triple Platinum» (Dreifaches Platin) – einer Insider-Beschreibung der unerfreulichen Eigenheiten der Plattenleute, deren Hauptfehler nicht ihre Habgier, sondern ihre Borniertheit ist.

Colin Macinnes hat einmal gesagt:

> Schon im alten Ägypten und sogar noch früher wurden die populären Künste zumindest am Anfang immer von martkschreierischen Werbetrommlern gefördert – von Impresarios, die von allem, was mit Werbung zusammenhing, besessen waren und sich der Sache mit Leib und Seele hingaben, was auch immer ihre sonstigen Motive gewesen sein mögen.[2]

Das Problem heute ist, daß aus diesen Leuten Bürokraten geworden sind: Die Tatsache, mit Rockmusik zu tun zu haben, ist für sie nicht mehr Abenteuer, sondern Beruf. Diese Entwicklung spiegelt aber weniger die «Vereinnahmung» der Rockmusik als Ware, als vielmehr eine neue Strategie im Umgang mit den Widersprüchlichkeiten der Rockmusik als Ware wider – Widersprüche, die sich um das Begriffspaar Innovation/Kontrolle, oder ökonomisch ausgedrückt, um das Begriffspaar Profitmaximierung/Verlustminimierung drehen. Wenn der Marktschreier den Kultur-Kapitalisten repräsentierte, der bereit war, Risiken einzugehen, so ist der Bürokrat ein Kultur-Kapitalist, der Risiken scheut.

Das Paradoxe am Rock-Geschäft liegt darin, daß die meisten Aktivitäten dem Bemühen dienen, Verluste zu vermeiden und ganz einfach vorhandene Märkte zu befriedigen («der Öffentlichkeit zu geben, was sie verlangt»), daß aber die größten Profite immer zu den Zeitpunkten und aus den Unternehmungen entstehen, die der gängigen Weisheit des Marktes widersprechen. Zwar müssen wohl auch die erfolgreichen Marktschreier zu Bürokraten werden, wenn sie ihre Spekulationen absichern wollen, aber selbst die langweiligsten Bürokraten träumen – aus einer Vielzahl von Gründen – von der großen Aktion.

Musik ist aber niemals ausschließlich Produkt, noch nicht einmal in ihrer gröbsten Warenform, und es ist gerade der künstlerische Wert von Schallplatten, der im Bereich ihrer Produktion Probleme aufwirft. Der Gebrauchswert von Kulturwaren basiert auf ästhetischen Präferenzen, und folglich ist die Nachfrage nach ihnen viel weniger steuerbar als bei anderen Waren, die einen stärkeren Nützlichkeitscharakter haben; darum muß die Kulturindustrie ein weit größeres Angebot an Waren bereithalten, als sie letztlich verkaufen kann. Von den 4000 bis 5000 Langspielplatten, die jedes Jahr erscheinen, bringen beispielsweise nur etwa 10 Prozent Gewinn, und weitere 10 Prozent decken ihre Kosten. Da also die Plattenfirmen die meisten ihrer Veröffentlichungen nicht verkaufen können, müssen sie statt dessen die Profite bei den Rennern maximieren und die Verluste bei den Flops minimieren – daher die Problematik des hohen Risikos im Rockgeschäft. Im Grunde basiert die Plattenindustrie auf verhältnismäßig geringem Kapitaleinsatz pro Artikel; das Problem für Rock-Unternehmer besteht in der intensiven Konkurrenz der Artikel untereinander

ander, und die Verkaufszahlen sind abhängig von Marktmechanismen, die sich nicht vollständig kontrollieren lassen. Die Folge ist, wie Paul Hirsch es ausdrückt, ein «Filterungsprozeß», der sicherstellen soll, daß die Plattenfirmen wenigstens auf die Marktnachfrage ausreichend reagieren können, wenn sie schon nicht in der Lage sind, sie zu steuern.

Die Musiker

Beginnen wir also mit den Musikern. Die Show-Business-Mythen der populären Stars handeln entweder von Genies (der Weg nach oben aus Armut/Unterdrückung/Drogensucht) oder von Glück (er-stand-ganz-zufällig-an-der-Kaimauer-als-der-Produzent-vorbeikam), aber «kreative Energie» kommt nicht aus der Steckdose. Können und Erfindungsgabe sind das Ergebnis von Training und Übung, und die wahre Ideologie des Show Business basiert auf der protestantischen Ethik von harter Arbeit und Hingabe – die Besten verdienen sich ihre Starrolle durch jahrelange gute Arbeit; die Helden des Show Business – wie die Helden anderswo auch – sind die Professionellen. Musiker zu sein ist nicht nur eine Sache von Ausdrucksfähigkeit, sondern es erfordert auch die richtigen Einstellungen und Werte, das richtige Verhältnis zum Publikum. Grace Slick ersetzte Signe Anderson bei Jefferson Airplane, denn «du mußt dich bewegen können und mehr tun als nur die richtigen Töne singen, wenn du Rock 'n' Roll machen willst. Du kannst nicht einfach nur dastehen und dir auf die Schenkel klopfen und erwarten, daß die Leute darauf abfahren.» Selbst die Hippies mußten unterhaltsam sein und die guten Ratschläge des Handbuchs zum Show-Business-Erfolg ernst nehmen:

> Gleichgültig, ob du Bühnenkünstler oder Schriftsteller bist – du bist der Designer, Hersteller und Verkäufer deiner eigenen Ware. Genau wie eine Firma, die eine neue Serie von Haushaltsartikeln herstellt, mußt du Zeit und Anstrengung auf die Entwicklung verwenden. Darüber hinaus mußt du Geld in die Promotion und Präsentation deines Produkts investieren.[3]

Man nimmt an, daß es in England 50000 Rockgruppen gibt, von denen weniger als 1000 Aussicht haben, einen Plattenvertrag zu bekommen, und Bill Graham hat einmal die Chancen, in Amerika Erfolg zu haben, auf 1 zu 1000 geschätzt. Aber auch ohne Schallplatten spielen diese Musiker eine ökonomisch lebenswichtige Rolle für die Musikindustrie. Musikalischer Ausdruck setzt musikalische Ausdrucksmittel voraus – einerseits Musikinstrumente, andererseits Verstärkeranlagen. Eine durchschnittliche Rockgruppe hat Tausende von Dollars investiert, bevor sie überhaupt anfagen kann zu spielen, und die Geschichte der populären Musik ist eng verknüpft mit der Entwicklung populärer Musikinstrumente. Am Ende des 19. Jahrhunderts entstand der – auf dem Klavier basierende – Ragtime, weil Mietkaufverträge es schwarzen Familien ermöglichten, sich ein Klavier anzuschaffen, und die auch die Rockmusik ist abhängig von Second-Hand-Instrumentenläden und von Kreditvereinbarungen. Man hört immer wieder die Rockgeschichten von dem Schlagzeuger, der seine Aufnahme in eine Gruppe nicht seinem Können verdankte, sondern der Tatsache, daß er ein Schlagzeug besaß; und von dem Gitarristen, der zum Bandleader wurde, weil er als einziger im Besitz einer Verstärkeranlage war. Musik und Geld sind also von Anfang an miteinander verknüpft.

Folge der technologischen Entwicklung in der Rockmusik in den 70er Jahren – immer aufwendigere Sound-Systeme und die Verwendung von komplexen elektronischen Instrumenten – war die Verteuerung der Anlagen, die notwendig waren, um die richtigen Geräusche zu erzeugen (ganz abgesehen von der richtigen Musik), und ein auslösender Faktor für den New Wave Sound Ende der 70er Jahre war die relative Verbilligung von Synthesizern und Aufnahmegeräten.

Für die Musiker sind diese Investitionen die Voraussetzung dafür, daß sie überhaupt spielen können. Wenn sie die nächste Stufe erreichen und öffentlich auftreten, fallen neue Kosten an: Miete für Übungsräume, ein Lieferwagen für den Transport, ein Roadie, der beim Schleppen hilft. In diesem Stadium tauchen die Mittelsmänner auf, die für die Musiker die Organisation der öffentlichen Kommunikation übernehmen.

Das Erfolgsrezept in der Rockmusik heißt «ausreichendes Talent, effizientes Management und eine mutige Plattenfirma». Die wichtigste Zutat in diesem Rezept ist die Plattenfirma: Die Firma stellt den Musikern ihren Apparat zur Verfügung, um die Musik in verkäufliche Massenwaren umzusetzen, und die Abkommen, die daraus entstehen, lassen sich ganz einfach beschreiben: «Der Künstler schließt einen direkten Vertrag mit der Plattenfirma zum Zwecke der Plattenproduktion. Die Plattenfirma übernimmt alle Aufnahmekosten und zahlt dem Musiker einen angemessenen Anteil an den verkauften Platten.»

Aber die Plattenfirma fungiert nicht nur als Herausgeber der Schallplatten. In den normalen Schallplattenverträgen wird sehr deutlich zum Ausdruck gebracht, daß die Plattenfirmen als gesetzliche Eigentümer des fertigen Produkts alle ihre Besitzerrechte geltend machen wollen und die Kontrolle darüber beanspruchen, welche Musik benutzt, wie sie produziert und wann sie veröffentlicht wird. Die Firmen können beispielsweise darüber entscheiden, welche Songs in welcher Reihenfolge auf eine Platte kommen und wie das Produkt verpackt wird. Sie haben das Recht, «Arrangements, Begleitungen usw. zu bestimmen», und sie können – als einen Aspekt der Plattenpromotion – das Tourneeprogramm einer Gruppe bestimmen. Die Firmen haben die endgültige Entscheidung darüber, ob ein Song oder ein Sound von ausreichender Qualität ist, damit die vertraglichen Verpflichtungen des Künstlers erfüllt sind, und können so verhindern, daß ihre Schützlinge woanders Aufnahmen machen.

Der Standardvertrag beginnt mit den Worten: «Hiermit wird vereinbart, daß Sie uns oder in unserem Auftrag persönliche Dienstleistungen erbringen, die im Zusammenhang mit der Aufnahme und Herstellung von Schallplatten stehen.» Obwohl die Schallplattenkünstler also eine Dienstleistung erbringen, werden sie nicht – wie die Session-Musiker oder die Arbeiter, die die Platten verpacken – nach Stunden bezahlt. Sie sind vielmehr am fertigen Produkt beteiligt, und ihre Bezahlung besteht in einem bestimmten Anteil am Profit jeder verkauften Platte. Bei Unterzeichnung eines Schallplattenvertrages bekommen die Musiker einen Vorschuß auf ihre zukünftigen Tantiemen, und dieser Vorschuß sowie die Produktionskosten ihrer Platten müssen abgedeckt sein, ehe weitere Tantiemen fällig werden. Das Risiko für die Plattenfirma besteht darin, daß eine Platte sich nicht gut genug verkaufen läßt, um die Anfangsinvestitionen zu decken. Für viele Musiker sieht es in Wirklichkeit dagegen so aus, daß ihre Plattenverträge von zweifelhaftem Wert sind: Ein großer Anteil der Kosten für die Plattenherstellung – zum Beispiel Studiomieten – wird ausschließlich von den Tantiemen der Künstler abgezogen, auch wenn die Plattenfirma die Session organisiert und das Geld vorgeschossen hat.

Wegen dieser potentiellen Finanzstreitigkeiten läuft die Beziehung zwischen Plattenfirma und Musikern normalerweise über Mittelsmänner: Für die Plattenfirma agieren der A & R-Mann und seine juristischen und Finanzberater, und für die Musiker ihre Manager und deren Berater. (Die schwersten Streitigkeiten treten dann auf, wenn die Plattenfirma auch als Manager fungiert – so beispielsweise bei Motown in den 70er Jahren.)

A & R-Männer

A & R bedeutet: «Artists and Repertoire» (Künstler und Repertoire), und die A & R-Männer (die Zahl der A & R-Frauen ist nach wie vor sehr gering) sind dafür verantwortlich, welche Musik unter dem Label der Plattenfirma veröffentlicht wird – sie schließen die Verträge mit den Künstlern und entscheiden, welche Künstler behalten (oder entlassen) werden sollen und welche Platten unter ihrem Namen auf den Markt kommen. Diese A & R-Männer tragen – genau wie die Trainer beim Fußball – die Verantwortung, und ihre Arbeit erfordert eine ganze Reihe von Fähigkeiten.

Ein A & R-Mann (und seine Außendienstleute) verbringt einen großen Teil seiner Zeit damit, sich unbekannte Acts anzusehen und anzuhören und ihre Fähigkeiten abzuschätzen; A & R-Männer bezeichnen sich selbst oft als «Groupies mit Scheckbuch». Aber das ist nur eine Art der Talentsuche. Eine weitere ist das sogenannte Wildern, d. h. einen Act zu übernehmen, wenn sein Vertrag mit einer anderen Firma ausläuft. Dafür kann es mehrere Gründe geben: Manchmal hofft man, eine absinkende Karriere neu zu beleben, manchmal beinhaltet der Wechsel auch eine ganz neue musikalische Richtung, und manchmal bietet eine Firma einem bestimmten Act ganz einfach mehr Spielraum und größere Freiheiten, weil sie überzeugt ist, daß die Marktchancen noch steigen werden; in all diesen Fällen lockt die A & R-Abteilung den Künstler nicht nur mit Geld, sondern auch mit Verständnis. Es gibt auch eine zynischere Ebene, auf der eine Firma ganz einfach die anderen überbietet, wenn es um einen erfolgreichen Act geht, wobei die Entscheidung auf einer harten Kalkulation beruht: Wieviel wird der Act einbringen? Welches Angebot können wir uns leisten? Diese Art Verträge entsprechen den Transferaktionen im Profifußball – auch bei den größten Stars muß man ihr zukünftiges Potential immer neu beurteilen. Und die A & R-Leute sind genauso im Geschäft, wenn es darum geht, einen Act zu verkaufen: «Es ist ein gutes Geschäft», sagt Jerry Wexler, «Künstler zu verkaufen, die am Ende sind – bevor die anderen Firmen merken, daß sie am Ende sind.» Die Musiker werden dabei wie jeder andere Besitz behandelt und haben alle ihren Preis – einen meßbaren Wert, der ausgebeutet, gesteigert und auf dem Markt realisiert werden kann. Erfahrene Künstler wissen genau, wie eine solche Bewertung abläuft. Dick Clark erinnert sich: «Tony Bennett rief mich an und sagte mir, sein Vertrag müsse demnächst verlängert werden und er brauche einen Auftritt im *Bandstand*, um seine Plattenverkäufe anzukurbeln.»

A & R-Leute übernehmen nicht nur die Einschätzung der Acts, sondern es gehört auch zu ihren Aufgaben, Platten ausfindig zu machen. Zu diesem Zwecke müssen ausländische Kataloge durchgesehen werden: Wie groß sind die Chancen, daß eine englische Platte, für die man gerade eine Lizenz bekommen könnte, ein Erfolg in den USA wird? Es gibt die Möglichkeit, im richtigen Augenblick Platten aus alten Katalogen neu herauszubringen: Wenn ein solcher Oldie ein Flop wird, verliert man weniger Geld, und umgekehrt ist im Falle eines Erfolges der Profit größer. Die Durchsicht alter Plattenkataloge ist also Teil der A & R-Routine. Das wichtigste aber sind die Bänder und Platten, die von unabhängigen Produzenten angeboten werden: sind sie einen Versuch wert?

Schon 1970 schätzte Paul Hirsch, daß es in den USA genauso viele unabhängige Produzenten wie A & R-Leute gab. Diese Unabhängigen spielten die Rolle eines Sicherheitsnetzes für die Industrie. Nachdem in den 70er Jahren die Plattenfirmen erkannt hatten, daß der Tape-Handel mit den Unabhängigen eine Möglichkeit war, ihre eigenen A & R-Kosten und -Risiken zu beschränken, gewann diese Form des Einkaufs von Musik ganz wesentlich an Bedeutung. Und genau auf diese Art und Weise auch reagierten die Plattenfirmen 1977 auf das Erscheinen des englischen Punk. Die unabhängigen Labels, die wie Pilze aus dem Boden schossen, fungierten als höhere Ausbildungsstätte für die neuen Bands und als Marktforscher für neue Publikumsgruppen (so übernahm A & M The Police von der Firma Faulty Products, und Warner Brothers bekamen Gary Neuman von Beggars Banquet). Wenn solche Lease-Platten ein Erfolg werden, dann muß die Plattenfirma höhere Tantiemen pro verkaufter Platte zahlen, als wenn sie den betreffenden Act selbst unter Vertrag hätte, aber wenn die Platte ein Flop wird, kommt die Firma billig davon, denn sie spart ja die Produktionskosten. Es ist also ein besonders attraktiver Weg, die Risiken eines unsicheren Marktes zu umgehen oder Musikrichtungen auszuprobieren, mit denen die Firma selbst noch keine Erfahrungen hat. Gleichzeitig ist es aber auch für die A & R-Leute, die sich in der relativen Sicherheit der Firma langweilen, ein Weg zurück ins Rock-Abenteuer: Die meisten erfolgreichen Firmenleute sind früher oder später versucht, sich selbständig zu machen (wobei sie oft von ihrer früheren Firma finanziert werden, im Austausch gegen Lizenzoptionen; unter solchen Umständen trifft die Bezeichnung «selbständig» nur in begrenztem Maße zu).

Alle A & R-Entscheidungen sind letzten Endes finanzieller Art und erfordern genaueste Kalkulation. Die Firmen nehmen nicht einfach eine Gruppe unter Vertrag und lassen sie machen, was sie will; vielmehr kalkulieren sie die notwendigen Investitionen gegenüber den potentiellen Profiten. Dabei stellen sich eine ganze Reihe von Fragen: Wann kann der betreffende Act eine Platte machen? Wieviel Übungszeit ist erforderlich? Wieviel Vorschuß soll für die Ausrüstung gezahlt werden? Welche Aufnahmekosten sind zu veranschlagen? Wie groß sollte die Unterstützung durch die Firma bei der Organisation von Auftritten, Tourneen und Publicity sein?

Die Antworten auf diese Fragen ergeben sich aus einer einfachen Überlegung: Wie groß werden die Einnahmen sein? Und hier beginnen die Schwierigkeiten, denn erstens können die Firmen dies nicht immer genau berechnen und zweitens müssen sie die Acts in verschiedene potentielle Verdienstgruppen aufteilen; so wird in einen Act aus der Gruppe eins erheblich mehr investiert als in einen Act, der in Gruppe drei eingestuft ist. Als höchstes Ziel gilt in jedem Fall eine erfolgreiche Karriere, und die Firma muß die voraussichtliche Popularitäts-Dauer der Musiker abschätzen. Ein CBS-Boss reduzierte das Problem auf die Frage: «Ist die Gruppe eine Eibensequoie oder eine kranke Ulme?» Es ist unvermeidlich, daß sich die Musiker, die in Gruppe drei eingestuft werden, benachteiligt fühlen – und hier liegt auch einer der Hauptgründe für Transfers, denn ein Act, der bei einer Firma in Gruppe drei eingestuft ist, kann bei einer anderen in Gruppe eins landen (aus diesem Grunde gingen Gladys Knight and the Pips von Motown zu Buddah). In dieser Hinsicht herrscht zwischen den Plattenfirmen offensichtlich eine ungleiche Konkurrenz, denn die einen können es sich leisten, mehr Kapital zu riskieren, und die anderen können sehr viel mehr Zeit in den Aufbau einer Karriere investieren.

Eine weitere Überlegung der A & R-Abteilungen bei Verträgen mit Künstlern bezieht sich auf die Ausgewogenheit des Labels. Einige Firmen sind bestrebt, für jeden Geschmack etwas zu bieten; wenn sich Teenager-Idole gut verkaufen, nehmen sie ein Teenager-Idol unter Vertrag; wenn Hippies oder Punks «in» sind, nehmen sie auch die; wenn Disco ein Markt wird, produzieren sie Disco-Musik. In einem solchen Fall liegt die Schwierigkeit darin, daß die Identität des Labels so diffus werden kann, daß es weder für die Musiker interessant ist noch für die Publikumsgruppen, die erreicht werden sollen. Darüber hinaus weigern sich viele Firmen, mehr als ein Beispiel für eine «Minoritäts»-Richtung ins Programm zu nehmen, was insbesondere für schwarze Musiker stets ein Problem gewesen ist.

Einige Firmen gründen auch spezielle Labels für bestimmte Musikrichtungen (so brachte EMI in den späten 60er Jahren das Label «Harvest» für progressiven Rock heraus), um ihren Namen nicht mit einem falschen Image in Verbindung zu bringen; andere versuchen, ihren Grundcharakter mit Hilfe von spektakulären Neuverträgen zu verändern (so die Reaktion von CBS auf den progressiven Rock in den 60er Jahren; ebenso das EMI-Abkommen mit den Rolling Stones Mitte der 70er Jahre) oder bewußt «nicht-kommerzielle» Acts unter Vertrag zu nehmen, um ihrem Label das richtige «gut abgerundete Image» zu geben (beispielsweise WEA). Eine andere Strategie besteht darin, eine spezielle Identität zu entwickeln und nur solche Acts aufzunehmen, die zu dieser Richtung gehören, wie es z. B. Motown als Soul-Label in den 60er Jahren machte. Teilweise angeregt durch dieses Vorbild, zog Island nach und wurde zum Label für progressiven Rock; dabei war es das Ziel der Firma, ein festes Publikum aufzubauen, welches auf das Logo vertraute und allen damit verbundenen Acts ein offenes Ohr schenken würde.

Derartige Überlegungen basierten auf einer Markteinschätzung, auf einem Verständnis der Art und Weise, wie Platten verkauft werden: Nur selten wird eine Platte ohne den Hinweis gemacht, für wen sie gedacht ist, und viele Gruppen bekommen deswegen einen Vertrag, weil sie genau in vorhandene Marktstrukturen passen; daher die Stereotypisierung von Frauen wie auch von schwarzen Künstlern. Letztendlich ist es die Aufgabe des A & R-Mannes, ein von ihm unter Vertrag genommenes Talent in ein verkäufliches Produkt zu verwandeln. Janis Ian berichtete über ihre Zeit bei CBS: «Clive Davis glaubte nicht an ein Album mit persönlicher Aussage, wenn nicht eine Single darauf war», und Mary Martin von der WEA meint:

> Ich glaube wirklich, daß der Künstler seiner Plattenfirma gegenüber verpflichtet ist, das bestmögliche Produkt abzuliefern, und unter *bestmöglich* verstehe ich, daß es für die den Künstler interessierenden Medien auch *sendefähig* ist. Nicht dieser lahmarschige Scheiß, der nur dazu dient, die Köpfe der Teenager zu verdrehen. Das ist nur ein Haufen Mist. Kommerzialität will wahrhaft überlegt sein.[4]

Die wichtigste Funktion des A & R-Mannes war traditionsgemäß die des Plattenproduzenten (eine Tradition, die z. B. von WEA noch aufrechterhalten wird). Als beispielsweise die Beatles in den frühen 60er Jahren einen Vertrag mit EMI schlossen, war ausschließlich George Martin für sie verantwortlich. Als Mitglied des A & R-Teams von EMI war es seine Aufgabe, ihre Aufnahmen zu überwachen und die Musik seiner Gruppe zu arrangieren, technisch zu betreuen und zu realisieren. Heutzutage spielt eine A & R-Abteilung selbst oft keine so direkte Rolle mehr bei der Produktion: Obwohl die Aufgabe nach wie vor darin besteht, den richtigen Sound auf Platte zu bekommen, geht es heute in erster Linie meist darum, die richtigen (fremden) Produzenten, Studios und Toningenieure zu engagieren. Derek Green von A & M Records begründete beispielsweise den 18monatigen Leerlauf zwischen dem Vertragsabschluß mit Andy Fairweather-Low und dessen erster Plattenaufnahme folgendermaßen:

> Der Grund, warum das erste Album so lange dauerte, lag darin, daß wir den geeigneten Produzenten gesucht haben. Wir haben alle großen Namen angesprochen, aber keiner von ihnen sah irgendwelche Möglichkeiten in der Musik. Sie sagten alle nein. Schließlich kamen wir auf Elliott Mazer, den Produzenten von Neil Young. Er mochte zwar einen Teil des Materials, aber er konnte sich nicht so recht entschließen. Im Endeffekt haben wir ihn dann doch überredet ...[5]

Ein Künstler ist an eine Plattenfirma durch einen Vertrag gebunden, der ihn zu einer bestimmten jährlichen «Produktion» verpflichtet, und die A & R-Abteilung muß dafür sorgen, daß die Vertragsbedingungen eingehalten werden. Aber man kann einen Musiker nicht dazu zwingen, Musik zu machen – und schon gar nicht dazu, gute (oder kommerzielle) Musik zu machen oder gute Konzerte zu geben (obwohl Live-Platten meist nur einen Ausweg im Falle mangelnder Kreativität darstellen). Einen Vertrag überwachen heißt, alle zufriedenzustellen, die Kosten niedrig und die

Stimmung hoch zu halten, Ausflippen und Streit zu vermeiden, Brüche in der Gruppe zu überkleben, die Musiker zum richtigen Zeitpunkt auf Tournee oder ins Studio zu bekommen, sie durch die «künstlerische Entwicklung» zu schleusen und gute Profis aus ihnen zu machen. Die meisten A & R-Abteilungen gehen heute davon aus, daß alle diese Dinge nur zu leisten sind, wenn die Gruppe ihren eigenen fähigen Manager hat. (A & M ließen die Sex Pistols fallen, als ihre A & R-Abteilung erkannte, daß sie nicht mit Manager Malcolm McLaren zusammenarbeiten konnte.) Mit anderen Worten, der Manager vertritt nicht nur die Interessen der Musiker, sondern er ist auch dafür verantwortlich, daß sie, wie die Plattenfirmen es nennen, «vernünftig» sind.

Manager

In der Beziehung zwischen der Plattenfirma und den Musikern hängt die relative Machtposition der beiden Seiten von der Popularität des Acts und dem Vertragsstatus ab. Wenn beispielsweise ein Vertrag ausläuft und erneuert werden muß, dann kann ein erfolgreicher Act den Konkurrenzkampf, der um ihn entfacht wird, dazu benutzen, um seine Honorare und Tantiemen sowie seine Kontrolle über die Musik zu vergrößern. Bei allen diesen Verhandlungsfragen werden die Musiker durch ihre Manager vertreten:

> Genaugenommen ist der Manager ein persönlicher Manager, der alle Angelegenheit des Künstlers regelt, den er repräsentiert. Zu seinen Aufgaben gehört die Beratung in sämtlichen Bereichen, die die Karriere des Künstlers betreffen, daneben Verhandlungen mit Agenten, Presse, Promotion und Publicity, Schallplattenfirmen und Musikverleger. Weiter kann es zu seinen Zuständigkeiten gehören, Reisen zu organisieren und den Künstler zu seinen Engagements zu begleiten, in einem Club die Organisation eines Konzerts zu unterstützen, bei Fernseh-Shows ein wachendes Auge auf den Künstler zu haben oder allzu begeisterte Fans am Bühneneingang abzuwimmeln. Grundsätzlich macht der Manager also praktisch alles für seinen Künstler, außer selbst auf die Bühne zu steigen und zu singen.[6]

Tony Hatch meint in diesem Zusammenhang: «Ein guter Manager sollte ein versierter Geschäftsmann, ein überzeugender Verkäufer und daneben möglichst auch noch Psychologe sein.» Seine Aufgabe besteht darin, seinem Klienten das höchstmögliche Einkommen zu verschaffen, und selbst wenn sich die Arbeit im Laufe der weiteren Entwicklung der Karriere seines Klienten verändert – im Anfangsstadium geht es darum, den

Künstler bekannt zu machen; im Endstadium geht es darum, den Star vor Ausbeutung zu schützen –, bleibt es seine wesentlichste Tätigkeit, die finanziellen Dinge zu regeln und die besten Verträge auszuhandeln. Die erste Funktion des Managers für seinen Act ist oft die eines Bankiers, der das notwendige Kapital zur Verfügung stellt, damit die Mitglieder einer Gruppe ihre Ausrüstung kaufen und ihren Lebensunterhalt bestreiten können, solange sie noch proben müssen. So kann eine Gruppe für einen Manager genauso eine Kapitalanlage bedeuten wie für eine Schallplattenfirma. Tony Stratton-Smith, in den frühen 70er Jahren Manager von Lindisfarne, Genesis, Bell 'n' Arc und Van Der Graaf Generator, meint dazu:

> Alle unsere Bands kriegen eine Art Gehalt oder Pauschale, wie immer man es nennen will. Der Grund dafür liegt darin, daß ihre Einkommen in der Anfangszeit sehr unregelmäßig sind; manchmal haben sie eine gute Woche, manchmal haben sie eine schlechte Woche; und ich bin der Meinung, daß eine bestimmte Sicherheit für eine Band einfach notwendig ist, damit sie sich wirklich objektiv mit den wichtigen Dingen befassen kann, und die wichtigen Dinge sind ihre Auftritte und ihre Kompositionen. Solange sie also jede Woche ihre Miete und ihr Essen und alles andere bezahlen können, sind sie meist auch in der Lage, anständig zu arbeiten. Das ist eine uralte Weisheit, daß zufriedene Kühe bessere Milch geben. Deswegen muß man sich, zumindest bei unseren Arbeitsmethoden, darauf einstellen, eine Band über lange Zeit hinweg mit Verlust zu managen.[7]

Die meisten Manager sind auch an der Herstellung ihres «Produkts» selbst beteiligt. Sie verstehen sich als Show-Leute: Ihre Aufgabe ist es, für den günstigsten Gesamteindruck ihrer Klienten zu sorgen, ihnen das Image zu geben, mit dem sie sich am besten verkaufen lassen. Hier Frank Barsalonas Einschätzung von Dee Anthony, dem erfolgreichsten Rockmanager Mitte der 70er Jahre (u. a. mit Humble Pie und Peter Frampton):

> Dee ist in erster Linie deswegen so gut, weil er Dinge tut, mit denen sich viele junge Manager nicht abgeben. Früher, als die Acts in den Clubs auftraten, half man ihnen dabei, eine Show richtig zu strukturieren – mit einem guten Opening und richtigen Steigerungen und Höhepunkten. Ein Act wurde in Hinblick auf visuelle Wirkung, emotionalen «Appeal» und alle diese Sachen regelrecht aufgebaut. Die jungen Manager von heute haben keine Erfahrung mit diesen Dingen. Sie verstehen nichts davon, wie man einen Act aufbaut. Sie setzen auf die «trial and error»-Methode. Und in dieser Probierphase gehen jede Menge Acts den Bach runter. Dee dagegen arbeitet mit seinen Acts

und gibt ihren Shows eine Form. Zum Beispiel Humble Pie. Als sie zum erstenmal in Amerika spielten, haben wir sie uns in Detroit angesehen: Die Show war völlig falsch aufgebaut. Am nächsten Morgen setzten wir uns mit Humble Pie zusammen und strukturierten alles neu. An jenem ersten Abend hatte es kaum Beifall gegeben. Aber am Abend darauf mußten sie zwei Zugaben spielen. Dee kann seinen Acts ein unglaubliches Selbstvertrauen geben. Vor der Show, in der Garderobe, nimmt er die Gruppe richtig ins Gebet – genau wie Knute Rockne. Das klingt albern, aber es funktioniert. Seine Acts glauben wirklich, daß sie Stars sind, lange bevor sie es wirklich werden. Und Dee glaubt auch daran.[8]

Manager müssen gleichzeitig sowohl die Rolle des großen Bruders spielen (die wenigen weiblichen Manager übernehmen eher eine mütterliche Rolle) als auch unheimlich für ihren Act «wirbeln». Sie sind nur dann erfolgreich, wenn sie eine permanente Show abziehen können. So ist es auch keine große Überraschung, daß es mindestens zwei Managern – Albert Grossmann und Peter Grant – gelungen ist, mit der unglaublichen Energie, die sie ausstrahlen, in Dokumentarfilmen, die ihren Schützlingen (Bob Dylan und Led Zeppelin) gewidmet waren, ihren eigenen Acts die Show zu stehlen.

Wenn es zwischen dem Manager und der Band wirklich zum Konflikt kommt, dann wird oft darüber gestritten, wer die Band zu dem gemacht hat, was sie ist. So bestritt Clifford Davis als Ex-Manager von Fleetwood Mac im Jahre 1974 das Recht der Musiker auf diesen Namen und promotete ganz einfach eine völlig neue Gruppe unter dem alten Markenzeichen: «Ich möchte der Öffentlichkeit die Illusion nehmen, diese Band sei Mick Fleetwoods Band. Diese Band ist meine Band und sie ist immer meine Band gewesen.» Davis verlor schon bald sein «Recht» auf den Namen Fleetwood Mac; und dennoch stellten in den 70er Jahren viele erfolgreiche Manager/Produzenten ihre eigenen Gruppen zusammen, um ihre eigenen Vorstellungen von der Rockmusik durchzusetzen; es gelang ihnen auch, ihre Musiker rechtmäßig daran zu hindern, eigene Wege zu gehen. Die Verbindung der beiden Funktionen als Manager und Plattenproduzent ist jedoch stets ein Anlaß für potentielle Konflikte – der lange Streit zwischen Bruce Springsteen und seinem Manager Mike Appel war wohl das krasseste Beispiel für einen solchen Konflikt in den 70er Jahren –, und die Plattenfirmen sind von derartigen Disputen keineswegs erbaut (so mußte die CBS lange Zeit ohne neue Springsteen-Produkte auskommen). Für die Plattenfirmen sah die effektivste Form der Ausbeutung von Künstlern in zunehmendem Maße so aus, daß hohe Tantiemen-Zahlungen die zuverlässige Lieferung und Promotion der Produkte sichern sollten, und diese Effektivität verlangte «professionelle» Manager,

d. h. Leute ohne überzogene Vorstellungen von ihrer eigenen Größe. Auch an dieser Stelle hat sich die Bedeutung des Begriffes «Risiko» gewandelt, und die heutigen Rockmanager können vorher ebensogut Rechtsanwälte wie Showleute gewesen sein.

Verleger

Rockmusik muß nicht unbedingt einen Text haben und sie muß auch nicht schriftlich fixiert sein, sondern sie kann durchaus bei Plattenaufnahmen unmittelbar improvisiert werden, aber aus juristischer Sicht ist eine Schallplatte immer die Aufnahme von einem bestimmten Musikstück, ein Song, und Aufnahmen von Songs bringen eine weitere Instanz ins Spiel – den Verleger. Der Großverleger war ursprünglich für die Kommerzialisierung der populären Musik verantwortlich, und die Verleger von Songs waren schon lange vor der Entwicklung der Aufnahmetechnik die zentralen Figuren der Musikindustrie. Auch wenn sich die Funktion der Verleger in der Zwischenzeit verändert hat, spielen sie nach wie vor eine wichtige Rolle. In erster Linie sind sie Materialquellen. Freddie Bienstock beispielsweise besorgte Songs für Elvis Presley: «Er hätte keinen Song angeguckt, den ich nicht vorher gesehen hatte, was nicht heißen soll, daß ich die eigentliche Auswahl traf; ich habe sie nur für ihn ausgesiebt, und er suchte sich aus diesem gesiebten Angebot das aus, was ihm gefiel.»

In diesem Fall fungiert der Verleger als Verbindungsglied zwischen Songwriter und Schallplattenkünstler; er vermittelt die Produkte seiner Klienten an die Schallplattenfirmen und berät die Künstler im Hinblick auf mögliche Hits. Letzteres sieht oft so aus, daß er schon vorher veröffentlichtes Material empfiehlt – die alten Kataloge der Verleger sind eine unerschöpfliche Quelle für Neuaufnahmen –, und ersteres beinhaltet die Unterstützung und Promotion für einen Songwriter. Die Verleger sind die Brötchengeber der Autoren, und zwar entweder, indem sie sie so lange fördern, bis ihre Songs Erfolg haben (so förderte Dick James Elton John und Bernie Taupin, und Ray Davies' Firma unterstützte Tom Robinson), oder indem sie die Songs nach einem vorgegebenen Schema schreiben lassen. Carole King berichtet:

> Jeden Tag zwängten wir uns in unsere jeweiligen Kabinen, in denen gerade Platz genug für ein Klavier, einen Hocker und – wenn man Glück hatte – vielleicht noch für einen Stuhl für den Texter war. Da mußten wir sitzen und schreiben, und in der Kabine nebenan hörte man, wie jemand genau den gleichen Song komponierte wie man selbst. Wir standen unter einem enormen Druck im Brill Building, weil

> Donny Kirshner [ein Musikverleger] einen Songwriter gegen den anderen ausspielte. Er sagte immer: «Wir brauchen einen neuen Superhit» – und wir mußten uns alle hinsetzen und einen Song schreiben und am nächsten Tag dem Produzenten von Bobby Vee vorspielen.[9]

Um ihre Songs verkaufen und vermitteln zu können, müssen die Verleger in beiden Fällen ihre eigenen Demo-Platten aufnehmen – Kirshner war der Pionier auf diesem Gebiet – und sind daher gezwungen, ihre eigenen unabhängigen Produktionsfirmen aufzubauen.

Die zweite Funktion der Musikverleger ist die Verwaltung der Song-Rechte, nachdem ein Song aufgenommen und öffentlich gespielt worden ist. Selbst wenn die Musiker nur ihr eigenes Material aufnehmen und keinen Verleger brauchen, um Songs zu bekommen oder zu vermitteln, so brauchen sie doch jemanden, der dafür sorgt, daß ihre Rechte geschützt werden und daß sie den ihnen zustehenden Anteil an Verkauf und Nutzung ihrer Songs erhalten. Die Verleger haben das dazu erforderliche juristische und verwaltungstechnische Fachwissen und sorgen für Promotion und Vermarktung des Materials ihrer Klienten – nicht nur bei Schallplatten, sondern auch bei Notenbüchern, Live-Konzerten und Cover-Aufnahmen.

Produzenten

Damit haben wir den notwendigen Input für die Schallplatten-Herstellung: Das Können der Musiker, das Kapital der Schallplattenfirma, den Song. Die nächste Stufe in diesem Prozeß betrifft die Kombinierung jener Input-Faktoren zu einem Produkt. Im Aufnahmestudio wird die Musik zur Ware, und an dieser Stelle läßt sich am deutlichsten erkennen, daß Rockmusik keineswegs einen *Gegensatz* zwischen Kunst und Geschäft beinhaltet. Alle Formen der Massenmusik entstehen aus einer Kombination von künstlerischen und kommerziellen Interessen, und kein Rockmusiker ist in der Lage, die absolute Wahl zwischen echtem Ausdruck und falschem Verkaufserfolg zu treffen. Die vielen verschiedenen Musik-Varianten, die unter die Kategorie Rockmusik fallen, sind demnach ein Ausdruck der vielen Möglichkeiten, wie kommerzielle und künstlerische Impulse zusammenwirken können.

Daraus ergibt sich, daß die Schallplattenproduzenten in der Rockmusik die zentrale Rolle spielen: Sie sind das Verbindungsglied, die Vermittlungsinstanz zwischen den Musikern als Künstlern und ihrer Musik als kommerziellem Produkt. Die Hauptaufgabe der Produzenten besteht in der Organisation und Koordination. Sie müssen die Künstler ins Studio holen und dafür sorgen, daß die erforderlichen Studiomusiker und Toningenieure bereitstehen und die entsprechende Aufnahmetechnik vorbereitet ist. Das verlangt sowohl musikalische als auch verwaltungstechnische Entscheidungen: Bei der Planung einer Aufnahme-Session entscheidet der Produzent, wie das in Frage kommende Material arrangiert und ausgeschmückt werden soll. John Anthony hat das folgendermaßen ausgedrückt: «Es gibt eine richtige Art, ein Album zu machen, und 400 falsche. Das ist der Grund, warum man einen Produzenten braucht.»

Die Produzenten müssen deshalb damit rechnen, daß sie mit den Musikern, die sie aufnehmen, in Konflikt geraten werden, und daher ist es wichtig, daß sie in der Lage sind, mit den entstehenden Spannungen fertig zu werden und ihre Teams bei der oft extrem ermüdenden und nervenaufreibenden Arbeit bei Laune zu halten. Bob Johnston meint dazu: «Das Produzieren von Schallplatten ist für mich eigentlich mehr so etwas wie Psychiatrie.» Gus Dudgeon sieht die Aufgabe des Produzenten «vorwiegend darin, dafür zu sorgen, daß die Künstler sich wohlfühlen». Und Jimmy Ienner schwört auf «Bosheit» – er zerstört die Selbstgefälligkeit der Musiker, indem er so lange auf ihren technischen Unsicherheiten herumreitet, bis «die Gruppe gar nicht mehr denken kann» und seine Produktionsentscheidungen ohne Widerrede befolgt.

Im Hinblick auf diese Manager- und Verwaltungspflichten ist die Arbeit des Schallplattenproduzenten etwa mit der eines Filmproduzenten vergleichbar, und er hat auch ein ganz ähnliches Produktions-Team: den Arrangeur, der etwa dem Drehbuchautor entspricht; den Toningenieur, das Gegenstück zum Kameramann; und eine ganze Anzahl von Technikern, von Aufnahmetechnikern (normalerweise die Ausgangsposition für eine Karriere in der Schallplattenproduktion) bis hin zu den hochqualifizierten und erfahrenen Studiomusikern. Diese Welt, Dreh- und Angelpunkt des Rockgeschäfts, wird fast ausschließlich von Männern beherrscht.

In anderer Hinsicht verlangt die Arbeit des Schallplattenproduzenten allerdings in erster Linie kreative Elemente und ist eher mit der des Filmregisseurs zu vergleichen: Der Produzent ist nämlich verantwortlich für den Sound, den wichtigsten Aspekt einer Platte. Dabei ist er in gewissem Maße von der Technologie abhängig: Die Möglichkeiten der Aufnahme werden bestimmt von der technischen Ausrüstung, die im Studio zur Verfügung steht. In den 30er Jahren ging es für den Produzenten ganz einfach darum, die Musiker ins Studio zu holen, das Mikrofon aufzumachen und alles, was passierte, so sauber wie möglich aufzunehmen. Und auch als George Martin die ersten Aufnahmen mit den Beatles machte, war er nur daran interessiert, mit einer «prägnanten kommerziellen Aussage» aus dem Studio zu kommen. Sein musikalischer Einfluß beschränkte sich darauf, das Material der Gruppe zu begutachten; bei der eigentlichen Aufnahme selbst hatte er lediglich dafür zu sorgen, daß die Darbietung die richtige Länge hatte, daß die Musiker in der richtigen Tonart spielten und daß der Sound «ordentlich» war. Erst die Einführung der Mehrspur-Aufnahmetechnik ermöglichte es dem Produzenten, Alternativen abzuwägen, seine Meinung zu ändern und, wie George Martin sagt, «einer Aufnahme seinen persönlichen Stempel aufzudrücken». Martin behauptet, daß der Stil der Beatles nach der Aufnahme von *Yesterday* «zum Teil mein Werk» war.

Als die Aufnahmetechnik in den 70er Jahren noch komplizierter wurde, wuchs die Abhängigkeit der Plattenproduzenten vom Können der Studioingenieure. Auch wenn deren Arbeit ganz einfach darin besteht, «das aufs Band zu bekommen, was im Studio passiert», so spielt doch ihr persönliches Gehör eine wichtige Rolle bei diesem weitgehend elektronischen Prozeß. Toningenieur Glyn Johns erklärt das so:

> Wenn ein anderer Toningenieur und ich, wenn wir beide eine Session machen mit der gleichen Ausrüstung und sogar mit denselben Musikern und demselben Musikstück, würde es völlig verschieden klingen. Es kommt eben darauf an, wie der Toningenieur das Musikstück hört. Und außerdem trägt er riesig viel zur Atmosphäre bei. So wie ich die Sache sehe, muß eine Platte einem irgendwie ein geistiges Bild vermitteln, wenn man sie hört. Und ich glaube, daß es die Aufgabe des Toningenieurs ist, dieses geistige Bild in einem Sound zum Ausdruck zu bringen, der seiner Meinung nach zu dem Stück und zum Künstler paßt.[10]

Dieses «geistige Bild» des Toningenieurs ist – genau wie die Musik-Skulptur, die der Produzent herstellt – eine Form von Kreativität. Das zeigt sich am deutlichsten in der Phase des Abmischens (was dem Schneiden eines Films entspricht): Die Ergebnisse der Aufnahme-Session werden gemischt, um bestimmte Klänge hervorzuheben und andere auszublenden, um Klangfarben zu verändern, um Harmonien drüberzulegen oder Fehler zu beseitigen. Dabei werden die Bänder der Sessions meist ohne Absprache mit den betreffenden Musikern geschnitten und gekürzt. Die Platte, die so entsteht, ist vielleicht ebensosehr Ausdruck des technischen Könnens von Produzent und Toningenieur wie des musikalischen Könnens der jeweiligen Künstler, und die Sound-Mixer spielen heutzutage sogar bei Live-Konzerten eine zentrale Rolle für die Musik einer Rockgruppe.

Edward Kealey erklärt die immer größere Prominenz der Sound-Mixer mit dem Wandel dieser Tätigkeit vom Handwerk zur Kunst. In den späten 40er Jahren waren die Aufnahmestudios noch nach den Prinzipien der Handwerker-Gewerkschaften organisiert. Die Studio-Ingenieure waren Angestellte der großen Firmen, ihre Fertigkeit bestand in technischer Genauigkeit – im «Konzertsaal-Realismus» –, und der Prozeß der Schallplattenherstellung war gekennzeichnet durch eine klare Arbeitsteilung. In den 50er und 60er Jahren vollzog sich dann eine Entwicklung hin zu mehr unternehmerischen Arbeitsweisen. Der technologische Wandel, die sinkenden Studio-Kosten und die zunehmende Öffnung der Radiosender für «unabhängig» hergestellte Schallplatten begünstigten den Aufstieg vieler kleiner Studios, die oft den Technikern selbst gehörten. Die Arbeitsteilung bei der Schallplattenherstellung verwischte sich immer mehr, die gewerkschaftliche Kontrolle über die Studios ging zurück, und die Arbeitsbereiche der Toningenieure und Schallplattenproduzenten wurden zusehends diffuser. Als in den 70er Jahren die Rockmusiker dazu übergingen, ihre Schallplatten selbst zu produzieren und eigene Studios aufzubauen, verstanden sich die Produzenten und Toningenieure gleichzeitig immer stärker als Künstler, die bei den Schallplattenaufnahmen einen persönlichen Beitrag leisteten und auch wie Künstler entlohnt werden wollten – nämlich mit Tantiemen-Zahlungen.

Diese Entwicklung vom Handwerk zur Kunst stand auch im Zusammenhang mit der steigenden kommerziellen Bedeutung der Schallplattenproduzenten, die von den Plattenfirmen immer stärker als wichtige Faktoren für Verkaufserfolge, als potentielle Besitzer einer Art «Zauberformel für Hits» gesehen wurden. In diesem Kontext können wir zwei verschiedene Ansätze für den Job des «Hit-Machers» unterscheiden.

Die Bedeutung einiger Produzenten basiert auf ihrer Fähigkeit, die Musik eines Künstlers in einen fertigen Sound umzusetzen – der Fähigkeit, auf der Schallplatte musikalische Ideen zu realisieren, die im wesentlichen die der beteiligten Musiker sind. Von diesem Standpunkt aus beschränkt Produktion sich nicht darauf, «alles zu versuchen, um den Künstlern zu der besten Musik zu verhelfen», sondern sie garantiert darüber hinaus das bestmögliche Ergebnis. «Das wirklich *Professionelle* bei einem Plattenproduzenten», so betont George Martin, «liegt darin, nichts dem Zufall zu überlassen», und der Produzent ist in erster Linie der Plattenfirma verpflichtet, die ihn beschäftigt (weniger den Musikern, die ihn letzten Endes bezahlen): das Ziel der Plattenaufnahme ist es, Musik in einer kommerziell erfolgreichen Form zu realisieren. Dazu Arif Mardin: «Ich suche immer nach einer Single, wenn ich eine Langspielplatte mache. Es kommt bei den Sessions schon mal vor, daß die Musiker unheimlich kreativ sind und die Soli länger werden, als sie sollen, und dann liegt es an mir, sie abzukürzen, damit wir eine Single daraus machen können.» Mickie Most drückt sich noch aggressiver aus: «Das Problem ist doch, daß die meisten Künstler eine eigene Meinung von sich haben, und die ist meistens falsch.»

Diese Schwierigkeiten haben dazu beigetragen, daß sich eine zweite Methode der Produktion entwickelt hat: Der Produzent realisiert nicht mehr nur die Musik, sondern er erschafft sie selbst. In diesem Falle sind es die Musiker, die die Ideen des Produzenten umsetzen, anstatt umgekehrt. Der Erfolg dieser Methode läßt sich am deutlichsten in den Teenbeat-Singles hören – ein Genre, bei dem es für den Produzenten traditionell darauf ankam, einen möglichst erfolgreichen *Sound* zu perfektionieren, und wo alle anderen Aspekte einer Platte, wie Melodie, Text und Darbietung, diesem Ziel untergeordnet wurden. Auch bei der Disco-Musik legt der übergeordnete Aspekt von Funktion und Effekt fast sämtliche Kreativität in die Hände der Produzenten, die die Musik «organisieren». Das Paradox der Pop-Musik besteht in diesem Fall darin, daß der kommerziellste Gebrauch des Studios zugleich auch der kreativste ist. Denn es sind diese kommerziellen Produzenten, von Phil Spector bis Giorgio Moroder (und einschließlich der Reggae-Ingenieure auf Jamaica), die aus dem Prozeß der Plattenaufnahme ein eigenes, selbständiges künstlerisches und experimentelles Medium gemacht haben – nicht nur eine Technik der Perfektionierung der Musik im Stil von «Sgt. Pepper», sondern einen neuen Weg zur Veränderung unserer Hörgewohnheiten.

Die Herstellung

Wenn die endgültige Abmischung von der Schallplattenfirma zur Produktion freigegeben wird, müssen die Platten selbst hergestellt werden. Diese Phase der Schallplattenproduktion, in der von den Tonbändern Schallplatten gemacht und in der die Schallplatten selbst verpackt werden, ist von entscheidender Bedeutung, auch wenn diese Tatsache nur bei außergewöhnlichen Ereignissen für die Öffentlichkeit spürbar wird – wie zum Beispiel bei PVC-Mangel, bei der Weigerung der EMI-Packer, die Single der Sex Pistols anzufassen, bei der steigenden Zahl von verbogenen Schallplatten oder bei der Entwicklung der digitalen Aufnahmetechnik. Dieser Herstellungsprozeß verschlingt etwa ein Fünftel der gesamten Produktionskosten sowohl bei Singles als auch bei Langspielplatten, und die Schneide- und Preßwerke sind das fixe Kapital der Schallplattenindustrie. Die technischen Neuerungen bei der Herstellung haben durchaus auch Auswirkungen auf die Musik: Als das Polyvinylchlorid den Schellack als Rohmaterial ablöste, hatte das nicht nur zur Folge, daß die schweren und leicht zerbrechlichen 78er durch leichte Plastikscheiben ersetzt wurden; der neue Schneideprozeß bedeutete auch, daß jetzt viel raffiniertere und komplexere Sounds reproduziert werden konnten. Diese Veränderung der Herstellungsbedingungen in den 50er Jahren war die Voraussetzung für die Weiterentwicklung der Rockmusik Mitte der 60er Jahre.

Die Geschichte der Rockmusik ist auf ähnliche, wenn auch nicht so bedeutende Weise mit Veränderungen der Verpackungsmethoden verbunden; heute gibt es Firmen, die sich auf das Design von Plattenhüllen spezialisiert haben. Es gibt zwar nur wenig Anhaltspunkte dafür, daß die Hüllen irgendeine Auswirkung auf den Verkauf einer Platte haben – sie scheinen sich in ihrer Wirkung vielmehr auf den Einzelhandel als auf die Käufer zu richten; zum Beispiel hatten die frühen Motown-LPs keine Fotos der Künstler auf den Hüllen, damit sie auch in die weißen Plattenläden des Südens kamen –, aber erfolgreiche Musiker sind oft daran interessiert, die Kontrolle über die Verpackung ihrer Schallplatten vertraglich zugesichert zu bekommen. Während der Herstellung von «Darkness at the Edge of Town» wollte Bruce Springsteen nach Aussage von Dave Marsh «bei der Druckerei aufkreuzen, wo die Hüllen gedruckt wurden», um die Sache unter Kontrolle zu haben. In solchen Fällen dient das Hüllen-Design zur Ergänzung der Musik als eine weitere Form des kreativen Ausdrucks, und die Kosten einer derartigen «künstlerischen Kontrolle» können beträchtlich sein.

Promotion

Bis jetzt habe ich die Schallplattenproduktion mit Begriffen beschrieben, die für den Produktionsprozeß aller Waren zutreffen: Schallplatten sind das Ergebnis der Kombination einer ganzen Reihe verschiedener Arbeitsformen. Die grundlegenden Inputs sind das Können der Musiker und Produzenten, das Kapital der Firmen und Manager sowie die Musikstücke, doch der Wert des fertigen Produkts wird auch durch den Input vieler anderer Arbeitskräfte bestimmt: Techniker im Studio, Arbeiter in den Preßwerken, Designer von Schallplattenhüllen und Drucker in den Druckereien. Jede dieser Beteiligungsformen an der Schallplattenherstellung hat ihre eigene Kapitalorganisation, und das Endergebnis ist eine komplexe Industrie mit beträchtlichen Gesamtinvestitionen bei geringen tatsächlichen Warenstückkosten. Die Schallplattenfirmen sind daher bestrebt, ihr fixes Kapital so extensiv wie möglich zu gebrauchen, ihre Studios rund um die Uhr zu benutzen und die Preßwerke ohne Leerlauf in Betrieb zu halten – an dieser Stelle jedoch kommen wir zu dem Problem der Schallplatte als Kultur-Ware: Ihre Nachfrage läßt sich nur schwer steuern.

Die logische Folge ist ein «Filter-Prozeß», dessen erste Station die Schallplattenfirmen selbst sind, durch die die Masse der Schallplattenmusiker zunächst hindurch müssen. Haben sie dieses Sieb erst einmal passiert, können sie mit ziemlicher Sicherheit auch Schallplatten aufnehmen – das ist schließlich der Sinn ihrer Verträge. Aus der Sicht der Plattenfirmen ist aber der Zeitpunkt der Veröffentlichung der Schallplatten gleichzeitig der Moment, in dem die Probleme der Überproduktion beginnen, und der «Filter-Prozeß» manifestiert sich am deutlichsten in den Strategien, mit denen die Firmen ihre Waren zu verkaufen suchen. Der folgende Bericht aus einer Musikzeitschrift schildert einen typischen Promotion-Prozeß:

> Für Queen kamen die Dinge ins Rollen, als sie vor etwa einem Jahr ihre erste Langspielplatte für Trident aufnahmen – eine Plattenfirma, die wiederum ein Vertriebsabkommen mit EMI hat. Sie bekamen einen Vorschuß, um die unmittelbaren Kosten für ihre Tournee decken zu können. Rezensions-Exemplare der Platte – so circa 400 – wurden an sämtliche Leute verschickt, die möglicherweise einen Einfluß auf die plattenkaufende Öffentlichkeit haben könnten, angefangen bei Discos, bis hin zu überregionalen Tageszeitungen. Etliche Exemplare wurden persönlich an Rundfunk- und Fernseh-Produzenten verteilt und in der Fachpresse erschienen jede Menge Anzeigen.
> «Die Gruppe besteht aus lauter gutaussehenden Jungs, und so klapperte ich mit ihnen die Teenager-Zeitungen ab. Die Mädchen in den Redaktionen fielen fast in Ohnmacht. Ein paar der großen Zeitschriften berichteten über die Tatsache, daß Brian, der Leadgitarrist, seine Gitarre selbst gebaut hatte. Das war eine prima Geschichte für die Klatschspalten.» (EMI-Promoter John Bagnall)
> Die Publicity-Maschinerie für Queen arbeitete an allen Fronten, denn die Gruppe wurde zusätzlich von Tony Brainsbys Promotion-Büro unterstützt ... Dieser massive Aufwand zahlte sich aus, als sie zu einem Auftritt im «Old Grey Whistle Test» eingeladen wurden. Radio Luxemburg nahm sich der Single *Keep Yourself Alive* an und spielte sie regelmäßig.
> Ihre erste Englandtournee als Begleitband für Mott the Hoople bedeutete ebenfalls einen Riesenaufwand. Die Lokalpresse wurde mit Informationsmaterial über diese neue Band überschwemmt, die bald in ihre Stadt kommen würde; am Abend des Konzerts wurde vor dem Konzertsaal eine umfangreiche Ausstellung organisiert; die örtlichen Disc-Jockeys wurden benachrichtigt; in etwa 200 örtlichen Schallplattengeschäften wurden die Schaufenster speziell dekoriert.
> «Trident und EMI setzten sich von Anfang an voll für diese Band ein; sie sorgten dafür, daß sie eine bessere PA-Anlage als die anderen Bands hatten und daß die Musiker die richtigen Bühnenklamotten bekamen. Zum Teil kostete die Garderobe für jeden 150 Pfund» – so Bagnall.[11]

Dieses erste Mal schafften es weder die Debüt-LP noch die Single von Queen, in die Hitparade zu kommen, aber die späteren Erfolge rechtfertigten die anfängliche Werbekampagne, die zwischen 5000 und 10000 Pfund gekostet hatte. In Amerika kostete eine große Promotions-Kampagne im Jahre 1970 rund 50000 Dollar, und in den darauffolgenden zehn Jahren stiegen diese Kosten ganz erheblich: Im Jahre 1975 gab die CBS 250000 Dollar für die Promotion von Bruce Springsteens Langspielplatte «Born to Run» aus, und gegen Ende der 70er Jahre lagen die durchschnittlichen Kosten für die Produktion, Promotion und Unterstützung einer neuen Langspielplatte zwischen 350000 und 500000 Dollar.

Jede Plattenfirma hat ihr eigenes Publicity-Büro, dessen Aufgabe darin besteht, die Acts und die Veröffentlichungen der Firma in die Medien zu bringen; dabei gilt das Interesse in erster Linie der Presse. Die Presse-Agenten sind bestrebt, *alle* Informationen, die über ihren Act an die Öffentlichkeit gelangen, zu kontrollieren, und sie sind im Grunde nichts anderes als Verkäufer, die für ein Produkt werben. (Die Werbeleute der Plattenfirmen sind übrigens häufig weiblichen Geschlechts: Das Pressebüro ist eine der wenigen Instanzen im Musikgeschäft, in denen auch Frauen Karriere machen können. «Weibliche» Eigenschaften gelten nämlich als wertvolle Hilfe, um Gefälligkeiten von den Publicity-Quellen zu erschmeicheln.)

Die Firmenangestellten werden bei ihrer Arbeit von unabhängigen Publizisten unterstützt, die von den Künstlern oder ihren Managern direkt angeheuert werden. Ihre Arbeitsweise ist meist intensiver, denn sie können sich auf ihren Klienten konzentrieren und müssen sich nicht jede Woche mit einem neuen Produkt beschäftigen; aber auch ihnen geht es um «kostenlose Publicity», die (anders als die Werbung der Plattenfirma) nicht direkt bezahlt wird, auch wenn sie mit der kostspieligen Verteilung von Schallplatten und anderen Werbeaufwendungen wie Getränken, Parties und Werbereisen erkauft ist. «Man kann aber», so der Hinweis von Arista-Promoter Mike Klenfer, «die Künstler auch auf kreative und soziale Weise einsetzen. Wir sind mit den Bay City Rollers zum Beispiel in ein Kinderkrankenhaus gegangen. Normalerweise denkt man bei Promotion nicht an solche Sachen. Aber damit kann man durchaus Publicity und ‹guten Willen› erzeugen.»

Der Zweck der Promotion ist, Schallplatten zu verkaufen, aber es ist nicht damit getan, die Konsumenten in die Plattenläden zu locken. Man muß auch dafür sorgen, daß die Plattenläden die richtigen Produkte am Lager haben und wenn möglich im Laden auch regelmäßig vorspielen, denn ein erstaunlich hoher Anteil der Plattenkäufer entscheidet sich erst, *nachdem* er den Laden betreten hat. Einer der wichtigsten Aufgabenbereiche der Promoter ist also die Betreuung des Einzelhandels: Die Händler müssen dazu gebracht werden, einen gewissen Vorrat an neuen Platten zu bestellen, damit die durch Publicity angeheizte Nachfrage auch genutzt werden kann. In Amerika wird die örtliche Promotion wegen des riesigen Verkaufsgebietes oft von unabhängigen Verkäufern übernommen, die die Produkte mehrerer Schallplattenfirmen betreuen; in England dagegen übernehmen diese Aufgabe ausschließlich die «field promoters», Angestellte der Plattenfirma, die für regionale Aufgaben zuständig sind.

Publicity ist eigentlich das ideale Betätigungsfeld für Hausierer in Sachen Musik – Col. Parker hat beispielsweise seine Elvis-Fotos eigenhändig verkauft –, aber auch dieser Bereich ist professionalisiert worden. Solange das Schallplattengeschäft noch expandiert, verlangte der Verkauf nicht mehr als simple, marktschreierische Werbeaktionen, aber die Plattenfirmen sind auf Grund der sinkenden Zuwachsraten vorsichtiger geworden. In den 70er Jahren begannen sie damit, eigene Marktanalysen durchzuführen, und in der Folge richteten sie ihr Augenmerk neben den Fans auch auf die «Gelegenheitskäufer» von Schallplatten. Die Fernsehwerbung, die nicht von den Plattenfirmen selbst, sondern von dem «Vorreiter» K-TEL erschlossen wurde, entdeckte das Kaufpotential des Gelegenheitsmarktes; da derartige Promotion jedoch erheblich mehr Investitionen erforderte, mußte dieses Geld auch rationell investiert werden. Man engagierte Werbefirmen zur Koordinierung dieser Kampagnen, und sie übernahmen nicht nur Design und Ausführung der Werbespots, sondern auch der Hüllen und Hüllentexte, sie entwarfen Pressemitteilungen und produzierten Video-Spots. Auch die Videobänder selbst wurden zu einem zwar teuren aber wirkungsvollen Promotions-Mittel: Sie lassen sich problemlos in eine Vielzahl von Pop-Programme auf der ganzen Welt einbauen (dies war einer der Faktoren für den großen internationalen Erfolg der Gruppe ABBA), und sie können auch in Läden zur Käufer-Beeinflussung und bei Firmen-Konferenzen zur Motivation der Verkäufer eingesetzt werden. Außerdem fördern sie die Verhandlungen mit ausländischen Lizenznehmern. Bis 1978 erreichte Jon Roseman Productions, die größte der unabhängigen Video-Promotion-Firmen, einen jährlichen Umsatz von 1 Million Dollar allein in den USA, und als sich das technologische Schwergewicht von Videobändern auf Videoplatten verlagerte, taten auch die daran beteiligten Techniker den Sprung vom Handwerk zur Kunstform: Auch sie verlangten jetzt Tantiemen.

Die meisten Plattenfirmen sind allerdings darin einig, daß die beste Art der Promotion immer noch «airplay» ist – Sendung der betreffenden Platte im Rundfunk. Es ist durchaus nicht dasselbe, ob man die Leute auffordert, eine Platte zu kaufen, oder ob man sie ihnen vorspielt, und wenn eine Platte auch nur einmal im Radio gespielt wird, dann ist das ebenso wirkungsvoll wie eine ganzseitige Anzeigen-Kampagne in der Zeitung oder eine gute Besprechung in der Musikpresse. Um eine Schallplatte verkaufen zu können, müssen die Plattenfirmen den *Sound* in die Öffentlichkeit bringen, und dafür benötigen sie den Disc-Jockey – eine der wichtigsten Schlüsselfiguren der Rockmusik. Eine Schwierigkeit liegt also darin, daß die effektivste Methode, Schallplatten an den Mann zu bringen, von den Plattenfirmen selbst nicht kontrolliert werden kann. Der Dej Jay im Radio oder in der Diskothek ist nicht nur juristisch gesehen unabhängig (Payola, der Versuch der Plattenfirmen, durch direkte oder indirekte Bezahlung das «airplay» zu kontrollieren, ist in den USA gesetzlich verboten und in England durch BBC- und IBA-Vorschriften untersagt), sondern auch durch den Charakter seines Jobs – er muß dem Publikum gefallen. Deejays können nicht einfach nur der Plattenindustrie dienen, denn wenn sie nicht das spielen, was ihr Publikum hören will, dann sinken ihre «Ratings», und sie verlieren ihren Job. Und auch noch so viel «airplay» kann, wie Dick Clark es in seinem vielzitierten Satz ausgedrückt hat, «eine Leiche nicht zum Hit machen» – deshalb möchten Deejays sich auch nur äußerst ungerne mit solchen «Leichen» in Verbindung bringen lassen. Damit soll aber keineswegs die kommerzielle Bedeutung der Deejays geleugnet werden. Sie kontrollieren, ob man es will oder nicht, was die Öffentlichkeit hört, und ein Disc-Jockey, der noch niemanden zu einem Kauf veranlaßt hat, wäre auch in seiner eigenen Einschätzung ein Versager. Die Deejays sind durchaus darauf angewiesen, daß die Platten, die sie spielen, sich auch gut verkaufen – nicht etwa, weil sie direkt davon profitieren, sondern weil das Publikum nur dann weiterhin ihre Radio-Shows hört und in ihre Clubs kommt, wenn die Auswahl, die die Disc-Jockeys treffen, auch durch den kommerziellen Erfolg legitimiert wird.

Radio

Auch wo Payola möglich ist, gibt es Grenzen. So hat es beispielsweise in der englischen Musiklandschaft Radiostationen gegeben, bei denen die Plattenfirmen Spielzeit direkt kaufen konnten – aus dieser Teinnahmequelle bestritten beispielsweise die Piratensender zum Teil ihre Einkünfte. In den Jahren 1946 bis 1968 konnten die Plattenfirmen auch viertelstündige Sendungen im englischsprachigen Programm von Radio-Luxemburg kaufen, die letztlich nichts anderes als reine Werbesendungen der Plattenfirmen waren. Im Jahre 1968 ging der Sender aber von dem Prinzip der vorher aufgenommenen Sendungen zum Einsatz von Live-Deejays über und bestand darauf, daß die gekaufte «Spielzeit» auf das gesamte Programm verteilt wurde – und im Jahr 1970 wurde die Programmkontrolle noch engmaschiger: Zwar konnte man immer noch Spielzeit kaufen, aber sie wurde jetzt nach den Bedürfnissen der Sendeanstalt selbst programmiert. Man hatte inzwischen erkannt, daß die beiden Zielsetzungen – einerseits Platten zu verkaufen, andererseits Zuhörer anzulocken – durchaus nicht identisch waren. Wenn sich diese Ziele zu weit auseinanderentwickelten, dann konnte auch direkte Bezahlung nicht mehr sicherstellen, daß ein Sender die Spielzeit nach den Bedürfnissen der Plattenindustrie organisierte. Die Entwicklung von/bei Radio Luxemburg in den letzten zehn Jahren macht deutlich, wie die Radiostationen die Kontrolle über ihr Programm in zunehmendem Maße wieder selbst in die Hand nehmen, und der englische Rundfunk ist heute genau wie das amerikanische AM-Radio nach dem Prinzip der «Playlist» aufgebaut.

Sendungen nach einer Playlist sind eine amerikanische Erfindung. Der Manager der Radiostation stellt eine Liste von Schallplatten zusammen, aus der die Deejays dieser Station ihre Platten auswählen müssen. Hauptkriterium für diese Playlist ist Popularität – die sich ausdrückt in Verkaufszahlen, in den Playlists anderer Sender, in Vorschläge aus den Tip-Sheets der Plattenfirmen und in Hörerwünschen. Dabei ist zweifellos ein Zirkelschluß im Spiel: Die Platten auf der Playlist haben durchaus gute Aussichten, ein kommerzieller Erfolg zu werden, die anderen haben kaum eine Chance. Das ist der große Anreiz für Payola. (In Amerika besteht die Strategie der Plattenfirmen gegenwärtig darin, den Umfang der Werbesendungen, die bei einem Sender gekauft werden, von der «wohlwollenden» Behandlung auch solcher Produkte der Firmen abhängig zu machen, für die nicht geworben wird. In England dagegen «frisieren» die Plattenfirmen die Hitparaden: Die BBC macht die Verkaufszahlen zur Grundlage ihrer Playlist, und deshalb bringen die Firmen ihre Platten oft mit einem Trick in die Charts – indem sie die notwendige Anzahl von Platten selbst ‹kaufen›, in der Hoffnung, daß die Aufnahme in die Playlist sich schließlich in echten Verkaufszahlen niederschlägt.) Außerdem beschäftigen alle Plattenfirmen sogenannte «pluggers», eine Art Radio-Vertreter, deren Aufgabe darin besteht, die Programmdirektoren zu überreden, ihre Produkte in die Playlist zu nehmen, auf Erfolg zu setzen.

Genau wie die Rundfunksender den Geschmack der Öffentlichkeit einerseits formen und ihm andererseits gehorchen, so formen die Plattenfirmen auch die Playlists, auf die sie andererseits reagieren. Selbst wenn die «pluggers» die Programmdirektoren nicht überreden können, ihre Sendungen bewußt nach dem Interesse der Plattenfirma zu gestalten, so können sie sie doch davon überzeugen, daß ihre Firma Platten produziert, die auch den Zwecken des Programmdirektors optimal dienen. Die «pluggers» müssen den Radiostationen klarmachen, daß eine Platte für ihre Art von Shows genau das richtige ist, daß sie in ihre Auffassung von Unterhaltung paßt und genau den Bedürfnissen des Publikums entspricht. Ich werde im Kapitel 7 näher auf die Verwendung von Musik im Radio eingehen; hier geht es mir um die Nutzbarmachung des Radios für die Plattenfirmen, und in diesem Zusammenhang wird erkennbar, daß sie zwar keine direkte Kontrolle über die «Torhüter» des Äthers haben, daß aber ihre Versuche, die «Parole» zu erraten, durchaus fundiert und in der Regel erfolgreich sind.

Diskotheken

Ganz ähnlich läßt sich auch für die zweite Verbreitungsform von Schallplattenmusik argumentieren, nämlich die Diskotheken. Diese Clubs, die als Mittel der Unterhaltung ausschließlich Schallplatten spielen, sind in den frühen 60er Jahren aus Frankreich nach England und Amerika gekommen. Bis dahin hatte man Disc-Jockeys und Schallplatten in den Tanzsälen nicht als Alternative zur Live-Musik, sondern lediglich als Lükkenfüller eingesetzt. Anfänglich waren die Diskotheken auf ein bestimmtes Spezialpublikum zugeschnitten, zum Beispiel auf die Rock-Prominenz, die unter sich sein wollte, oder auf Tanzfanatiker; als sich aber in den späten 60er Jahren die Rockmusik immer weniger zum Tanzen eignete und sie außerdem erheblich teurer geworden war, so daß Rockkonzerte entweder im großen Stil oder vor sitzendem Publikum veranstaltet wurden, erlangten die lokalen Clubs und Diskotheken eine generelle Bedeutung, und zwar als Orte, an denen sehr viele Schallplattenkäufer viele Schallplatten hörten. Die Plattenfirmen stellten fest, daß Schallplatten, für die sie längst keine Werbung mehr machten, plötzlich unerklärliche Verkaufszahlen erreichten. In England wurde die Diskothek zu einem wichtigen Element der wesentlichen Freizeitgestaltung von Teenagern aus der Arbeiterklasse (wohingegen eine Anzahl von «Northern Soul»-Clubs weiterhin auf die tanzenden Anhänger der Mod-Soul-Musik der 60er Jahre ausgerichtet blieb). Die Plattenfirmen änderten daraufhin ihre Promotion-Strategien. Jonathan King sagt dazu:

> Diskotheken haben zwei große Vorteile: erstens gehen genau die Leute in die Diskothek, denen man Schallplatten verkaufen will, und zweitens werden die Schallplatten dort mit großer Lautstärke gespielt, was vielen Platten von ihrem Konzept her genau entspricht. Der dritte Faktor ist, daß diese Art von Leuten die Eigenschaft haben, immer alles weiterzuerzählen – sie reden über nichts anderes, ausgenommen Fußball. [12]

In Amerika waren die Diskotheken darüber hinaus auch für ältere Publikumsgruppen wichtig, beispielsweise für Schwule, Schwarze, Singles und für Leute, die sich nur zwanglos und unkompliziert mit Freunden und möglichen Partnern amüsieren wollten. Diskotheken wurden zu einer neuen Art von Musikclub.

Außerdem verstieß Payola in Diskotheken nicht gegen das Gesetz, und auf den ersten Blick gibt es eigentlich keinen Grund, warum eine Plattenfirma nicht einfach einen Disc-Jockey dafür bezahlen sollte, damit er ihre Platten spielt. Aber auch die Disc-Jockeys unterliegen den Zwängen ihrer Tätigkeit: Ihre Aufgabe ist es nicht, Platten zu verkaufen, sondern ein Publikum zu unterhalten. Ein Deejay veranstaltet eine Art Show, und für diese Show sucht er sich die Platten aus. Diese Entscheidungen können ihm die Plattenfirmen nicht abnehmen, denn er muß ständig auf die spontanen Wünsche seines spezifischen Tanzpublikums eingehen können. Deshalb eroberten sich die Plattenfirmen die Diskotheken auf viel subtilerem Wege: Sie engagierten die Deejays, um die Platten selbst zu mischen und zu produzieren. So erhielt die alte Payola-Masche, nach der die Radio-Deejays als «Programm-Berater» bezahlt wurden, durch die neuen Disco-Abteilungen der Plattenfirmen eine neue Grundlage. Dabei ging es nicht um die Manipulation des Publikums, sondern um seine effektive Versorgung, und die Disco-Deejays wurden als qualifizierte Berater eingestellt.

Live-Auftritte

Bis jetzt habe ich zwei verschiedene Bereiche der Schallplattenpromotion beschrieben. Der erste, der die Platten in der Öffentlichkeit bekannt macht, hängt von der Mitarbeit derjenigen ab, die die öffentliche Meinung mitbestimmen, beispielsweise Autoren und Redakteure von Zeitungen und Zeitschriften; der zweite Bereich, der die Platten in der Öffentlichkeit zu Gehör bringt, hängt von der Mitarbeit derjenigen ab, die den Äther kontrollieren, also Disc-Jockeys und Programmdirektoren von Radiostationen. Eine dritte Form der Schallplattenpromotion sind schließlich Live-Auftritte, die ihrerseits von der Mitarbeit zweier weiterer «Schlüsselfiguren» abhängig sind, nämlich der Agenten und Veranstalter. Der Agent wird von den Künstlern beauftragt, ihnen Auftritte zu verschaffen (für eine auszuhandelnde Beteiligung an den Einnahmen) und fungiert als Vermittler zwischen den Musikern und den Theatern, Tanzsälen, Clubs und Colleges, die sie engagieren. Der Veranstalter veranstaltet Konzerte, mietet die Bühnen und die Musiker (über die Agenten), organisiert den Bühnenaufbau, die Publicity, den Kartenverkauf usw. Für den Veranstalter besteht natürlich das Risiko, daß ein Act nicht genügend Zuschauer anzieht, und die beste Garantie ist ein Act mit einem Plattenhit, weil dieser Hit die Promotion des Konzerts übernimmt. So organisierte Robert Stigwood in England in den 60er Jahren riesige Tourneen mit Acts, die in den TOP 20 vertreten waren, wobei er die jeweilige Reihenfolge der Auftritte nach der Plazierung in der Hitparade bestimmte. Und auch heute noch interessieren sich die kleinen Promoter in England (z. B. die Colleges) in erster Linie für solche Acts, die ihre Anziehungskraft durch Plattenverkäufe schon unter Beweis gestellt haben.

In Amerika waren Live-Auftritte jedoch auch als eine Form der Promotion von Wichtigkeit; für die Plattenverkäufe das Endergebnis und nicht Ausgangspunkt sind. Ein Beispiel dafür sind Dick Clarks Tourneen mit seinem «Caravan of the Stars», die 1959 begannen und in Zusammenarbeit mit Radiostationen veranstaltet wurden (die wiederum die Stars dazu benutzten, um für sich selbst Werbung zu machen). Die mitreisenden Künstler erhielten nur geringe Gagen, für ihre Platten aber wurde ihnen garantiertes «Airplay» zugesagt. Derartige Tourneen dienten in erster Linie dazu, die Gruppen auch in solchen Regionen bekannt zu machen, in denen sich ihre Platten bis dahin schlecht verkauft hatten, und Ende der 60er Jahre gründete Frank Barsalona seine Premier Talent Agency mit dem ausdrücklich formulierten Ziel, unbekannten Rockmusik-Acts zum Durchbruch zu verhelfen. Er benutzte die Tourneen, um für die Gruppen einen vernünftigen Markt aufzubauen, und dieses System, das die amerikanische Rockmusik in den 70er Jahren bestimmte, hatte unter anderem eine Konsolidierung der Promotionsmethoden zur Folge. Der Live-Rock bekam eine Form von Routine: Die alljährliche neue Langspielplatte wurde mit einer Konzerttournee verknüpft, und an jedem Auftrittsort wurde die Promotion so koordiniert, daß die Gruppen sowohl den Radiostationen als auch Plattenläden, Presse und Fernsehen in irgendeiner Form zur Verfügung standen.

Ohne Zweifel hat Barsalona die amerikanische Rockmusik nachhaltig beeinflußt. Vorher war es immer schwierig gewesen, für Rock 'n' Roll-Gruppen eine vernünftige Bühne zu mieten, und selbst wenn das gelang, machte man ihnen jede Menge anderer Schwierigkeiten, aber jetzt wurden sie bei den Bühnenbesitzern immer beliebter. Barsalona hatte das Risiko der Veranstalter kalkulierbarer gemacht. Er verlangte von einem Act nicht unbedingt, daß er schon einen Hit hatte, sondern er erwartete «professionelle Arbeit». Er legte Wert auf geeignetes Management und auf Unterstützung durch die Plattenfirma, auf musikalisches Temperament und auf Leistungsfähigkeit. Er verlangte, daß die Acts bezüglich der Shows seine Ratschläge befolgten, wie man sich am besten präsentierte und wie man ein Programm aufbaute. Live-Rockmusik schaffte sich ihre eigene Form von routiniertem Spektakel, ihre eigenen Methoden, einen erfolgreichen Abend zu «garantieren». Dadurch wurde die Live-Musik aber auch immer teurer, denn die Sound-Effekte mußten dem hochentwickelten Studioniveau angepaßt werden, und die Musiker entwickelten immer raffiniertere Standorte für ihre Shows. So konnte ein Act, dessen Ruf sich mit Pomp und Melodrama verband, seine Fans nicht dadurch enttäuschen, daß er auf der Bühne mit eben diesem Pomp und Melodrama geizte. Auch für die größten Rockgruppen wurde es zunehmend unmöglich, allein mit dem Verkauf von Eintrittskarten einen Gewinn zu machen. So kostete beispielsweise die Europa-Tournee der Rolling Stones 1976 rund 2 Millionen Pfund, aber es war nicht so sehr ihr Zweck, Geld einzuspielen, als vielmehr «die Verkaufszahlen für die jüngste Langspielplatte um 300000 oder 400000 Stück zu erhöhen».

Bei Acts wie den Rolling Stones oder den Who sind die Konzerte immer automatisch ausverkauft, was sich auch auf das Verhältnis solcher Gruppen zu den Konzertveranstaltern auswirkt. Letztere haben sich von Unternehmern, die mit ihrem Geld auf zu erwartende Einnahmen spekulierten, zu Experten entwickelt, die eine spezielle Dienstleistung verkaufen und es der Schallplatten- oder Managementfirma überlassen, die Kosten aus ihrem Promotion-Budget zu decken. Die Veranstalter lassen sich in zunehmendem Maße ihr professionelles Können bezahlen: Sie konzipieren eine Show und sorgen für Spezialistenteams (Roadies, Tischler und Elektriker, Beleuchter, Bühnenmanager und Sound-Mixer). Das Bühnenpersonal für eine größere Rocktournee ist genauso aufwendig und teuer wie bei einem Theater, und die großen Rockkonzerte werden heutzutage in erster Linie von den Schallplattenfirmen selbst veranstaltet.

Der Einzelhandel

Der letzte Filter für die Schallplatten auf dem Weg von der Plattenfirma zum Käufer ist der Plattenhändler. Der Anteil des Postversands ist bei Schallplatten nicht sehr groß, und die Schallplatten-Klubs, die nur selten Rockmusik verkaufen, machen ohnehin nicht einmal 10 Prozent des gesamten LP-Marktes aus. Mit anderen Worten werden die Rock-Platten in den Läden verkauft, und in England haben die großen Schallplattenfirmen immer über ihr eigenes Verteilersystem verfügt und nicht mit dem Großhandel zusammengearbeitet. Es gibt eine Reihe unabhängiger Verteilerfirmen, die für kleine Plattenfirmen tätig sind, aber die «rack jobbers» übernehmen nur Billigserien. In den USA ist die Situation sehr viel komplizierter. Während der 50er Jahre engagierten die großen Plattenfirmen meistens unabhängige Verteiler, die Promotion und Auslieferung der Platten übernahmen, oder sie verkauften zu Diskount-Preisen an «One-Stop»-Großhändler, die ursprünglich nur die Musikbox-Aufsteller, bald aber auch den Einzelhandel belieferten. Bereits in den 60er Jahren wurden allerdings die meisten Schallplatten in den sich ständig ausweitenden Warenhäusern und Supermärkten verkauft. Die wiederum waren natürlich nicht auf Schallplatten spezialisiert und waren immer stärker auf die «rack jobbers» angewiesen, die ihre knapp bemessenen Plattenabteilungen belieferten und leiteten. (Die «rack jobbers» bezahlen dafür, daß sie in den Warenhäusern ihre Schallplattenregale aufstellen dürfen. Die Einkünfte werden aufgeteilt und die «jobbers» sind für das Angebot verantwortlich.) Ende der 60er Jahre entfielen auf diese «racks» etwa drei Viertel aller in den USA verkauften Schallplatten, und die «rack jobbers» waren so groß geworden, daß sie jetzt direkt von den Plattenfirmen kaufen konnten. Der Aufstieg der Rock-LPs führte zu einer Verschmelzung der «rack Jobbers» mit den «One-Stops» und zum Abstieg der unabhängigen Verteilerfirmen.

Die Schwierigkeiten der Plattenfirmen mit diesem System spiegelten die Widersprüchlichkeit ihrer eigenen Einzelhandelspolitik wider: Einerseits wollten sie die Läden dazu benutzen, um neue Acts oder Schallplatten einzuführen und durchzusetzen; andererseits wollten sie aber die Verkaufszahlen konsolidieren und den Umsatz der Hitplatten maximieren. Für die zweite Aufgabe waren die «rack jobbers» ideal, denn sie erreichten breite Käuferschichten und konzentrierten sich in ihrem Angebot auf garantierte Verkaufserfolge, aber für den ersten Zweck eigneten sie sich weniger gut, weil sie nicht schnell genug auf regionale Werbe-Kampagnen reagieren konnten und sich nicht auf unbekannte Namen oder Titel einlassen wollten; sie zogen also nicht die gewünschten *Rockmusik*-Kunden an. Um diese zu erreichen, gründeten die großen Plattenfirmen in den 70er Jahren ihre eigenen «Verteilerzweige», die wie die ursprünglichen unabhängigen Verteiler arbeiteten, aber nur Firmenprodukte übernahmen. Gleichzeitig verlagerte sich das Schwergewicht bei den Käufern wieder zurück auf große Diskount-Plattenladenketten, wie Tower Records (die oft von den «rack jobbers» selbst gegründet wurden, deren Marktanteil im Jahre 1976 auf etwa 50 Prozent gesunken war). Dennoch blieb das Problem der Überproduktion bestehen, wie an den Grabbeltischen mit Sonderangeboten und den Rückgabequoten deutlich wurde – 1979 gingen die Plattenfirmen dazu über, die seit den 50er Jahren gültigen 100prozentigen Rückgabeklauseln in den Einzelhandelsverträgen einzuschränken. Das Ziel dabei war, den Einzelhandel besser zu kontrollieren und die Abhängigkeit von der Urteilsfähigkeit der Händler zu verringern, und die unmittelbare Wirkung waren Umsatzeinbußen bei den unabhängigen Verteilerfirmen und eine Krise der unabhängigen Plattenfirmen. Darauf werde ich im nächsten Kapitel eingehen.

Konsumtion

Inzwischen aber haben die Konsumenten ihre Platten erhalten, und es fehlt nur noch der letzte Baustein in dem großen Puzzle der Musikindustrie: die Anlagen, auf denen die Platten gespielt werden können. In der Tat ist die Schallplattenindustrie eigentlich ein Zweig der HiFi- und Elektrogeräte-Industrie, denn je mehr Leute einen Plattenspieler besitzen, um so mehr Leute kaufen auch Schallplatten und umgekehrt. Dazu kommt noch eine qualitative Beziehung: Die Entwicklung der progressiven Rock-LPs in den 60er Jahren wurde erst durch das Aufkommen der billigen Stereoplattenspieler ermöglicht, und der sich entwickelnde Geschmack der Stereo-Besitzer hatte deutliche Auswirkungen auf den Stil der Rockmusik und die Aufnahmetechniken. Ganz allgemein gehen den Innovationen in der Software immer Neuentwicklungen im Bereich der Hardware voraus. Aber Schallplattenfirmen haben die musikalischen Möglichkeiten, die aus technologischen Veränderungen erwachsen, immer nur sehr langsam erkannt. So wehrten sie sich im Popmusik-Bereich lange gegen die Erfindungen der Langspielplatte und der Stereotechnik – neue Aufnahmetechniken nahmen meist ihren Anfang in den Klassik-Abteilungen der Plattenindustrie – und konnten bisher auch mit den Video-Platten nur wenig anfangen. Aber die wichtigste technologische Entwicklung in den 70er Jahren waren die preiswerten Stereo-Kassettenrecorder. Ihre zunehmende Verbreitung bedroht den Stellenwert der Schallplatte als wichtigsten Musik-Träger.

Aber der wichtigste Aspekt bei der Konsumtion von Schallplatten ist letzten Endes die Tatsache, daß sie das ganze Karussell der Musikindustrie in Bewegung halten. Schallplatten regen die Leute dazu an, selber Musik zu machen, und die Verkaufszahlen für Schallplatten haben stets auch im Zusammenhang mit dem Verkauf von Musikinstrumenten gestanden. Aus der Masse der «passiven» Rock-Konsumenten erwächst die nächste Generation der Rock-Produzenten.

Kapitel 5
Das Geld

Historiker der amerikanischen Populärmusik sind der Meinung, daß musikalische Innovationen stets außerhalb der großen Plattenfirmen entstanden sind. Es waren immer die «unabhängigen» Firmen, in denen sich neue Ideen und Interessen entwickeln konnten, und nur wenn diese Ideen auch in der Öffentlichkeit Anklang fanden und populär wurden, spielten die großen Firmen ihre finanziellen Vorteile aus und übernahmen die Neuerungen, um sie in neue, «sichere» Produkte umzusetzen. In einer derart oligopolistischen Industrie sind Innovationen überhaupt nur möglich, wenn technologische Veränderungen die Struktur der bestehenden Marktkontrolle auflockern; und auch wenn die Konkurrenz im Endeffekt für die Kreativität förderlich ist – je mehr Kapitalquellen zur Verfügung stehen, um so größer die Wahrscheinlichkeit musikalischen Fortschritts –, so ist die Musikbranche auf kurze Sicht sehr stark konservativ: Man will lieber Verluste vermeiden, statt Profite zu riskieren, lieber den herrschenden Geschmack bestätigen, als ihn zu verändern. Man macht meist solche Schallplatten, von denen man bereits weiß, daß das Publikum sie auch haben will.

Diese Argumentationsweise läuft darauf hinaus, daß die einzigen Leute, die Veränderungen im musikalischen Geschmack erkennen und fördern, Unternehmer sind, die außerhalb der bestehenden Struktur des Musikgeschäfts operieren. Diese «Unabhängigen» können nur Geld verdienen, wenn sie neue Märkte erschließen oder beliefern; daher sind sie notwendigerweise die einzigen, die wirklich ein Risiko eingehen – die einzig wirklichen Unternehmer im Kulturgeschäft. Erst wenn sie Erfolg haben, schließen sich die anderen Kleinunternehmer – die in diesem engen Rahmen noch konkurrenzfähig sind – ihnen an, und es entsteht eine kurze, heftige Phase musikalischer Kreativität und industrieller Innovation. Nach kurzer Zeit jedoch sind die Gewinne so hoch, daß die großen Firmen sich für die Sache interessieren und die neuen Verfahren in der Massenproduktion Anwendung finden – die Unabhängigen werden ausgekauft, absorbiert und durch unlauteren Wettbewerb verdrängt.

So sind Aufstieg und Untergang des Rock 'n' Roll in den 50er Jahren, Aufstieg und Untergang des Rock in den 60er Jahren und Aufstieg und

Untergang des englischen Punk-Rock in den 70er Jahren zu erklären. Rudi Blesh und Harriet Janis entwickeln diese Analyse am Beispiel des Ragtime: Was einst als «Folksong» mit einer «robusten, gesunden, ländlichen Qualität» begann, das wurde von den «kommerziellen Liederschmieden der Tin Pan Alley» zerstört; und diese musikalische Entwicklung war die direkte Folge der wirtschaftlichen Strategien, die dazu führten, daß die Song-Verleger in New York zentralisiert wurden und die Kontrolle über den Musikmarkt an sich rissen. Die großen Firmen benutzten ihr Kapital, um die kleinen Firmen zu verdrängen. Sie steigerten die notwendigen Kosten für Promotion und Werbung, sie dominierten den Verkauf durch Discount-Methoden, sie schlossen Exklusiv-Abkommen mit Verteilerfirmen und verbündeten sich mit den neuen Ladenketten.

Das ist die amerikanische Version der europäischen Kritik der Massenkultur. Es geht nicht mehr nur um Musik als Ware, sondern um Musik als Ware in einem oligopolistischen System. Die ideale Musikwelt sieht so aus, daß die Bedürfnisse von Musikern und Konsumenten durch die unverfälschte Beziehung zwischen Angebot und Nachfrage und die unsichtbare Hand des vollkommenen Wettbewerbs geregelt werden; dabei wird die Kreativität nicht durch das Profitstreben *an sich* eingeschränkt, sondern erst durch das Streben nach Riesenprofiten, durch die Konzentration der musikalischen Ausdrucksmittel in den Händen einiger weniger. Das Problem besteht nicht in einem Konflikt zwischen Kunst und Handel, sondern zwischen «big business» und «small business». In dieser Version der Musikgeschichte sind die Helden nicht die Musiker, sondern die Unternehmer – von Ragtime-Verleger John Stork bis zu Ahmet Ertegun und Sam Phillips und Tom Donahue, von Bill Graham bis zu Malcolm Mclaren und Tony Wilson. Diese Männer haben ihre Musiker – insbesondere die schwarzen Musiker – zwar auch ausgebeutet, aber sie taten es wenigstens mit mehr Charme und Liebe als die Konzernbürokraten, die ihre Nachfolge antraten – und sie hatten ein Interesse an der Musik selbst.

Aber es wäre irreführend, die Geschichte der Popmusik auf den Kampf zwischen heldenhaften Geschäftsleuten und Konzern-Clowns zu reduzieren. Vielmehr hat die Musikindustrie ihre Strategien der Marktbeherrschung gerade deswegen herausgebildet, weil der Markt sich im Grunde nicht durch die Musikindustrie beherrschen läßt, und die Schlußfolgerung lautet, daß dieses Problem nur zyklisch gelöst werden kann: Die Schallplattenfirmen gehen zwar hin und wieder auf die Bedürfnisse des Marktes ein, die sich an den Aktivitäten der Unabhängigen erkennen lassen, doch normalerweise manipulieren sie diesen Markt und schränken die mögliche Auswahl ein. Das erklärt aber noch nicht das Problem des Geschmacks der Öffentlichkeit: Einerseits hat es den Anschein, als reagiere die Öffentlichkeit grundsätzlich auf Innovationen, andererseits fällt sie jedoch immer wieder auf irgendwelchen Plunder rein. So entsteht das Bild einer Industrie, die den Geschmack der Öffentlichkeit so lange beherrscht, bis unerfüllte Bedürfnisse stark genug sind, um durchbrechen zu können, worauf sie von den unabhängigen Unternehmern aufgefangen und schließlich wieder von den großen Konzernen beherrscht werden. Die Frage ist aber, wie diese neuen Bedürfnisse entstehen. Warum ist die Beherrschung des Marktes meistens effektiv, manchmal aber nicht? Bekommt die Öffentlichkeit, was sie haben will? Bekommt sie es immer, manchmal oder überhaupt jemals?

Der Verleger klassischer Musik, Ernst Roth, meinte einmal, was ihn von den Pop-Verlegern unterscheide, sei nicht das Profitstreben als solches, sondern vielmehr die mit diesem Streben verbundene Schwierigkeit. Seine Aufgabe sei es, «dafür zu sorgen, daß das Publikum die Produkte seiner Komponisten mag», während es für die Pop-Verleger darum ginge, daß die Komponisten das produzieren, was das Publikum mag. Oder wie Eddie Rogers sagt: «Mein Job ist es, der Öffentlichkeit Unterhaltung zu verkaufen ... Ich unterscheide mich in nichts von jemandem, der Seife oder Versicherungen verkauft. Ich schreibe den Leuten nicht vor, was ihnen gefallen soll, sondern ich gebe ihnen das, was sie haben wollen.»

Das würde bedeuten, daß die Pop-Industrie Musik herstellt, um die bestehende Nachfrage zu befriedigen. Demnach müßte der ganze Prozeß der Schallplattenproduktion, wie ich ihn im letzten Kapitel beschrieben habe – von der Schaffung der Musik bis zum Konsum – umgekehrt werden: Nach diesem Modell wäre es der Konsum des Publikums, der bestimmt, was produziert wird. Aus einer solchen Perspektive sind es paradoxerweise gerade die Konsumenten, die die wichtigste Schlüsselposition einnehmen. Dick Leahy, der Boss einer Plattenfirma, sagt dazu folgendes:

> Der erste wesentliche Faktor ist natürlich die Auswahl der Produkte. Ich kann nur hoffen, daß wir immer wissen, welche Platten wir rausschmeißen müssen. Wir nehmen nicht alle erreichbaren Produkte um ihrer selbst willen, sondern wir fragen immer zuerst, wer sie kaufen wird. Können wir diese Frage nicht beantworten, dann werden wir die Platte nicht herausbringen.[1]

Das Motto der Plattenfirmen lautet, «der einzig sichere Faktor bei der Vermarktung von Schallplatten ist die Unsicherheit», und es ist immer schon das Ziel der Plattenfirmen gewesen, der Unsicherheit des Massengeschmacks zu trotzen und sichere Hits zu produzieren. Dennoch beruht erfolgreiche Schallplattenvermarktung auf der Kenntnis eines nicht leicht manipulierbaren Marktes – hier liegt das eigentliche Spannungsmoment, das einer Erklärung bedarf. Die Rockmusik selbst ist eine Musik, die auf den Markt der Jugendlichen zielt, und wir müssen zunächst einmal analysieren, wie auf diesem Markt Geld verdient wird.

Markt-Management

Obwohl die Musikindustrie schon lange mit dem neuorganisierten Popmarkt lebte, der sich aus der Erfindung des Grammophons im Jahre 1899 entwickelt hatte, war der Jugendmarkt bis in die 50er Jahre für sie von keinem besonderen Interesse. Darüber hinaus wirkte sich die bedeutsamste technologische Entwicklung der Nachkriegszeit für die Musikindustrie eher negativ aus: Das Fernsehen löste das Radio als wichtigste Form der Familienunterhaltung ab und zwang das Radio, spezifische neue Anreize zu entwickeln. Die Teenager stellten sich als einer der wichtigsten dieser neuen «Spezial»-Märkte heraus, und mit der gleichzeitigen Entwicklung der Langspielplatte hörten die Erwachsenen auf, Singles zu kaufen. Das alltägliche Interesse der Plattenfirmen richtete sich fast ausschließlich auf die Jugendlichen.

Die alten Pop-Musiker machten keinen Hehl aus ihren Bedenken, was die Folgen einer solchen Entwicklung anging. Der englische Sänger Harry Roy beklagte sich: «Wenn *wir* ein Lied sangen, dann nahmen wir das auch wirklich ernst. Wir lernten unser Handwerk. Als ich in der Band von meinem Bruder spielte, dauerte es drei Jahre, bis ich gelernt hatte, wie man auf die Bühne geht und eine Verbeugung macht. Die Jugend von heute macht sich überhaupt nichts mehr aus echten Künstlern.» Und Frank Sinatra nannte den Rock 'n' Roll kurz und bündig «die brutalste, häßlichste, verzweifeltste und bösartigste Ausdrucksform, die ich mir je habe anhören müssen». Alec Wilder dagegen beklagte sich lediglich darüber, daß die Rockmusik die «gereifte Sensibilität» der amerikanischen Song-Schreiber zerstört habe.

Das Musikgeschäft war im 19. Jahrhundert als Komponisten- und Verlegerbranche entstanden und hatte in den 30er Jahren die traumatischen Auswirkungen von Rundfunk- und Aufnahmetechnik schon fast verdaut. Tin Pan Alley konnte letztlich von der Verbreitung des Radios selbst profitieren: Ihre Autoren lieferten das Material für die Bands und Sänger, die über das neue Medium ein beispielloses Massenpublikum erreichten, und die Copyright-Organisation der Autoren, die ASCAP, hatte sogar die Möglichkeit zu bestimmen, *wie* die Werke ihrer Mitglieder klingen sollten – in jedem Arrangement mußte die Betonung auf der Melodie liegen. Aber die Gleichheit der Interessen von Musikverlegern und Radiostationen überdauerte die 30er Jahre nicht, und als Reaktion auf die Forderungen der ASCAP nach höheren Gebühren gründeten die Radiostationen ihre eigene Verlags-Organisation, die BMI, die im Jahre 1940 ihre Arbeit aufnahm. Die Spaltung in ASCAP und BMI verdeutlichte die immer größer werdende Kluft zwischen dem Tin-Pan-Alley-Material und jenen Songs (Country und Blues), die eine wachsenden Zahl von Programmleitern im Radio spielen wollten. Die Verlagerung des Schwergewichts bei den Radiosendern und Plattenfirmen auf die Jugend verstärkte diesen Trend noch: Der Rock 'n' Roll war eindeutig BMI-Musik. (Damit wird auch deutlich, daß die Payola-Untersuchungen der späten 50er Jahre einen Angriff auf das Rock 'n' Roll-Radio bedeuteten, der von den Interessen der ASCAP bestimmt war.)

Das Verlagsestablishment in England zeigte sich ebenfalls beunruhigt. Der Rock 'n' Roll schien ein neuer und gefährlicher Ausdruck des alten Trends zu sein, die englische Popmusik zu «amerikanisieren». Die Song Writers Guild konstatierte bitter: «Natürlich, wenn man amerikanische Musik so massiert anpreist, dann entsteht auch eine entsprechende Nachfrage», und verlangte eine Beschränkung des Anteils an ausländischen Songs und Schallplatten im Radio: «Nur dann wird es möglich sein, die anhaltende Infiltration aus dem Ausland einzudämmen, die seit einigen Jahren alle Bereiche der populären Musik in diesem Lande so umfassend und unerwünscht beeinflußt hat.» Der Sekretär der Guild behauptete, Elvis Presleys Schallplatten würden nur gekauft, weil die Teenager mit der Mode gehen wollten, nicht weil sie ihnen wirklich gefielen: «Wenn die BBC zur Abwechslung einmal ‹Qualität-Songs› verbreiten würde, würden die Jugendlichen bestimmt darauf anspringen, da bin ich ziemlich sicher.» So wie die Dinge lagen, hatten die Deejays einfach zuviel Einfluß: «Wenn wir schon einen so hohen Anteil von amerikanischen Hits in unserer populären Musik ertragen müssen, dann wäre es zumindest erfrischend, wenn englische Künstler ihre eigenen Versionen dieser importierten Songs bringen dürften.» Aber alle diese Appelle blieben erfolglos. Der Teenagermarkt war bereits etabliert, und die englischen wie die amerikanischen Plattenfirmen hatten ein weit größeres Interesse, sich um diesen Markt zu kümmern, als um die Interessen der alternden Song-Autoren.

Die wirtschaftliche Bedeutung des Teenager-Geschmacks war zuerst den unabhängigen Plattenfirmen aufgegangen, die den schwarzen Musikmarkt belieferten. So erinnert sich beispielsweise Jerry Wexler, daß die Atlantic-Platten zuerst von den weißen Jugendlichen in Nord- und Südkarolina sowie entlang der amerikanischen Südostküste gekauft wurden. Die Firma nannte diese überraschenden Verkaufsschlager «beach records» – Strandplatten: Die weißen Jugendlichen übernahmen die schwarze Musik, wenn sie sich zu Strandparties trafen und im Radio nach der besten Tanzmusik suchten. So war es vor allem ein regionales Phänomen des Südens, als die Unternehmen feststellten, daß die Teenager schwarze Musik kauften und verlangten, daß sie sich an schwarzer Musik orientierten und sie auch selbst machten. Die aufmerksamen Deejays und Einzelhändler (und die Plattenfirmen, die in dieser Zeit anfingen, sie zu beliefern) gingen durchaus ein Risiko ein, als sie sich auf diesen Markt *konzentrierten* (und ihr Interesse an anderen Publikumsgruppen und Musikrichtungen aufgaben), aber erst diese ausschließliche Konzentration enthüllte das ganze Ausmaß dieses Marktes, und mit dem Erfolg stieg auch die Zahl der Unternehmen, die sich mit Rock 'n' Roll beschäftigten – bis sich am Ende Ursache und Wirkung nur noch schwer auseinanderhalten ließ. Denisoff zitiert Mitch Miller, der sich über die Entwicklung bei den Radiosendern beklagte (Miller war damals Chef der A & R-Abteilung bei CBS):

> Erst baut man sich selbst zu den Königen des Radios auf, und dann geht man hin und überläßt die Programmentscheidungen den 8- bis 14jährigen, den Milchbärten, die nur 12 Prozent der Bevölkerung und 0 Prozent ihrer Kaufkraft ausmachen – abgesehen von Haarschleifen, Lutschstangen und Erdnußschokolade. Die Jungen müssen versorgt werden – aber wie wäre es denn daneben mit ein bißchen Musik für die übrigen von uns?
> Erzeugt man die Nachfrage nach einer Platte, indem man sie zuerst im Radio spielt, oder verlangen die Jugendlichen sie, weil sie sie zuerst in den TOP 40 gehört haben? Wenn die TPO 40 eine Wahl darstellen, warum steht dann nicht bitte jemand auf und gibt der Partei der Ehrlichkeit eine Chance ...[2]

Millers Sarkasmus war berechtigt, aber er richtete sich gegen das falsche Ziel. Zwar war die Kaufkraft der Teenager beschränkt, aber diese beschränkte Kaufkraft konzentrierte sich ausschließlich auf Teenager-Waren wie Schallplatten; und die Radiostationen, die sich den Jugendlichen widmeten, erzielten bessere Einschaltquoten und bekamen mehr Werbeaufträge, als wenn sie mit dem Fernsehen um den Markt der Erwachsenen konkurriert hätten. Miller beklagte sich über eine Situation, die zwar am Beispiel des Radios deutlich wurde, aber nicht vom Radio verursacht war. Das eigentliche Problem lag vielmehr in der Veränderung der Freizeitgewohnheiten der Amerikaner nach dem 2. Weltkrieg – und im Bevölkerungszuwachs: Zwischen 1945 und 1947 stieg die Geburtenrate in den USA um 65 Prozent, und bis Ende der 70er Jahre nahm der Anteil der 13- bis 30jährigen jährlich zu.

Millers eigentliche Besorgnis galt den Verkaufszahlen seiner Plattenfirma. Der Anteil der großen Firmen an den bestverkauften Singles sank von 1955 bis 1958 auf etwa die Hälfte – der Anteil der Unabhängigen blieb bis Mitte der 60er Jahre noch sehr hoch –, und zu guter Letzt mußte CBS genau wie alle anderen auch dem Teenager-Geschmack Rechnung tragen, mußte einen oder zwei Rock 'n' Roll-Stars in seine Listen aufnehmen und lernen, wie dieser neue Markt funktionierte, wie er erreicht und beeinflußt werden konnte. Bis 1958 entwickelte sich ein ganz neues System von Verkaufshilfen: TOP-40-Radiostationen, Plattenregale nur für Teenager, Teenbeat-Magazine, Teenager-Fernsehprogramme und -Filme. (Angesichts des Fernsehens mußte sich das Kino genau wie das Radio spezialisieren, und so konzentrierte es sich ebenfalls auf den Jugend-Markt: *Rock Around The Clock* brachte es durch den Film *Blackboard Jungle* zu landesweiter Berühmtheit, und Elvis Presley wurde praktisch seit Beginn seiner RCA-Karriere von Hollywood promoted.) Und Ende der 50er Jahre lief im Grunde die Ausbeutung des Jugend-Marktes darauf hinaus, daß eine alte Form – der normale Pop-Song – mit einem neuen Inhalt – Teenager-«Angst» – in Verbindung gebracht wurde.

Das zeigte sich besonders in England, wo es keinen schwarzen Musikmarkt und nur in geringem Umfang Radiosendungen für die Jugend gab. Zwar hatte es Veränderungen in der Nachfragestruktur und eine stärkere Ausrichtung an amerikanischen Platten gegeben (mit der Konsequenz einer Neuverteilung der englisch-amerikanischen Lizenzverträge: EMI verlor die Rechte für CBS und RCA und kaufte 1955 Capitol, um die weitere Versorgung mit amerikanischen Produkten sicherzustellen); trotzdem behielten die dominierenden englischen Firmen, EMI und Decca, ihre Vorherrschaft, vermarkteten ihre eigenen Rock 'n' Roll-Stars (Cliff Richard, Tommy Steele) und teilten sich wenigstens drei Viertel aller Hits.

Weil der Rock 'n' Roll nur beschränkten Einfluß auf das Plattengeschäft ausübte, erwies sich Skiffle, eine wesentlich unbedeutendere Musikrichtung, als weit wichtiger für die Entwicklung des englischen Jugend-Marktes, denn es war diese Musik, die den jungen englischen Musikern die Möglichkeit gab, außerhalb des Rahmens der Industrie ihre eigenen Ideen zu verwirklichen – die sich allerdings bald wieder auf Rock 'n' Roll und Rhythm-and-Blues konzentrierten. Skiffle gab den Musikern eine Art Folk-Selbstvertrauen, und sie spielten ohne Perfektionismus, ohne Show Business, ohne gute Ratschläge von Dritten. Und als die Beatles in den Hitparaden auftauchten, fiel einem als erstes ihre Unabhängigkeit von der Tin Pan Alley auf: Sie schrieben ihre eigenen Songs.

Und sie unterschrieben einen Vertrag mit EMI. Alle englischen Gruppen des «Beat-Booms» hatten Verträge mit den großen Firmen: In den Jahren 1963/64 kamen etwa 80 Prozent aller englischen Bestseller von Decca und EMI. Aus der Sicht der Industrie schien sich nicht viel verändert zu haben – abgesehen von der Reaktion des Radios, die mit der ersten Sendung der Piratenstation Radio Caroline im Jahre 1964 erkenntlich wurde –, und im gleichen Jahr machte das Schallplatten-Sonderheft der Zeitschrift *Retail Business* (Einzelhandel) zwei feste Voraussagen:

Erstens würde die Unbeständigkeit des Teenager-Marktes weiterhin bestehen bleiben – «selbst die Lebenserwartungen der Beatles ‹at the top of the pops› sollte man eher in Monaten als in Jahren messen»; und zweitens würden die Verkaufszahlen für Stereoplatten, die zu der Zeit etwa 12 Prozent des englischen Marktes ausmachten, nicht weiter ansteigen – «die Zukunft der Stereo-Technik erscheint durch die Tatsache beschränkt, daß sich ihre technischen Vorzüge nur bei klassischer Musik voll realisieren lassen ... es gibt wichtige Marketing-Überlegungen, die sie für den Pop-Markt ungeeignet erscheinen lassen».

Zwei Jahre später vermerkte *Retail Business* die Neuentwicklung eines billigen Stereo-Tonabnehmers und weiterhin steigende Verkaufszahlen für Langspielplatten: «In diesem Bereich liegt wahrscheinlich das profitträchtigste Potential des Marktes»; im Jahre 1968 wurden zum erstenmal genauso viele LPs wie Singles verkauft, und 1969 wurden nur noch Stereo-Platten produziert. Bei allen genannten Entwicklungen folgte der englische Markt den führenden USA, wo im Jahr 1969 Stereo-LPs 80 Prozent des Umsatzes ausmachten.

In England entstand für die Unabhängigen durch Entwicklungen in der Technologie (billige Stereosysteme) und auf dem Gebiet der Promotion (die Piratensender, die auf dem Wege über Payola auch kleineren Firmen offenstanden) die Möglichkeit, den großen Firmen Decca und EMI, Pye und Philips Konkurrenz zu machen – und 1970 stellten sie schon 20 Prozent der Top-10-Hits des Jahres. Aber auch die Amerikaner sorgten mittlerweile für direkte Konkurrenz. Im Jahr 1964 übernahm die CBS die Firma Oriole mitsamt ihrem Verteilernetz. RCA hatte sich bereits selbständig gemacht, und Ende der 60er Jahre kam auch noch WEA dazu. England hatte zwar die Rockrevolution ausgelöst, bekam jetzt aber die Folgen zu spüren.

Die wichtigste Auswirkung des Beatle-Erfolgs war die Ausweitung der Rockbegeisterung über die Basis der Arbeiterjugend hinaus. In England führten die allgemeine Popularität der Beatles und Rolling Stones, die Entwicklung billiger Stereosysteme, die Entstehung der Piratensender und die neuen Auftrittsmöglichkeiten in Colleges und Clubs zur Herausbildung eines Jugend-Marktes, der von den etablierten Schallplattenfirmen nicht gleich erkannt wurde. Diese jungen Leute schufen sich ihre eigenen Unternehmen, ihre eigenen Clubs und Bühnen, ihre eigene Musik. Bis 1968 waren die kommerziellen Möglichkeiten des «progressiven» Rock sichtbar geworden, und in der Folge entstand eine neue Generation von unabhängigen Plattenproduzenten und Management-Firmen, Konzert-Agenturen und Verkäufern, die zum großen Teil als «Unterhaltungs-Referenten» am College begonnen hatten – eine neue Art von Ausgangsposition für eine Karriere im Plattengeschäft. Im Jahre 1968 gründete EMI dann mit Harvest ein eigenes «progressives» Label, und in den folgenden Jahren zogen Philips mit Vertigo, Pye mit Dawn, Decca mit Nova und RCA mit Neon nach. Diese Labels schlossen Verteiler-Verträge mit den neuen unabhängigen Produzenten und waren alle nicht sonderlich erfolgreich; nur Vertigo und Harvest existieren noch heute.

In einer parallelen Entwicklung gründeten erfolgreiche Musiker ihre eigenen Labels. Die Beatles gründeten 1968 die Firma Apple, «um Autoren, Musikern, Sängern und Malern, die von der kommerziellen Welt bisher nicht anerkannt wurden, die Möglichkeiten einer künstlerischen Karriere zu bieten». Ein Jahr später folgten die Moody Blues diesem Beispiel mit ihrer ähnlich idealistischen Firma Threshold. Aber beide Labels verloren bald ihr ursprüngliches Konzept aus den Augen und waren nicht mehr als ein Betätigungsfeld für die betreffenden Stars selbst. Die unabhängigen englischen Firmen, die in den späten 60er Jahren erfolgreich gegründet wurden, wie Island, Chrysalis und Charisma, waren allesamt Töchter von Management- und Produktionsfirmen; ihre Unabhängigkeit war eher Ausdruck von finanziellen als ideologischen Überlegungen, und ihr Erfolg bestand eher in der Reaktion auf neue Märkte als auf neue Musik. David Betteridge, damals geschäftsführender Direktor der Firma Island, formulierte das folgendermaßen:

> Es gab seinerzeit eine neue intelligente Rockmusik – und ich meine das durchaus nicht zynisch –, neue College-Konzerte wurden organisiert, und es entstand ein neues Publikum. Wir liefen dieser Entwicklung nach und erfüllten die Bedürfnisse der Leute. Wir waren ein Vehikel für sie, und so kam es, daß alles perfekt zusammenpaßte.[3]

Und Rohan O'Rahilly, der Boss von Radio Caroline, drückte es so aus: «Die Jugend explodierte förmlich. Da gab es eine Menge Geld zu verdienen.»

Die neuen Labels erreichten mit ihren neuen Promotionsmethoden einen neuen Markt. Sie konzentrierten sich auf Langspielplatten statt auf Singles, sie druckten die Songtexte auf den Hüllen ab und verkauften Qualitätsware, sie benutzten lieber College-Auditorien statt Dancehalls, und sie überschwemmten eher die Rock- als die Popprogramme der Radiosender. (Die Piratensender wurden 1967 zum Schweigen gebracht, und die BBC begann mit Radio One ihre eigene Version einer TOP-40-Station.) Diese Strategien standen am Ende des Plattenproduktionsprozesses und richteten sich direkt auf das Publikum. Jede Stadt und jede Region hatte ihre «hip»-Promoter und -Pubs, ihre Festivals und tollen Geschäfte. In London gab es einen wahren Boom von «hip»-Studios und -Plattenhändlern, von «Underground»-Clubs und Zeitschriften. «Progressiver Rock» wurde eine Institution, und der *Rolling Stone* rief eine «neue Gemeinschaft» aus.

Die englischen Hippie-Aktionen waren bewußte Imitation der amerikanischen Entwicklungen, aber auch die Umwälzung der amerikanischen Plattenindustrie ging von den Beatles aus, die – wie Elvis – als «Außenseiter» in die Hitparaden kamen und einen ganz neuen Musikmarkt eröffneten. Die Konsolidierung des Rock 'n' Roll in der Form des Teenage-Pop der späten 50er Jahre bedeutete auch die Beschränkung des Publikums nach Alter und Klassenzugehörigkeit – die Schallplattenverkaufszahlen gingen in der Tat zurück. Und die Beatles wurden in den USA ursprünglich als Teenager-Pop-Band verkauft: Dies Etikett verdankten sie der Ed Sullivan Show und den TOP-40-Radiostationen. Aber genau wie in England sprachen die Beatles auch in Amerika den Markt der Nicht-Teenager an: Das vorstädtische, studentische Publikum, die Leute, die sich für den Rock 'n' Roll zu alt fühlten, die vor den Banalitäten des *Bandstand* in die Folk-Clubs und Konzerthallen geflüchtet waren und sich jetzt daran erinnerten, wie gerne sie tanzten.

So war es wieder einmal die regionale Ebene, auf der sich die Implikationen des neuen Rock 'n' Roll-Stils herausbildeten. Die Jugendkultur der 60er Jahre war eine Freizeitkultur; sie manifestierte sich zuerst in einer neuen Konsumstruktur, und die Programmgestalter der Radiostationen waren die ersten, die diese neuen Möglichkeiten erkannten (wobei die Trennung in AM und FM – Mittelwelle und UKW – die ausschließliche Konzentration auf diesen Markt begünstigte). Dazu kam aber bald eine Vielzahl anderer Musik-Unternehmer: Laden- und Clubbesitzer, Festival-Planer, Konzert-Promoter; und sie alle benutzten die neuen «Underground»-Einrichtungen, die Radioprogramme und Zeitschriften als Objekte einer neuen Promotion-Technik. Und wenn auch das Monterey-Pop-Festival den Einstieg der großen Firmen in diese Szene symbolisierte (die Stars des Festivals wurden sofort unter Vertrag genommen), so zeigte sich doch bald eine grundsätzliche Neuerung: Die Rockmusiker ließen sich nicht in die herkömmliche Star-Maschinerie integrieren, sondern wurden zu einer neuen Art von Stars. Ihre Musik wurde als künstlerische Ware verkauft, ihre Geschäftsbeziehungen mit den Plattenfirmen liefen über die «Firmen-Freaks», ihr Publikum ließ sich nicht wie das Bühnenpublikum des *Bandstand* einfach herumschubsen, sondern konnte nur über die Musiker selbst kontrolliert werden. Die veränderte Einstellung der Plattenfirmen zeigte sich am deutlichsten bei der Behandlung der Beach Boys, der wichtigsten amerikanischen Rockgruppe in den 60er Jahren. Schon vor den Beatles deutete ihre Art des Musikmachens auf eine neue Entwicklung hin: Die Beach Boys schrieben nicht nur ihre eigenen Songs, sondern sie produzierten ihre Platten auch selbst und benutzten ihre eigenen Studios. Während ihrer Zeit bei Capitol wurden sie aber fast durchgängig als Teenager-Party-Band behandelt, verpackt und verkauft. Erst nach ihrem Wechsel zu Warner Brothers wurden sie «Künstler» – als die Rock-Revolution bereits gesiegt hatte.

Diese «Revolution» bezog sich ausdrücklich auf Kreativität und Konkurrenz. Die Rock-Ideologie fußte auf dem Prinzip der Auswahl – Auswahl durch den Künstler und Auswahl durch den Konsumenten –, und diese Auswahl schien dadurch garantiert, daß jetzt mehr Leute und besonders junge Leute im Plattengeschäft tätig waren als je zuvor. Aber diese Öffnung der Schallplattenindustrie hatte nicht die erwartete Wirkung. Den Plattenfirmen war durch das Phänomen Woodstock klargeworden, daß man mit der Musik mehr Geld verdienen konnte, als man es sich je erträumt hatte, und sie wußten auch, daß sie um so mehr in die Produktion investieren konnten, je mehr Schallplatten sie verkauften. Das erstaunliche war, daß Schallplatten sich um so besser zu verkaufen schienen, je mehr Geld in ihre Produktion gesteckt wurde, und so begannen die großen Firmen, immer mehr Kapitalreserven zu investieren, um alle erfolgreichen Rockmusik-Acts unter Vertrag zu nehmen, Platten mit ihnen zu machen, sie zu fördern und damit zu kontrollieren. Entsprechend hatte auch die Invasion der amerikanischen Firmen in England nicht in erster Linie das Ziel eines neuen Marktes, sondern sie war eine Jagd nach neuen Talenten, und der Erfolg von Cream und Jimi Hendrix auf dem riesigen, wenngleich nicht besonders anspruchsvollen amerikanischen Teenager-Markt bewies, daß die Rockmusik eine weniger problematische Ware war, als ihre ursprünglichen Ideologien behauptet hatten.

Ende der 70er Jahre wurde die Rockmusik längst für einen weltweiten Markt gemacht, und die «Jugend», auf die sich die Marketing-Entscheidungen bezogen, war zu einer Abstraktion geworden. Die Plattenfirmen hatten sich ursprünglich stets darauf konzentriert, eher Hardware als Software zu exportieren; ihr Ziel war es vor allem, Plattenfirmen und Preßwerke in anderen Ländern zu kontrollieren und nicht diese Märkte mit ausländischen Schallplatten zu überschwemmen. So gab es trotz des deutlichen Einflusses des amerikanischen Rock 'n' Roll in Europa in den 50er Jahren nur einen geringfügigen Export von Schallplatten: Die europäischen Firmen hatten die Möglichkeit, mit ihren eigenen Versionen der Musik erfolgreich zu sein. (So verdiente Elvis Presley international gesehen mit seinen Filmen erheblich mehr Geld als mit seinen Platten.)

Aber die Rockmusik veränderte diese Situation. Seit den späten 60er Jahren ist der Anteil von anglo-amerikanischen Schallplatten am Weltmarkt rapide gewachsen, und Ende der 70er Jahre entfielen 40 Prozent aller verkauften Schallplatten auf die USA, je 10 Prozent auf Japan und die Bundesrepublik Deutschland, 8 Prozent auf Frankreich und weniger als 6 Prozent auf England. Dabei waren die auf den verschiedenen internationalen Märkten verkauften Platten zum größten Teil identisch. So sind beispielsweise in Schweden, einem Land mit einer eigenen Schallplattenindustrie und einer von der Regierung vertretenen «nationalistischen» Kulturpolitik, über 60 Prozent aller verkauften Schallplatten englische und amerikanische Rock-Importe, und in einem englisch-sprachigen Land wie Neuseeland stammen nur 5 Prozent der verkauften Schallplatten aus dem eigenen Land. Die großen Firmen sind also heutzutage Weltkonzerne, und der größte Teil der Platten, die auf der ganzen Welt verkauft werden, geht irgendwie durch ihre Hände. (So erreicht beispielsweise der jamaikanische Reggae seinen größten Markt in West-Afrika auf dem Weg über englische, amerikanische und westdeutsche Plattenfirmen.)

Schallplatten werden heute im Hinblick auf den Weltmarkt produziert, und auch die Wettbewerbsbedingungen der Plattenfirmen haben sich dementsprechend verändert. Besonders deutlich wird das am Beispiel Englands, wo heute jedermann weiß, daß der weltweite Erfolg der Beatles ein außergewöhnliches und nicht wiederholbares Ereignis war. Die harte Realität sieht gegenwärtig so aus, daß die englischen Firmen auf den amerikanischen Markt angewiesen sind, während die amerikanischen Firmen sich um den englischen Markt so gut wie gar nicht kümmern.

Heute dominieren die USA und nicht mehr England den Sound der internationalen Pop-Musik, und Disco brachte Geld in einer Größenordnung, die der Punk nie erreichte. Die Statistiken sprechen dabei eine deutliche Sprache: Im Jahre 1975 entfielen 50 Prozent der Hitparaden-Plätze in den USA auf amerikanische Künstler, und im Jahre 1979 erreichte ihr Anteil gar 84 Prozent; dabei beherrschte EMI, ehemals die größte Schallplattenfirma der Welt, weniger als 10 Prozent des amerikanischen Marktes. Im Gegensatz dazu entfielen auf CBS, WEA und Polygram über die Hälfte der in England verkauften Schallplatten, während die englischen Firmen es nur auf knapp 40 Prozent brachten.

Einkommen

Individuelle Konsumtion ist nicht das einzige Schicksal der Ware Schallplatte; sie dient auch als «Input» für andere Medien. Das gilt insbesondere für das Radio, das – wie Paul Hirsch es ausdrückt – ein «symbiotisches Verhältnis» zur Schallplattenindustrie hat. Im Jahre 1918 wurde das Radio in Amerika für kommerzielle Interessen zugänglich gemacht. 1926 gab es 694 Stationen und 15 Millionen Empfänger. Drei Viertel des gesendeten Materials war Musik, und diese Musik war größtenteils «kommerzieller Jazz». Mit der Weiterentwicklung der Aufnahmetechnik wurde das Verhältnis von Radio und populärer Musik immer enger, und obwohl die Situation in England durch die beherrschende Rolle der nicht-kommerziellen BBC besonders kompliziert war, konnte man auch dort die beiden Medien nicht unabhängig voneinander begreifen. Auf die Bedeutung des

Radios für die Promotion von Schallplatten bin ich bereits eingegangen, und im nächsten Kapitel werde ich die Verwendung der Rockmusik im Radio näher untersuchen.

Auch im Falle einer weniger engen Verbindung zwischen zwei Medien kann die Schallplattenindustrie zur Erhöhung von Profiten beitragen. Das Fernsehen hat z. B. mit großem Erfolg seine eigenen Teenybopper-Plattenstars aufgebaut, und es hat sich herausgestellt, daß die Verbindung *irgendeines* Produkts mit populären Schallplatten in der Werbung den Verkauf fördert; so haben beispielsweise einige Firmen als Gegenleistung für Werbehilfe Rockgruppen – insbesondere bei Tourneen – unterstützt. Die ertragreichste Multi-Media-Nutzung der Rockmusik ist gegenwärtig die Verbindung zwischen Film und Schallplatten. Hollywood-Filme, die sich an die Jugend als Zielgruppe wenden, haben schon seit langem Rock 'n' Roll in ihre Soundtracks aufgenommen, und die Karriere von Elvis Presley basierte zum größten Teil auf der gleichzeitigen Produktion von Filmen und LPs. Aber erst die erstaunlichen Verkaufszahlen von *«Saturday Night Fever»* und *«Grease»* Ende der 70er Jahre ließen die noch unerschlossenen Möglichkeiten des «Crossover Marketing», der Verbindung zweier Medien, erkennen. Die Filme förderten den Plattenverkauf, und die Platten verkauften auch die Filme. Die normalerweise getrennten Promotionsstrategien ergänzten sich in diesen Fällen so vorteilhaft, daß die Verkaufszahlen riesige neue Dimensionen erreichten. So folgten zu Beginn der 80er Jahre mehrere Plattenfirmen dem Beispiel von Polygram und stiegen in die Filmproduktion ein.

Schallplatten werden ferner direkt als Mittel zur Unterhaltung eingesetzt. Diskotheken und Tanzschuppen bedienen sich ihrer ganz offensichtlich, um Gäste anzulocken, und es gibt heute nur noch wenige öffentliche Einrichtungen, die nicht ständige Hintergrundmusik spielen. Die früheste Form der Verwendung von Schallplatten als Hintergrundmusik stellen die Musikboxen in Kneipen, Bars und Cafés dar. In den 40er Jahren spielten die Musikboxen eine zentrale Rolle im Leben der Soldaten; sie beherrschten den Plattenverkauf und förderten u. a. den Aufstieg des Rhythm and Blues und der Country-Musik. In England entfallen auf die Musikboxen, die in den Pubs «Jugendatmosphäre» verbreiten sollen, immer noch etwa 15 Prozent aller verkauften Singles. Schallplatten liefern darüber hinaus eine konstante Untermalung für sämtliche Bereiche des Konsums; die größten Läden haben sogar ihre eigenen «Sendungen», und das Prinzip «Musik-bei-der-Arbeit» hatte zur Folge, daß die United Biscuit Company die wichtigste Quelle für erfahrene Deejays wurde, als in den 70er Jahren in England kommerzielle Radiostationen eingerichtet wurden. Schallplatten sind aber auch von großem Einfluß auf die Live-Musik, auf die Live-Unterhaltung in Clubs, Cabarets und Hotels: Es gibt Zehntausende von Musikern, die keine Schallplatten aufnehmen, deren

Lebensunterhalt aber davon abhängt, daß sie Woche für Woche Schallplattenmusik nachspielen – ihr Publikum verlangt gute Kopien von alten und neuen Hits.

Diese Art der Verwendung von Schallplatten bedeutet eine lebenswichtige Einnahmequelle für die Schallplattenindustrie, und die damit verbundenen Copyright-Vereinbarungen verweisen auf den besonderen Charakter von Kulturwaren. Normalerweise gilt bei der Warenproduktion das Prinzip, daß der Besitzer der Produktionsmittel auch die produzierten Waren besitzt. Ihr Wert drückt zwar die bei der Produktion investierte Arbeit aus, aber die Arbeiter selbst werden für ihre Arbeitszeit direkt bezahlt und haben keinen gesetzlichen Anspruch auf das von ihnen erzeugte Produkt. Der Kapitalist kann über das Produkt und jeglichen Erlös frei verfügen. Dieses Verhältnis gilt auch für die meisten Arbeiter, die mit der Produktion von Schallplatten zu tun haben: Sie sind Lohnarbeiter und werden für ihre Arbeitszeit bezahlt; sie haben kein ökonomisches Interesse an dem von ihnen erzeugten Produkt. Aber die Kulturwaren beinhalten auch die Arbeit der Künstler, und der künstlerische Beitrag wird mit einem Anteil an den erzielten Profiten entlohnt: Die Tantiemen dienen als Anreiz für die Künstler, deren kreative Fähigkeiten von ihren Brötchengebern anders kaum kontrollierbar sind.

Um diese Aussage im Hinblick auf Schallplattenaufnahmen zu verdeutlichen, müssen wir das auf Schallplatte aufgenommene Werk von der Schallplatte selbst unterscheiden. Das Urheberrechts-Gesetz lautet – im Falle Englands – folgendermaßen: «Ein musikalisches Werk (und der damit verbundene Text) genießt urheberrechtlichen Schutz, sobald es zu Papier gebracht oder in einer anderen materiellen Form, zum Beispiel einer Aufnahme, fixiert ist.»

Das Copyright, das 50 Jahre nach dem Tode des Autors erlischt, berechtigt den Urheber (oder Besitzer des Copyrights) zum Geltendmachen einer Gebühr für jedes verkaufte Exemplar eines Songs, gleichgültig ob in Form von Noten oder in Form einer Tonaufnahme (wozu die Verwendung auf einem Film-Soundtrack, in der Werbung, als Hintergrundmusik usw. gehören). Der Inhaber des Copyrights ist in den meisten Fällen der Verleger des Songs, der seinerseits einen eigenen Vertrag mit dem eigentlichen Autor hat; sein jeweiliger Rechtsanspruch unterscheidet sich danach, ob automatische Rechte oder Aufführungsrechte betroffen sind. Automatische Rechte beinhalten den Anspruch auf Tantiemen für Aufnahmen des betreffenden Songs, und die automatischen Rechte aus Schallplattenverkäufen sind dabei die wichtigsten (in England handelt es sich um einen Prozentsatz vom Listenpreis, in den USA um eine Pauschale). Für die Aufführungsrechte gilt dagegen: «Jedesmal, wenn ein Song in der Öffentlichkeit aufgeführt oder im Radio oder Fernsehen gesendet wird, muß eine Zahlung an den Autor und den Verleger vorgenommen werden.»

Das Recht auf Aufführung wird von den Verlegern und Komponisten in England an die Performing Rights Society (PRS), in den USA an die ASCAP oder die BMI delegiert, und diese Institutionen vergeben die Lizenzen für die verschiedenen Formen der öffentlichen Nutzung der Musik, ziehen die anfallenden Gebühren ein und verteilen sie. Ihre genaue Arbeitsweise unterscheidet sich je nach Organisation, aber im allgemeinen werden die eingezogenen Gebühren je zur Hälfte dem Verleger und dem Autor eines Songs zugeteilt, und die gesetzliche Grundlage der Aufführungsrechte ist in den USA und in England die gleiche:

> Musik ist eine Form des Besitzes für den Komponisten, so daß die Kontrolle über bestimmte Verwendungsformen seiner Musik es ihm ermöglichen, durch sie seinen Lebensunterhalt zu bestreiten. Das Gesetz sieht daher u. a. vor, daß derjenige, der eine Schallplatte oder Noten kauft, diese benutzen darf, um die Musik zu Hause zu spielen; er hat jedoch nicht das Recht, diese Musik öffentlich aufzuführen, ohne vorher die Genehmigung des Komponisten einzuholen.[4]

Das Eigentumsrecht für Komponisten an ihren Kompositionen wurde zu Beginn des Jahrhunderts in den ursprünglichen Copyright-Gesetzen festgelegt (1909 in den USA, 1911 in England), die seinerzeit Klarheit für die Rechtsansprüche aller Autoren brachten. Die spätere Entwicklung der Aufnahmetechnik warf allerdings ein neues Problem auf: Konnte der Verleger eines Sounds dasselbe Recht in Anspruch nehmen wie der Verleger eines Textes? In diesem Punkt unterscheidet sich die Gesetzgebung in England und in den USA. In England wurde die Situation 1933 anhand des Falles Carwardine geklärt, wo der Richter meinte:

> Ich sehe berechtigte Einwände gegen die Auffassung, daß eine Person, die nichts anderes tut als eine Schallplatte zu kaufen, zum Zwecke einer öffentlichen Darbietung den Nutzen von den Fertigkeiten und Arbeitsleistungen haben soll, die die Hersteller dieser Schallplatte aufgewendet haben.

Der Richter entschied, daß Schallplatten nicht ohne Einwilligung der Produzenten für öffentliche Darbietungen benutzt werden dürfen, und im Jahre 1934 gründeten die englischen Schallplattenfirmen die Phonographic Performance Ltd. (PPL), die Schallplattenlizenzen vergeben und die anfallenden Gebühren einziehen sollte. Im Jahre 1952 wurden im Bericht des Copyright Committee folgende Grundsätze zur Diskussion gestellt.

Unsere Überlegungen gehen dahin, daß es mit den gängigen Vorstellungen von Gerechtigkeit und Fair-Play unvereinbar wäre, wenn ein Unterhaltungs-Promoter das Recht hätte, zu seinem persönlichen Nutzen und ohne irgendeine Kontrolle oder Bezahlung von Tonaufzeichnungen Gebrauch zu machen.

Das Copyright-Gesetz von 1956 sicherte den Schallplattenproduzenten ausdrückliche Rechte an ihren Aufnahmen zu: Schallplatten dürfen ohne Genehmigung nicht in der Öffentlichkeit gespielt oder im Rundfunk gesendet werden. Im Abkommen von Rom wurden diese Rechte 1961 international anerkannt – die einzige Ausnahme bildeten die USA, die bis heute kein Copyright auf einen Sound anerkennen. Nach amerikanischem Recht ist der Käufer einer Schallplatte auch ihr Eigentümer und kann frei über sie verfügen. Auch die Ergänzung zum amerikanischen Copyright-Gesetz von 1976, die den Firmen Schutz gegen nicht autorisierte Kopien oder Raubpressungen einräumte, gab ihnen keinerlei Aufführungs- oder Senderechte. Die amerikanischen Plattenproduzenten müssen sich mit den 2 Prozent Netto-Tantiemen zufriedengeben, die das National Committee for the Recording Arts im Jahre 1967 mit den Rundfunkanstalten aushandelte.

Die wichtigsten Auswirkungen, die sich aus diesen gesetzlichen Unterschied ergeben, betreffen das Radio. In England arbeitet die PPL ganz ähnlich wie die PRS: sie vergibt an Sendeanstalten und andere Einrichtungen Lizenzen für die öffentliche Nutzung von Schallplatten und Tonbändern und arbeitet auch mit einer vergleichbaren Gebührenordnung. Kurz gesagt, die PPL kontrolliert die Nutzung von Schallplatten und schränkt sie gelegentlich ein. Sie selbst sagt dazu:

Die primäre Tätigkeit der Produzenten besteht darin, Aufnahmen herauszugeben, die der Öffentlichkeit zur privaten Unterhaltung im Heim verkauft werden. Daher kann die öffentliche Nutzung von Tonaufnahmen nur unter der Bedingung autorisiert werden, daß eine derartige Nutzung nicht zum Nachteil für die Schallplattenfirmen oder anderen Personen gereicht, die an der Herstellung dieser Tonaufnahmen beteiligt sind. Ferner werden auch die Interessen der betreffenden Künstler und Musiker von der Sendung und öffentlichen Darbietung der Tonaufnahmen berührt; daher besteht die soziale Pflicht, auch diese Interessen zu berücksichtigen.

Die Sendezeitabkommen zwischen der PPL und der BBC sowie der IBA regeln die Zahl der Stunden, in denen Schallplatten benutzt werden, sowie die Gebühren für diese Nutzung; die englischen Schallplattenfirmen standen Rundfunksendungen immer mit gemischten Gefühlen gegenüber: Einerseits begrüßten sie ihren Einfluß auf die Verkaufszahlen von

Platten, doch andererseits fürchteten sie ihn auch. In den USA war dieses Mißtrauen nicht von langer Dauer – auch wenn einige Firmen sich anfänglich weigerten, die Radiostationen mit Schallplatten zu beliefern –, denn in der Ära des Rock 'n' Roll war man sich allgemein darin einig, daß das unlimitierte Spielen eines Songs im Radio die effektivste Möglichkeit war, Plattenverkäufe anzukurbeln.

Im Abkommen von Rom wurde vorgeschlagen, mindestens 25 Prozent der Gebühren für die Nutzung von Schallplatten direkt an die Musiker auszuzahlen, und die PPL überläßt ihnen sogar 32½ Prozent ihrer jährlichen Einnahmen; davon gehen 20 Prozent an die auf der Platte selbst genannten Künstler und 12½ Prozent an die Gewerkschaft der Musiker als Vertreterin der anonymen Masse von Studiomusikern, die für die Plattenindustrie so lebenswichtig sind. Dabei geht es nicht so sehr um das Prinzip, daß die Studiomusiker irgendwelche Rechte an den Aufnahmen besitzen, an denen sie mitwirken, sondern um ein allgemeines Recht der Arbeitskräfte auf einen Anteil an den Erträgen der Industrie, der sie ihre Arbeitskraft verkaufen. Dieses Recht konnte in den USA noch nicht erkämpft werden, auch wenn die Plattenfirmen einen AFM-Trust-Fonds (American Federation of Musicians) unterstützen; und in keinem der beiden Länder werden Darbietungen an sich durch Copyright geschützt – eine Situation, die juristische Probleme bei Video-Platten aufwirft.

Der vielfältigen öffentlichen Nutzung von Schallplatten und den damit verbundenen beträchtlichen Gebühren liegt die Annahme zugrunde, daß die Musik ein effektives Mittel darstellt, um andere Ziele zu erreichen – beispielsweise Einschaltquoten, Eintrittsgelder, Zirkulationsgröße, Verkaufszahlen –, daß folglich den Autoren der Musik ein Anteil an dem auf diesem Wege erzielten Profit zusteht. Aber nicht nur Rockmusik auf Schallplatten läßt sich zur Erhöhung der Profite einsetzen, sondern auch die Rockstars selbst. Die große Anziehungskraft der Rockstars wird an ihren Fanclubs deutlich, und die erfolgreichsten Acts können ihre Berühmtheit dazu benutzen, um Lizenzen für die Verwendung ihrer Namen oder Bilder zu verkaufen. So berichtete die *New York Times* im Jahre 1957:

> Der Textilwaren-Einzelhandel verkaufte im letzten Jahr Presley-Erzeugnisse im Wert von mehr als 20 Millionen Dollar. Dazu gehören Jacken für Kinder und Jugendliche, Röcke, T-Shirts, Jeans, Hüte, Nylon-Schals, Armkettchen, Tennisschuhe und elastische Nylon-Kniestrümpfe. Sie alle tragen den Namen Presley und sind landesweit Bestseller. Ladenketten sowie Drugstores und Andenkenläden verkaufen jetzt auch – in handsignierten Hüllen – Lippenstifte, deren Farbtöne nach Presley-Hits benannt sind, wie z. B. Hound-dog-Orange, Love You-Rot und Heartbreak-Rosa.[5]

Die Musikindustrie verwandelt also nicht nur die Musik in die Ware Schallplatte, sondern sie macht auch die Musiker selbst zur Ware, zu Stars. Als im Jahre 1964 zwei Geschäftsleute aus Chicago für 1000 Dollar die Kopfkissen kauften, auf denen die Beatles in einem Hotel in Kansas City geschlafen hatten, sie dann in 160000 kleine Stücke zerschnitten und diese zum Preis von einem Dollar pro Stück verkauften, da wurde an diesem Profit deutlich, wie groß der «Wert» war, den die Beatles als Stars allen Objekten gaben, mit denen sie in Berührung kamen. Auch Schallplatten sind solche Objekte, die durch ihre Verbindung mit Stars erheblich an Wert gewinnen. Entsprechend lassen sich die Bemühungen der Schallplattenfirmen, Stars zu produzieren, nicht allein in Hinblick auf die dadurch ermöglichten Gewinne im außermusikalischen Bereich verstehen – es wird grundsätzlich davon ausgegangen, daß der Schallplattenabsatz bei Stars praktisch garantiert ist, wobei der eigentliche musikalische Inhalt fast nebensächlich ist. In der Tat sorgen allein die größten Stars für den Löwenanteil der Profite der Plattenfirmen – so Elvis Presley für RCA oder Elton John und Olivia Newton-John für MCA. Auch hier sind die Beatles das deutlichste Beispiel. In den Jahren 1963/64 stieg der Umsatz aus der Beatles-Musik von Null auf 6 Millionen Pfund; Mitte 1964 brachten Beatles-Platten monatlich 500000 Pfund ein, und im selben Jahr stiegen bei EMI die Musikprofite vor Steuern um 80 Prozent. In den folgenden zehn Jahren verkauften die Beatles den Gegenwert von 545 Millionen Singles, und selbst 1973, als die «Beatlemania» ihren Höhepunkt längst überwunden hatte, schätzte man, daß die Verkäufe der beiden Beatles-Anthologien 28,6 Prozent der EMI-Musikprofite vor Steuern und 16,7 Prozent der Gesamtprofite ausmachen würden. In den späten 70er Jahren entfielen auf Lennon/McCartney-Songs noch 40 bis 45 Prozent des ATV-Verlagseinkommens. Als Allen Klein 1969 für die Beatles den Vertrag mit Capitol (der amerikanischen EMI-Tochter) aushandelte, steigerte er ihren Tantiemen-Anteil auf 25 Prozent (der Durchschnitt lag damals bei 10 Prozent), weil er wußte, daß die Gruppe seit Jahren mindestens 50 Prozent aller Capitol-Verkäufe gestellt hatte.

Stars erleichtern die Schallplatten-Promotion, und das Starsystem zeigt am deutlichsten die «symbiotische Beziehung» zwischen den verschiedenen Medien, die sich der Musik bedienen. Die Tatsache, daß die Stars für *alle* Verkäufe eine so wesentliche Rolle spielen, führt dazu, daß die Zeitungen ihnen soviel Publizität wie möglich einräumen, daß die Radiostationen ihre neuesten Hits so bald und so oft wie möglich spielen und daß die Seiten der Zeitschriften mit Fotos von ihnen gepflastert sind. Die Plattenverkäufe steigen, ohne daß die Plattenfirmen selbst einen Finger zu rühren brauchen, und ihr Geschäft wird nicht nur einträglicher, sondern auch leichter: «Was das Publikum verlangt», wird zu einer bekannten festen Größe; der Rummel um die großen Stars färbt auch auf die kleineren ab und wirkt sich so auf die gesamte Rockmusik aus. Wenn die Absatzzahlen sinken, lautet das verbreitetste Klischee der Musikbranche, man brauche «neue Beatles», jemanden, der «Platin garantiert».

Big Business

Ende der 60er Jahre wurde Rockmusik von einer ganzen Reihe unterschiedlicher Plattenfirmen produziert, aber diese «industrielle Arbeitsteilung» verschleierte die Tatsache, daß die eigentliche Kontrolle über das Geschäft nach wie vor fest in der Hand der größten Firmen lag. Die Diversifikation wurde durch einen Prozeß der Reintegration abgelöst, und Ende der 70er Jahre teilten die größten Firmen in den USA mehr als 90 Prozent des Marktes unter sich auf; der Anteil der Unabhängigen war geringer als zu irgendeinem Zeitpunkt seit den frühen 50er Jahren.

Die Reintegration verlief einerseits horizontal, andererseits vertikal. Einerseits kauften die großen Firmen ihre kleineren Konkurrenten einfach auf – so übernahm Warner Brothers Atlantic und Elektra und bildete daraus die WEA. Andererseits weiteten die Firmen ihre Interessensgebiete derartig aus, daß sie am Ende den gesamten Prozeß beherrschten, durch den die Platten die Öffentlichkeit erreichten; um dies zu erreichen, spielten die großen Firmen skrupellos ihre Macht aus.

Das Austauschen neuer Labelnamen und unabhängiger Professionals verschleierte die Tatsache, daß die Industrie eindeutig oligopolistisch organisiert war. In den kapitalintensiven Bereichen hatten die größten Firmen nach wie vor keine Konkurrenten. In England produzierten und verteilten EMI, Decca, Pye, Phonodisc, CBS und RCA den größten Teil der veröffentlichten Platten (allein EMI produzierte jede vierte und vertrieb jede dritte Schallplatte); in den USA wurde die Plattenproduktion von CBS, Capitol und RCA beherrscht (allein CBS preßte mehr als die Hälfte aller amerikanischen Veröffentlichungen). Der PVC-Engpaß im Jahre 1973 machte deutlich, wie schwer es für neue Firmen war, in die Produktion einzusteigen: In England hatten EMI, RCA und Pye einen langfristigen Liefervertrag mit ICI und Decca mit British Petroleum, so daß es für alle anderen unmöglich war, auch nur regelmäßige Lieferungen des notwendigen Ausgangsmaterials zu bekommen. In den USA hatten RCA und Capitol aufgehört, für andere Firmen Schallplatten zu pressen, und andere Möglichkeiten gab es nicht. Aber selbst die großen Firmen mußten ihre Position überdenken: WEA investierte 2 Millionen Dollar in ihr englisches Vertriebsnetz und plante die Errichtung eines amerikanischen Preßwerks (die dazu notwendigen Investitionskosten lassen sich abschätzen, wenn man weiß, daß die CBS 50 Millionen Dollar für ein eigenes Preßwerk investiert hatte).

Unter derartigen Umständen ist es unzutreffend, die unabhängigen Firmen als unabhängig zu bezeichnen. Seit den 20er Jahren hatten die kleinen Plattenfirmen immer wieder Schwierigkeiten, jemanden zu finden, der ihre Schallplatten preßte. Es gibt zwar kleinere Preßfirmen, aber sie sind meistens auf lange Sicht ausgebucht, wodurch die flexible Planung der kleinen Plattenfirmen unmöglich gemacht wird: Sie können ihre Platten nicht im richtigen Moment auf den Markt bringen und nicht schnell genug auf plötzliche Nachfrage reagieren. So überrascht es nicht, daß die meisten Unabhängigen wirklich mit einer der größeren Firmen zusammenarbeiten.

Dabei sind verschiedene Formen der Zusammenarbeit möglich. Die lockerste Verbindung besteht darin, daß eine unabhängige Plattenfirma ihre Platten bei einer anderen Firma pressen und lagern läßt. Auf der nächsten Stufe kontrolliert die Firma alle Aspekte der Veröffentlichung, bedient sich aber einer Verteilerfirma, um ihre Platten in die Läden transportieren zu lassen. Drittens gibt es die sogenannten Lizenzabkommen, bei denen die Verteilerfirma auch für den Veröffentlichungstermin und die Promotion zuständig ist (das ist der Normalfall bei internationalen Lizenzverträgen). Und schließlich können die «unabhängigen» Labels vollkommen im Besitz und unter der Kontrolle der Verteilerfirma selbst sein, auch wenn sie ihre eigene Identität und ihre eigenen Angestellten haben. Die meisten sogenannten «Custom Labels» arbeiten nach diesem Prinzip; das Label ist für die Vertragsabschlüsse, Veröffentlichungen und die Geschäftspolitik verantwortlich, während das Budget von der Muttergesellschaft kontrolliert wird.

Bei diesen Organisationsmodellen ist der entscheidende Faktor die Kontrolle des Verteilersystems durch die großen Firmen. Selbst bei der lockersten Form der Zusammenarbeit kassiert eine Firma wie EMI bis zu 20 Prozent des Einzelhandelspreises für jede Schallplatte und entscheidet – was genauso wichtig ist – bei Versorgungsschwierigkeiten, was *nicht* produziert oder verteilt wird. Die Festigung der Kontrolle der großen amerikanischen Firmen über das Verteilersystem in den 70er Jahren war eine Reaktion auf den Rock-Boom (auf die neuen Umsatzdimensionen und auf neue Methoden der Promotion und des Marketing), hatte aber katastrophale Folgen für diejenigen Plattenfirmen, die sich kein eigenes Verteilernetz leisten konnten: Die unabhängigen Verteiler verloren plötzlich ihre Kunden, ihr Kapital und ihre Effektivität. Am Ende des Jahrzehnts hatte EMI die UA und MCA die ABC übernommen, und eine Vielzahl von kleineren Firmen war entweder völlig verschwunden (z. B. Private Stock) oder steckte in großen finanziellen Schwierigkeiten (z. B. Capricorn). Selbst A & M als größte der unabhängigen Firmen sah sich gezwungen, ein Produktions- und Verteilungs-Abkommen mit RCA zu schließen.

Die großen Firmen behielten in den 70er Jahren nicht nur die Kontrolle über das fixe Kapital der Schallplattenproduktion – und profitierten sogar noch von den gestiegenen Produktionskosten für Langspielplatten –, sondern begannen auch andere Bereiche des Musikgeschäfts zu schlucken. Das dramatischste Beispiel für die Ausweitung der Kontrolle durch die Plattenfirmen in England findet sich im Jahre 1969, als die ATV (die seit 1966 die Firma Pye Records beherrschte) für 10 Millionen Pfund den Musikverlag der Beatles, Northern Songs, übernahm, obwohl die Beatles selbst dies mit allen Mitteln zu verhindern suchten. Die ATV hatte schon einmal einen Machtkampf um einen Musikverlag verloren, nämlich als es 1968 Philips gelang, Chappell aufzukaufen; und 1969 stieg auch die EMI ins Rennen ein und kaufte Keith Prowse. Die EMI war bis zur Gründung der Firma Ardmore and Beechwood im Jahre 1958 überhaupt nicht am Verlagsgeschäft beteiligt gewesen, und dieses plötzlich aufflackernde Interesse der Plattenfirmen an den Musikverlagen Ende der 60er Jahre war ursprünglich eine Reaktion auf die gewaltigen Profite, die die Verleger mit der Rockmusik erzielt hatten, obwohl sie aus dem kreativen Zentrum der Musik verdrängt worden waren. Mitte der 70er Jahre waren alle großen Plattenfirmen auch zu großen Musikverlagen geworden, und viele nach außen hin unabhängige Verleger mit ihren phantasievollen Namen hatten sich – wie die mit ihnen vergleichbaren Label – längst in einen großen Konzern integrieren lassen müssen. Die anhaltende Bedeutung der Musikverlage – auch in ihrer traditionellen Form – zeigte sich an der Tatsache, daß EMI mehr als die Hälfte ihrer umfangreichen Erträge aus dem Verlagsgeschäft (schätzungsweise 20 Prozent aller Verlagseinnahmen der Welt) ihren neu erworbenen alten Beständen verdankte: In ihrer größten Transaktion kaufe EMI 1976 die Firma Screen Gems/Columbia, Eigentümerin sämtlicher alter Hits aus dem Brill Building, für 23,5 Millionen Dollar. Die Kontrolle über diese alten Kataloge versetzten die großen Firmen in die Lage, die Nostalgie-Welle optimal auszuschöpfen. In der Tat waren Musikverlage eine außerordentlich gute Investition: Es gab so gut wie keine Produktionskosten, und die Songs hatten eine viel längere Lebensdauer als Schallplatten – die Einnahmen stiegen unaufhörlich. So verdiente Pye – im wesentlichen eine «Middle-of-the-Road»-Firma – mit der Verlagsabteilung mehr Geld als mit der Platten-Abteilung (und begann 1980 unter der Bezeichnung Precision Records and Tapes Fusionsverhandlungen mit RCA).

Aber auch mit den Interessen der Schallplattenfirmen an den Musikverlagen ist das Ausmaß, in dem sich die Großfirmen an allen Bereichen der Musikunterhaltung beteiligen, noch längst nicht vollständig erfaßt. Die erfolgreichste der auf komplizierte Weise miteinander verbundenen

Plattenfirmen ist derzeit Polygram, entstanden aus der engen Zusammenarbeit zwischen Phonogram (im Besitz der holländischen Firma Philips Electrical) und Polydor (eine Tochter der Deutschen Grammophon, die ihrerseits ein Zweigunternehmen des riesigen deutschen Elektrokonzerns Siemens ist). Polygram bestitzt heute die Firmen Mercury in den USA und Decca in England und profitierte – durch ihre Mehrheitsbeteiligung an RSO und Casablanca – schon früh von den Verbindungen zwischen Film- und Schallplattenproduktion. Im Jahre 1978 erreichte sie als erste Firma der Musikbranche einen weltweiten Umsatz von 1 Milliarde Dollar.

Zu diesem Zeitpunkt hatte sich auf dem weltweiten Musikmarkt neben der Polygram auch Bertelsmann ausgebreitet, der zweitgrößte Schallplatten- und Buchkonzern in der Bundesrepublik, der in England wie in den USA das Ariola-Label eingeführt und in diesem Zusammenhang Arista Records übernommen hatte. Ich habe aber als Beispiel für die enge Verwobenheit innerhalb der Unterhaltungsbranche den englischen Konzern EMI gewählt, der bis zur Gründung von Polygram die Bezeichnung «größte Schallplattenfirma der Welt» für sich beanspruchte.

Der Beginn der Wachstumsperiode von EMI läßt sich am besten mit dem Jahr 1954 datieren, als die Firma von Decca im Umsatz noch übertroffen und Joseph Lockwood zum Generaldirektor ernannt wurde. Seine erste Rationalisierungsmaßnahme bestand im Verkauf der Radio- und Grammophon-Produktion an die Firma Thorn. Danach gab es für die EMI nur noch Expansion. Die Aktion, die das meiste Aufsehen erregte, war die Übernahme der Associated British Picture Corporation und damit der Thames Television im Jahre 1969 – aber es geht mir an dieser Stelle nicht um eine Beschreibung des gewaltigen EMI-Imperiums (mit den ausländischen Firmenbeteiligungen und dem Engagement im medizinischen und militärischen Bereich), sondern allein um die Bedeutung dieses Imperiums für den Prozeß der Schallplattenproduktion. Der wichtigste Aspekt der Übernahme der ABPC durch die EMI lag, was unser Thema betrifft, in der auf diesem Wege erworbenen Kontrolle über eine Kette von Kinos und Theatern, die eine der Hauptstützen für die werbewirksamen Rock-Tourneen in England bildeten (und das bereits bestehende Netz von Clubs, Tanzhallen und Diskotheken im Besitz der EMI vervollständigten).

Wenn wir das weitverzweigte System der EMI-Interessensphären weiter verfolgen, stoßen wir nicht nur auf ein Verlagsimperium, sondern auch auf die führende Handelsorganisation für Musikinstrumente in England; nicht nur auf die amerikanischen Schallplattenfirmen Capitol und UA Records, sondern auch auf die Firma Audio Device, einen amerikanischen Hersteller von Aufnahmegeräten; nicht nur auf HMV, eine Kette von englischen Schallplatten- und Tonbandgeschäften (die natürlich Emitape verkaufen), sondern auch auf eine amerikanische Rack-Jobber-

Firma und einen sehr erfolgreichen Einrichtungsdienst für Schallplattenläden, der häufig auch von den HMV-Konkurrenten in Anspruch genommen wird. Die EMI kontrolliert ferner ein ganzes Netz von Talent- und Künstler-Agenturen, Konzertveranstaltern, Theaterkassen und sogar eine «Muzak»-Bibliothek. Die in jeder Hinsicht förderlichen Beziehungen zwischen den einzelnen Bereichen des Musikgeschäfts bildeten die Grundlage für den Aufstieg des EMI-Imperiums, und das ironische Ende der Entwicklung war 1979 die Übernahme der EMI durch Thorn – jene Hersteller- und Leasing-Firma für Fernsehgeräte, an die EMI 25 Jahre vorher ihre Radio-Abteilung verkauft hatte. Thorn-EMI ist ein Unterhaltungs-Unternehmen im Stil der 80er Jahre, eine ideale Kombination für das Video-Zeitalter: Thorn produziert und verkauft die Hardware, und EMI wird die Software dazu liefern und vertreiben.

Ganz ähnlich ließe sich auch Englands zweiter großer Unterhaltungs-Konzern beschreiben, die Associated Television Corporation, die nicht nur ATV, Precision Records und Northern Music besitzt, sondern daneben über ihre eigene Kette von Theatern und Sälen verfügt und der größte englische Lieferant von «Muzak» und anderen musikalischen Produkten ist. Die amerikanischen Schallplattenkonzerne schaffen sich noch weiterreichende Netze von Beteiligungsfirmen. In den USA begann der Aufbau von Unterhaltungskonzernen schon in den 20er und 30er Jahren, als sich die Radio-Hersteller und Radiostationen zusammenschlossen und Theater sowie Theater-Agenturen übernahmen, und als die aufkommenden Filmgesellschaften Musikverlage übernahmen (um sich ihre Anteile und die Kontrolle über Filmmusik-Hits und Titelsongs zu sichern) und ihre eigenen Schallplattenfirmen und ein Netz von Radiostationen aufbauten; später vermischten sich auch diese beiden großen Gruppen und bildeten die heutigen Mischkonzerne, deren Interessen sich alle alle Massenmedien, alle Freizeitbereiche und alle Jugend-Belange erstrecken: So gehören der CBS beispielsweise die Einzelhandelskette Discount Records und die Musikinstrumenten-Hersteller Fender und Rhodes.

In den späten 60er Jahren zogen die hohen Profit- und Wachstumsraten der Rockmusik auch medienfremde Konzerne an. So kaufte bzw. gründete Kinney die WEA und kombinierte diese neuen Musikinteressen mit zahlreichen anderen Investitionen in den Bereichen Sport, Verlagswesen und Erziehung. Die Entwicklung der Video-Technik führte zu noch komplizierteren Branchenverknüpfungen. So gibt es heute drei große Firmengruppen, die um die Herrschaft über den weiten Bereich zukünftiger Unterhaltungs-Technologie miteinander konkurrieren: EMI-Thorn/Japan Victor, RCA/CBS und Philips/MCA.

Das Ziel aller Plattenfirmen ist der Profit, und die Größe der Profite bestimmt sich bilanzmäßig aus der Differenz zwischen Kosten und Einnahmen – aber in den 70er Jahren entdeckten die Plattenfirmen, daß höhere Kosten auch zu höheren Einnahmen führen können und darum nicht unbedingt reduziert werden müssen. Ihre Profit-Strategien richteten sich von da ab weniger auf die Reduzierung der Kosten als vielmehr auf Versuche, diese Kosten zu absorbieren – so entstand die Logik der vertikalen Integration: Wenn eine Firma alle Phasen des Schallplattengeschäfts kontrolliert, dann kehren viele Kosten als Einnahmen in anderen Bereichen zurück. Das Ziel muß also sein, nicht nur die Produktion und den Vertrieb von Schallplatten zu beherrschen, sondern auch die Instrumente der Musiker, die Ausrüstungen der Produzenten und die Plattenspieler der Konsumenten herzustellen.

Angesichts dieser Entwicklung überrascht es nicht, daß auch die unabhängigen Rockunternehmer die Notwendigkeit der Expansion und Diversifikation erkannten. So wurden beispielsweise Musikverleger nebenher zu unabhängigen Produzenten, sie bauten ihre eigenen Studios auf, boten ihre Songs als Demo-Platten an und befaßten sich mit Management und Promotion. Die unabhängigen Plattenfirmen expandierten derweil in die andere, entgegengesetzte Richtung und gründeten ihre eigenen Musikverlage und Studios beziehungsweise kauften sie auf.

In allen Bereichen des Musikgeschäfts lassen sich Beispiele für derartige Diversifikation finden: Sei es Promotion (Ausgangspunkt für Robert Stigwoods RSO-Records), Aufnahmestudios, Management-Agenturen oder gar der Einzelhandel (so entstand Virgin Records aus einer Versandfirma), aber das beste Beispiel dafür, wie sich auf dem Erfolg einer Gruppe ein großes Unternehmen aufbauen läßt, sind wohl die Who. Ihr erster Schritt bestand darin, die Kosten der ständigen Tourneen zu senken, indem sie Bühnenausrüstung, Beleuchtung und Transporter nicht mehr mieteten, sondern kauften. Als nächster Schritt wurde diese Ausrüstung auch an andere Gruppen vermietet, um diese teuren Ressourcen nicht brachliegen zu lassen, wenn die Gruppe selbst nicht auf Tournee war. So wurden die Roadies der Who zu echten Experten, die zunehmend spezialisiertere Dienstleistungen verkauften: Reparaturen, Elektronik-Beratung, Bühnen-Design, Beleuchtungssysteme usw. Sie waren Pioniere bei der Verwendung von Lasern und begannen – unter Lizenz der amerikanischen Hersteller – mit der Produktion von Bühnenausstattungen. Aus ähnlichen Überlegungen heraus kauften die Who auch ihre Übungsräume, anstatt sie zu mieten; sie bauten sie aus und vermieteten sie als speziell entworfene Übungsanlagen für Rock-Tourneen einschließlich Bühne, Scheinwerferanlagen usw. Ende der 70er Jahre besaßen die Who auch Shepperton, eines der drei letzten englischen Filmstudios. Erst kauften sie nur einen Teil der Gebäude als Lagerräume, aber dann installierten sie dort Video-, Synchron-, Aufnahme- und Proben-Studios, investierten in der Holographie-Forschung und nahmen schließlich das gesamte Gelände in Besitz. Sie hatten ihre eigenen Video- und Film-Produktionsfirmen, ihre eigenen Musikverlage und Plattenfirmen, und all das finanzierten sie aus ihren Einnahmen nach dem Erfolg von *Tommy*. Interessant ist dabei noch, daß die Who nicht eine Plattenfirma für sich selbst gründeten (gewöhnlich der erste Schritt einer erfolgreichen Gruppe): Für diese Arbeit war Polydor gut genug.

Eine Folge derartiger Diversifikationsprozesse ist die bemerkenswerte Mobilität der Beschäftigten in der Schallplattenindustrie – nicht nur zwischen den einzelnen Firmen, sondern auch zwischen verschiedenen Tätigkeitsbereichen. A&R-Leute kommen aus allen möglichen Sparten des Musikgeschäfts: Sie waren vorher «Plugger», Promoter oder Werbeleute, Toningenieure, Kritiker, Musiker oder Disc-Jockeys; Manager kommen aus Agenturen und Studios, aus Bands und Pressebüros. Wenn jemand in einer neuen Rolle versagt, dann kehrt er in seine alte zurück; wenn er erfolgreich ist, dann versucht er in der Hoffnung, daß der Erfolg ihm treu bleibt, bald wieder etwas Neues.

Eine weitere Folge ist die Schwierigkeit, die Profitabilität der Schallplattenindustrie genau zu messen, da die Profite in so vielen verschiedenen Bereichen entstehen. Die endgültigen Zahlen in den Firmenbilanzen sind nur der Ausdruck eines komplizierten Balanceakts. Ganz allgemein läßt sich sagen, daß die stetige und gelegentlich spektakuläre Expansion der Schallplattenindustrie in den letzten 20 Jahren zu einer erheblichen Kapitalausweitung geführt hat, von der die Plattenfirmen entsprechend profitiert haben. So erzielte beispielsweise die EMI in den Jahren 1953/54 im Bereich der Musik einen Gewinn von 1,1 Millionen Pfund vor Steuern; 1976 betrug der Gewinn vor Steuern aus dem Musikbereich 11,5 Millionen Pfund. Und dabei war die EMI in diesem Jahrzehnt eine der weniger erfolgreichen Firmen.

Derartige Zahlen verschleiern allerdings die vielfältigen Methoden, mit denen die Plattenfirmen ihr Geld verdienen; ein anderer Ansatz, um die Profite der Schallplattenproduktion abzuschätzen, geht von der Kostenseite aus. Es gibt ein breites Spektrum von Produktionskosten, zu denen die Studio-Gebühren und Session-Honorare sowie die Aufwendungen für das Pressen, Verpacken und die Verteilung und schließlich auch die Promotionskosten zählen. Diese Kosten fallen nie unter ein bestimmtes Minimum, aber ihr prozentualer Anteil an den Gesamtkosten sinkt deutlich mit steigenden Verkaufszahlen. Das zweite sind die vielfältigen Kosten für Tantiemen: Ein bestimmter Orozentsatz vom Erlös jeder Schallplatte entfällt auf den Künstler, auf den Autor und den Verleger eines Songs sowie möglicherweise auf den Produzenten oder Aufnahmeingenieur; weitere Anteile des Erlöses gehen an den Einzelhändler sowie an das Finanzamt. Die Plattenfirmen realisieren also erst einen Profit, wenn die Verkaufserlöse nach Abzug der Tantiemen usw. größer sind als die Produktionskosten, und dieser Kostendeckungspunkt ist deswegen so schwer festzulegen, weil die Produktionskosten so sehr variieren können. (Außerdem muß man berücksichtigen, daß diese Kosten normalerweise von den Künstlern und nicht von der Plattenfirma getragen werden.)

Ende der 70er Jahre beliefen sich allein die Studiokosten für ein durchschnittliches «Rock 'n' Roll-Album» auf 70 000 bis 100 000 Dollar (in England auf 20 000 Pfund); jede «Verzuckerung» erhöhte diese Kosten noch einmal um 50 000 Dollar, und die Promotions-Budgets lagen zuerst bei 150 000 Dollar, stiegen aber dann sehr schnell. In vielerlei Hinsicht sind diese Zahlen jedoch unrealistisch, weil sie die wirklichen Kostenberechnungen und -entscheidungen verschleiern. Zu Beginn dieses Jahrzehnts rechnete man noch mit «normalen» Produktionskosten, «normalen» Verkaufszahlen und «normalen» Profiten. (Der Kostendeckungspunkt für Langspielplatten wurde in England mit rund 23 000 verkauften Platten angegeben.) Bald darauf aber ging man in den Berechnungen umgekehrt vor: Das Ziel waren jetzt Platin-Verkaufszahlen – also eine Million Exemplare – als Ausgangsbasis; damit durften die Studio- und Promotionskosten so hoch sein, wie das zum Erreichen dieser Millionengrenze erforderlich war. Die Firmenbosse begannen über bloße «goldene Schallplatten» – für 500 000 verkaufte Exemplare – die Nase zu rümpfen, und unter solchen Bedingungen wird es natürlich unmöglich, einen Kostendeckungspunkt zu berechnen, weil es sowohl bei den Investitionen wie auch bei den Gewinnen zu gewaltigen Unterschieden zwischen Bestsellern und den übrigen Platten kommt. Die Platin-Strategie ist ein Ausdruck dafür, wie rapide die Profitakkumulation nach Erreichen des Kostendeckungspunktes verläuft: Bei einer sehr teuren Produktion werfen 1 Million verkaufte Exemplare einen viel höheren Profit ab als nur 50 000 verkaufte Exemplare einer Billigproduktion, und der Zeitfaktor macht die Sache noch komplizierter, denn bei Langspielplatten können sich die Verkaufszahlen über lange Veröffentlichungs- und Wiederveröffentlichungszeiträume akkumulieren. Trotz dieser Berechnungsschwierigkeiten stimmen aber die meisten Fachleute darin überein, daß etwa 10 Prozent aller veröffentlichten Schallplatten (etwas weniger bei Singles, etwas mehr bei Langspielplatten) wirklich Geld verdienen.

Das Verhältnis zwischen Hits und Veröffentlichungen erscheint bemerkenswert ungünstig (Paul Hirsch berechnete einmal, daß etwa 60 Prozent aller veröffentlichten Singles niemals gespielt werden), und bei aller Professionalisierung der Rockplatten-Produktion und des Verkaufs ist der Markt nur schwer kontrollierbar. (Die Plattenfirmen würden es in jedem Fall vorziehen, 500 000 Exemplare von einer Veröffentlichung als 500 000 Exemplare von 10 Veröffentlichungen zu verkaufen.) In der Tat liegt hier ein Grund dafür, warum die unabhängigen Plattenfirmen nur schwer mit den «Großen» konkurrieren können: Sie müssen, um die notwendigen Erträge zu erzielen, ein weit günstigeres Verhältnis von Hits zu Veröffentlichungen erreichen – sie müssen alles daransetzen, ihre sämtlichen Veröffentlichungen zu Hits zu machen. Die «Großen» profitieren nicht nur davon, daß sie die Hits anderer Leute produzieren, sondern sie sind durch ihre Kapitalreserven noch zusätzlich abgesichert, denn Größe und Umfang ihres Gesamtkatalogs garantieren ein ständiges Einkommen unabhängig vom Schicksal ihrer Neuveröffentlichungen: Billig-LPs und Zusammenstellungen fürs Fernsehen machen zusammen schon etwa die Hälfte des LP-Marktes aus, und auch wenn das große Geld von den Rockmusik-Bestsellern eingespielt wird, so kommt immerhin das regelmäßige Geld aus dem «mittleren Markt», den man auch zur Lösung der Probleme von Kapazitätsauslastung und Lagerkontrolle einsetzen kann.

Die «Großen» betrachten ihre Investitionen als durchaus langfristig – sie verwenden nicht nur Singles zur Promotion von Langspielplatten, sondern die erste LP dient auch zur Promotion der zweiten. In den 70er Jahren bildete sich in den USA ein bestimmtes Muster für Rock-Erfolge heraus, wonach die Plattenfirmen bei Langspielplatten und Tourneen über einen Zeitraum von manchmal drei Jahren Verluste in Kauf nehmen müssen, bis mit dem Verkauf der Platte ein Durchbruch erzielt wird – und dieser Durchbruch bedeutet dann oft auch gute Verkaufszahlen für die früheren Platten der betreffenden Künstler, wodurch diese ersten Platten langfristig gesehen ihren «Flop»-Charakter verlieren. Aber nur die großen Firmen haben genügend Kapital, um sich solche langfristigen Erfolge leisten zu können.

Nicht nur das Überleben im Rockgeschäft, sondern schon der Einstieg in dieses Metier wurde von Jahr zu Jahr teurer, denn die Forderungen aller auf diesem Gebiet tätigen Profis – vom Künstler über den Produzenten bis zum Studiotechniker – wuchsen ständig. Die «Großen» konnten diese Forderungen erfüllen und trugen sogar zu ihrer Steigerung bei, indem sie die Konkurrenz übertrumpften. Als zum Beispiel die CBS in den frühen 70er Jahren die Vorschußzahlungen für Musiker drastisch erhöhte, erhöhte sie damit auch die für die Kostendeckung erforderliche Verkaufsgrenze und damit die notwenigen Promotionskosten. Für die Unabhängigen waren die Kosten für den Erfolg eindeutig inflationär, selbst wenn sie mit den Problemen von Herstellung und Verteilung fertig wurden. Mochten sie noch so erfolgreich neue Talente entdecken, so konnten sie doch nicht die notwendigen Vorschüsse zahlen, um kommende Stars anzulocken, und wenn diese wirklich einen Vertrag abschlossen, dann fehlte oft das Geld für entsprechende Promotion. Selbst eine Firma wie Warner Brothers konnte nur mit dem Geld von Kinney zu einem echten Rockmusik-Label werden. Die steigenden Vorschüsse spiegelten natürlich nicht nur die Geldgier der Künstler wider; sie basierten vielmehr auf einer realistischen Einschätzung der Kosten für Ausrüstung, Transport und Studiomieten, die mit Rockaufnahmen verbunden waren. Ein sechsstelliger Vorschuß für Unbekannte mit Talent war keine Seltenheit, und je höher der Vorschuß, um so größer der Verlust bei einer Pleite. Auf diese Weise entstand eine Schraube ohne Ende: Mit steigenden Kapitalinvestitionen stieg der Kostendeckungspunkt, und je höher dieser Punkt lag, desto höher stiegen auch die notwendigen Investitionen. Selbst wenn es den Unabhängigen gelang, die Studiokosten niedrig zu halten, mußten sie immer noch die Preßkosten bezahlen, und je mehr Exemplare einer Platte gepreßt werden mußten – um genügend Läden zu erreichen, und nicht nur regional zu verkaufen, um Cover-Versionen und nur flüchtiges Interesse zu vermeiden –, desto höher stiegen auch die Herstellungskosten.

Für viele unabhängige Firmen bestand der einzige Ausweg in der Finanzierung durch die «Großen», und zwar nicht nur in Form von Lizenzabkommen, sondern auch auf dem Wege anderer, versteckter Methoden: beispielsweise durch Anleihen im Austausch für exklusive Verteiler- oder Verleger-Optionen. (So basierte beispielsweise George Martins AIR-Studio und Plattenlabel, das 1970 für 350000 Pfund gegründet wurde, auf einem derartigen Abkommen mit EMI.) In diesen Fällen sind die Unabhängigen natürlich sehr abhängig von der Politik der großen Firmen, die sie sehr schnell in den Bankrott treiben oder aus dem Geschäft verdrängen können. (So erreichte die WEA 1980 die Einstellung von Radar Records.)

Innerhalb dieser Branche zirkulieren ständig große Geldsummen, unabhängig davon, ob das hergestellte Produkt ein Erfolg wird oder nicht – die Studios verdienen zum Beispiel das meiste Geld mit Platten, die nie verkauft werden; aber es muß noch einmal betont werden, daß die Einnahmen eines erfolgreichen Acts sich von denen eines nur «durchschnittlichen» Acts gewaltig unterscheiden – das ist die Realität eines Massenmediums und der Riesenprofite, die entstehen, wenn ein Produkt sich schließlich millionenfach verkaufen läßt. Gerade die Hoffnung auf solche Profite treibt die Kosten der Rockmusik immer höher. Erfolgreiche Gruppen sind bekannt dafür, daß sie im Studio enorme Summen ausgeben, und die oft erstaunlichen Erhöhungen des Tantiemen-Anteils bei Vertragsverlängerungen deuten an, welch riesige Profite die Plattenfirmen mit ihren Bestsellern erreichen.

Die Tatsache, daß die Profite der Plattenfirmen von der Produktivität der Künstler abhängen, führt zu bizarren Interessenkonflikten, wenn die Firmen versuchen, diese vermeintlich spontane Genialität juristisch und finanziell in den Griff zu bekommen. Die WEA hatte beispielsweise 2½ Jahre auf die nächste Langspielplatte der Eagles nach «Hotel California» gewartet und bot der Gruppe eine besondere Geldprämie, wenn sie die Platte bis zu einem bestimmten Zeitpunkt ablieferte. Wie das Magazin *Fortune* berichtete sah das Ergebnis so aus: «Als die Frist ablief, war das Album immer noch nicht fertiggestellt. ‹Wir haben es hier mit Leuten zu tun›, meinte der Vorsitzende Joe Smith, ‹die so reich sind, daß finanzielle Anreize nicht wirken.› Und er fügte erbittert hinzu: ‹Wir haben ihnen sogar ein Reim-Wörterbuch geschickt.›»

Ein ähnliches Problem ergab sich in dem Streit zwischen Northern Songs und der ATV, bei dem es zumindest zum Teil um das künstlerische Potential von Lennon/McCartney ging. Als Paul McCartney bei dieser Gelegenheit behauptete, seine Frau Linda sei jetzt seine Mitautorin und hätte deshalb ein Anrecht auf die Hälfte des Copyrights für seine neuen Songs – und zwar eine Hälfte, an der Northern Songs nicht beteiligt war, da Linda nicht unter Vertrag stand –, stellte die ATV die Gegenbehauptung auf, daß Linda «vor ihrer Ehe Musik geschrieben und deshalb wohl kaum einen nennenswerten Beitrag zu den Songs geleistet» habe. Man mußte die Gerichte in Anspruch nehmen, um die ästhetische Frage zu klären, ob die Songs eine Beteiligung von Linda erkennen ließen oder das alleinige Werk von Paul seien; von der Antwort auf diese Frage hing ein beträchtliches Einkommen ab. Solche Auseinandersetzungen sind im Musikgeschäft keine Seltenheit, und wenn man bedenkt, um wieviel Geld es dabei geht, dann überrascht es nicht, daß die Musiker von allen möglichen «Interessengruppen» umgeben sind, die an ihren Erfolgen teilhaben wollen.

Das soll aber nicht heißen, daß die Musiker selbst von ihrem Erfolg nicht profitieren. Schon 1974 wurde geschätzt, daß mindestens 100 englische Rockstars ein jährliches Einkommen von mehr als 100000 Pfund haben. Die Moody Blues erhielten für jedes Album, das sie produzierten, 450000 Pfund, weitere 100000 Pfund an Musiktantiemen und rund 1 Million Pfund für Konzertauftritte. Das gesamte Jahreseinkommen der Gruppe belief sich auf 2 Millionen Pfund. Emerson, Lake & Palmer verdienten im gleichen Zeitraum 5 Millionen Dollar. Diese gewaltigen Einkommen – mit denen natürlich eine ganze Reihe notwendiger Ausgaben finanziert wurden – basierten auf dem riesigen Publikum der Gruppen, auf etwa 2 Millionen verkaufter Schallplatten und auf Konzerten, die pro Abend mindestens 30000 Dollar einbrachten. Am Ende des Jahrzehnts erreichten die erfolgreichsten Langspielplatten etwa 10 Millionen Käufer, und die Stars bestanden auf der Aushandlung neuer angemessener Vertragsbedingungen. Die CBS soll in diesem Zusammenhang Paul McCartney für die amerikanischen und kanadischen Rechte an drei Langspielplatten und einigen alten Beatles-Titeln 8 Millionen Dollar angeboten haben, wobei man von mindestens 2 Millionen verkauften Exemplaren ausging. Gleichzeitig bot die EMI ihm 4 Millionen Pfund für die Rechte in den übrigen Ländern. Die angebotene Tantiemen-Quote belief sich auf 22 Prozent. Im Vergleich dazu hatten die Beatles in ihrem ersten Vertrag mit der EMI zusammen nur 5 Prozent bekommen. (Der Durchschnitt lag in den 70er Jahren bei 12 bis 15 Prozent, obwohl angeblich die Jackson

Five noch 1975 bei Motown nur 2,7 Prozent bekommen haben sollen.) Zur gleichen Zeit bot die WEA Paul Simon eine Garantiesumme von 13 Millionen Dollar, und die Who erhielten allein für die amerikanischen Rechte an ihrer Musik 12 Millionen Dollar.

Die Einkünfte der Superstars sind die Summe einer großen Anzahl relativ kleiner Beträge (aus Plattenverkäufen und Konzertkarten), und das Einkommen der Rockmusiker, die den Durchbruch nicht schaffen – also die Mehrzahl – war während der 70er Jahre außerordentlich niedrig: Sie erhielten nichts weiter als die Einnahmen aus einer geringen Anzahl derselben niedrigen Kaufsummen, und ihre Festkosten waren zwar nicht so hoch wie bei den Superstars, konnten aber unter keinen Umständen das für Anlagen und Studio-Gebühren erforderliche Minimum unterschreiten. Dieses Minimum erhöhte sich sogar ständig, weil für das Publikum das höhere technische Niveau jener Gruppen, die sich das Beste vom Besten leisten konnten, zum Maßstab wurde. So wurde die Rockmusik immer kapitalintensiver. Selbst diejenigen Rockmusiker, die Plattenverträge bekamen, mußten ihre Vorschüsse oft dazu benutzen, alte Schulden zu bezahlen, und viele kamen über dieses Stadium nie hinaus, weil sie nie genügend Platten verkaufen konnten.

Die Musikindustrie bringt viel mehr Produkte auf den Markt, als sie tatsächlich verkaufen kann, und arme Musiker sind für das System genauso wichtig wie reiche. Der Unterschied liegt nur darin, daß die Plattenfirmen ihre Verluste ohne Schwierigkeiten aus den riesigen Gewinnen begleichen können, während die erfolglosen Acts diese Möglichkeit natürlich nicht haben. Es ist für die Mitglieder einer unbekannten Gruppe, die von 50 Dollar in der Woche leben müssen und sogar noch dafür *bezahlen,* als Vorprogramm für gute Bands aufzutreten, durchaus kein Trost, daß die Fleetwood Mac jedes Jahr ein paar Millionen Dollar verdienen. (Daran ändert auch die Tatsache nichts, daß die Plattenfirma die verlorenen Vorschüsse für diese unbekannte Band längst schon gegen einen weiteren 10-Millionen-Hit von Fleetwood Mac aufgerechnet hat.) Es sind also nicht die erfolgreichen Musiker, die in diesem System «ausgebeutet» werden, sondern vielmehr die weniger erfolgreichen, und so kam es Ende der 70er Jahre mit dem Punk-Rock zu einem Aufstand dieser weniger Erfolgreichen.

Ein Ende des Booms?

Bis hierher war die Geschichte der Rockmusik, so wie ich sie beschrieben habe, ausschließlich eine Geschichte des Erfolgs, ein Bericht darüber, wie die Rockmusik der Schallplattenindustrie neuen Reichtum bescherte und wie die Industrie lernte, mit diesem Reichtum umzugehen und ihn noch zu vermehren. Diese Entwicklung folgt einer unerbittlichen Logik, die für die Plattenindustrie sehr amüsant ist, für Radikale wie Chapple und Garofalo hingegen Anlaß für Depressionen gibt. Aber diese Geschichte hat auch ihre Widersprüche, und diese Widersprüche wurden 1979 für die Öffentlichkeit sichtbar, als nämlich der Musik-Boom zu Ende ging. Der weltweite Umsatz war in den Jahren 1973 bis 1978 von 4,75 Milliarden Dollar auf 7 Milliarden Dollar gestiegen, aber 1979 sank die Zahl der verkauften Platten in England um rund 20 Prozent und in den USA um 11 Prozent. Sowohl EMI als auch Decca, dreißig Jahre lang die beherrschenden Unternehmen in England, wurden jetzt von anderen Firmen aufgekauft; in den USA geriet zwar keine Firma in derartige Schwierigkeiten (nur die MCA mußte tatsächlich Verluste hinnehmen), aber die Beschäftigten bekamen die Auswirkungen der Krise zu spüren: Sie wurden zu Hunderten auf die Straße gesetzt.

Ich will die Bedeutung dieser «Krise» nicht übertreiben. Die sinkenden Schallplatten-Verkaufszahlen wurden durch steigende Preise ausgeglichen, und die Gesamtentwicklung war zum größten Teil lediglich Ausdruck der allgemeinen Machtverschiebungen zwischen den international konkurrierenden Unternehmen, wobei die «großen» Amerikaner und die Polygram ihre Weltmarktposition auf Kosten der EMI konsolidieren konnten. (Aber selbst die EMI war Ende 1980 schon wieder in den schwarzen Zahlen.) Doch die Wachstumsrate im Rockgeschäft, die 1976 25 Prozent betragen hatte, war auf rund 5 bis 6 Prozent gesunken und würde voraussichtlich auf diesem Niveau bleiben. Auch die Anzahl der verkauften Schallplatten war erheblich zurückgegangen: «Emotional Rescue» von den Rolling Stones wurde schon mit 75000 verkauften Exemplaren zur Nummer 1 der LP-Charts in England, und die Plattenfirmen konnten nicht länger von einer kontinuierlichen Expansion des Rockmusik-Marktes ausgehen. Die kurzfristigen Erwartungen mußten erheblich zurückgenommen werden; man rechnete jetzt für einen Hit nicht mehr mit 5 Millionen, sondern nur noch mit 3 Millionen verkauften Platten, und man überlegt auch nicht mehr, welches Mineral nach Plutonium das nächst höhere sei.

Diese Entwicklungen hatten natürlich ihre Folgen. Die Rückgabeabkommen mit dem Einzelhandel wurden von 100 Prozent auf 25 Prozent zurückgestuft, was dazu führte, daß man mit Nachbestellungen vorsichtiger wurde. Mit der Kürzung der Promotion-Aufwendungen geriet auch das Konzertgeschäft in die Klemme: Es wurden nur noch solche Gruppen unterstützt, bei denen sich auch Plattenerfolge ankündigten. Das Schwergewicht verlagerte sich wieder mehr auf kleine Bühnen, billigere Bands und die regionale Szene. Die Branche wurde insgesamt wieder kostenbewußter, Vertragsabschlüsse wurden genauer überlegt und das Marketing eingeschränkt. Wenn Platin-Erfolge nicht mehr selbstverständlich waren, konnten Fehler und Versager gefährlich teuer werden.

Die Gründe, warum die Leute nicht mehr soviel Geld für Musik ausgaben, lagen weitgehend außerhalb der Einflußsphäre der Musikindustrie. Wirtschaftliche Rezession und – besonders ausgeprägt in England – wachsende Jugendarbeitslosigkeit hatten zur Folge, daß die Leute einfach weniger Geld hatten und einen größeren Teil ihres Einkommens für notwendige Ausgaben wie beispielsweise Benzin verwendeten. Es deutet so gut wie nichts darauf hin, daß die Nachfrage nach bestimmten Schallplatten preisabhängig ist – die Leute kaufen nicht Ted Nugent statt Billy Joel, nur weil seine Platten billiger sind –, aber es scheint trotzdem eine Preisgrenze zu geben, die nicht ohne weiteres überschritten wird (besonders wenn die Plattenfirmen aus Kostenersparnisgründen die Preß- und Klangqualität ihrer Produkte vernachlässigen). In diesem Kontext ist auch die Besorgnis der Plattenindustrie über die zunehmende Praxis privater Tonbandüberspielungen zu verstehen, denn jedes verkaufte unbespielte Tonband wird mit einer nicht-verkauften Schallplatte gleichgesetzt. So sind Fälschungen und Raubpressungen zwar international gesehen ein ernstes Problem, haben aber kaum Einfluß auf die Verkaufszahlen, sondern lediglich auf die Verteilung der Gewinne. Im Gegensatz dazu können private Tonbandüberspielungen durchaus das Plattengeschäft dauerhaft schädigen. Ende der 70er Jahre war die Herstellung von Stereo-Kassetten der lebhafteste Bereich der elektrotechnischen Industrie, und die Plattenfirmen gingen davon aus, daß die Leute ja wohl irgend etwas aufnehmen würden. Doch trotz einer Reihe überstürzter Umfragen blieben die kommerziellen Auswirkungen der Tonbandmitschnitte unklar. Es trifft zwar zu, daß die Leute Langspielplatten auf Tonband überspielen – sei es vom Radio oder aus der Plattensammlung von Freunden –, statt sie zu kaufen, aber dieselben Leute kaufen trotzdem Schallplatten, und zwar in größeren Mengen als andere. Mit anderen Worten, Tonbandüberspielungen gehören genau wie der Schallplattenkauf zum Alltag der Rockfans.

Die feindselige Haltung der Plattenindustrie gegenüber der Praxis der Heimüberspielungen erinnerte an die ursprüngliche Ablehnung des Radios. Was dieser simplen Argumentation über unfaire Konkurrenz jedoch – genau wie damals – fehlte, war das Verständnis für die Rolle der Schallplatten in der Freizeitgestaltung, und gegen Ende der 70er Jahre hatte die Rock-Branche eine eindeutige konservative Vorstellung von Musik.

Das spiegelte sich auch in der Verkaufspolitik wider. Die nächstliegende Strategie war natürlich die Maximierung des Schallplattenumsatzes durch Orientierung an einem möglichst breiten Markt. Al Coury von RSO Records, der von sich behauptete, der erfolgreichste Musikverkäufer des Jahrzehnts zu sein, formulierte das folgendermaßen: «Wir versuchen, das Design der Musik auf den Langspielplatten an den breitesten

Bevölkerungsschichten zu orientieren.» Zu dieser Strategie gehörten weltweiter Absatz, Verknüpfungen mit Filmen und Fernsehwerbung. Die Musik wurde für Multimedia-Konzeptionen hergestellt und zielte auf einen undifferenzierten Markt, in dem auch die Jugend keinen besonderen Status hatte. Natürlich ließen sich nicht alle Acts auf diese Weise verkaufen. Darum wurde die Rockmusik im Verlauf dieser Entwicklung neu definiert als «professionelles Entertainment».

Dabei handelte es sich um einen immer wiederkehrenden Aspekt bei der Entwicklung der Musik als Massenkultur – man nimmt eine Stilrichtung, die für ein bestimmtes Publikum entwickelt wurde, und verkauft sie an die Allgemeinheit. Das hat natürlich auch immer wiederkehrende Auswirkungen auf die Musik selbst. In den 50er Jahren schrieb der *American Bandstand* den jugendlichen Tänzern für ihre Auftritte beispielsweise sogar die Kleidung vor: sie sollten sauber und anständig aussehen, um für die Mehrheit der zuschauenden Eltern annehmbar zu wirken. Außerdem beschränkte Dick Clark das Bühnenpublikum auf 14- bis 18jährige, die in ihrer Begeisterung noch ausreichend «formbar» seien. Don Kirshner führte 1978 den Erfolg seiner Fernseh-Rockkonzerte auf die Tatsache zurück, daß sie «sicher» waren: Sie durften auch von denjenigen Jugendlichen gesehen werden, deren Eltern ihnen den Besuch von Live-Rockkonzerten untersagten. Mit anderen Worten, die Anpassung des Rock 'n' Roll an das Medium Fernsehen führte zur Verharmlosung der Musik und nahm ihr einen Teil ihrer Bedeutung. Ein undifferenziertes Publikum ist eben *niemals* ein echtes Rockpublikum.

Historiker der schwarzen Musik haben geschildert, wie der Aufstieg der Massenmedien zum Ausschluß der schwarzen Künstler aus der amerikanischen Massenkultur führte. Dieser Vorgang war nur zum Teil Ausdruck eines unmittelbaren Rassismus, der darauf Rücksicht nahm, was man dem weißen Massenpublikum wohl zumuten könnte. Er war vielmehr auch eine Konsequenz des Unterschiedes, der zwischen den standardisierten Formen der Massenunterhaltung einerseits und der Vitalität, Spontaneität und individuellen Basis der schwarzen Unterhaltung andererseits besteht. So zerstörte beispielsweise das Fernsehen mit seiner Fixierung auf durchkonzipierter und routinisierter Choreographie die volkstümliche schwarze Tanztradition. Richard Peterson beschreibt einen ähnlichen Prozeß für die Country-Musik. Die wachsende Verbreitung der Country-Musik in Radio und Fernsehen in den 60er Jahren führte zu einer Neudefinition des typischen Charakters dieser Musik – «urban, differenziert und lebhaft» – sowie zu neuen Absatzzielen: Auch für Country-Superstars lagen Platin-Erfolge im Bereich des Möglichen. Das führte – wie schon in der Rockmusik – zu immer höheren Produktions- und Promotionskosten und zur Jagd nach immer größeren »Crossover»-Märkten, bis die Country-Musik im Hinblick auf Publikum, Musiker und Sound ihren eigenständigen Charakter völlig verloren hatte und zu einem bloßen neuen Etikett für «Middle-of-the-Road»-Popmusik geworden war. Nur so war es möglich, daß Olivia Newton-John Mitte der 70er Jahre gleichzeitig englische Popsängerin, amerikanische «Country-Sängerin des Jahres» und Filmstar in dem Teenager-Massenerfolg *Grease* sein konnte.

Die Ausrichtung auf einen Massenmarkt muß aber nicht gleichbedeutend mit langweiliger, reizloser und schlechter Musik sein: *Saturday Night Fever* war nicht nur ein Verkaufsschlager, sondern auch gute Musik und gutes Kino. Aber eine solche Ausrichtung auf einen Massenmarkt verändert automatisch den Kontext der Musik und ihre kulturelle Funktion. Das Problem für die Plattenindustrie liegt dabei in der Tatsache, daß ein undifferenziertes Publikum kein eigentliches Musikpublikum ist. Die Musikindustrie kann sich nicht auf Nostalgie-LPs stützen, die sie per Fernsehwerbung unter die Leute bringt, und *Saturday Night Fever* war ein einmaliges Phänomen: Die Bee Gees wurden trotz aller Verkaufserfolge nie so große Stars wie die Beatles. Wenn also die Ausrichtung auf den «Mainstream»-Markt letzten Endes zu Lasten des Rockmarktes geht, dann muß letzten Endes die Ausrichtung auf den Rockmarkt das natürliche Anliegen der Schallplattenfirmen sein.

Die Verkaufsstrategie für Rockmusik richtet sich auf die Abschöpfung der Kaufkraft in einer Reihe von Teilmärkten. Dabei versuchen die Plattenfirmen, ihr Risiko dadurch zu minimieren, daß sie den Rockmarkt in verschiedene Genres mit jeweils eigenen Institutionen (Radiosender, Konzertsäle, Presse usw.) aufteilen. Dann brauchen sie ihre Neuveröffentlichungen nur auf die jeweilige «Nische» auszurichten. So wurde in den 70er Jahren selbst «Crossover» zu einem eigenständigen Genre. Aber auch dieser Ansatz ist im wesentlichen konservativ. Er basiert auf einer differenzierten Einschätzung der Wünsche bestimmter Publikumsgruppen und versucht, diesen Wünschen immer gleichbleibend zu entsprechen. Dabei soll jedes Überraschungsmoment ausgeschaltet werden: Keine überraschenden Profite, aber auch keine überraschenden Verluste mehr. Alle Beteiligten einschließlich Musiker und Publikum wissen, worum es geht und was sie zu erwarten haben. Für die Schallplattenindustrie steht dabei nicht mehr die Frage im Vordergrund, was sie in ihre Verpakkungen steckt, sondern wie sie ihre Produkte auf die entsprechenden Märkte bringt. Eine unerwartete Folge dieser Entwicklung war die wachsende Finanzmacht auf seiten der beteiligten Musiker. In den letzten zehn Jahren hat sich die Tantiemenquote verdreifacht, und die Plattenfirmen machen nur noch selten unerwartete «Windfall»-Profite, weil die betreffenden Musiker eine niedrige Tantiemenquote haben. Das hat dazu geführt, daß die Musiker sich nicht mehr als einmalige Hitwunder verstehen, sondern sich auf eine lange Karriere einrichten und die Zeit bis zu ihrem endgültigen Durchbruch als «Reifezeit» betrachten.

Ende der 70er Jahre wurde deutlich, daß die Plattenfirmen in ihrer eigenen Art von Routine gefangen waren. So hatten sich die «Großen» zum Beispiel anfänglich nicht auf die Disco-Musik eingelassen. (Diejenigen Firmen, die sofort reagierten, wie z. B. Casablanca, erzielten riesige Gewinne, denn die Musik war billig in der Herstellung und Promotion und kannte keine Superstars, wodurch die Tantiemenanteile nur eine geringe Rolle spielten oder sogar völlig entfielen.) Der Verlauf der Entwicklung schien dem gängigen Schema der Popmusik-Geschichte zu entsprechen: Die «Großen» hatten die Rockmusik standardisiert, und die neuen Sounds, erst Disco und später Punk, gingen von den Unabhängigen aus. Aber die Geschichte war inzwischen doch komplizierter geworden, denn das Rockgeschäft baute sich nicht auf *einer* Musikform auf, sondern beinhaltete die Standardisierung einer ganzen Reihe von Genres; dabei wurden aus den einzelnen neuen Sounds sehr schnell eigene Abteilungen innerhalb der Plattenfirmen, die ihre eigenen Märkte, ihre eigenen Verkaufsstrategien und ihre eigenen «Spezialisten» hatten: Casablanca zum Beispiel stand in finanzieller Hinsicht unter der Kontrolle von Polydor.

In den ersten 6 Monaten des Jahres 1980 wurden in England 90 neue Plattenlabels gegründet. Die Unabhängigen waren in England schon immer sehr zahlreich vertreten gewesen – insbesondere für Minderheiten-Genres wie Jazz und Folk –, aber seit 1977 haben auch die Aktivitäten im Bereich der Rockmusik explosionsartig zugenommen. Das ließ sich weniger auf das Verhalten frustrierter Konsumenten zurückführen, sondern war eher eine Reaktion von frustrierten Produzenten. Um 1970 herum wurde insbesondere im Pubrock-Bereich eine Art von Musik gemacht, die für die Plattenfirmen nicht interessant war. So entstanden neue Firmen wie Chiswick und Stiff, die sich auf diese Musik konzentrierten und von einer neuen Ideologie ausgingen. Dabei handelte es sich nicht nur um Label von nüchtern denkenden Unternehmern, die lediglich solche Bands aufnahmen, deren Popularität offenkundig war; es waren in zunehmendem Maße Gründungen von Musikern selbst darunter, die nur mit der Do-it-Yourself-Methode an die Öffentlichkeit kommen konnten – auch wenn sie sich das notwendige Geld von den ortsansässigen Geschäftsleuten leihen mußten. Eine wichtige Voraussetzung für diese Aktivitäten waren die – trotz ansteigender Durchschnittskosten für Rockmusikaufnahmen – sinkenden Minimalkosten für Plattenaufnahmen. So konnten diese neuen Musiker kleine Wohnzimmer-Studios benutzen, und ihre Musik klang auf den 4-Spur-Tonbandgeräten recht passabel. Auf diese Weise wurden in England schon bald ebenso viele Schallplatten in Eigenregie produziert wie im New York der 50er Jahre.

Die Schwierigkeit bestand nun darin, diese lokalen Aktivitäten landesweit auszudehnen, und dieses Problem wurde durch eine Reihe unabhängiger Verteilerfirmen wie z. B. Rough Trade gelöst – zum größten Teil

Ladenbesitzer, die durch die Lieferschwierigkeiten für lokale Platten und die Irrelevanz der meisten industriellen Musikprodukte frustriert waren. Die landesweite Verbreitung ließ die Verkaufszahlen der örtlichen Plattenlabels steigen und erleichterte ihren Kapitalverkehr, ohne jedoch allzu großen Profit abzuwerfen. Der Verkauf von mehr als 20000 Exemplaren setzte immer noch umfassende Promotion, Aufnahme in die Plattenregale der Warenhäuser und ausreichendes Kapital zur Finanzierung der anfänglichen Preßkosten voraus. Wenn die Unabhängigen – wie z. B. Stiff – derartige Ambitionen hatten, mußten sie sich auf Verteiler-Abkommen mit den großen Firmen einlassen. Aber auch die weniger ehrgeizigen Unabhängigen machten genügend Umsatz, um ein lebensfähiges «alternatives» Musikgeschäft mit einem eigenen System von Studios, Läden, Clubs und Charts aufzuziehen.

Die großen Firmen mußten sich sowohl im A&R- wie im Marketing-Bereich mit dieser alternativen Szene auseinandersetzen. Sie benutzten die Unabhängigen als Talent- und Trendsucher und wollten diese Beziehung auch finanziell formalisieren. So profitierten die unabhängigen Punk-Label trotz ihrer geringen Größe in einer Krisenzeit für die englische Rockmusik-Branche von ihrem eigenen Idealismus.

Die Folge war, daß sich das Interesse nicht mehr auf die Märkte, sondern wieder stärker auf die Musiker selbst richtete – auf die Art und Weise, wie die Musik bestimmte Gruppen symbolisiert und eint. Die Punk-Firmen verkörperten eine ausgesprochen antiprofessionelle Haltung im Schallplattengeschäft. Sie verstanden Musik eher als eine Form des Überlebens und nicht als Mittel zum Profit. Sie gaben der Praxis der Rockmusik eine neue Spannung und stellten besonders für die Mehrheit der Musiker eine Herausforderung dar, weil sie es nicht mehr auf Schallplattenverträge mit den großen Firmen abgesehen hatten und das Gemeinschaftsgefühl dem Massenerfolg vorzogen.

In Amerika hatte die Tradition der unabhängigen Plattenproduktion ihren Ursprung in ganz anderen Überlegungen. In der Blütezeit der kleinen Rhythm-and-Blues- und Rock 'n' Roll-Labels ging die Initiative eher von unerfüllten Konsumentenbedürfnissen aus: Musikboxen, Radiostationen und Plattenläden verlangten eine Musik, die die «Großen» nicht liefern konnten; also kam es darauf an, diese Musik zu entdecken, aufzunehmen und zu verkaufen. (Wobei die Unabhängigen ihre Künstler in finanzieller Hinsicht wahrscheinlich vielfach schlechter behandelten, als es bei den großen Firmen der Fall gewesen wäre.) Selbst Motown wurde nicht gegründet, um Detroiter Musik zu verbreiten, sondern um mit Hilfe der Detroiter Musiker einen neuen Pop-Radio-Sound zu entwickeln. Mitte der 70er Jahre hatten viele Musiker, Rock-Experimentatoren und Punk-Rocker nur eine Chance, wenn sie Platten aufnehmen wollten: Sie mußten sie selbst machen. Dennoch hatten ihre Labels in Amerika nicht den gleichen Erfolg wie in England. Wenn man den nationalen Markt erreichen – und damit die «Großen» zum Nachdenken bringen wollte – dann mußte man in viel größerem Maßstab operieren, und die Radiostationen waren nur beschränkt zugänglich. (Die Platten der englischen Unabhängigen verdankten ihren nationalen Erfolg weitgehend Dave Peels BBC-Show.) Wie die englischen, so versuchten auch die amerikanischen Riesenfirmen, den Punkrock in den Kommerz zu integrieren, und dabei gelang es ihnen weit besser als ihren englischen Kollegen, die ideologischen Aspekte des Punk aus dem Spiel zu lassen. Die Lizenzverträge – beispielsweise zwischen MCA und der IRS von Miles Copeland – waren ausschließlich von kommerziellen Überlegungen geprägt. Die Fragen der «alternativen Rockmusik» blieben auf die regionale Szene und ein spezielles Publikum beschränkt.

Aber sie fanden dort ein großes Echo. Die Konzertveranstalter und Clubbesitzer suchten spätestens ab 1980 – aus eigenen Überlegungen heraus – billigere Musiker, die nicht so teure Anlagen verlangten und mit denen man billigere Konzerte und Platten machen konnte; mit anderen Worten: keine karrierebewußten, sondern besessene Musiker. In guten Zeiten verdienen solche Musiker weniger als die Stars, aber in schlechten Zeiten bringen sie auch weniger Verluste, und dies waren schlechte Zeiten. Und es gab noch ein weiteres Problem, an dem die Plattenfirmen zu knacken hatten. Tony Wilson von Factory Records beschreibt das so: «In einer wirtschaftlichen Rezession werden Schallplatten nur von Jugendlichen gekauft, denen die Musik mehr bedeutet als das Geld.» Die Frage, was die Musik eigentlich bedeutete – für die Musiker und für ihr Publikum –, hatte während des Rockmusik-Booms keine große Rolle gespielt. Jetzt aber wurde sie zunehmend wichtiger, denn hinter allen demographischen Untersuchungen stand ein ungelöstes Problem: Ist die Rockmusik ihrem Wesen nach eine Jugendmusik, die von jeder neuen Generation neu geschaffen wird? Oder ist sie nur die Musik der Jugend der 60er Jahre, die sich mit ihr weiterentwickelt und «erwachsen» wird? Die amerikanischen Plattenfirmen hatten sich auf die 60er Jahre konzentriert (und die 70er Jahre nur gelangweilt mitgemacht); als jetzt aber die Rock-Generation an die Vierziger ging, kamen erste Zweifel auf. Wer kaufte eigentlich Schallplatten? Und warum?

Kapitel 6
Musikradio und Musikpresse

Radio

Die eigentliche «Schlüsselfunktion» in dem langen Filterprozeß, den die Musik auf ihrem Weg zum Massenmarkt durchlaufen muß, nimmt das Radio ein. Die Programmacher im Radio entscheiden, welche Platten die Öffentlichkeit zu hören bekommt, und ihre Entscheidungen sind von größter Bedeutung für den Schallplattenverkauf. In der Tat machen die Plattenfirmen ihre Schallplatten meist eher für das Radio als für das Publikum direkt, und die Reaktion der Radiostation entscheidet oft darüber, welche Platten von den Firmen besonders promoted werden und welche auf Minderheiten-Märkten oder gar in der Versenkung verschwinden.

Im 5. Kapitel habe ich diese Situation aus der Sicht der Plattenfirmen beschrieben, für die das «airplay» die wichtigste Form der Promotion ist, auch wenn sie nicht vollständig von ihnen kontrolliert werden kann. In diesem Kapitel werde ich dagegen von der Perspektive der Radiostationen ausgehen, für die Schallplatten die wichtigste Unterhaltungsquelle sind. Die Radiostationen sind auf das Angebot der Plattenfirmen angewiesen, aber die Entscheidungen darüber, was im Radio gespielt wird, stehen im Zusammenhang mit Überlegungen über die Funktionen von Radio und Rockmusik.

Die amerikanischen Radioprogramme waren von Anfang an auf Musik und Schallplatten aufgebaut, aber das eigentliche Rock-Radio entstand erst in den 50er Jahren, als das Fernsehen zur wichtigsten Form der Familienunterhaltung avancierte. Um weiterhin für die Werbekundschaft attraktiv zu bleiben, begannen die Radiostationen mit einer genauen Erforschung ihrer Hörergruppen und richteten ihre Programme immer stärker auf die so entdeckten spezifischen Märkte aus. Man fand bald heraus, daß Teenager weniger fernsehabhängig sind als ihre Eltern und eher – besonders mit der zunehmenden Verbreitung von Koffer- und Autoradios – Radio hörten, wenn auch nicht regelmäßig. So entwickelte sich in den 50er Jahren eine neue Art von Radiosendern, die sich ausschließlich an Teenager wandten. Die ganztägigen Show-Programme, in denen eine begrenzte Anzahl von Schallplatten für eine bestimmte Zeit (etwa 4 bis 6 Wochen nach dem Muster der Musikboxen-Programme) sehr extensiv gespielt wurden, wurden jetzt in etwa 4stündige Blöcke aufgeteilt und von einer Gruppe von Deejays betreut, die ihre eigenen Marotten und einen individuellen Stil entwickelten. Die Plattenindustrie hatte schon in den 40er Jahren die Bedeutung der Disc-Jockeys für die Schallplatten-Promotion erkannt, aber ihr Einfluß und ihre Macht wurden immer größer. Die Radiostationen übernahmen immer seltener Gemeinschaftsproduktionen oder überregionale Programme, und verlegten sich statt dessen mehr auf verhältnismäßig einfache Variationen von lokal produzierten Schallplattenshows. Radio und Plattenfirmen zielten auf denselben schmalen Marktbereich der Teenager, und das «airplay» wirkte sich in dieser Zeit stärker auf den Plattenumsatz aus als je zuvor. Die Radio-Hitparaden bildeten die Grundlage für die Berechnung der Copyright-Gebühren für ASCAP und BMI, und die Radio-Playlists bestimmten das Angebot der Plattenläden und die Promotionskampagnen der Plattenfirmen.

Diese neue Macht des Radios war weitgehend in der Hand der Disc-Jockeys konzentriert. Ein Grund dafür war eine FCC*-Vorschrift aus dem Jahre 1941, die der Erweiterung des Wettbewerbs dienen sollte und zur Herausbildung zahlreicher kleiner Radiostationen geführt hatte, die ihr Programm aus Kostengründen hauptsächlich mit Schallplatten bestritten (die Plattenfirmen waren dazu übergegangen, die Radiostationen kostenlos mit Platten zu versorgen), wobei die Disc-Jockeys für die Programmauswahl zuständig waren. So wurden die Deejays zu einflußreichen lokalen Musikgrößen, die auch Live-Konzerte (z. B. Auftritte in Turnhallen und auf Parkplätzen) organisierten. Diese Situation bildete den Hintergrund für das Payola-System – nicht nur die effektivste Form der Promotion, da sie «airplay» garantierte, sondern auch die wichtigste, da sie unabhängigen Rock 'n' Roll-Labels die Chance gab, mit den großen Firmen zu konkurrieren:

> Payola ist das Großartigste, was es gibt in der Welt. Es bedeutet nämlich, daß du deine Zeit nicht mit irgendwelchen Idioten vergeuden mußt, die du sowieso nicht ausstehen kannst, mit Essengehen und so. Du gibst den Typen einfach Geld und sagst ihnen, sie können dich am Arsch lecken. Du brauchst keine ganze Armee von Promotion-Leuten, die dein Geld ausgeben, deine Weiber bumsen und von deinen Spesen leben – du kümmerst dich einfach nur um diese paar Leute und sparst auf diese Weise eine Million Dollars.[1]

* FCC = Federal Communications Commission (Bundesaufsichtsbehörde für das Kommunikationswesen in den USA) – d. Übers.

Payola wurde 1960 durch den Federal Bribery Act (Bestechungsgesetz) verboten, dem eine ausführliche Senatsuntersuchung vorausgegangen war, die zumindest teilweise beweisen sollte, daß die Jugend durch Rock 'n' Roll verdorben wird. Für das Radio hatte dieses Gesetz die Straffung und Standardisierung der Musikprogramme zur Folge. Man setzte Programmdirektoren ein, um die Disc-Jockeys zu beaufsichtigen, die jetzt wieder eher anonym arbeiteten. Die Playlist wurde von Geschäftsüberlegungen bestimmt und die direkte (Payola-)Bezahlung durch ein aufwendiges Werbesystem abgelöst. Die großen Firmen gewannen ihren Machtvorteil zurück, und es entwickelte sich das sogenannte Top-40-Radio mit seinem festen Programmschema: Hit/Erkennungsmelodie des Senders/Hit/Nachrichten/Oldie/Hit/Erkennungsmelodie/Hit, und das ganze mit immer wiederkehrenden Unterbrechungen für die «Commercials», die Werbeeinblendungen. Die Station KHJ in Los Angeles baute dieses Schema 1965 zum sogenannten «Boss-Radio» aus: Es gab nur noch eine gewichtete Playlist aus den TOP-30-Platten (je höher die Position in den Charts, desto häufiger wurde der Song gespielt) und zusätzlich drei «kommende Hits», dazu einen Haufen Oldies und so gut wie keine Ansagen. Selbst die musikalische Richtung wurde reglementiert: Es gab pro Stunde eine Ballade, einen Soul-Song, einen Singer/Songwriter usw. Die anschließende Entwicklung des American Top-40-Radio bedeutete dann nur noch die «Verbesserung» dieses KHJ-Schemas, wobei einige Stationen ihre Playlist auf ganze 18 Titel reduzierten.

Die größte Sorge der Programmdirektoren besteht nicht darin, daß die Zuhörer abschalten, sondern daß sie auf andere Stationen umschalten: Die Preise für Werbung und damit die Einnahmen der Station orientierten sich an den *relativen* Zuhörerquoten. Hinter der Entwicklung der strengen Playlist stand denn auch die Erkenntnis der Hörer-Forschung, daß die Teenager bei Platten, die sie nicht mögen, sofort umschalten auf andere Sender. So versuchten die TOP-40-Stationen das Risiko einer unpopulären Platte dadurch zu vermindern, daß sie nur solche Platten in ihr Programm einbezogen, die entweder ihre Popularität – durch lokalen oder nationalen Verkaufserfolg oder «airplay» – schon erwiesen hatten oder diese Popularität zumindest durch Aufnahme in die Playlists von sogenannten «Barometer-Sendern» oder in die «tip-sheets» der Branche erwarten ließen bzw. als «regionale Renner» in der Verkaufsstatistik aufgetaucht waren.

Die Logik des TOP-40-Radios basiert auf der Annahme, daß eine Radiostation dadurch Hörer anzieht, daß sie die Schallplatten spielt, die das Publikum gerade am liebsten hört; welche das sind, läßt sich wiederum an den Verkaufszahlen ablesen. Diese Platten werden immer und immer wieder gespielt – mit der Begründung, daß die Top-40-Hörer sehr «unstet» sind und ständig um- oder abschalten: Sie warten immer auf ihre Lieblingssongs. Selbst wenn die Top-40-Programme längere Zeit eingeschaltet bleiben, dienen sie meist als Hintergrundmusik, man nimmt an, daß die Hörer sich auch dann mit anderen Dingen beschäftigen, wenn sie nicht dauernd irgendwelche Knöpfe drücken.

Das Top-40-Radio basiert also auf einem der zentralen Widersprüche der Plattenindustrie: Die Programmpolitik des Radios wird von der Popularität der Schallplatten bestimmt, wie sie sich in den Verkaufszahlen ausdrückt, also von der Anzahl der Leute, die sich eine Platte kaufen, um sie bei Bedarf jederzeit hören zu können. Warum sollten aber diese Leute dieselbe Platte dauernd im Radio hören wollen? Die Plattenfirmen haben diesen Aspekt der Verwendung von Schallplatten nie wirklich verstanden, und daraus resultierte oft eine sehr ambivalente Einstellung gegenüber dem Radio: So waren zum Beispiel die englischen Plattenfirmen in den 60er Jahren davon überzeugt, daß die sinkenden Verkaufszahlen ihrer Singles auf zu häufiges «airplay» bei den Piratensendern zurückzuführen sei. Es spricht aber nur wenig dafür, daß diese Befüchtungen berechtigt waren, und das Grundprinzip des Top-40-Radio geht nach wie vor davon aus, daß man die meisten Hörer anlockt, wenn man möglichst oft die derzeitigen Bestseller spielt.

Ein weiterer Rationalisierungsaspekt des amerikanischen Musikradios in den 60er Jahren war der zunehmende Einsatz von immer raffinierteren «demographischen Methoden» seitens der Sender und ihrer Werbe-Kunden. Die jeweiligen Märkte der Radiostationen wurden nach Wochentagen und Tageszeit sowie nach exakt meßbarem Kaufverhalten aufgeschlüsselt. Der Entwicklungsprozeß des Radios zum Massenmedium wurde umgekehrt: Die Stationen, die in den 30er Jahren ein möglichst breites und heterogenes Publikum ansprechen wollten, spezialisierten sich zunehmend auf kleine homogene Hörergruppen. Besonders eine Marktlücke zeichnete sich immer deutlicher ab: Wenn die Top-40-Stationen die Altersgruppe der 9- bis 18jährigen und die «Middle-of-the-Road»-Stationen die Gruppe der 35- bis 49jährigen versorgten (die damit in den 80er Jahren auch für die massive Rockmusik-Werbung interessant wurden) – wer kümmerte sich eigentlich um das Käuferpotential der 18- bis 34jährigen? Diese Gruppe hörte immer noch die Pop-Radiostationen, mit denen sie aufgewachsen war – insbesondere nachdem diese ihre eher «primitiven» Teenager-Attitüden abgelegt hatten – und war auf diesem Wege immer noch für die Werbung erreichbar; trotzdem wurde das Hörerverhalten dieser Gruppe zunehmend «sprunghaft», weil die Top-40-Programme immer weniger die Musik spielten, die sie hören wollten; und der Aufstieg der Langspielplatte und der Stereotechnik schienen am Musikradio vorbeizugehen.

1966 legte die Federal Communications Commission fest, daß eine Station, die sowohl auf AM* als auch auf FM* sendet, jeweils unterschiedliche Programmstrukturen haben muß. Die freigegebenen UKW-Frequenzen ermöglichten eine sehr viel bessere Übertragungsqualität und waren somit ideal für die neue Rockmusik. So führte die neue FCC-Vorschrift unmittelbar zur Entwicklung des sogenannten «Underground»-Radios mit Musik von Langspielplatten, mit einem neuen Typus von zurückhaltenden Disc-Jockeys und längeren, nicht von Werbung unterbrochenen Musikblöcken (die FM-Sendungen waren in bezug auf die anfänglichen Lizenzkosten erheblich billiger als AM-Radio und konnten daher mit weniger Werbeeinblendungen auskommen).

Hatte das FM-Radio anfänglich durch die Orientierung an den Bedürfnissen der 18- bis 34Jährigen durchaus noch «Underground»-Charakter, so dauerte es nicht lange, bis es standardisiert war und für die Schallplatten-Promotion eine genauso große Rolle spielte wie das Top-40-Radio. Der Aufstieg von Warner Brothers zum Rock-Label wird allgemein im Zusammenhang mit dem gleichzeitigen Aufstieg der FM-Radiostationen gesehen. In der Tat sind die FM-Stationen heute genauso abhängig von ihrer «Demographie» wie die AM-Stationen, damit sie nicht Gefahr laufen, unpopulär zu werden. Ein Historiker des amerikanischen Rundfunkwesens sagt dazu:

> Das Radio – die Grundlage des Rundfunk-Imperiums – war zu seinen Anfängen zurückgekehrt und arbeitete in der Hauptsache mit Schallplatten. Aber die meisten Stationen versuchten, jetzt einen einheitlichen Stil zu verfolgen, um ein bestimmtes Publikum zu halten ... Der spezialisierte und fragmentierte Charakter der Radio-Programme machte es für die Hörer sehr leicht, auf Knopfdruck ihre Geschmacksrichtung und ihre Vorurteile bestätigt zu bekommen. Sobald sie «ihren» Sender eingestellt hatten, waren sie in «ihrer» Welt.[2]

Bevor ich darauf näher eingehe, möchte ich kurz die Geschichte des Radios in England darstellen, denn die Ähnlichkeiten und Unterschiede sind recht aufschlußreich. Bis in die 60er Jahre war der einzige kommerziell genutzte Sender in England Radio Luxembourg, und die Geschichte dieser Station entspricht in vielem der des kommerziellen Radios in den USA. Das englisch-sprachige Programm des Senders wurde 1933 zum erstenmal ausgestrahlt und präsentierte «das am billigsten zu produzierende Programm: Schallplatten». Radio Luxembourg erreichte bald einen so großen Bereich des «Marktes der unteren Mittelschicht und der Unterschicht», daß es für die Werbung englischer Unternehmen interessant wurde. Die Station war besonders an Sonntagen sehr beliebt, weil ihr

* AM = Amplitudenmodulation (entspricht Mittelwelle) – d. Übers.
** FM = Frequenzmodulation (entspricht Ultrakurzwelle) – d. Übers.

Unterhaltungsprogramm nicht wie das der BBC ausgesprochenen Feiertagscharakter bekam. In den 50er Jahren gingen dann auf Grund der Entwicklung des englischen Fernsehens die Hörerzahlen und damit die Werbeeinnahmen drastisch zurück, aber wie in den USA entwickelte sich gleichzeitig mit dem Teenager-Markt auch das kommerzielle Teenager-Radioprogramm, und Ende der 50er Jahre war die Schallplattenauswahl von Radio Luxembourg fast ausschließlich auf Teenager zugeschnitten.

Radio Luxembourg unterschied sich jedoch in zweierlei Hinsicht von seinen amerikanischen Vorbildern. Erstens hatten die Plattenfirmen die Möglichkeit, «airplay» direkt zu kaufen, und zweitens hatte Radio Luxembourg keinerlei Konkurrenz. Wenn die Hörer eine Platte hörten, die ihnen nicht gefiel – was ständig der Fall war, weil die Plattenfirmen miteinander um die meiste Sendezeit für ihre neuesten Produkte wetteiferten –, dann konnten sie nicht einfach auf einen anderen Sender umschalten. Erst mit der aufkommenden Konkurrenz entwickelte sich die Station später zu echtem Top-40-Format.

Heute erinnert man sich in England mit einer gewissen Nostalgie an die Piratensender als ein Element der Jugend-Kultur der 60er Jahre – ein Element der kulturellen Freiheit, die den Aufstieg der englischen Rockmusik kennzeichnete. Aber größtenteils repräsentierten diese Piratensender ganz einfach die Interessen des amerikanischen kommerziellen Radios, und zwar nicht nur in ideologischer Hinsicht – mit den neuen Formen der Programmgestaltung –, sondern auch ganz direkt in Form von amerikanischen Kapitalinteressen:

> Die «Musik-und-Nachrichten»-Sender, die überall von der amerikanischen Firmenwerbung unterstützt wurden, waren ein Phänomen, das weltweite Verbreitung fand. Selbst auf den Piratenschiffen rund um England tauchten Disc-Jockeys auf, die sich die «Good Guys» nannten und fast alle mit amerikanischem Kapital finanziert wurden. Auf der Madison Avenue in New York warben Mädchen in Piratenkostümen neue Kunden für diese neue Form des internationalen Freibeutertums, mit dem man eine Zeitlang kleine Vermögen verdienen konnte.[3]

Für einen kurzen Zeitraum – von 1964 bis 1967 – waren diese Piratensender sehr erfolgreich, und ihre Bedeutung lag vor allem in ihrem prägenden Einfluß auf all jene Sender, die sie überlebten: Einerseits die BBC, andererseits Radio Luxembourg; diese beiden Stationen setzten das System des amerikanischen Top-40-Radio auch in England durch. Im Falle von Radio Luxembourg kann das nicht überraschen, denn hier handelte es sich ja schon um einen kommerziellen Sender, der auf die Zielgruppe der 10- bis 14jährigen ausgerichtet war; aber es ist bemerkenswert, daß auch die BBC als nicht-kommerzieller Sender mit eingeschränkter Programm-Freiheit den Top-40-Stil übernahm.

In den 20er und 30er Jahren widmete die BBC fast die Hälfte ihres Programms der leichten Musik und verwendete Schallplatten in sehr viel geringerem Umfang als ihre kommerziellen Konkurrenten. Dabei handelte es sich keineswegs um eine bloße Geschmacksentscheidung, sondern dieses Konzept spiegelte auch ein unterschiedliches Verständnis von Radio an sich. Schließlich beschwerte sich die Radio Manufacturers' Association darüber, daß die BBC viel zuviel Kultur und zu wenig populäre Unterhaltung sendete und forderte mehr «heitere, aufmunternde Musik» – eine Kritik, die durchaus berechtigt war: Dic BBC weigerte sich, zwischen Bildung und Unterhaltung zu differenzieren und getrennte Programme für ein intellektuell anspruchsvolles und ein intellektuell anspruchsloses Publikum zu machen. In der Tat waren die Ziele der BBC genau entgegengesetzt zu den Interessen des kommerziellen Rundfunks, dem es eher darum ging, die Unterteilung des Publikums und dessen verschiedenen Geschmacksrichtungen zu festigen.

Auch als nach dem Krieg die Programme geteilt wurden, blieb dieses Bildungs-Primat der Programmgestaltung bei der BBC erhalten. Zwar wurde einerseits das «Light Programme» durch die Verwendung von Musik und Schallplatten dem kommerziellen Radio immer ähnlicher, doch bestand die BBC weiterhin auf der Notwendigkeit, «das Geschmacksniveau der am wenigsten kritischen Hörergruppe dadurch zu verbessern, daß man die Programme, die sie am liebsten hören, mit einer bestimmten Menge von höherwertigem Material anreichert, als diese Hörer es von sich aus verlangen würden».

Diese Überbleibsel der Reithschen Ideologie* gingen in den 50er Jahren jedoch langsam verloren – einmal ganz allgemein durch die Entwicklung des Fernsehens, das die Bedeutung des Radios als Unterhaltungs- und Bildungsinstanz entscheidend verringerte, und zum zweiten durch die Entwicklung insbesondere des kommerziellen Fernsehens, die dazu führte, daß sich die BBC immer mehr Sorgen um die Größe des ihr verbleibenden Publikums machte – eine Sorge, die auch auf das Radio übergriff. Im Jahre 1960 sah die Musicians Union (die Gewerkschaft der Musiker) die größte Gefahr, die vom kommerziellen Rundfunk ausging, in dem Versuch der Sender, ein möglichst großes Publikum zu erreichen und dadurch die Interessen der Minderheiten zu vernachlässigen. Damals jedoch hatte sich diese Tendenz auch ohne die Konkurrenz des kommerziellen Radios in der BBC bereits durchgesetzt. Innerhalb der «Broadcasting Corporation» sank der Status der leichten Unterhaltung in dem Maße, wie diese Unterhaltung

* Sir John Reith war Managing Director der British Broadcasting Company und Director General der neubenannten British Broadcasting Corporation bis zum Jahre 1938 und beeinflußte weitgehend die Politik und Praxis der Sendeanstalt – d. Übers.

dazu eingesetzt wurde, «auf den Massengeschmack einzugehen» und diesem Publikum die Nachrichten, Vorträge und Hörspiele näherzubringen, die ausschließlich in den Bereich der «Aufklärung» fielen. Das Ergebnis war genau die Aufteilung in Bildung und Unterhaltung, in «intellektuell Anspruchvolles» und «intellektuell Anspruchloses», in ernsthafte und leichte Programme, gegen die sich Reith so energisch gewehrt hatte. Die Neustrukturierung der BBC in Radio One, Radio Two, Radio Three und Radio Four war zwar eine Reaktion auf die wachsende Nachfrage nach Pop-Radio, die an dem Erfolg der Piratensender sichtbar wurde, sie unterstrich aber auch die herrschende Einstellung der BBC zu ihrem Publikum.

Vor dem Hintergrund dieser Informationen ist es leichter, die Probleme von Radio One, der BBC-Version des Top-40-Radio, zu verstehen. Radio One geht wie das amerikanische Top-40-Radio von der Annahme aus, daß die Musik vorzugsweise als Hintergrundmusik benutzt wird, daß die Leute sie ständig ein- und ausschalten und bestimmte festgelegte Klangmuster erwarten. Das Ergebnis ist das bekannte Schema einer begrenzten Zahl von 3- bis 4minütigen Singles, die jede Stunde wiederholt werden. In einer Hinsicht jedoch unterscheidet sich Radio One von einer amerikanischen Top-40-Station: Es gibt keine Werbeeinblendungen, und die Programme stellen in der Tat den merkwürdigen Versuch dar, die unterschiedlichen Konventionen des kommerziellen und des öffentlich-rechtlichen Rundfunks unter einen Hut zu bringen.

Der Zweck des kommerziellen Radios ist allein der Profit, und dieser Profit ergibt sich aus der Differenz zwischen Programmkosten und Werbeeinnahmen. In den USA entwickelte sich das Musikradio auf der Grundlage von Schallplatten, weil dies den Profitinteressen aller Beteiligten entsprach: Es war billig und erreichte ein genügend großes Publikum, um auch noch bei höheren Kosten für die Werbekunden attraktiv zu sein. Das Publikum selbst spielt beim kommerziellen Radio nur eine untergeordnete Rolle: Es dient allein dem höheren Zweck der Werbeeinnahmen. So hat die BBC zwar den Inhalt des kommerziellen Radios übernommen, bei dem die Disc-Jockeys eine begrenzte Anzahl von Platten spielen, aber sie ist dabei natürlich nicht den gleichen Profit-Zwängen ausgesetzt, die das kommerzielle System bestimmen. Die amerikanischen Radiostationen – ob sie nun Top-40 oder FM-Rockmusik spielen – müssen diejenigen Hörergruppen ansprechen, die ihre Sponsors erreichen wollen, und das sind nicht notwendigerweise die zahlenmäßig stärksten Gruppen, sondern eher die größtmöglichen Anteile bestimmter Hörerschichten: Das Top-40-Radio ist ausgerichtet auf Teenager, das FM-Radio auf die Gruppe der 18- bis 34jährigen. Entsprechend verteilen sich auch die Werbeaufträge der Sponsor-Firmen. Die kommerziellen Sender bemühen sich also ausschließlich um die Hörer, die ihrem «demographischen Profil» entsprechen – alle anderen sind für sie uninteressant.

Wenn das Geld knapp wird …

Das Ziel von Radio One ist dagegen ein möglichst breites Publikum. (Die Einschaltquoten berechnen sich dabei als prozentualer Anteil an den insgesamt eingeschalteten Empfängern.) Die BBC würde es für mit ihrem Auftrag unvereinbar halten, einen Unterhaltungskanal nur auf eine Minderheit auszurichten. (Radio Three, der Sender für klassische Musik, zählt in diesem Sinne nicht zur Unterhaltung.) Radio One macht zwar in seinen Abend- und Wochenendprogrammen einige Konzessionen an etwas speziellere Geschmacksrichtungen, aber die täglichen Routine-Shows zielen ausdrücklich auf ein Massenpublikum. Demographische Untersuchungen dienen allein dem Zweck, die unterschiedliche Zusammensetzung dieses Massenpublikums zu verschiedenen Tageszeiten zu verfolgen.

Für die amerikansichen Radiostationen besteht also bei dem großen Konkurrenzdruck das Problem darin, ein einmal erreichtes Publikum auch bei der Stange zu halten, und wenn eine Station die «Talk»-Anteile ihres Programms auf das gesetzliche und kommerziell erforderliche Minimum beschränkt hat, dann werden Zuhörer nur noch durch schlechte Plattenauswahl abgeschreckt: Bei einer «schlechten» Platte würden sie sofort umschalten. Das war auch die Ursache für die Entwicklung der immer stärker Charts-abhängigen Playlists, die auf der These basieren, daß unter den Top 40 weniger unbeliebte Platten sein müssen als unter den Top 100. So entwickelte sich ein System der negativen Kriterien für die Programmgestaltung, wie es Bill Drake beschrieb:

> Man muß das so sehen: Wenn du die 35schlechteste Platte in der Stadt spielst und deine Konkurrenz spielt die 87schlechteste Platte, dann bist du eben besser als der andere.[4]

Die BBC benutzt ganz ähnliche Playlists, die ebenfalls auf den Hitparaden fußen, aber sie begründet ihr Vorgehen mit einem anderen Argument: Während die amerikanischen Radiostationen nach den Verkaufszahlen entscheiden, welche Platten sie von ihren Programmen ausschließen, benutzt die BBC die Charts gerade als Richtlinie dafür, welche Platten sie in ihre Programme aufnimmt. Die Charts sind die einzige Meßmethode für den Geschmack des Publikums, und wenn es für die Amerikaner darum geht, daß kein Zuhörer in ihrem Markt-Bereich eine Platte hören muß, die er nicht mag, dann ist die BBC eher bestrebt, für jeden einzelnen Hörer ihres Massenpublikums etwas zu bieten, was ihm gefällt. Die Folge ist der merkwürdig buntgemischte Sound von Radio One – dort kann man von Punk-Rock bis «Middle-of-the-Road» alles hören, was es gibt. Außerdem liegt hier einer der Gründe, warum die Disc-Jockeys bei der BBC eine so große Rolle spielen.

Die Kunst der Gestaltung eines kommerziellen Radioprogramms besteht darin, Schallplatten und Werbeeinblendungen so zu verbinden, daß

Werbetext und Musik ineinander übergehen – sanft genug, um die Zuhörer nicht zu verärgern, aber doch deutlich genug, damit der Name des Produkts beim Hörer auch hängenbleibt. Im Mittelpunkt des kommerziellen Radios steht die Werbung, nicht der Disc-Jockey; die Deejays sind, abgesehen von wenigen bekannten Ausnahmen, heute meist wieder anonym – am Ende eines Top-40-Tages soll man sich nicht an den Deejay erinnern, sondern an die von ihm angepriesenen Produkte. Für Radio One hingegen geht es in erster Linie um das eigentliche Publikum, und daher sind dort die Deejays als Unterhaltungsquelle nicht nur genauso wichtig wie die Musik, sondern in vielerlei Hinsicht sogar noch wichtiger: Sie geben dem Programm eine persönliche Note, sie können die Platten, die den Zuhörern nicht so sehr gefallen, überbrücken und erträglicher machen, und sie kompensieren damit den «Eklektizismus» der Charts-Musik. Radio One beschränkt seine Schallplattenauswahl nicht auf ein bestimmtes Genre, sondern sucht aus jedem Genre die Sounds heraus, die am eingängigsten sind: gut eingängigen Punk, gut eingängige Disco und gut eingängige Rockmusik.

Die BBC macht der Plattenindustric immer wieder deutlich, daß es nicht ihr Ziel ist, Schallplatten zu verkaufen, sondern ein möglichst großes Publikum zu «unterhalten». Während aber für eine kommerzielle Radiostation das große Publikum nur Mittel zum Zweck ist, Mittel zum Profit, um den sich alles dreht, ist für die BBC das Publikum selbst der eigentliche Zweck: Als Unterhaltung gilt alles, was dieses große Publikum sich vorsetzen läßt. Insofern stellt die BBC eine Art bastardisierten Rundfunks dar: Programmformat und musikalischer Inhalt stammen vom Top-40-Radio, sie basieren auf bestimmten Einschätzungen des Jugend-Marktes und spiegeln das Plattenkaufverhalten dieses Marktes wider, aber die Einstellung gegenüber dem Publikum hat ihre Wurzeln in einer recht vagen Theorie von den Bedürfnissen der «Allgemeinheit».

Ich bin auf die BBC-Version des Pop-Radio so ausführlich eingegangen, weil der spezifische Charakter des amerikanischen Radios dadurch deutlicher wird – man kann nämlich durchaus nicht alle Praktiken auf den Kommerz zurückführen. In England nahmen die kommerziellen Sender im Jahre 1973 ihre Arbeit auf, aber sie glichen eher der BBC als den amerikanischen Stationen. Sie waren einerseits gesetzlich verpflichtet, eine «allgemeine Dienstleistung» für alle Mitglieder ihrer jeweiligen regionalen Gemeinden zu bieten und mußten gleichzeitig für ein Publikum sorgen, daß «für unsere Werbekunden akzeptabel» ist. Während diese Pop-Programme also eher die Hörergruppe der «jungen Erwachsenen» anzog, war ihre Ausrichtung auf das Publikum viel spezifischer als bei der BBC, wodurch die Programmgestaltung noch konservativer wurde. Sie war vor allem gekennzeichnet durch «das Bemühen, niemanden zu verärgern», was von einem der «Musikberater» der neuen Sender folgendermaßen begründet wurde:

> Punk-Platten werden von jungen Leuten unter 20 Jahren gekauft, und die haben nicht genügend Geld oder Interesse für die langlebigen Konsumgüter, für die wir Werbung machen – es sei denn, wir würden uns auf Sicherheitsnadeln spezialisieren. Ich möchte vor allem vermeiden, daß ein Hörer eine Platte hört, die ihm nicht gefällt, so daß er sagt, «was zum Teufel ist denn das?» und uns abschaltet.[5]

In den USA gab es in den 50er Jahren eine parallele Entwicklung von Rock 'n' Roll-Musik und Top-40-Radio und in den 60er Jahren von Rockmusik und FM-Radio, denn die Programmdirektoren waren bestrebt, die neue Jugendkultur zu einem neuen Konsummarkt umzufunktionieren. Das hatte zur Folge, daß die Hörer die Radioprogramme genau wie ihre Schallplatten als ständige Hintergrundmusik für ihre Freizeit-Aktivitäten benutzen konnten – als «ihren Sound», mit dem sich ihre Lebensbereiche von denen der Erwachsenen abgrenzen ließen. In England hatte der amerikanische Stil des kommerziellen Rundfunks – Radio Luxembourg in den 50ern und die Piratensender in den 60er Jahren – ganz ähnliche Wirkung: Das Radio wurde zum festen Bestandteil des Lebens der «musikalischen Gemeinschaft». In den 70er Jahren vermittelte das Radio dieses Lebensgefühl nur noch selten, und auch hier ist ein Vergleich mit der BBC aufschlußreich.

Radio One bietet Hintergrundmusik sowohl für die Erwachsenen als auch für die Jugend; man hört es gleichermaßen in Fabriken und Läden, auf Baustellen und Autobahnen. Das Paradoxe daran ist nun, daß die jungen Leute die einzigen Hörer zu sein scheinen, die wirklich ein Interesse an dem haben, was sie hören, und dieses Interesse geht so weit, daß sie sich selbst die entsprechenden Schallplatten kaufen; so ist es vor allem ihre Art von Musik, die alle Lebensbereiche erfüllt – solange sie nicht allzu punkig oder progressiv oder wild ist. Anders ausgedrückt: Radio One bringt diese Musik in einen Zusammenhang, in dem ihre ursprüngliche Bedeutung untergeht und sie zur reinen «Muzak», zur synthetischen Musik wird. Der BBC geht es nicht um die Rockmusik als Kulturform; für sie ist nur wichtig, daß die Musik geeignet ist, ein Massenpublikum zufriedenzustellen und zu unterhalten.

Auch die Programmgestalter des kommerziellen Rundfunks haben nie echtes Interesse an der Musik selbst gehabt. Ihre Musikpolitik war immer nur von Verkaufs-Konzepten bestimmt: Der Erfolg einer Radiostation mißt sich an ihren Einschaltquoten, und der wichtigste Aspekt der Rationalisierung von Rockmusik in den 70er Jahren war die Rationalisierung des Rock-Radios. Je größer der Anteil von überregionalen Unternehmen am Werbe-Aufkommen wurde, desto mehr bestimmten die Arbitron-

Quoten, wie groß der Anteil einer Station am Werbe-Markt war und welche Preise sie fordern konnte. Die Ausrichtung auf bestimmte demographische Gruppen des Hörerpublikums wurde immer exakter, die Entwicklung der entsprechenden Programme immer wissenschaftlicher, und die Plattenfirmen mußten sich an zunehmend detaillierte musikalische Regeln halten. Das Radio spielte eine große Rolle für die Unterteilung der Musik in verschiedene Genres und führte zu einer Veränderung im Charakter der Rockmusik: Das Rock-Erlebnis bedeutete inzwischen eher Vertrautheit und Bestätigung als Herausforderung und Überraschung. Die Schallplatten wurden über den Äther zwar promoted, aber sie wurden auf diesem Wege keineswegs *verkauft*, und die kommerziellen Radiostationen wollten genausowenig wie die BBC das Publikum *direkt* beeinflussen, um nicht allzu heftige Reaktionen zu provozieren.

Aber die kommerziellen Radiostationen hatten eigentlich sowieso nie großen Wert auf musikalische Erziehung gelegt; sie rissen die Musik immer aus ihrem ursprünglichen Zusammenhang und machten aus ihr eine Musik für die Vorstädte, eine Geräuschkulisse für die Einkaufszentren. Wenn das Musikradio jemals für die Musik selbst von Bedeutung war, dann stand meist keine Absicht dahinter, denn für einen kurzen Zeitraum ist eine neue «Musik-Gemeinschaft» auch eine neue Zielgruppe für die Werbung, und in diesem Zeitraum werden die Freizeit-Bedürfnisse durch die kommerziellen Interessen der Radiostationen bestimmt. Aber in den 70er Jahren spielte das Radio in dieser Hinsicht kaum noch eine wichtige Rolle – auch wenn das Disco-Radio zeitweilig durchaus eine gewisse Bedeutung hatte. Der Grund lag jedoch nicht darin, daß sich Radio oder Rockmusik verändert hatten – vielmehr war das Publikum selbst ein anderes geworden, und die Musik hatte für seine Freizeitgestaltung einen anderen Stellenwert bekommen. Daran wird deutlich, daß die Bedeutung der Musik nicht durch das Radio bestimmt wird; vielmehr wird durch die Bedeutung der Musik bestimmt, wie und wann die Menschen Radio hören. Magische Wirkung erlangte das Radio immer nur dann, wenn diese Bedeutung wirklich in keiner Weise festgelegt war: Rock 'n' Roll-Radio, die Anfangszeit des FM-Radios und die englischen Piratensender waren in diesem Sinne Teil einer Entwicklung, in der die Funktion der Rockmusik eine neue Bedeutung erlangte.

Presse

Rockmusik ist bei aller Betonung auf Gemeinschaft und Kultur für die meisten Fans und in den meisten Fällen eine eher private Erfahrung: Schallplatten dienen der Unterhaltung zu Hause. Die Konsumenten brauchen möglichst viele Hilfestellungen, um die Musik beurteilen zu können, und die Rockmusik spielt wohl in der Tat eine sehr viel größere und variablere Rolle in der Presse – vom *New Yorker* bis zum *New York Rocker* – als irgendein anderes Produkt der Populärkultur. Die Rock-Zeitschriften selbst sind nicht nur für ihre Leser von Bedeutung, sondern auch für die, die sie nicht kaufen: Ihre Leser repräsentieren die Allgemeinheit, sie interpretieren die Rockmusik und fungieren als ideologische Türhüter für die übrige Bevölkerung.

Die spezialisierte Pop-Presse hat in England eine sehr viel längere Geschichte als in den USA, und es ist bezeichnend, daß es in England heute noch 4wöchentlich erscheinende Verbraucher-Blätter gibt (mit einer Gesamtauflage von 600000 bis 800000 Exemplaren). Die älteste dieser Zeitschriften, der *Melody Maker*, entstand 1926 als Fachblatt für die wachsende Zahl von Jazz- und Tanzmusikern und war lange Zeit die einzige Publikation, die regelmäßig und gut informiert über die populäre Musik berichtete, so daß sie bald auch für die Konsumenten interessant wurde. Die Zeitschrift sah anfänglich im Rock 'n' Roll die genaue Antithese zu ihrem Prinzip von «gutem Geschmack und musikalischer Integrität». Ein Rezensent schrieb damals: «Meiner Erfahrung nach stellt *Hound Dog* einen neuen Tiefpunkt der reinen Widerwärtigkeit, gekoppelt mit monotoner Sinnlosigkeit dar. Wie weit soll sich das Publikum eigentlich noch von dem künstlerischen Können einer Ella Fitzgerald oder der fließenden, swingenden Musikalität eines Frank Sinatra entfernen?» Der *Melody Maker* war keine Jugendzeitschrift, und erst 1952 entstand neben ihm der *New Musical Express*, der eher auf den neuen Markt der jugendlichen Schallplattenkonsumenten ausgerichtet war – auch wenn er dem Rock 'n' Roll ebensowenig begeistert gegenüberstand.

In den 50er Jahren war die englische Musikpresse ein selbstverständlicher Bestandteil der Musikindustrie, und ihr Wachstum war ein Ausdruck der steigenden Bedeutung von Schallplatten und Schallplattenumsätzen (im Verhältnis zu Songs und Musikverlegern) für diese Branche. Selbst beim *Melody Maker*, der weiterhin einen Spezialistenservice für Musiker und Jazzfans bot, rückte die Schallplatten-Publicity immer stärker in den Mittelpunkt. Die Zeitschriften spielten eine so wichtige Rolle, weil es außer ihnen keine Informationsquellen und Werbeträger und neben Radio Luxembourg kein eigentliches Pop-Radio gab. Die Bedeutung, die diese englischen Zeitschriften für die Wirtschaft hatten, wird deutlich an ihren Charts: Im Jahre 1952 begann der *New Musical Express* als erster mit der regelmäßigen Veröffentlichung von annähernd exakten Zahlen über die Plattenverkäufe in England, und wenig später stellte auch der *Melody Maker* auf der Grundlage einer «geheimen Liste» des Fachhandels eine solche Chart zusammen. Diese Charts beeinflußten deutlich die Lagerhaltung und die Promotion; diese Verbraucher-Publikationen erfüllten in England den gleichen Zweck wie das Fachblatt *Billboard* in den USA.

Ganz allgemein läßt sich sagen, daß die englischen Musik-Zeitschriften dieselben Interessen vertraten wie die Schallplattenfirmen, auch wenn sie andere Ziele im Auge hatten: hier Auflagenhöhe, dort Schallplattenumsatz. Die «Nachrichten» der Musikpresse waren hauptsächlich Nachrichten über die neuesten Schallplattenstars und ihre neuesten Titel in den Hitparaden. Die Stars waren alle gleich wichtig, und sie behielten diese Wichtigkeit so lange, wie ihr Erfolg in den Hitparaden anhielt. Die Zeitschriften veröffentlichten Presse-Mitteilungen der Firmen und machten schnelle Interviews, die von einer wachsenden Meute von Journalisten durchgeführt wurden und dazu dienten, die Kurzbiographien der Künstler mit eigenen Details «von allgemeinem Interesse» auszuschmücken – nach dem Motto: «Was ist Ihre Lieblingsfarbe?»

In den 50er Jahren spielten die Musikzeitschriften eine ähnliche Rolle wie die Magazine der Film-Fans in den 30er Jahren; sie erfüllten durchaus ihren Zweck, die Pop-Fans darüber auf dem laufenden zu halten, wer was wo machte. (Ihr amerikanisches Gegenstück waren die monatlich erscheinenden Bilder-Magazine, die als Ergänzung zum Pop-Radio gedacht waren und demnach auch nicht so aktuell und informativ sein mußten.) Diese Publikationen stellten die Musik, über die sie schrieben, nicht in einen größeren Zusammenhang; sie entwickelten keine eigene kritische Einstellung – abgesehen von der These, daß alles, was populär ist, auch gut sein muß –, und sie interessierten sich nicht im geringsten dafür, woher Schallplatten kamen und wohin sie gingen. Diese Musik-Blätter repräsentierten das öffentliche Selbstverständnis der Branche und waren entsprechend in langatmiger Werbeprosa geschrieben. Ihr Erfolg hing allein davon ab, wie groß das Interesse der Leser an den vorgestellten Stars war. So verkaufte sich der *Mew Musical Express* in den 50er Jahren weit besser als der *Melody Maker*, weil er die besseren Informationen über die jeweiligen Charts-Stars brachte:

> Wir geben den Kids, was sie verlangen. Wir schreiben über ihre gegenwärtigen Idole. Und wir sind nicht in erster Linie eine Jazz-Zeitschrift wie der *Melody Maker*, sondern eher ein Pop-Blatt. Viele unserer Konkurrenten berichten über Stars, die aus den Hitparaden abgestiegen sind, die ihre Popularität verloren haben usw. Und sie schreiben über Nachwuchssänger, die die Stars von morgen sein werden. Aber die Kids interessieren sich viel mehr für die Stars von heute als für die Stars von morgen.[6]

1964 erreichten die englischen Musikzeitschriften eine bis dahin ungekannte Auflagenhöhe (der *New Musical Express* verkaufte jede Woche fast 300000 Exemplare – ein weiterer Aspekt des Beatles-Phänomens), aber ihre Musikberichterstattung wurde dadurch nur wenig beeinflußt. Sie gingen weiterhin von der Annahme aus, daß sie ihren Markt ausschließlich unter den Teenagern aus der Arbeiterklasse hätten, die sich für die neuesten Pop-Songs nur begrenzt interessierten. Aus dieser Sicht war der Erfolg der Beatles eher eine Sache von Quantität als von Qualität. Die Fernsehshow *Juke Box Jury* verkörperte weiterhin auch das Rockmusik-Verständnis der Musikzeitschriften – einerseits gnädige Rücksichtnahme des Showgeschäfts auf den Geschmack der Jugendlichen und andererseits die Annahme, daß Musikkritik nichts anderes sei als die Einschätzung der möglichen Verkaufszahlen.

Mit dem unaufhörlichen Wachsen des Beatles-Phänomens wurden diese Voraussetzungen in zweierlei Hinsicht in Frage gestellt. Erstens wurde deutlich, daß sich nicht nur die Teenager der Arbeiterklasse für die Beatles interessierten, und zweitens ging man langsam dazu über, die Bedeutung der Beatles nicht mehr allein an ihrem Verkauferfolg zu messen. Es hatte immer auch schon Nicht-Teenager gegeben, die sich für Rockmusik interessierten, und einige von ihnen versuchten sogar zu zeigen, daß nicht nur aus kommerzieller Sicht bestimmte Rock 'n' Roll-Platten besser sind als andere. Aber Autoren, die so argumentierten, beschäftigten sich primär mit der Teenager-Kultur als gesellschaftlichem Phänomen. Sie waren «Außenseiter», und ihre kritischen Bemühungen zielten meist darauf ab, bestimmte Künstler oder bestimmte Schallplatten aus ihrem Teenager-Kontext herauszulösen und in einen Zusammenhang von «richtiger» Musik zu stellen. Ein Beispiel dafür ist William Manns berühmte Besprechung der Beatles in der *Times* aus dem Jahre 1963, die mit dem kritischen Instrumentarium der klassischen Musiktheorie operierte und die dem Rock 'n' Roll zum erstenmal Platz auf den Kulturseiten einer angesehenen Zeitung einräumte. Nach 1965 verstärkten sich jedoch die Versuche, innerhalb der Welt der Rockmusik ein eigenes Verständnis von Musik als Kunst zu entwickeln, und für den neu entstehenden progressiven und LP-orientierten Rock-Markt von 1966/67 war der Pop-Ansatz der Musikzeitschriften nicht mehr ausreichend. Das neue Rockpublikum hatte Ansprüche, die es in den Musikzeitschriften nicht berücksichtigt fand, denn die Berichterstattung des *Melody Maker* konzentrierte sich nach wie vor auf die spannenden Entwicklungen in den Singles-Charts – Esther und Abi Ofarim! Don Partridge! –, und der *New Musical Express* war in noch stärkerem Maße eine reine Teenager-Zeitschrift. Die neuen Rock-Fans waren gezwungen, ihre eigenen Zeitschriften zu machen, wenn sie eine alternative Ideologie von der Musik verbreiten wollten, und diese Ideologie kam aus den USA.

In den 50er und 60er Jahren gab es in den USA neben den Fachzeitschriften auf der einen Seite (*Cashbox* und *Billboard*) und den Teenybopper-Magazinen auf der anderen Seite (wobei der *Hit Parader* noch am ehesten einer Pop-Zeitschrift entsprach) keine richtigen Musikzeitschriften. Die amerikanische Rockpresse ging aus zwei anderen Quellen hervor.

Einmal gab es die eigentliche «Underground»-Presse. Sie hatte ihren Ursprung in der *Village Voice*, aber ihre ersten echten Vertreter waren 1964 die *L. A. Free Press* und der *Berkeley Barb* – Zeitschriften, die sich weniger mit Musik als vielmehr mit einem ganzen Lebensstil beschäftigten, mit «Dope, Sex and Revolution», mit – so der spätere Slogan der White Panthers – «Revolutionary Motherfucker Armed Love». Musik spielte insofern eine Rolle, als sie im Zusammenhang mit diesen Interessen gesehen wurde, und schon bald war sie die ergiebigste Einnahmequelle des Underground, wobei das Geld sowohl aus dem Werbe-Etat der Plattenfirmen als auch aus den Einnahmen der Musiker kam. Rockmusik wurde zum grundlegenden Element der Underground-Kultur, aber während sie sich dazu entwickelte, wurde sie zunehmend von einer Ideologie durchdrungen, die sich deutlich von der früheren Pop-Philosophie unterschied: Rockmusik war wichtig wegen ihres politischen Charakters, ihrer Aggressivität, ihrer Sexualität, ihrer Rolle im kulturellen Kampf. Die Popmusik der Teenager – entscheidende Grundlage für die Entwicklung der englischen Musikpresse – war eine Musik, für die die Underground-Presse nur Verachtung und Mißtrauen übrig hatte. Rock wurde als die Musik begriffen, die die Wertvorstellungen einer neuen Jugendgemeinschaft artikulierte und sich gegen das traditionelle Showgeschäft richtete, und mit der Ausweitung des Undergrounds verbreitete sich auch dieses neue Verständnis von Rockmusik. 1967 wurde das Underground Press Syndicate gegründet, dem 1969 schon 125 regelmäßig erscheinende Zeitschriften und 200 weitere sporadisch erscheinende Publikationen angehörten.

Ich will hier nicht die Geschichte der Underground-Presse nachzeichnen oder die Bedeutung und Ausdehnung ihrer Leserschaft übertreiben; es geht mir nur darum, daß die Underground-Zeitschriften eine wichtige Quelle für das waren, was zur herrschenden Ideologie der Rockmusik geworden ist. Diese Ideologie wurde durch eine zweite wichtige Entwicklung in Amerika bestärkt und weiterentwickelt, nämlich durch die Gründung neuer, spezialisierter Musik-Zeitschriften: 1966 erschien *Crawdaddy,* und in den nächsten Jahren folgten *Mojo Navigator, Fusion* und *Creem.* Diese Publikationen unterschieden sich zum größten Teil in Format, Stil, Erfolg und Programm; ihre Gemeinsamkeit bestand in der ernsthaften Beschäftigung mit der Rockmusik als Kulturform, und sie stellten aus ihrer Sicht einen ähnlichen Zusammenhang von Rockmusik und Lebensstil her, wie es die Underground-Presse von ihrer Seite aus getan hatte.

Die bedeutendste dieser neuen Musikzeitschriften war der *Rolling*

Stone, eine 14täglich erscheinende Publikation aus San Francisco, deren erste Ausgabe am 9. November 1967 auf den Markt kam. Ihr Gründer, Jann Wenner, wollte, «daß diese Zeitschrift sich auf die Rockmusik konzentriert, aber sie sollte auch alle anderen Aspekte der Jugendkultur erfassen». Die Intentionen der Zeitschrift wurden im Editorial der ersten Ausgabe deutlich formuliert:

> Ihr werdet euch wahrscheinlich fragen, was wir vorhaben. Das ist schwierig zu sagen: ein Zwischending aus Zeitschrift und Zeitung ... Wir haben eine neue Publikation begonnen, die die Veränderungen der Rock 'n' Roll-Musik und der mit ihr zusammenhängenden Bereiche aus unserer Sicht darstellen soll. Die Branchenzeitschriften sind ungenau und irrelevant geworden, und die Fan-Magazine sind ein Anachronismus, der auf Mythen und Unsinn aufgebaut ist. Dagegen hoffen wir, daß wir nicht nur den Künstlern und der Industrie, sondern auch allen anderen etwas zu bieten haben, die «an den Zauber glauben, der die Freiheit bringen kann». Der *Rolling Stone* beschäftigt sich nicht nur mit der Musik, sondern auch mit all jenen Dingen und Ideen, auf die sich diese Musik erstreckt.[7]

In den ersten vier Jahren seines Erscheinens war der *Rolling Stone* von Spannungen und Konflikten über die erfolgreiche Verwirklichung der abgesteckten Ziele bestimmt. Die Zeitschrift erkannte eine Kluft zwischen der existenten Ideologie der Rockmusik, die von den Interessen des Underground bestimmt war, und den Erfordernissen der Rock-Promotion; diese Erfordernisse kamen aus einer Schallplattenindustrie, die langsam lernte, diesen neuen Markt zu verstehen, und die ausprobierte, wie man ihn am besten erschließen konnte. Die daraus entstehenden Widersprüche wurden sehr treffend durch die bekannten Werbeslogans der CBS symbolisiert: «Die Revolutionäre sind bei Columbia» und «‹Der Mann› kann unsere Musik nicht kaputtmachen»; im Jahre 1969 erreichten die Auswirkungen der internen Spannungen beim *Rolling Stone* auch England: Jann Wenner eröffnete in London ein Büro für eine englische «Regionalausgabe» des *Rolling Stone*, aber die englischen Redakteure waren allzu sehr auf die Praxis und Politik des Underground ausgerichtet und wurden bald wieder entlassen. Sie gründeten daraufhin die englische Underground-Musikzeitschrift *Frendz*.

In den USA dagegen konnte sich der *Stone* immer mehr als beliebteste unter den neuen Publikationen etablieren, was auf einen neuen Stil der sorgfältigen und ausführlichen Reportagen über Ereignisse aus dem Bereich der Jugendkultur zurückzuführen war. Dennoch führte die ausgezeichnete Berichterstattung beispielsweise über die Festivals von Woodstock und Altamont keineswegs zu einer Lösung der internen Spannungen hinsichtlich des Konzepts der Zeitschrift, sondern verstärkte sie eher noch. Der *Rolling Stone* galt allgemein als die Zeitschrift, die die neue Jugendkultur am besten verstand, und so richteten sich die Hoffnungen sowohl der Plattenindustrie wie auch der Rock-Ideologen auf seine Arbeit. Nach zahlreichen Krisen und Redaktionsumbildungen wurde 1971 deutlich, daß sich die Hoffnungen der Plattenfirmen erfüllen würden. Der *Rolling Stone* wurde in das amerikanische Musikgeschäft integriert.

Chet Flippo meint, daß Jann Wenners Konzept von Anfang an konsequent war: «Ausführliche Berichterstattung über die Superstars, Insider-Informationen über die Künstler und die Musikindustrie und fundierte, oft hervorragende Reportagen über alles, was junge Leute interessiert.»

Was in der Praxis dabei herauskam, bezeichnete ein ausgeschiedener Redakteur als «ein geschmackvoll aufgemachtes Fan-Magazin». Die Musik wurde wirklich ernstgenommen und die Leserschaft bestand nicht nur aus Teenagern, aber letzten Endes vollzog der *Rolling Stone* nicht wirklich den Bruch mit den traditionellen Show-Business-Vorstellungen von Stars, Umsatz und Konsum. Die Zeitschrift verbreitete eine nach eigenem Rezept zusammengestellte Mischung aus Nachrichten, Klatsch und «tiefschürfenden» Interviews mit den Stars, sie behandelte die neueste Sänger-Sensation mit einer typischen Form von Zynismus, konnte aber ihre Abhängigkeit von den Interessen der Musikindustrie ebensowenig verbergen wie die englische Musikpresse. In den ersten Jahren der Zeitschrift hielten sich diese Abhängigkeiten auf Grund von alternativen Vorstellungen bezüglich Journalismus und Gemeinschaft noch einigermaßen in Grenzen, doch als in den 70er Jahren Schreiber entlassen wurden, weil sie «negative» Kritiken veröffentlichten, weil sie nicht «die richtige Einstellung zu den Künstlern» hatten oder weil sie «eine wenig schmeichelhafte Rezension über Bob Dylan» geschrieben hatten, verloren diese alternativen Vorstellungen zunehmend an Bedeutung.

Die ideologische Abhängigkeit des *Rolling Stone* vom Musikgeschäft entsprach auch der materiellen Situation der Zeitschrift. Die zahlreichen finanziellen Schwierigkeiten der ersten Jahre wurden mit Unterstützung der Plattenfirmen überbrückt. Die WEA lieh dem *Stone* 100000 Dollar, die CBS beteiligte sich an Vertrieb und Verwaltung, und von Anfang übernahmen die Plattenfirmen praktisch das gesamte (ziemlich umfangreiche) Anzeigenvolumen. Die Firmen waren davon überzeugt, daß die Zeitschrift «gut für die Musik» sei und sie teilten die Meinung von CBS-Präsident Clive Davis, daß wenn der *Stone* «uns gelegentlich angreift», dahinter ganz einfach der Versuch steht, «sich selbst gegen die Vorwürfe des ‹Verrats› zu schützen, die eine vermeintlich gegen das Establishment eingestellte Leserschaft» gegen ihn erhob.

Im August 1973 veränderte der *Rolling Stone* sein Format und verstand sich von da ab ausdrücklich als «Magazin von allgemeinem Interesse für den Bereich der amerikanischen Kultur, Politik und Kunst, mit besonderem Schwergewicht auf der Musik». Die Leserschaft des *Stone* war zu diesem Zeitpunkt zwischen 20 und 35 Jahre alt, hauptsächlich männlich, weiß, wohlhabend und immer noch an der Rockmusik interessiert, obwohl aus den Jugendlichen von früher Erwachsene geworden waren, die ihren jugendlichen Fanatismus abgelegt hatten – eine Leserschaft also, die genau den Markt repräsentierte, für den sich die Plattenfirmen so sehr interessierten. So kam es, daß die Entwicklung des *Stone* weg von der Musik auch keinen Einfluß auf dic Werbeeinnahmen hatte; für die Plattenindustrie änderte sich nichts an seiner grundsätzlichen Bedeutung. Howard Bloom von *Famous Music* erklärte das so: «In dieser Branche sind alle nur auf einen Artikel im *Stone* aus. Er hat größeren Einfluß als irgendein anderes Magazin.»

Die Beschreibung einer fortschreitenden Integration in das Rock-Geschäft trifft weitgehend auch auf die anderen Musikmagazine zu, und zwar unabhängig von ihren Ursprüngen; und die Berücksichtigung dieses Prozesses fördert das Verständnis für die Unterschiede zwischen der englischen und der amerikanischen Rockpresse: Während der *Rolling Stone* praktisch aus dem Nichts zum beherrschenden Blatt des amerikanischen Musikgeschäfts wurde, schien sich in England überhaupt nichts zu bewegen. Die englische Musikpresse von 1976 war im Grunde dieselbe wie schon 1966: Es gab dieselben großen Wochenblätter mit den riesigen Auflagen und immer noch keine «alternativen» Publikationen. Zwar war eine Vielzahl weiterer Magazine gegründet worden, doch nur wenige überlebten und keines erreichte auch nur annähernd die Auflagenhöhe der großen Wochenzeitschriften. Entscheidend ist jedoch die Tatsache, daß der *Rolling Stone* in England zwar nie selbst ein großer Verkaufsschlager war, daß sein «alternatives» Verständnis von Musik aber Mitte der 70er Jahre in die Seiten der traditionellen Wochenblätter Eingang gefunden hatte.

Im Jahre 1968 begann der *Melody Maker*, «progressiv» zu werden. Die Artikel wurden länger, die Interviews wurden ernster genommen, und das Schwergewicht verlagerte sich auf Platten- und Konzertbesprechungen. 1971 übertraf die Auflage des Blattes die des *New Musical Express*, und insgesamt verdoppelte sie sich zwischen 1968 und 1972 von 100000 auf 200000 Exemplare. Die Herausgeber meinten dazu:

> Die Szene, über die wir berichten, die wir reflektieren und interpretieren, ist heute anerkanntermaßen sehr viel ernsthafter und kreativer als jene frühere Popmusik-Szene, für die noch die «Kaugummi-Philosophie» ausreichte. Heute erfordert das Thema Rockmusik eine sorgfältige, verständnisvolle Analyse. Und der *Melody Maker* ist das Blatt der «intelligenten» Fans.[8]

Diese «intelligenten» Fans beherrschten jetzt den Markt, und 1972 wurde auch der *New Musical Express* neu strukturiert. Man rekrutierte ein neues Team von Schreibern aus der englischen Underground-Presse, von *OZ* bis hin zu *IT, Frendz* und *Creem*. Das wirkte sich primär auf den Stil und weniger auf den Inhalt des Blattes aus: Die Schreiber kamen aus der Szene, waren gut informiert, und ihr Zynismus gegenüber dem Rockgeschäft war unverhohlen. 1973 wurden die Folgen dieser neuen Ausrichtung des Blattes auch für den oberflächlichen Leser deutlich: Auf der einen Seite zeigte der *New Musical Express* eine wohlberechnete Exzentrizität in seinem Layout, in Untertiteln und Bildtexten, und das Blatt machte sich in einem Stil über sich selbst lustig, der dem amerikanischen Magazin *Creem* abgeguckt war. Auf der anderen Seite erstreckte sich die Musikberichterstattung zunehmend auf Themen, die außerhalb des Rahmens von Chart-Sensationen lagen und setzte sich kritisch mit der Rockmusik und ihrer Geschichte auseinander, anstatt sich mit Verkaufszahlen zufriedenzugeben. Die Underground-Vorstellung von der Rockmusik als einem Bestandteil der Jugendkultur fand ihren Ausdruck in der Ausdehnung der Berichterstattung auf nicht-musikalische Bereiche: Film, Science Fiction, Comics und Drogen. 1974 erreichte der *New Musical Express* eine Auflage von 200000 verkauften Exemplaren. Es war dem Blatt gelungen, seinen Markt auszuweiten, sich von dem alten Pop-Publikum, das Singles kauft und sich an Charts und Stars orientiert, zu lösen und ein neues Publikum zu erreichen, das LPs kauft und «hip» ist. Genau wie der *Rolling Stone* hatte auch der *New Musical Express* seine Verkaufszahlen durch die Verschmelzung der Rock-Ideologie der 60er Jahre mit dem Rock-Business der 70er Jahre drastisch erhöhen können.

Trotzdem unterscheiden sich die beiden Blätter deutlich voneinander. Der *New Musical Express* tendiert – wie *Creem* in den USA – mehr zu einer soziologischen Einschätzung der Rockmusik und bewertet die Musik eher nach der Wirkung auf das Publikum als nach den Intentionen und dem Können der Musiker. Für die Schreiber des *New Musical Express* liegt die Bedeutung des Rockmusik-Konsums nicht im Warencharakter der Musik selbst oder in ihren musikalischen oder künstlerischen Qualitäten, sondern vielmehr in der Tatsache, daß die Konsumenten an einer bestimmten Form von Kultur teilhaben. Der *Rolling Stone* (und der *Melody Maker* in England) betrachten die Rockmusik viel eindeutiger vom künstlerischen Standpunkt aus: Sie bewerten die Musik nach ihrer Komplexität und die Musiker nach der Intensität ihres Gefühls.

Die grundsätzliche Einstellung der Musikzeitschriften zur Rockmusik basiert auf der Einschätzung, daß ihre Leser für die Plattenindustrie von großer Bedeutung sind: Sie sind der Teil der Bevölkerung, der am ehesten in Hi-Fi investiert, Schallplatten kauft und Konzerte besucht und damit das Verhalten des übrigen Rockpublikums beeinflußt. Die Musikpresse spielt demnach – genau wie in England in den 50er Jahren – eine zentrale Rolle für die Marketing-Strategien der Plattenindustrie. Die Nachrichten und Interviews werden nach wie vor von den Interessen und Promotion-Plänen der Firmen bestimmt, sie werden zur Unterstützung von Plattenneuerscheinungen und Konzertterminen zeitlich abgestimmt und von den Presseabteilungen organisiert. Die Berichterstattung über das Rockgeschäft als Geschäft ist immer noch zweitrangig (die professionellen Reportagen des *Rolling Stone* beschäftigen sich heutzutage normalerweise eher mit nicht-musikalischen Themen). Die Hauptaufgabe der Zeitschriften besteht darin, die Stars der jeweiligen Woche ins Scheinwerferlicht zu rücken und ausführlich dazustellen; danach verschwinden sie im Archiv bis zu ihrer nächsten Tournee, wenn auf dieselben Fragen derselben Leute wieder dieselben Antworten gegeben werden. Die Musikzeitschriften sind mit ihren Berichten immer noch auf die Schallplattenfirmen angewiesen und teilen auch ihre Verkaufsinteressen. Sie treffen ihre Entscheidungen, über wen sie schreiben, immer noch auf Grund ihrer Einschätzung des Lesergeschmacks, und selbst wenn diese Überlegungen nicht mehr so ausschließlich von den Charts bestimmt sind wie früher, so orientieren sie sich doch weiterhin an der Popularität, an den Resultaten der «Star-Making-Machinery». Die Zusammenarbeit von Musikzeitschriften und Schallplattenfirmen beruht nicht auf der «Kontrolle» der Plattenfirmen über Zeitschriften durch das Instrument der Werbeaufträge, sondern auf der schlichten Tatsache, daß ihre grundsätzlichen Auffassungen, ihre allgemeinen Interpretationen der Rockmusik so weitgehend übereinstimmen.

Die Folge ist, daß die meisten Rock-Schreiber fast vollständig von der Plattenindustrie abhängig sind: Ihre Informationen, ihre Interviews und ihre Kontakte laufen grundsätzlich über die Plattenfirmen. Die Musikschreiber verwerten in ihrem Alltag ständig Ressourcen, die ihnen die Plattenfirmen zur Verfügung stellen: Gratisschallplatten, Gratiskonzertkarten, Lunches, Drinks, Empfänge, Parties, Wochenenden in Jamaica – so gut wie alles, was die Schreiber brauchen, wird ihnen zur Verfügung gestellt. Das hat in Amerika dazu geführt, daß Hunderte von freiberuflichen Schreibern, die von ihren Auftraggebern nur schlecht bezahlt werden, allein von diesen vielen kleinen Vergünstigungen leben können. In England, wo die meisten Rockschreiber bei den Musik-Wochenzeitschriften fest angestellt sind, ist die Folge eher eine billige (und damit profitable) Methode, eine Zeitschrift herzustellen. In beiden Ländern gibt es eine ständige Fluktuation zwischen dem Rock-Journalismus und der Rock-Publicity: Die Presseabteilungen der Plattenfirmen holen sich ihre Leute aus den Redaktionen der Musikzeitschriften, und die Musikblätter stellen oft ehemalige Public-Relations-Leute ein. Vielfach sind die Schreiber sogar in beiden Jobs gleichzeitig tätig.

Der interessanteste Aspekt dieser Verknüpfung von Presse und Industrie sind die Rezensionen. In der Pop-Presse der 50er Jahre beinhalteten diese Besprechungen nur wenig mehr als die Nachricht von einer Neuerscheinung und die Prophezeihung eines Erfolges. Die Autoren solcher Besprechungen wollten nicht die Meinung ihrer Leser beeinflussen und taten das sicher auch nicht. Aber für die Leser der Rock-Zeitschriften ist die Auswahl einer Schallplatte eine Sache von Identität und Status, und die Besprechungen spielen für sie dabei eine zentrale Rolle: Auf sie beziehen sich auch die weitaus meisten Leserbriefe. Auch die Plattenfirmen verfolgen die Schallplatten- und Konzert-Rezensionen mit großer Aufmerksamkeit. Dabei haben die Besprechungen nur geringen Einfluß auf die Verkaufszahlen – die Popularität beliebter Acts leidet durch eine schlechte Besprechung keineswegs, und unpopuläre Acts werden nur selten durch die lobende Erwähnung in der Presse zu großen Hits – aber sie beeinflussen zumindest die Promotion-Strategien der Firmen. Eine gute Rezension im richtigen Moment kann den Status eines Acts bei seiner Plattenfirma erheblich aufwerten und ihn auch für Agenten und Veranstalter interessanter machen. So führte Jon Landaus Begeisterung über Bruce Springsteen dazu, daß die CBS ihre Zurückhaltung und ihre Zweifel aufgab und ihm eine größere Promotion-Kampagne widmete, und Greil Marcus' Lob im *Rolling Stone* für James Talleys erste Langspielplatte wirkte sich zwar nicht auf die Verkaufszahlen aus, beeinflußte aber sowohl die Plattenfirma als auch James Talley selbst in ihrer Einschätzung seiner Musik und ihrer Chancen und Möglichkeiten. Mit anderen Worten: Besprechungen sind besonders für noch nicht etablierte Acts wichtig, die keiner so richtig beurteilen kann; hingegen weiß jeder, wen und was er sich unter Led Zeppelin vorzustellen hat, und kein Kritiker wird daran etwas ändern können.

Aus der Sicht der Plattenfirmen erfüllen die Musikzeitschriften eine doppelte Funktion. Erstens sind sie ein Vehikel für die Promotion: Sie können dazu dienen, einen neuen Act bekannt zu machen und die Publicity in Gang zu bringen; dabei müssen die Berichte nicht einmal positiv ausfallen – allein die Erwähnung und die Photos sind wichtig. Zweitens sind die Zeitschriften aber auch eine Instanz in dem «Filter-Prozeß», den die Rockmusik durchläuft: Sie geben den Plattenfirmen frühzeitige Hinweise auf den Geschmack des Publikums und liefern Anhaltspunkte dafür, auf welche Neuerscheinungen sich die Firmen konzentrieren müssen beziehungsweise welche sie vernachlässigen können. In diesem Kontext spielt die Unabhängigkeit der Schreiber von den Plattenfirmen eine entscheidende Rolle, denn sie verleiht den guten Rezensenten ihre Authentizität. Dabei führen schlechte Kritiken (und das ist wohl die Mehrzahl) keineswegs zu einer Kürzung der Werbeeinnahmen. (So zog die Firma A&M beispielsweise ihre Werbeanzeigen aus dem *Crawdaddy* nicht wegen einer schlechten Besprechung zurück, sondern weil das Blatt das Unternehmen selbst kritisiert hatte.)

Es liegt also durchaus im Interesse der Plattenfirmen, wenn es dem Rockschreiber gelingt, sich eine gewisse Distanz zu bewahren, und in diesem Bewegungsspielraum kann sich auch die Glaubwürdigkeit der Schreiber für die Leser entwickeln; in den Besprechungen werden ihre Kriterien und ihre Individualität deutlich, und die Rockschreiber sehen die Kritik und nicht die Lobhudelei als ihre eigentliche Aufgabe an. Was solche Kritik aber beinhaltet, das bleibt weitgehend unklar, denn die Schreiber sind bemüht, sowohl als Konsum-Führer zu dienen als auch einen Kulturkommentar abzugeben und natürlich dem persönlichen Geschmack Rechnung zu tragen.

Diese Verwirrung ist für die Geschichte der Musikpresse typisch. Chet Flippo meint in seiner Untersuchung über die amerikanischen Rockschreiber, daß die Rockmusik der späten 60er Jahre integrierter Bestandteil einer Jugendkultur war, was dazu führte, daß alle Schreiber sich automatisch mit eine Vielzahl von weiteren Themen befassen mußten. In den 70er Jahren löste sich diese Kultur auf und die Funktion der Schreiber reduzierte sich auf die Versorgung entweder der einen oder der anderen Konsumenten-Gruppe: Auf der einen Seite die Generation der 60er Jahre, die älter geworden war und für die Rockmusik mit anderen Unterhaltungsformen wie Film, Fernsehen oder der *Playboy* auf einer Stufe stand. Diese Generation war immer die Zielgruppe des *Rolling Stone* gewesen, und indem sich das Magazin mit diesem Publikum weiterentwickelte und sich allgemeineren Themen zuwandte, wurden aus den Musikberichten zunehmend schick aufgemotzte Konsumhilfen nach dem Motto: Diese Platte wird euch gefallen, jene überhaupt nicht. Und auf der anderen Seite stand eine neue Rock 'n' Roll-Generation, für die die Musik und ihre Idole denselben Stellenwert hatten wie für die frühen Teenager; auch sie wollten Konsumhilfen, aber eher in Gestalt eines altmodischen, wenn auch vergleichsweise anspruchsvolleren Fan-Magazins – so entstanden *Circus* und *Creem*.

Ähnliches ließe sich auch über die englische Musikpresse sagen. Die Details sehen natürlich anders aus – in England gibt es keine so deutlich ausgeprägte Generation von 30jährigen Rock-Konsumenten, und der *New Musical Express* steht *Creem* näher als dem *Rolling Stone* –, aber es besteht die gleiche grundsätzliche Aufteilung: auf der einen Seite der *Record Mirror*, ein Fan-Magazin für Teenager, das sich seit 20 Jahren praktisch nicht verändert hat; auf der anderen Seite der *Melody Maker*, ein progressiver «Konsumenten-Leitfaden» für den intelligenten Fan. Aber es ist etwas problematisch, alle Musikzeitschriften unter dem Begriff «Konsumenten-Leitfaden» zusammenzufassen, denn die einzelnen Konsumenten *benutzen* die Rockmusik auf verschiedene Weise, und der Begriff des «Konsumenten-Leitfadens» muß näher bestimmt werden.

Die Fan-Magazine zeichnen sich im wesentlichen dadurch aus, daß sie auf bestehende Geschmacksrichtungen *eingehen*. Ihr Verbraucher-Service beschränkt sich darauf, Informationen, Klatsch und Photos von den Stars zu präsentieren, für die sich Leser bereits entschieden haben. Sie haben aber nicht die Aufgabe, die Entscheidungen ihrer Leser zu erklären, zu bewerten oder zu kritisieren; sie sollen sie nicht einmal beeinflussen, sondern sie nur bestätigen. Mit anderen Worten, ihre kommerzielle Funktion besteht *ausschließlich* in der Promotion.

Diese Art von Verbraucher-Service gilt in unterschiedlichem Ausmaß für alle Rock-Zeitschriften, selbst für den *Rolling Stone*: Auch er liefert Informationen und Bilder von den Musikern, die bei den Lesern bekanntermaßen beliebt sind; auch er bestätigt nur den herrschenden Geschmack und vermittelt das Gefühl einer Gemeinschaft von Insidern. In dieser Hinsicht spezialisiert sich die Musik-Presse – ähnlich wie das Radio – auf bestimmte Verbraucher Gruppen. Aber die Konsumenten der «besseren» Rock-Zeitschriften verlangen von ihrem Magazin etwas anderes. Sie wollen nicht nur lesen, was ihnen gefällt, sie wollen auch wissen, was ihnen gefallen könnte, oder sogar, was ihnen gefallen müßte. Sie suchen in einem «Konsumenten-Leitfaden» Anhaltspunkte für den Wert der Rockmusik. Ihnen gefällt, was *wichtig* ist.

Ich bin also von der Annahme ausgegangen, daß die Rockschreiber so etwas wie Meinungsmacher sind und daß sowohl Verkäufer wie Käufer von Schallplatten ihnen Aufmerksamkeit schenken und ihrem Urteil weitgehend vertrauen. Diese Funktion können sie aber nur erfüllen, wenn sie die gleichen Wertvorstellungen haben wir ihre Leser. Es darf zwar Unterschiede in der Beurteilung bestimmter Platten geben, aber grundsätzlich müssen die Rezensenten und die Leser dieselben Vorstellungen von der Bedeutung der Rockmusik und dieselben Wertbegriffe haben, und in diesem Zusammenhang läßt sich erkennen, daß die ursprüngliche Ideologie der Rock-Musik aus den 60er Jahren immer noch Gültigkeit hat.

So tendieren beispielsweise die Autoren des *Rolling Stone* dazu, die Platten auf der Grundlage ihrer Bedeutung für eine Rockgemeinschaft zu beurteilen, die gar nicht mehr existiert. Und weil diese Gemeinschaft – die Jugendkultur der 60er Jahre – nicht mehr existiert, stellt sich die entscheidende Frage, ob ein bestimmter Künstler oder ein bestimmtes Musikstück von sich aus ein Gefühl für diese Gemeinschaft erzeugen kann – daher der hohe Stellenwert von künstlerischen Intentionen und Fähigkeiten, daher die Gleichsetzung von emotionaler Intensität und musikalischer Qualität. Dieser Ansatz hat zwei wichtige Konsequenzen. Erstens ist er seinem Wesen nach konservativ: Die Musik dient zur Rekonstruktion der Vergangenheit, und die für das Blatt wichtigsten Figuren der Rockszene sind seit der Gründung des Blattes dieselben geblieben. Jann Wenner hat sogar seine Position als Herausgeber dazu benutzt, die Bedeutung der großen Rock-Stars erneut zu bekräftigen, als seine Schreiber daran zu zweifeln begannen. Und das zweite ist der ausgesprochen mythische Charakter: Die Erfahrung der Rockmusik – «der Zauber, der die Freiheit bringt» – wird nie aktuell beschrieben, sondern immer nur auf ein mythisches Jugenderlebnis zurückgeführt, an dem alle folgenden Rockerfahrungen gemessen werden können. So akzeptierte der *Rolling Stone* schließlich auch den Punk-Rock nicht wegen seiner politischen oder gesellschaftlichen Aussagen, sondern weil er das authentische Rock 'n' Roll-Gefühl vermittelte: Die Clash waren ja genauso wie die Rolling Stones! Die Leser des *Rolling Stone* vertrauen auf sein Urteil, weil sie seine konservativen und mystizistischen Vorstellungen teilen. Was sie an der Rockmusik so schätzen ist die Fähigkeit dieser Musik, ihren Hedonismus mit einem gewissen Gemeinschaftsgefühl zu verbinden. Dabei wird die Rockmusik Teil einer besonders nostalgischen Freizeitgestaltung: Sie ist die Jugendmusik alter Leute.

Im Gegensatz zum *Rolling Stone* haben Zeitschriften wie der *New Musical Express* und *Creem* ihr Teenager-Publikum behalten. Ihre Schreiber gehen davon aus, daß es immer noch eine Jugend-Kultur gibt, und sie beurteilen Schallplatten danach, ob sie einen Beitrag zu dieser Kultur leisten. Der Wert einer Schallplatte wird nicht mit der Organisationskunst der Produzenten, sondern mit ihrer Authentizität als Produkt der Jugend-Kultur erklärt. Eine bestimmte Musik kann noch so komplex, empfindungsreich und künstlerisch sein – sie ist einfach «falsch», wenn sie nicht aus dem Zusammenhang einer jugendlichen Gemeinschaft entsteht oder diese artikuliert. Während also der *Rolling Stone* Texte interpretiert, beschäftigen sich die Autoren des *New Musical Express* mit der Analyse des Publikums und werden in dieser Funktion als Soziologen praktisch zu *Für*sprechern einer Jugendkultur. Viel deutlicher als die Kritiker des *Stone* versuchen sie die Art und Weise zu beeinflussen, wie ihre Leser die Musik *benutzen*.

Zusammenfassend läßt sich also sagen, daß die Rockpresse in zweifacher Hinsicht als Meinungsmacher fungiert. Ein Teil der Zeitschriften sind Verbraucher-Leitfäden für Erwachsene. Ihre Leser wollen eine bestimmte Erfahrung von Rockmusik konsumieren (nämlich die Erfahrung einer Gemeinschaft von Jugendlichen aus den 60er Jahren), und die Kritiker haben erstens die Aufgabe, diejenigen Musiker herauszusuchen, die diese Art von Erfahrung vermitteln können, und zweitens ihre besonderen Fähigkeiten zu erklären. Das Ergebnis ist die Ideologie der Rockmusik als Kunstform: Die Kunst ist der Garant für eine Gemeinschaft. Andere Zeitschriften sind dagegen eher Verbraucher-Leitfäden für Teenager.

Ihren Lesern geht es um den Konsum einer andersartigen Erfahrung von Rockmusik, die ihr aktuelles Jung-Sein artikuliert; die Aufgabe der Kritiker besteht erstens darin, jene Schallplatten zu finden, die Zeichen dieser Erfahrung sind, und zweitens ihre Funktion als Zeichen zu erklären. In diesem Fall ist das Resultat die Ideologie von Rockmusik als Volkskunst: Die Gemeinschaft ist der Garant für die Kunst.

Und schließlich gibt es noch die Rock-Fanzines, die in den 60er Jahren mit Greg Shaws *Who Put The Bomp* ihren Anfang nahmen und derzeit von den «Avantgarde»-Punkzeitschriften wie dem *New York Rocker* vertreten werden. Die Fanzines sammeln Fakten und Klatsch aus der Rockszene weniger für ein Massenpublikum als vielmehr für kleine Kult-Cliquen; und sie können sehr streitsüchtig sein, wenn es um ihre Musik geht. Viele dieser Fanzines sind sogar auf herausfordernde Weise reaktionär – sie sind die Hauspostillen der «Musikschutzvereine» –, aber die wichtigeren, wie *Crawdaddy* in den 60er Jahren und *Sniffing Glue* in den 70ern, sind aggressiv-progressiv. Sie haben eine oppositionelle Einstellung: Sie behaupten, ihre Musik sei besser als die der großen Mehrheit, und sie wollen die Vorstellungen ihrer Leser über die Funktion der Musik *verändern*. Die Rock-Presse ist also, wie die Rockmusik selbst, größtenteils ein Massenmedium, und ihre Leser sind Massenkonsumenten, deren Gemeinschaftsgefühl von den Musikzeitschriften erst *konstruiert* wird. Das ist ein diffuser und widersprüchlicher Prozeß; so gibt es zum Beispiel in der Regel große Unterschiede zwischen dem Geschmack der Schreiber und dem Publikumsgeschmack, der sich in den Charts ausdrückt – und das ist der Grund für die unerwartete Bedeutung der Fanzines. Ihre Bedeutung liegt aber nicht im kommerziellen Bereich – sie haben nicht den Massenmarkt, den die Plattenfirmen suchen, und ihre Leser kaufen ihre Schallplatten sowieso –, sondern im ideologischen Bereich. Die Fanzines und ihre Autoren – wobei die wichtigen Kritiker der Massenmusik-Zeitschriften ihren Standpunkt teilen – sind Ausgangspunkt für alle Diskussionen über die Bedeutung der Rockmusik, über das Publikum, über Kunst und Kommerz.

Kapitel 7
Die Musiker

Francis Newton hat behauptet, der Jazzmusiker stehe «dem gewöhnlichen Durchschnittsbürger näher als die meisten anderen Künstler», und der Jazz habe «zurückgreifen können auf ein größeres Reservoir von potentiellen Künstlern als jede andere Kunstform unseres Jahrhunderts». Die Rockmusiker sind fast ausschließlich junge Leute, aber davon abgesehen trifft Newtons Beschreibung durchaus auch auf sie zu.

In den 50er Jahren ging man davon aus, daß Rock 'n' Roll-Sänger Teenager aus der Arbeiterklasse seien. Für die Medien war der Idealtypus Elvis Presley, der arme Junge aus den Südstaaten, der dem Schicksal, sein Leben lang Lastwagen zu fahren, dadurch entging, daß er die amerikanische Musik in neue Bahnen lenkte, wobei seine Karriere sowohl auf Glück wie auf Talent, auf Manipulation wie auf Kunst, auf Image wie auf Musik basierte. Viele Jahre lang wurden Rockmusiker als die Jungs von nebenan dargestellt, als Straßenkinder oder als Dorftrottel vom Lande. Sie machten Musik für ein Arbeiter-Publikum, das sich mit ihnen identifizieren konnte und das die gleichen Erfahrungen, die gleiche Kultur und die gleichen Werte besaß. Der Rock 'n' Roll wurde in die alte Tradition des Show-Geschäfts eingegliedert: Im Hintergrund die Songschreiber und Produzenten aus der Mittelschicht, im Vordergrund die Interpreten aus der Arbeiterklasse. In England, wo sich diese Klassenunterschiede kulturell schärfer abzeichnen, kam noch das wichtige Element der sexuellen Phantasie hinzu; die cleveren Musik-«Pusher» mit College-Bildung waren auffallend häufig Homosexuelle, und ihre Stars entwickelten einen arroganten, sinnlichen Ledermann-Appeal. Die Selbstverständlichkeit, mit der Rockstars mit «blöden Proleten» gleichgesetzt wurden, ging so weit, daß noch während des großen Beat-Booms Mitte der 60er Jahre die Hochschulreife von Paul McCartney und die Studienzeit Mick Jaggers an der London School of Economics (LSE) immer wieder in den Zeitungen erwähnt wurden.

Ende der 60er Jahre war eine solche Ausbildung bei Rockmusikern fast schon zur Regel geworden. Die Folk-Rock-Künstler kamen aus den Hochschulen, und die neuen Stars hatten einen Universitätsabschluß, ein Haus in einem Vorort und in ihren Songtexten wimmelte es von Anspielungen auf Literatur und Kunst – kurz, es wurde immer schwieriger, einen eindeutigen Zusammenhang zwischen Klassenzugehörigkeit und musikalischem Stil herzustelllen. Die Vorstellungen von den «rebels without a cause», der rebellischen Jugend der 50er Jahre, wandelten sich zu dem Bild von den «rebels with a cause», der politischen Jugend der 60er Jahre; die Showbusiness-Ehrlichkeit der 50er Jahre wurde zur künstlerischen Ehrlichkeit der 60er Jahre. Die wesentlichsten Unterschiede zwischen Rockmusikern beruhten weniger auf Herkunft oder Ideologie, sondern vielmehr auf Erfolg und Lebensumständen. Rockstars umfaßten in den 70er Jahren ein breites Erfahrungsspektrum, angefangen von dem der Superstars, die bequem, luxuriös und ausgiebig zwischen Studio und Stadion pendelten, umgeben und mit Drogen versorgt von Schwärmern von Dienern und Schmeichlern, bis hin zur lokalen Kneipenband, die verzweifelt und sporadisch zwischen Arbeitsamt und miesen Gigs pendelt und sich nur an ihren Träumen festhält.

Es ist also nicht so einfach, allgemeingültige Aussagen über Rockmusiker zu machen – und es wird noch schwieriger durch die vielen Tausend Worte, die wöchentlich in den Interviews der Musikzeitschriften zusammengetragen werden: Je mehr Einzelheiten wir über die Vorlieben und Hoffnungen von Individuen erfahren, desto schwieriger wird es, gemeinsame Grundsätze oder Wertvorstellungen zu entdecken. Die Musikpresse und die Showgeschäft-Mythen haben mit ihren Klischees nicht nur die Öffentlichkeit, sondern auch die Musiker selbst heimgesucht. Eine Rockkarriere ist zu einem ideologischen Konstrukt geworden: Die ersten Jahre, in denen man «sein Lehrgeld zahlt» – die Hungerjahre –, werden kompensiert durch die Jahre des Erfolgs, wenn man zum Star geworden ist – «jedem das, was er verdient».

Die Musiker und die Industrie

Populäre Musiker verdienen ihren Lebensunterhalt, indem sie ihre Dienste an eine Schallplattenfirma oder an Promoter verkaufen – und wenn wir ihre Lebensweise verstehen wollen, dann müssen wir von diesen ökonomischen Beziehung ausgehen. Es handelt sich dabei um zwei verschiedene Arten von Dienstleistungen. Zunächst gibt es Musiker, die nichts weiter sind als Musiker; ihre Musik ist ihr Handwerk, und sie verkaufen nur ihre musikalischen Fertigkeiten. So bieten zum Beispiel Studiomusiker ihre Dienste den Produzenten und Plattenfirmen, dem Radio und Fernsehen, Filmmusik-Machern und Werbefirmen an – mit einem Wort allen, die mit Musik-Produkten zu tun haben. Bis Mitte der 60er Jahre sah in den Augen ambitionierter Teenager eine Rock 'n' Roll-Karriere immer noch so aus. Beispielsweise war Al Kooper seit seiner frühen Jugend auf vielerlei Weise in das Musikgeschäft integriert; er schrieb Songs, produzierte und arrangierte Schallplatten und spielte in unterschiedlichen Besetzungen bei unterschiedlichen Gelegenheiten. Dabei war es immer sein Job, genau den Song, den Sound und damit die Ware herzustellen, die seine Auftraggeber haben wollten.

Die Musiker der zweiten Kategorie sind darüber hinaus auch noch Entertainer. Diese Musiker verkaufen ihre Musik direkt an die Öffentlichkeit, und in der Tat gibt es im Popgeschäft keine strenge Trennung zwischen Musik und anderen Unterhaltungsformen. Die Künstler in Clubs und Cabarets und im Fernsehen bewegen sich zwischen Song, Komik und Sentimentalität – und die Bedeutung, die dabei der Musik zugeordnet wird, leitet sich ab von allgemeinen Vorstellungen darüber, was es heißt, ein Publikum zu unterhalten.

Die Grundregel des Popgeschäfts besagt, daß der Käufer einer musikalischen Dienstleistung ihren Inhalt selbst bestimmt: Auf der einen Seite verlangt der Plattenproduzent oder Werbesong-Hersteller einen bestimmten Ton oder einen Boogie-Rhythmus, auf der anderen Seite beweisen die Unterhaltungskünstler ihren Professionalismus, indem sie den Leuten das geben, «was verlangt wird». Die meisten populären Musiker machen beides auf einmal: Sie verkaufen ihre Dienste an einen Agenten, dem es um die Befriedigung einer öffentlichen Nachfrage geht, aber sie bewahren sich gleichzeitig einen gewissen Spielraum bei der Interpretation der Erwartungen ihrer Auftraggeber. Aus diesem Kontext heraus haben sich die Berufsorganisationen der Musiker entwickelt. Die American Federation of Musicians und die British Musicians' Union wurden als die Interessenvertretungsorgane jener Musiker gegründet, die in den 20er und 30er Jahren in den Dancebands und Orchestern arbeiteten.

Den Gewerkschaften der Musiker geht es um die Kontrolle über die Bedingungen, unter denen ihre Mitglieder ihre Dienste verkaufen. Sie handeln die Minimalhonorare für Schallplattenaufnahmen, für die Arbeit in Clubs und Cabarets, in Orchestern und Theatern, in Radio und Fernsehen aus. Die Gewerkschaften haben auch für die Erhaltung von «Arbeitsplätzen» gekämpft und sind wie alle Gewerkschaften bestrebt, sogenannte «closed shops», d. h. den Gewerkschaftszwang für Beschäftigte, einzuführen. So hat sich beispielsweise die AMF immer gegen neue Formen des Popmusikmachens gewehrt, die sie als Bedrohung für die Nachfrage nach den etablierten Fertigkeiten ihrer Mitglieder betrachtete. Im Jahre 1901 ordnete die Gewerkschaft an, ihre Mitglieder sollten keinen Ragtime mehr spielen – nach dem Motto: «Die Musiker wissen, was gut ist, und wenn das Publikum es nicht weiß, dann müssen wir es ihm beibringen.» Mit dem Aufkommen des Jazz bekam die «closed shop»-Politik der Gewerkschaften eindeutig rassistischen Charakter: Die schwarzen

Musiker wurden von den örtlichen Gewerkschaftsorganisationen und damit von Rundfunk- und Plattenarbeit ausgeschlossen. Nach dem Krieg bestand der wichtigste Kampf für die Gewerkschaften darin, die Beschäftigungsmöglichkeiten für Live-Musiker aufrechtzuerhalten, aber zum Beispiel die in England von der Musicians' Union durchgesetzten «needletime restrictions» (Einschränkung der Schallplatten-Sendungen im Radio) hatten nur begrenzten Erfolg – trotzdem wurden die Live-Bands immer mehr und unaufhaltsam von Diskotheken und Deejays verdrängt.

Die Politik der Gewerkschaften basiert auf zwei Annahmen. Die erste geht davon aus, daß die Mehrheit der Mitglieder «Standard»-Musiker sind, die «Standard»-Dienstleistungen verkaufen. Alle Künstlergewerkschaften stehen nämlich vor dem Problem, daß sie kollektive Organisationen für Individuen und individuell bewertete (und entlohnte) Talente sind, weshalb sie sich in erster Linie um die Routine-Arbeiter und nicht so sehr um die erfolgreichen Stars kümmern; im Falle der Musikergewerkschaft hat das jedoch zu Anomalien geführt, die u. a. durch die Haltung der Musicians' Union gegenüber ausländischen Musikern verdeutlicht werden.

Im Prinzip geht es darum, daß kein ausländischer Musiker angestellt werden darf, wenn ein englischer Musiker die gleiche Aufgabe erfüllen kann. Die Schwierigkeit liegt allerdings darin, die so reproduzierbaren musikalischen Fertigkeiten genau zu definieren. Die Gewerschaft kennt zwar die Kategorie der «Konzertmusiker», deren Fertigkeiten als einzigartig akzeptiert werden, doch diese Beschreibung galt in der Regel eher für klassische, nicht aber für populäre Musiker. Was letztere betraf, so war die Gewerkschaft immer der Auffassung, es sei «eine lächerliche Argumentation, wenn man behauptet, nur ein Mann auf der ganzen Welt könne das machen, was gerade verlangt wird. Wir könnten uns auf den Stadtpunkt stellen, daß Sie einen englischen Musiker finden müssen, der das kann, was Sie verlangen.»

Diese Politik hatte geradezu groteske Auswirkungen, insbesondere in bezug auf die schwarze Musik. Zum Beispiel verstand man seit den 30er Jahren die Jazzmusik immer als eine leicht zu erlernende *Technik*. Selbst in den 60er Jahren mußte Ornette Coleman noch in klassischen Konzertsälen spielen, um als «Konzertmusiker» Anerkennung zu finden – doch in den 20er Jahren war die Situation wesentlich schlimmer. Der Jazz-Tänzer Bill Robinson mußte sich bei einem Auftritt im Londoner Holborn Empire von Londoner Musikern begleiten lassen, und seine schwarzen Künstlerkollegen Greenlee und Drayton erinnern sich, daß die Unfähigkeit dieser Musiker ihn geradezu in Rage versetzte:

> Wir mußten mit ihm in die Garderobe gehen und ihm gut zureden wie einem kleinen Kind. Ich sagte ihm: «Du bist doch gestern abend hier

gewesen und hast gehört, wie die *unsere* Musik gespielt haben, und besser können sie es beim besten Willen nicht, also zieh nicht gleich deine Pistole; nicht mal die Bullen tragen hier Pistolen.[1]

Die zweite Annahme der Gewerkschaften geht davon aus, daß ihre Mitglieder hauptsächlich Live-Musiker sind. Aus der Sicht der Gewerkschaften war die Entwicklung der Schallplattenaufnahmetechnik immer eine Bedrohung für die Arbeitsplätze der Musiker, und sie brauchten sehr lange, bis sie geeignete Schutzmechanismen entwickelt hatten, die die Musiker ebenso wirksam vor der Ausbeutung durch die Plattenfirmen schützten, wie sie vor der Ausbeutung durch Veranstalter und Agenten geschützt wurden. Die Verhandlungen der Gewerkschaften mit den Plattenproduzenten beziehen sich meistens auf die Arbeit der Studiomusiker, nicht aber auf die Künstler, die unter Vertrag stehen.

Da sich also die Arbeit der Gewerkschaften in erster Linie auf die Standard-Musiker und die Live-Künstler konzentriert, haben sie sich nur selten für die speziellen Belange der Rockmusiker unter ihren Mitgliedern eingesetzt. Aber die Rockmusiker verdienen ihren Lebensunterhalt durch ganz ähnliche Dienstleistungen, und ihre Ideologie muß im Zusammenhang mit ihrer Arbeit als Professionals gesehen werden, auch wenn dabei vollkommen andere Vorstellungen von «Professionalismus» eine Rolle spielen.

Es gibt Rockmusiker, die keinen Hehl daraus machen, daß sie «Allzweck»-Musiker sind und daß für sie die Rockmusik nichts weiter ist als ein Job, wie andere auch. Robert Faulkner beschreibt in seiner Untersuchung über die Studiomusiker in Hollywood in den 60er Jahren, in welchem Ausmaß diese Musiker für die Produktion von Rockplatten herangezogen wurden und wie sie diese Arbeit haßten: «Man fühlt sich wie eine Hure, wenn man eine solche Arbeit macht.» Ganz ähnlich beschreibt auch Al Kooper seine Rolle im New Yorker Musikgeschäft vor der Bob-Dylan-Zeit als «Hurerei». Studiomusiker stehen nach wie vor im Zentrum der Rockplattenproduktion, und ihre Fähigkeiten, auf Wunsch bestimmte Sounds zu produzieren, haben eher noch an Bedeutung gewonnen, da die Studiokosten gestiegen sind und Produzenten und Bands bei der Nutzung der Studiotechnologie immer anspruchsvoller werden. Die Studiomusiker von heute sind zwar nicht mehr so voller Verachtung für die Rock-Arbeit, wie ihre Vorgänger es waren – heute ist diese Art von Arbeit immerhin anspruchsvoller, als wenn man Werbemusik machen muß –, aber sie sind immer noch nicht mitverantwortlich für die Ergebnisse der Aufnahme-Sessions, sie ärgern sich über die leichtfertige Ausbeutung ihrer Fähigkeiten, und sie verachten die «kreative» Unbeholfenheit ihrer Arbeitgeber.

Andere Rockmusiker verkaufen sich an einen Manager oder einen Produzenten, der ihr Talent benutzt, um einen im voraus konzipierten Sound *und* ein im voraus konzipiertes Image zu realisieren. Diese Rolle war in der Frühzeit des Rock 'n' Roll am weitesten verbreitet. Das englische Teenager-Idol Cliff Richard hat eine aufschlußreiche Beschreibung davon gegeben, wie seine Musik und seine Persönlichkeit von seinem Manager Tito Burns, seinem Plattenproduzenten Norrie Paramour und seinem Fernsehproduzenten Jack Good aufgebaut wurden. Cliff schrieb: «Jack war der Meinung, ich sei sein Eigentum. Er war der Meinung, er hätte mich entdeckt, und ich glaubte fast selbst schon daran, aber das stimmt nicht so ganz. In Wirklichkeit hat Norrie Paramour mich entdeckt.» Auch heute noch werden Rockmusiker auf diese Weise benutzt. Nach dem Vorbild der Monkeys werden einfach neue Gruppen zusammengestellt; sie sollen einer Mode genügen. Man kauft unbekannte Musiker mitsamt ihrer Persönlichkeit usw., um eine Nachfrage zu befriedigen. Und wenn Musiker auch durchaus für die Art und Weise mitverantwortlich sind, wie sie ihrem Publikum gefallen, müssen sie trotzdem die Bedürfnisse des Publikums berücksichtigen. Der Jugendmarkt übt die gleichen Zwänge aus wie jeder andere Markt.

Howard Becker beschreibt die Ideologie der Tanzmusiker der 40er und 50er Jahre als Folge des Widerspruchs zwischen ihrem künstlerischen Selbstverständnis (wobei ihre Musik als persönliches Ausdrucksmittel dient) und ihrem Status als Verkäufer einer Dienstleistung (wobei ihre Musik den Launen des Konsumentenwillens ausgeliefert ist):

> Demnach versteht sich der Musiker selbst als kreativer Künstler, der keiner äußeren Kontrolle unterworfen werden darf, als Individuum, das anders und besser ist als diejenigen Outsider, die er ‹Squares› nennt und die weder seine Musik noch seinen Lebensstil begreifen, denen zuliebe er aber ganz anders spielen muß, als es seinen professionellen Idealen entspricht.[2]

Becker beschreibt, wie die Musiker sich von ihrem Publikum abgetrennt und eine Sprache und einen Lebensstil entwickelt haben, die ihr Anderssein gegenüber dem gemeinen Zuhörer (in der englischen Rock-Terminologie der «Punter») manifestieren. Gleichzeitig jedoch müssen die professionellen Musiker einen Kompromiß mit der kommerziellen Realität eingehen und diesen Kompromiß langfristig gesehen auch legitimieren. Selbst kommerzielle Arbeit läßt sich als Herausforderung und Befriedigung begreifen; so sind professionelle Musiker stolz auf ihr handwerkliches Können und auf ihre Fähigkeit, musikalische Probleme zu lösen und auch schwierige Aufträge gut zu erfüllen: Musikalische Befriedigung erwächst nicht nur aus ungehinderter Selbstdarstellung.

Die Rockmusiker sind ganz ähnlichen Spannungen zwischen ihren künstlerischen Idealen und den kommerziellen Zwängen ausgesetzt, aber in gewisser Hinsicht unterscheiden sich ihre Lösungsversuche von denen ihrer Berufskollegen. Ein Grund dafür liegt im speziellen Charakter der Rockmusik als Jugendmusik; das Verhältnis der Rockmusiker zu ihrem Publikum ist weniger von Verachtung geprägt, weil ihre Selbsteinschätzung zum Teil auf dem Glauben beruht, sie würden nicht nur ihre eigenen, sondern die Wertvorstellungen der gesamten Jugend repräsentieren. Ich werde im nächsten Abschnitt auf diese Tatsache zurückkommen. Ein weiterer Grund für die Rockideologie liegt jedoch in der Geschichte der Rockmusiker als Professionals. Nach Beckers Einschätzung besteht das Problem der Musiker darin, daß sie sich zu Beginn ihrer Karriere selbst als Künstler verstehen und später gezwungen sind, sich an den kommerziellen Status anzupassen. Im Falle der Rockmusik ist diese Entwicklung jedoch anders herum verlaufen: Die Rockmusiker entwickelten ihren künstlerischen Anspruch aus einer kommerziellen Situation heraus, und paradoxerweise wurde gerade die künstlerische Integrität zur Grundlage des kommerziellen Erfolges.

Im Showgeschäft bedeutet Talent im herkömmlichen Sinne nicht so sehr künstlerische Ausdruckskraft, sondern eher die Fähigkeit, unterhalten zu können. Es gibt – anders als bei Beckers Musikern – keinen Konflikt zwischen Können und Publikumswillen, sondern das Können definiert sich als die Fähigkeit, auf den Willen des Publikums einzugehen. Es ist durchaus möglich, daß sich die Stars des Show-Business im privaten Kreise über den schlechten Geschmack ihres Publikums lustig machen, obwohl ich das für unwahrscheinlich halte. Die Selbsteinschätzung der Entertainer beruht nicht zuletzt auf einem Glauben an das Publikum; schließlich läßt sich die eigene Arbeit nur mit dem Publikumsgeschmack rechtfertigen. Entertainer haben – anders als Jazzmusiker – keine eigenen Kriterien zur Beurteilung ihres «Wertes».

Die frühen Ideale des Rock 'n' Roll entstanden aus dem Kontext des Entertainments – sei es in örtlichen Tanzschuppen oder in landesweiten Fernsehshows. Es gab zwar ein neues Publikum – die Teenager – und eine neue Geschmacksrichtung – den Rock 'n' Roll –, aber die Legitimation der neuen Musiker (die zum großen Teil eher alte Musiker waren) basierte nach wie vor auf ihrer Fähigkeit, die Bedürfnisse des Publikums zu befriedigen. In England wurde das besonders deutlich. Tommy Steele:

> Irgend jemand suchte irgend jemanden, der den Rock 'n' Roll verkörpern sollte, und ich war gerade zur Stelle. Das Showgeschäft besteht wirklich zu 90 Prozent aus Glück und zu 10 Prozent aus der Fähigkeit, mit dem Glück klarzukommen, wenn es dir in den Schoß fällt. Den Teenagern der damaligen Zeit wurde plötzlich klar, daß sie einen gewissen Teil des Freizeitmarktes kontrollierten. Schließlich weiß keiner besser als die Freizeitkonsumenten selbst, was sie wirklich wollen; die

Kids mit ihrem Taschengeld oder mit dem ersten Lohn in der Tasche entdeckten auf einmal, ganz plötzlich, daß sie die Richtung vorgeben konnten. Einfach so. Sie konnten etwas bestimmen. Und sie bestimmten die Musik. Sie stellten sich hin und sagten: «Das läuft hier so, wie wir es wollen, und wir wollen, daß Leute aus unserer Altersgruppe unsere Songs singen, auf unsere Weise. Wir werden euch zeigen, was wir wollen; wenn ihr uns das richtige anbietet, dann werden wir es kaufen.» Und in diesem Sinne war ich ein Versuchskaninchen.[3]

Tommy Steele, Cliff Richard und die übrigen englischen Rockstars der ersten Stunde sahen keinen Widerspruch zwischen ihrer Kunst und ihrem Erfolg – Kunst und Kommerz vertrugen sich gut miteinander. Die Beliebtheit der Rockmusiker war der Maßstab für ihr Talent als Entertainer, und wenn es im Rock 'n' Roll Elemente von Rebellion gab, dann richteten sie sich nicht gegen den Rahmen, in dem die Musiker arbeiteten, sondern gegen die Generation der Erwachsenen, die mit der Musik ohnehin nichts zu tun hatte. Auch für die Beatles und die Rolling Stones und die anderen englischen Beatgruppen der 60er Jahre sah die Situation nicht grundsätzlich anders aus. Das Problem war nicht der Gegensatz von Kunst und Kommerz, sondern der Gegensatz von neuem Geschmack und altem Geschmack. So waren die Rolling Stones, wie ihre Biographie aus dem Jahre 1964 behauptete:

> ... «Rebels With A Cause», Rebellen für eine gute Sache ... diese Sache war die Rhythm-and-Blues-Musik. Sie fanden sich plötzlich in einer Situation, wo die Hälfte der Bevölkerung es auf sie abgesehen hatte. Sie wurden von den Politikern im Parlament verspottet, von Straßenkehrern ausgelacht, verhöhnt von den Müttern und verachtet von den Vätern ... Aber sie waren entschlossen, sich völlig frei auszudrücken durch ihre Musik. So beschlossen sie einmütig, daß sie sich weigern würden, irgendwelche Konzessionen an die Forderungen des Kommerz zu machen, den sie offen und ehrlich verachteten.

Andererseits jedoch weist dieses Musterbeispiel einer Showbusiness-Biographie darauf hin, daß sie:

> ... von den Teenagern geliebt wurden. Die Teenager erkannten nämlich den großen Mut der Stones – den Mut, den festen und dauerhaften Konventionen einen kräftigen Tritt zu versetzen und so zu leben, wie es ihrem Gefühl entsprach, ohne dabei irgend jemandem weh zu tun oder Probleme zu bereiten.
> Es ging ihnen darum, ihren Fans pure Aufregung zu vermitteln, und das gelang ihnen aller Kritik zum Trotz.[4]

Der eigentliche Inhalt der «Rebellion» der Rolling Stones bestand also lediglich darin, daß sie eine Form des kommerziellen Erfolges durch eine andere ersetzten. Selbst die Fähigkeit dieser Musiker der 60er Jahre, ihre eigenen Songs zu schreiben, schien keine neuen künstlerischen Probleme aufzuwerfen. Pete Townshend von den Who erinnert sich an die Zeit, als die Gruppe ins Studio ging, um ihre zweite Single aufzunehmen:

> Sie sagten uns: «Unserer Meinung nach seid ihr eine großartige Rhythm-and-Blues-Band, aber die Beatles haben einen neuen Trend eingeleitet, und jetzt schreiben die Gruppen ihr Material selbst. Alle Liverpool-Gruppen schreiben ihr eigenes Material, die Stones schreiben ihr eigenes Material. Ihr müßt das unbedingt auch machen.» Wir gingen also los und jeder guckte den anderen an und fragte, «Wer schreibt jetzt?» Und weil ich auf der Kunstschule war und komplizierte Wörter wie «perspicacity» sagen konnte (was ich von einer Spike-Mulligan-Platte gelernt hatte), wurde ich ausgeguckt, die Sache zu übernehmen. Und acht oder zehn Wochen später war der Song, den ich geschrieben hatte, *Can't Explain*, die Nummer 8 in der Hitparade. Das ganze schien also völlig von selbst zu gehen und kam mir ziemlich einfach vor.[5]

Die Vorstellung vom Rockstar zum Künstler entwickelte sich nur langsam. Eric Clapton gehörte zu den wenigen, die schon früh die Richtung vorgaben, und zwar als er 1965 die Yardbirds verließ, weil sie «zu kommerziell wurden». Paul Samwell-Smith sagt dazu:

> Ich weiß nicht, ob Eric damals auf Erfolg aus war, aber wenn, dann sicherlich nicht auf die Art von Erfolg, bei der man auf der Bühne steht und immer wieder dieselben Hit-Songs, die Top-20-Songs, Note für Note runterspielen muß – Songs, die man nicht selbst geschrieben hat und die man nicht mag.[6]

Die Veränderung der Rock 'n' Roll-Ideologie stand aber nicht in erster Linie im Zeichen eines solchen Blues-Purismus – Eric Claptons Lebensstil glich eher dem von Beckers Jazzmusikern als dem der durchschnittlichen Rockstars; viel wichtiger waren die amerikanischen Folk-Argumente, die mit dem kommerziellen Erfolg von Bob Dylan immer mehr an Einfluß gewannen. Die Folk-Musiker, die überwiegend aus der Mittelschicht kamen und eine gute Ausbildung hatten, verglichen ihre Tätigkeit mit der anderer bürgerlicher Künstler wie Dichter, Romanschriftsteller oder Maler. Sie definierten Musik als Selbstausdruck und Gesellschaftskritik, d. h. als ein Medium, bei dem es mehr um Wahrheit als um Popularität geht, und die Folk-Musiker hielten auch an der traditionellen und radikalen Ablehnung jeglicher Konventionen der Massenmusik fest. (So wurde im Jahre 1945 beispielsweise «Peoples Songs Inc.» gegründet, eine

Gewerkschaft von New Yorker Folk-Sängern und Schriftstellern *gegen* «die eiserne Hand des Unterhaltungs-Monopols».)

Dieser Folk-Purismus wurde zum erstenmal erschüttert, als die Beatles die immer noch vorhandenen Möglichkeiten im kommerziellen Rock 'n' Roll aufzeigten – doch erst die Ausnutzung dieser Möglichkeiten durch die Folk-Rocker gab den eigentlichen Ausschlag. John Lennon erinnert sich, wie er die Songs für das Album «Help» (1965) schrieb:

> Ich fing an, über meine eigenen Gefühle nachzudenken – ich weiß nicht mehr, wann das genau losging, mit Sachen wie *I'm a Loser* oder *Hide Your Love Away*. Statt mich in eine Situation hineinzuversetzen, versuchte ich, meine Empfindungen über mich selbst auszudrücken, wie ich es auch in meinen Büchern getan hatte. Ich glaube, Dylan hat mir geholfen, das zu kapieren – nicht durch irgendeine Diskussion, sondern einfach, indem ich seine Sachen gehört habe – ich hatte irgendwie so 'ne professionelle Songschreiber-Attitüde drauf, wie man Popsongs schreibt; er schuf speziell für Singles einen besonderen Songstil, während sich der Stil bei uns von Fall zu Fall änderte. Ich hatte schon auf dem ersten Album als Songschreiber meinen eigenen Stil. Aber um mich selbst ausdrücken zu können habe ich «Ein Spanier macht noch keinen Sommer» und «In seiner eigenen Schreibe» geschrieben – persönliche Geschichten, die meine persönlichen Gefühle zum Ausdruck brachten. Daneben gab es einen anderen John Lennon, der ausschließlich Songs für den großen Massenkonsum schrieb, und diese Songs – sowohl die Texte als auch alles übrige – finde ich ziemlich seicht. Sie waren im Grunde nichts weiter als ein Witz. Aber dann fing ich an, mich selbst in die Songs mit einzubringen und sie nicht mehr aus objektiver, sondern aus subjektiver Sicht zu schreiben.[7]

Ende der 60er Jahre gingen die Musiker auf beiden Seiten des Atlantik allgemein von einer Trennung zwischen Rockmusik als Kunst und Rockmusik als Unterhaltung aus. Rockmusik war zu einer komplexen musikalischen Form geworden, die sich nicht in das Popmusik-System von Singles, Gruppen-Tourneen und reproduzierten Hits zwängen ließ. Rockmusik war eine Möglichkeit, seine Persönlichkeit auszudrücken, und durfte darum nicht dem Markt untergeordnet werden. Diese Ideologie des Rock war ausdrücklich antikommerziell, selbst wenn man Kommerzialität als die Befriedigung eines Jugend-Publikums verstand. Arthur Brown, einer der ersten englischen Hippie-Rockstars, erinnert sich:

> Damals (1967) wollte ich Erfolg haben und ein Star werden, aber gleichzeitig lief ich durch die Gegend, sah mir die Leute an und dachte, daß ihr Leben eigentlich nichts weiter ist als ein Haufen Scheiße. Wir standen unter dem Druck, zwei verschiedene Sachen zur gleichen Zeit

zu machen. Das eine war der Underground, das andere war, daß du dir den Schnurrbart abrasierst, die Nase richten und neue Zähne machen läßt, und dann kannst du einen Abend als Balladensänger im Tom-Jones-Stil auftreten – und am nächsten Abend klebst du dir einen Schnurrbart oder einen Bart an und machst Underground. So lief dieser ganze Scheiß, und wir spielten an 10 von 11 Abenden, und manchmal hatten wir sogar zwei Auftritte an einem Abend. Wenn du nichts als Rock 'n' Roll machst und einfach nur mit Energie um dich schmeißt, dann geht das noch, aber unsere Sache war sehr viel anstrengender, und das war einer der Gründe, warum ich aufgehört habe. Ich habe auf bestimmten Forderungen bestanden, die alle nicht erfüllt wurden, aber gleichzeitig kannst du nicht nein sagen, wenn man dir sagt, daß du für die nächsten 12 Abende ausverkauft bist. Also machst du's und sagst dir, das passiert mir nicht nochmal. Und zum Schluß sagst du einfach, Scheiß drauf, ich will nicht mehr so weitermachen, ich will nicht mehr in diese Richtung gehen. Und dann sagen sie, leck mich am Arsch, wenn du nicht das machen willst, was wir wollen, dann werden wir dafür sorgen, daß du überhaupt nichts mehr machen kannst. (8)

Die Rockmusiker sahen sich immer mehr in einem Widerspruch zwischen ihren eigenen künstlerischen Impulsen und dem Bedürfnis der Konsumenten nach bestimmten Waren. Genau wie vorher die Jazzmusiker begannen auch sie, sich in ideologischer Hinsicht aus dem Zusammenhang zu lösen, aus dem heraus ihre Musik entstanden war.

Diese Trennung wurde durch die wachsende Bedeutung von Schallplattenaufnahmen ermöglicht. Vorher war das Aufnahmestudio nur für die Geschäftsleute Mittelpunkt der Kreativität gewesen, die Teenager-Konsumgüter produzierten. Die meisten Musiker hatten ihre Musik als Live-Musik verstanden, und Schallplatten waren nichts weiter als ein Mittel, diesen Sound massenhaft zu reproduzieren. Die Kreativität und Integrität von Beatgruppen wie den Beatles und den Rolling Stones erwuchs aus ihrer Vergangenheit als Club-Musiker, aus einer von ihnen entwickelten Form des Rock 'n' Roll, die nicht von den Traditionen des Showgeschäfts bestimmt wurde, sondern nur von den unmittelbaren Bedürfnissen der Tänzer. Al Kooper, damals Mitglied des Blues Project, erinnert sich:

Es mußte immer alles sehr schnell gehen, wenn wir Platten aufnehmen wollten. In jenen Tagen (1966) hatten die Künstler nicht annähernd (wenn überhaupt) die Kontrolle, die sie heute haben. Sie hatten keinen Einfluß darauf, welches Studio benutzt wurde, sie hatten keine Vorstellung von Stereo-Mischprozessen und sie wurden auch nur selten gefragt, wie die Plattenhülle aussehen sollte. Und manchmal spielten sie nicht mal auf ihren eigenen Schallplatten (wie im Falle der Byrds bei

Mr. Tambourine Man). Sie konnten nur spielen und beten, und uns ging es damals auch nicht viel anders.[9]

Dann wurden die Studiotechnologie und die Aufnahmetechnik zunehmend raffinierter, die Musiker hatten mehr Geld und Zeit, um sich diesen Dingen zu widmen, und das Medium der Langspielplatte wurde für die Branche immer wichtiger, so daß die Musiker Gelegenheit bekamen, auch außerhalb der unmittelbaren Kommunikation mit ihrem Publikum und ohne das ständige rhythmische Stampfen der Tanzenden mit ihrer Musik zu experimentieren. Diese Zwänge wirkten jetzt nur noch indirekt durch die Marktüberlegungen der Plattenfirmen, und solange die Musiker den Plattenfirmen gegenüber beweisen konnten, daß sie im Recht waren – solange sie nämlich Platten machten, die sich auch verkauften –, so lange konnten sie ihre eigenen Interessen verfolgen und sich gleichzeitig von rein kommerziellen Überlegungen distanzieren. Schwierigkeiten traten nur dann auf, wenn der Markt auf diese Art von Rockmusik-als-Kunst nicht reagierte, und das ist genau der Punkt, an dem eine zweite wichtige Entwicklung der Rockmusik an Bedeutung gewann: Die künstlerischen Ansprüche der Musiker wurden von einem neuen Publikum unterstützt, das ihre Ideologie teilte und lieber Kunst «genießen» als Pop konsumieren wollte; das mit der gleichen Verachtung über Show-Business-Ideale, über Rockmusik-als-Unterhaltung, über Singles, Gruppen-Tourneen und was es sonst noch so gab, urteilte.

Ende der 60er Jahre wurde die Ideologie der Musiker von künstlerischer Freiheit und individuellem Ausdruck in eine allgemeine Jugend-Ideologie von Freiheit und individueller Verwirklichung integriert – «sein eigenes Ding machen» wurde zum neuen Leitmotiv. Die professionellen Rockmusiker befanden sich in einer einzigartigen (und vorübergehenden) Situation, in der Kunst und Kommerz keinen Widerspruch bildeten, sondern einander ergänzten.

Aus der Sicht der Plattenfirmen war es nicht weiter schwierig, Rockmusik als Kunst zu verkaufen. Schließlich hatte man schon immer von den Teenager-Stars erwartet, daß sie einen ehrlichen Eindruck machen, daß sie sich mit ihrem Material identifizieren sollten, auch wenn dieses Material aus einer reinen Fließbandproduktion stammte; es war also kein Problem, die Folk-Ideale von Ehrlichkeit und Offenheit in das Musikgeschäft zu integrieren. So entstanden das Genre der Singer/Songwriter und die Rockmusik-Ideale von Selbstbewußtsein und Wahrheit.

Auch machte es den Plattenfirmen keinerlei Schwierigkeiten, sich auf das neue Konzept von den «Fortschritten» der Rockmusik einzustellen. Dieser Begriff paßte sehr gut in ihre Bemühungen, die neuen Stars von der Masse der Pop-Künstler abzugrenzen und auf die Marktgruppe der Studenten auszurichten. In der Promotion wurden in wachsendem Maße die technischen Fähigkeiten der Musiker, ihre Virtuosität, Experimentierfreude und ihr Widerwille gegen einschränkende Formeln und Konventionen hervorgehoben. Diese Verkaufsstrategie war einerseits auf ein Publikum zugeschnitten, das sich seine Idole nicht auf der Grundlage kommerzieller Manipulationen aussuchte, und andererseits auf die Musiker, die sich für eine solche Manipulation nicht benutzen lassen wollten. Die neuen Institutionen des Rock 'n' Roll (LPs, Stereo, Konzerte) förderten anspruchsvollere, «intelligente» musikalische Kriterien wie Improvisation, Virtuosität, Vitalität und Originalität.

Der Aufsteig der Rockmusik veränderte die Einstellung der Musiker sowohl zu ihrer Musik wie auch zu ihrem Publikum, und diese neue Ideologie beeinflußte alle Pop-Genres. So übernahmen zum Beispiel in der Country-Musik Gruppen von Sängern/Autoren das Image vom Musiker als Exzentriker aus der Rockmusik und stellten damit die Country-Klischees von Nashville-Lohnschreibern, dem Grand-Ol'-Opry-Klüngel und der Familienunterhaltung in Frage. Diese «Outlaws» wandten die etablierten Formen der Country-Musik auf typische Rockmusik-Themen an: Freiheit, Sexualität, Nonkonformismus. Sie bekämpften die alles erstikkenden Konventionen des Country-Pop mit den Rockargumenten von individuellem Ausdruck und rastloser Jugend. (In der Tat fand die ursprüngliche Hippie-Ideologie der Rockmusik bei den Country-Musikern in vieler Hinsicht einen ehrlicheren und weniger zynischen Ausdruck als bei den Rockmusikern selbst.)

In den Jahren 1967/68 eroberten die Musiker sich ein gewisses Maß an Kontrolle über den Produktionsprozeß – und zwar ganz einfach deswegen, weil sie besser als die etablierten A&R-Leute beurteilen konnten, was sich gut verkaufen würde und was nicht. Die Plattenfirmen waren gezwungen zu experimentieren, weil es in diesem neuen Jugendmarkt keine festen Konventionen oder Traditionen gab, die sich auf einfache Weise ausbeuten ließen. Aber auch die «progressive Rockmusik» war bald in ihre eigenen Formeln und Klischees, in ihre eigene Version des Showbusiness eingebunden. Damit hatten sich die traditionellen Vorstellungen von Unterhaltung, Professionalität, von gutgemachten Liedern und gutaufgebauten Stars auch in der Rockmusik durchgesetzt. Die antikommerzielle Ideologie zwang die Plattenindustrie, ihre Praktiken mit einem neuen Begriffssystem zu legitimieren, aber sie veränderte im Endeffekt nicht die eigentliche Grundlage dieser Praktiken.

Gleichzeitig entsprach das Selbstverständnis der Rockmusiker in den 70er Jahren durchaus schon dem von Beckers Jazzmusikern. Sie verstanden sich als freischaffende Künstler ohne kommerzielle Ambitionen, und sie behaupteten, die Möglichkeiten der Rockmusik würden nur durch Können und Disziplin, durch persönliche, kreative Entscheidungen und Ideen bestimmt. Aber diese Erhebung der Rockmusik zur Kunst schien die Rockmusiker nicht in dem Maße von ihrem Publikum zu entfremden, wie es bei den Jazzmusikern der Fall war; sie erfüllten daneben immer noch sehr erfolgreich ihre kommerzielle Aufgabe, dem Publikum zu geben, was es verlangt.

Die Musiker und das Publikum

Rockmusik wird oft als zeitgenössische Volksmusik verstanden – als Musik, die von jungen Leuten für junge Leute gemacht wird und die ein organischer Bestandteil der Kultur der jungen Leute ist. Dieses Verständnis bezieht sich sowohl auf die Rockmusik im allgemeinen wie auch auf bestimmte Stilrichtungen – wie zum Beispiel auf die Beziehungen zwischen den Who und den Mods oder den Sex Pistols und den Punks. Dahinter verbirgt sich die Überlegung, daß die Musik von und für Freunde und Nachbarn gemacht wird und daß sich die Beziehung erst dann ändert, wenn zum erstenmal eine Schallplatte aufgenommen wird und damit die Musik nicht mehr ausschließlich mit persönlichen Bindungen verhaftet ist. Mit anderen Worten repräsentieren Rockmusiker am Anfang ihrer Karriere durchaus die Interessen einer echten Gemeinschaft – das Problem der Authentizität stellt sich erst später, wenn sie Schallplatten-Stars geworden sind. Aber sind die Rockmusiker wirklich auf diese Weise «im Volk verwurzelt»?

Ich habe schon darauf hingewiesen, daß es sehr schwierig ist, den Rockmusikern eine bestimmte Klassenzugehörigkeit zuzuordnen, und möchte diese Behauptung jetzt erweitern: Rockmusiker zu sein heißt, sich aus seinem klassenspezifischen Hintergrund gelöst zu haben – wenn die Rockmusik einen Weg heraus aus der Arbeiterklasse, einen Weg hin zum Reichtum darstellt, dann ist sie gleichermaßen auch ein Weg heraus aus der Mittelschicht, ein Weg hin zur Freiheit der Boheme. Der Schritt vom Musizieren in der Nachbarschaft bis zur Massenproduktion ist dabei durchaus kein ideologischer Bruch, denn die Rockmusiker sind meistens von Anfang an sehr ehrgeizig: Sie wollen mit der Musik Geld verdienen, sie wollen Platten aufnehmen und neue Publikumsgruppen erschließen.

Das auffälligste soziologische Merkmal der englischen Rockmusiker, insbesondere in der klassischen Periode der 60er Jahre, ist der Besuch einer Kunstschule: John Lennon, Keith Richard, Ray Davies, Pete Townshend, Eric Clapton, Jimmy Page, David Bowie – allein diese berühmtesten Namen machen deutlich, wie sehr die «Art School» zum normalen Bestandteil einer englischen Rock-Karriere zählt. Im englischen Bildungssystem spielen die Kunstschulen als Bindeglied zwischen den

Klassen eine besondere Rolle; sie sind eine Art Zufluchtsort für diejenigen Arbeiterkinder, die einerseits keine Zukunft als Arbeiter wollen und andererseits nicht die Fähigkeiten oder den Ehrgeiz für einen Aufstieg in der Leistungsgesellschaft mitbringen (das gilt allerdings in erster Linie für die 60er Jahre, als die Kunstschulen noch nicht so strenge akademische Aufnahmebedingungen stellten); und sie sind ein Ort für die Jugendlichen aus der Mittelschicht, die diese Art Leben ablehnen, ohne sich dabei jedoch als Versager zu fühlen. Oder wie Keith Richard es ausdrückte: «Ich meine, wenn du in England Glück hast, kommst du auf die Kunstschule. Dahin stecken sie dich, wenn sie dich sonst nirgendwo hinstecken können.»

Die Kunst bildete also den Ausgangspunkt für das «Glück» dieser Jugendlichen, auch wenn die Malerei dabei durch die Musik abgelöst wurde – und die große Bedeutung der Kunstschule für eine Rockkarriere verweist auf zwei wichtige Aspekte der Künstler als «Klasse» für sich. Der erste Punkt ist, daß der Weg zum Erfolg über die Kunstschule ein individualistischer Weg ist, genau wie das Streben nach Ruhm und Reichtum in der Rockmusik. Die «Lehrjahre» mögen durchaus eine kollektive Angelegenheit sein, die Erfolgsjahre sind es meistens nicht, und selbst die bestbezahlten Studiomusiker, die sich schon längst damit abgefunden haben, keinen individuellen Status zu haben, begreifen sich in ihrer Situation als Versager, weil sie nicht als einmalige Künstler musizieren, sondern als austauschbare Handwerker. Eine Karriere als Rockmusiker verlangt ein hohes Maß an Besessenheit und Ehrgeiz – Eigenschaften, die so stark ausgeprägt sein müssen, daß sie alle Widerwärtigkeiten des Geschäfts überstehen.

Der zweite Punkt: Genau wie die Kunstschule eine Karriere ermöglicht, die «anders» ist als die Routine der proletarischen oder bürgerlichen Arbeitswelt, führen auch die Musiker ein «anderes» Leben und üben einen «anderen» Beruf aus als ihre Zuhörer. So erklärte Cliff Richard seinen englischen Fans 1960:

> Ihr seht also, daß unser Tagesablauf völlig auf den Kopf gestellt ist. Wir kommen selten abends vor halb elf Uhr nach Hause, und in welchem Hotel kann man zu so später Stunde noch etwas Warmes zu essen bekommen? Das sind bestimmt nicht sehr viele.
>
> Und wenn wir gegessen haben, sind wir viel zu wach, um ans Schlafengehen zu denken, und dann sitzen wir halt bis in die Morgenstunden zusammen und unterhalten uns über alle möglichen Sachen ... Wißt ihr, wir alle leben, atmen und essen nur Beatmusik. Wir lieben sie. Und ihr könnt mir glauben, auch wenn das ein anstrengendes Leben ist, werden die Auftritte für uns nie langweilig. Es ist eben nicht nur eine Art, Geld zu verdienen – es ist auch eine Art zu leben.[10]

Cliff beschreibt hier die (meist allerdings weit weniger aufregenden) Erfahrungen, die alle populären Entertainer machen. Was für sie Arbeit ist, ist für die anderen Entspannung, und ihr Lebensstil ist der Eskapismus der anderen. Die populären Entertainer sind, ob sie wollen oder nicht, konfrontiert mit Lastern und Ausschweifungen, mit Leuten, die sich amüsieren wollen, mit Alkohol, unverbindlichem Sex und Gewalt. Rockmusiker arbeiten in Kneipen, Clubs und Tanzsälen und sind zwangsläufig von einer Vielzahl von Entspannungsmöglichkeiten umgeben: Alkohol, Drogen, sexuelle Partner usw. In der Tat sind die Musiker selbst so etwas wie Symbole für Freizeit und Flucht; ihre Arbeit – auch wenn sie auf die Nachbarschaft und den Freundeskreis beschränkt ist – ist ebensosehr Schauspiel wie Ausdruck der Persönlichkeit: Sie stellen sich selbst zur Schau, und ihr Stil verstärkt noch ihre Funktion als Objekte für Phantasien und flüchtige Träume. Was für sie nichts weiter ist als Routine, die sich Abend für Abend wiederholt, ist für ihre Fans ein besonderes, vom Starrummel geschmücktes Ereignis. Pete Townshend drückt das so aus:

> Das Pop-Publikum und die Pop-Musiker befinden sich in total unterschiedlichen Zeitstrukturen, sie leben vollkommen verschieden. Man sagt, es sei sehr schwer, hinzugehen, sich eine Gruppe anzusehen, und sich vollständig in das hineinzuversetzen, was die Leute da auf der Bühne machen, weil die auf einem ganz anderen Zeittrip sind. Für sie ist das ein Gig unter Hunderten, für die Fans dagegen ist das ein sehr wichtiges Ereignis, es ist vielleicht die einzige Chance, die sie je haben werden, um – sagen wir – die Cream zu sehen, das einzige Mal in ihrem Leben.[11]

Das Verhältnis zwischen Musikern und Fans steht nicht nur im Zeichen von Erfolg und Glamour. Alle professionellen Musiker – gleichgültig woher sie kommen oder wie eng ihre Beziehung zu einem bestimmten Publikum sein mag – sind allein dadurch aus dem Lebensbereich ihrer Fans ausgeschlossen, daß sie arbeiten müssen, während die anderen sich amüsieren. Selbst auf der allerersten Stufe bedeutet Musikmachen, daß man in einer Welt lebt, in der die Leute nicht früh morgens aufstehen und sich von 9 bis 5 mit ihrem Job herumschlagen müssen. Die natürlichste Ideologie der Musiker ist die der Boheme: Die Werte der Freizeit – Hedonismus und Lebensstil – werden über die Konventionen und die Routine der «normalen» Gesellschaft erhoben – und die Rockmusiker sind leidenschaftliche Verfechter der traditionellen romantischen Gegenüberstellung von Kreativität und Produktion: hier die künstlerische Welt der mutigen und empfindsamen Selbstschau, dort die Alltagswelt mit Arbeit, Disziplin, Materialismus und Vernunft.

Im Hinblick auf schwarze Jazzmusiker behauptet Francis Newton, daß die Verhaltensform des Musikers auch dann noch von seiner Herkunft und seiner Rolle in der schwarzen Gemeinschaft bestimmt wird, wenn er vom Alltagsleben dieser Gemeinschaft isoliert ist:

> Wenn er, was seine Lebensweise betraf, in vieler Hinsicht ein Bohemien war, dann nicht nach dem Standard-Muster der Künstler-Boheme des 19. Jahrhunderts, die letzten Endes nichts anderes als die Umkehrung des Wertsystems der unteren Mittelschicht bedeutete, sondern nach Art eines ungelernten Arbeiters ... denn der Star war etwas, was jedes Slum-Kind oder Aschenputtel werden konnte: ein König oder eine Königin der Armen – denn die Armut war ihm noch deutlich anzusehen.[12]

Newton unterscheidet die Jazz-Boheme aus der Zeit vor dem Kriege in dreierlei Hinsicht von der literarischen Boheme des 19. Jahrhunderts: Erstens fürchteten sich die Jazzmusiker nicht vor körperlicher Arbeit und waren oft sogar darauf angewiesen; zweitens entwickelten sich das Wertsystem und der Lebensstil der Jazzmusiker weniger aus einer bewußten Umkehrung der anerkannten Wertvorstellungen von Angestellten und Kaufleuten als vielmehr aus einer Übertreibung der Wertvorstellungen von Gelegenheitsarbeitern – Verschwendung, Prahlerei und Leidenschaft; und drittens blickten die Jazzmusiker keineswegs verächtlich auf ihr Publikum herab, sondern sie fühlten sich als Teil von ihm. Ganz ähnlich beschreibt Peter Guralnick das Verhältnis zwischen den traditionellen Country-Stars und ihrem weißen, ländlichen Arbeiterpublikum. Der Country-Glamour repräsentiert nur die Phantasien und Träume der ungelernten Land- und Heimarbeiter, die sich in Perücken und Pailetten, Cadillacs und Nashville-Villen (die auch heute noch von den Touristenbussen ehrfürchtig umkreist werden) manifestieren. Die Country-Stars besingen und bestätigen den Alltag ihrer Fans; sie verspotten nichts, aber sie stellen auch nichts in Frage.

Rockstars entsprechen eher der Literatur-Boheme als solchen Exponenten von Minderheiten. Der Beruf des Rockmusikers basiert auf einem höchst individualistischen und konkurrierenden Verständnis von Musik, das seine Wurzeln im Ehrgeiz und im Prinzip des freien Wettbewerbs hat. Die Rockmusik ist – nicht anders als alle übrigen Sparten des Showgeschäfts – ein offenes Sammelbecken für kleinbürgerliche Wertvorstellungen. «Hier», so lockt die Schmonze auf dem Umschlag von Cliff Richards Autobiographie aus dem Jahre 1960, «ist der faszinierende Bericht von den Möglichkeiten, die jedem offenstehen, der in unserer wunderbaren und chancenreichen Zeit über Talent und Ausdauer verfügt.» Noch 1969 zielte Al Koopers Ehrgeiz auf «eine Million Dollar auf die Möglichkeit, mich mit dreißig Jahren zur Ruhe setzen zu können». Und Johnny Rotten von den Sex Pistols sagte 1977: «Wenn du Geld willst, dann kannst du es auch kriegen. Du kannst alles kriegen, was du willst. Das nennt man ‹sich anstrengen›. Es gehört nicht viel dazu, nur ein Haufen Mut – und den scheint die Mehrzahl der Menschen nicht zu besitzen.»

Als die Rockmusiker anfingen, sich von den Packeseln des Showgeschäfts ideologisch abzusetzen, gesellte sich zu ihren ökonomischen Ambitionen noch eine «schicke» Verachtung von Angestellten und Ladenbesitzern (auch wenn sie für dieselbe Plattenfirma arbeiteten, bei der die Platten der hochnäsigen Musiker erschienen), aber genauso machten sie sich über die Ehrbarkeit körperlicher Arbeit lustig. So ist die Ideologie der Rockmusik mit ihrer erzwungenen Verbindung von Professionalismus und Nonkonformismus ihrem Wesen nach eine kleinbürgerliche Ideologie. Die Tantiemenzahlungen bestätigen den Zusammenhang von persönlicher Leistung und Belohnung, und vom «Hipster» zum Steuerflüchtling, vom Einzelgänger zum «alten Arschloch» ist es nur ein kleiner Schritt. Die «Politik» der Rockstars leitet sich aus einer ästhetischen Reaktion auf die gesellschaftlichen Bedingungen des Kapitalismus ab, aus dem Widerwillen gegen *jede* Form gesellschaftlicher Kontrolle von Erfahrungen; bei alledem kann von einem kollektiven Bewußtsein kaum die Rede sein.

Es existiert, kurz gesagt, ein Widerspruch zwischen den Gemeinschafts-Ansprüchen der Rockmusiker und ihrem privaten Lebensstil. In den Leserbriefspalten der Musikpresse wird dieser Widerspruch gewöhnlich dem Erfolg angelastet, und der «Ausverkauf» wird so interpretiert, daß man lieber die Gemeinschaft opfert als die Kunst – ganz gleich, ob diese Gemeinschaft die Straßenjungs sind, die die Steuerflüchtlinge zurücklassen, oder die Hippies, die von den Rockstar-Kapitalisten verraten werden. Das wäre aber eine Fehleinschätzung des Problems. Der Erfolg bestätigt lediglich die Isolation des Musikers von seinem Publikum, er ist nicht die Ursache dieser Isolation. Keith Richard beschreibt den besonderen Lebensstil der Superstars auf Tournee:

> Wenn man so abgeschlossen ist – meistens ist es einfach unmöglich, rauszukommen, es ist ein echter Kampf, wenn man ausgehen will – es war manchmal wie so eine Art von Fußball-Schlacht. Also ließ man es lieber gleich bleiben. Du kriegtest alles, was du wolltest, vom Zimmerkellner oder du schicktest einfach jemanden los. Es wurden dicke Autos quer durch die ganze Stadt gejagt, um einen kleinen Beutel dies oder das zu holen. Man ist wirklich völlig abgeschnitten.[13]

Aber schon lange, bevor die Rolling Stones dieses Stadium erreichten, war Keith Richard bereits ein Teil der isolierten Musikergemeinschaft. John Lennon erinnert sich, wie es war, als die Beatles zum erstenmal nach London kamen:

> Das war 'ne tolle Zeit. Wir waren damals sowas wie die Könige des Urwalds, und wir waren mit den Stones unheimlich gut befreundet. Ich weiß nicht, wie das mit den anderen stand, aber ich war viel mit Brian und Mick zusammen – ich bewunderte sie. Ich mochte sie gleich beim erstenmal, als ich sie sah, in diesem Ding, wo sie immer rumhingen, im «Richmond Club». Ich war viel mit ihnen zusammen, und es war einfach Spitze ... wir gondelten immer lustig mit unseren Autos durch London und besuchten uns gegenseitig und quatschten mit den Animals und Eric über Musik und solche Sachen. Es war, was die Berühmtheit anging, sogar die beste Phase, weil wir noch nicht von diesen Massen von Fans verfolgt wurden. Ich weiß auch nicht, es war wie ein Herren-Rauchclub, einfach 'ne unheimlich dufte Szene.[14]

Zu der Zeit also, als sie noch am eindeutigsten die neue Jugend-Kultur verkörperten, lebten die Beatles und die Stones bereits in den privilegierten Kreisen eines «Herren-Rauchclubs». Wie konnten sie sich da mit der «gewöhnlichen» Jugend identifizieren? Die Antwort lag in ihrer Musik. Im Zentrum der Ideologie dieser Musiker stand die Überlegung, daß sie, wenn sie Jugend-Musik spielten, auch notwendigerweise die Jugend-Kultur repräsentierten – Repräsentation war eine Sache der Kunst, nicht der Politik. Die englische Rockmusik zeichnete sich immer schon durch einen besonders ironischen Darbietungs-Stil aus, bei dem die Sänger fortwährend die eigene Gruppe im Auge hatten und sie kommentierten. Alle klassischen englischen Rockmusiker, von den Stones und den Who bis hin zu Elvis Costello und Johnny Rotten präsentieren sich selbst als Künstler und stellen sich *musikalisch* auf die Perspektive der Fans ein.

Ein derartiger ästhetischer Gemeinschaftsanspruch kann sowohl zynisch als auch zirkulär sein. «Teenager»-Songs und -Stilrichtungen, «Teenager»-Texte und -Rhythmen werden routinemäßig produziert, um die Nachfrage zu befriedigen – und zu manipulieren. Wenn diese Produkte «Jugend»-Charakter haben, dann ist das ausschließlich eine Folge des Marketing-Prozesses. Viele Rockmusiker glauben allerdings, daß ihre Musik ihnen eine besonders enge Beziehung zum jugendlichen Publikum ermöglicht. Pete Townshend drückt das so aus:

> Wir kennen alle diese gleichzeitige Erfahrung, daß wir bei einem Rockkonzert vergessen, wer wir sind, daß wir uns völlig verlieren. Wenn die Musik so gut wird und das Publikum sich so entspannt und frei und glücklich fühlt, dann ist die Musik nicht einfach nur gute Musik, sondern auch *Tanz*musik – du mußt einfach tanzen. Für einen Augenblick vergessen wirklich alle, wer sie sind und wo sie sind, und es ist ihnen auch egal. Sie wissen einfach nur, daß sie glücklich sind und daß das Leben großartig ist. Und was macht es schon, daß du ein großer Star bist – du weißt, daß du einfach nur einer von vielen Menschen bist. Und

wenn du das oft genug erlebt hast, dann arbeitest du ganz gezielt darauf hin, weil es so unheimlich schön ist.[15]

Damit sind die Schwierigkeiten aber noch nicht beseitigt. Pete Townshends Zugehörigkeit zur Rockgemeinschaft basiert auf seiner Erfahrung als Künstler, der auf der Bühne steht – und es ist gerade der Live-Rock, der das Publikum und die Musiker verbindet und die Stimmung schafft, die die großen Rockfestivals symbolisieren, den Geist von Woodstock. Die Schwierigkeit liegt aber darin, diesen Aspekt mit der Realität des Rock-Business und seiner Grundlage, den Schallplatten, in Einklang zu bringen. Der innere Widerspruch der Rockmusik in den 70er Jahren ist nicht so sehr der Widerspruch zwischen der Freiheit der Kunst und den Zwängen des Kommerz, sondern es ist eher der Widerspruch zwischen der einsamen Arbeit im Studio und der kollektiven Energie auf der Bühne.

Die meisten Rockmusiker beginnen ihre Karriere mit der Annahme, daß sie ihr Verständnis für das Rock-Publikum in ihren Live-Shows deutlich unter Beweis stellen – und diese Art von Beweis hilft ihnen im Kampf mit den Plattenfirmen um die Kontrolle über die Schallplattenproduktion. Die Plattenaufnahme ist in ihren Augen nur ein technisches Hilfsmittel, mit dem sie ihre Musik einer möglichst großen Zahl von potentiellen Fans nahebringen können. In der Tat bleiben viele Bands auch dann noch bei dieser Auffassung, wenn ihr kommerzieller Erfolg längst nur noch auf den Schallplattenverkäufen beruht. Der Anspruch auf wahre Rock-Bedeutung, wie ihn die Stones, die Who, Led Zeppelin und alle anderen Bands vertreten, die heute noch die riesigen Rock-Stadien in den USA füllen, wurzelt in eben diesen Live-Shows und nicht in ihren Platin-Schallplatten, die im besten Falle nur eine Andeutung oder eine Erinnerung an die eigentliche Stones-, Who- oder Zeppelin-Erfahrung sein können: nämlich an ihre Liveauftritte.

Für diese Musiker sind die Tourneen nach Fertigstellung einer neuen Langspielplatte jedesmal ein entscheidender musikalischer Test (während sie für die Plattenfirmen nur routinemäßige Promotion sind): Die in der Isolation des Studios entstandenen Songs müssen ihre Bedeutung in der *Realität* der Rockmusik-Welt beweisen. Aber das ist natürlich eine Idealvorstellung. In der Praxis sieht es eher so aus, daß besonders die besten Bands unter dem ständigen Zwang stehen, ein und dieselbe Show immer wieder zu reproduzieren. Es gibt einen Widerspruch zwischen ihrem eigenen Wunsch nach Veränderung und der Forderung des Publikums nach Bestätigung der vergangenen positiven Erfahrungen. Die Bands stehen also vor der Wahl, entweder ihre ganze Karriere hindurch eine einmal fixierte Rolle zu spielen oder sich ins Studio zurückzuziehen und ausschließlich im Rahmen ihrer eigenen künstlerischen oder kommerziellen

Vorstellungen Musik zu machen. Die Entscheidung für den einen oder anderen Weg hängt zum großen Teil von der Art der Musik ab, um die es jeweils geht. Rockmusiker tendieren im Grunde zu einem konservativen Stil, und ihre musikalischen Wertvorstellungen wurzeln in ihren *vergangenen* Erfahrungen als Zuhörer (sie sind erstaunlich wenig an der Arbeit ihrer Kollegen interessiert). Ihre Ideologie ist also letzten Endes an musikalische *Formen* gebunden.

Die von Howard Becker beschriebenen Tanzmusiker empfanden einen Widerspruch zwischen ihren eigenen musikalischen Kriterien und denen ihres Publikums. Dieser Widerspruch wurde durch die Herausbildung einer Gemeinschaft der Musiker gelöst, in der zwar jeder mißtrauisch über den anderen wachte, die sich aber insgesamt als hilfreich erwies. Die Rockmusiker jedoch bewegen sich sowohl gesellschaftlich als auch musikalisch in einem sehr viel weiteren Rahmen, und wenn sie einmal ihre örtliche Szene verlassen haben, ist es für sie nicht leicht, sich gegenseitig wirksam zu unterstützen, auch auf ideologischem Gebiet. Vielmehr war in den 70er Jahren aus der Gemeinschaft der Musiker de facto eher eine Gemeinschaft der Nicht-Musiker geworden. Die Rock-Kollegen entpuppten sich als Geschäftsberater oder Leibwächter, und das Leben auf der Bühne wurde im Verhältnis zur übrigen Umwelt immer realer, wichtiger und beruhigender. John Lennon formulierte das so:

> ... das ganze Geschäft war schrecklich. Es war eine widerliche Demütigung. Man muß sich total erniedrigen, um das zu sein, was die Beatles waren, und genau das finde ich so ekelhaft. Ich meine, ich habe es ja selbst mitgemacht, ich hatte keinen Schimmer und hab es nicht vorausgesehen; es kam einfach Stück für Stück, nach und nach. Und plötzlich bist du mit diesem totalen Wahnsinn umgeben, machst lauter Dinge, die du nicht machen willst, mit Leuten, die du nicht ausstehen kannst, die du gehaßt hast, als du zehn warst.[16]

Alle professionellen Entertainer führen ein sehr unwirkliches Leben: «the road» – die Straße – ist stets abgeschirmt gegen den Alltag und die Probleme der Städte, durch die sie führt. Peter Guralnick beschreibt das folgendermaßen:

> Wenn man heute auf Tournee geht, dann ist das nach wie vor eine endlose Kette von kleinen Ärgernissen. Einmal sind da die Fans, und dann gibts diese Unmenge von Kleinigkeiten, angefangen vom Ausprobieren der PA-Anlage in einem Club bis hin zum Kauf eines eigenen Busses. Für die PR-Leute an den vielen verschiedenen Orten muß Promotion gemacht werden; Termine für Fernsehshows, Interviews und Besuche bei Radiostationen sind an der Tagesordnung. Zwischen den einzelnen Auftritten finden Aufnahme-Sessions statt, und morgens um 4

> Uhr nach dem Konzert werden alte Bekanntschaften erneuert. Und dann der ganze Ärger unterwegs – Verkehrsunfälle, Spannungen innerhalb der Band, Ärger mit den Clubs, die ihr normales Angebot von Musik und Alkohol noch auf Drogen und Frauen ausgedehnt haben. Und das schlimmste ist, daß es in dieser Welt keine echten Freundschaften gibt. Das Verhältnis zu deinen Kollegen bemißt sich danach, wie lange ihr beide schon da draußen unterwegs seid. Für den fahrenden Sänger gibt es nur die Bruderschaft der Straße. Die Tatsache, daß du einen Star-Kollegen umarmst, wenn er in einen Club kommt, um dich zu treffen, bedeutet nichts anderes, als daß ihr eine gemeinsame Geschichte und gemeinsame Erfahrungen habt.
> Andererseits sagt Guralnick über Bobby Bland: Es ist überhaupt keine Frage: Ganz gleich, wie gefährlich dieses Leben «on the road» ist, es läßt sich in nichts mit den Gefahren und Problemen der wirklichen Welt vergleichen. Wo sonst findest du Leute, die dir die Türen aufmachen, die deine Besorgungen erledigen und dir deine Wünsche von den Lippen ablesen? Unter welchen anderen Bedingungen könnte Robert Calvin Bland – schwarz, ungebildet, ungelernt, unqualifiziert – in einem Hotelzimmer wohnen, daß 40 Dollar pro Tag kostet, mit glitzernden Diamanten und einem dicken Geldbündel protzen und eine kleine Armee von Leute befehligen, die aus den gleichen Verhältnissen kommen wie er selbst und die ausschließlich von ihm und von seinem Reichtum abhängig sind? Es ist ein sehr ernüchternder Gedanke, wenn man sich die Alternativen vorstellt – ein Gedanke, der nicht ohne Wirkung bleibt.[17]

Die Wirkung im Falle Bobby Blands war ein verstärktes Mißtrauen und wachsende Vorsicht: Wie lange wird das gutgehen? Wem kann ich vertrauen? Bei den Country-Sängern, die Peter Guralnick beschreibt, war die Folge eher ein Schuldgefühl, weil die Ideale, die sie nach außen hin so nachdrücklich vertraten, in ihrem Privatleben keine Rolle mehr spielten. Und bei den Rocksänger führt die Wirkung zu einem Gefühl der Nostalgie, und sie fangen an, jeden Auftritt mit einem Rock 'n' Roll-Potpourri zu beschließen. Die Rockmusik besingt die Jugend und das Jungsein, und auch wenn die Fans nichts merken, so haben die Musiker doch das eindeutige Gefühl, daß sie von einem Auftritt zum nächsten deutlich älter werden und daß nur diese Auftritte ihre Besessenheit rechtfertigen können.

Heutzutage sind Rockstars reiche Profis, die sich in der glücklichen Lage befinden, mit ihrer Form der Selbstverwirklichung viel Geld verdienen zu können. In der Rockmusik gibt es heute in der Tat weniger Konflikte zwischen Kunst und Kommerz als in jedem anderen Massenmedium: Alle großen Stars haben Verträge, die ihnen jeden nur erdenklichen musikalischen Spielraum einräumen. (In dieser Hinsicht war wohl Jimi Hendrix der letzte Superstar, der noch systematisch kommerziellen Zwängen ausgesetzt war; er war immer der Meinung, daß nicht die Rockmusik, sondern der Jazz die einzige Quelle «ernsthafter, kreativer Musik» sei.) Der Kommerz wirkt sich nur auf der unteren Ebene als echter Zwang aus, nämlich für die Musiker, die neu in das Geschäft einsteigen, die von ihren Plattenfirmen erst «angelernt» werden; aber selbst für diese Musiker geht es eher um das Publikum als um die Kreativität an sich. Für die traditionellen Rock- und Boogie-Bands sind Musik, Geld und Publikum längst zu einer heiteren Welt von Männerkameradschaft, Loyalität und kraftvollem Charm verschmolzen – der Status quo ist nicht nur Lebensstil, sondern auch Musikstil. Und erst als die Punk-Bands Ende der 70er Jahre quer durch Amerika zogen, um ihre Platten zu verkaufen, wurde wieder deutlich, daß Konzert-Tourneen längst nichts anderes mehr waren als endlose Rundreisen zu Radiostationen, unwissenden Disc-Jockeys und Firmenvertretern, die alle umschmeichelt werden wollten. Waren *das* die Leute, für die man die Musik gemacht hatte? Die Punk-Songs beschäftigten sich mit der Wirklichkeit der Welt – während die Rocksongs seit Jahren nur noch von der Rockmusik handelten – und die Punk-Rokker stellten nun die entscheidende Frage an die Rock 'n' Roll-Gemeinschaft, eine Frage, der die anderen Rockmusiker allzu lange ausgewichen waren: Was *riskiert* man eigentlich mit dieser Musik?

Die Gemeinschaft der Musiker

Die Welt der Musiker, so wie ich sie beschrieben habe – ob nun John Lennons Raucherclub, Keith Richards Hotelzimmer mit den «dummen Puten» oder Pete Townshends Rock 'n' Roll-Bruderschaft –, ist eine Männerwelt. Schon eine flüchtige Untersuchung der Rockmusik zeigt den geringen Anteil von Frauen in kreativen Bereichen: Es gibt nur wenige weibliche Musiker und so gut wie keine Frauen «hinter den Kulissen», etwa Produzentinnen, Arrangeure oder Toningenieure; nur als Autoren hatten Frauen auf diesem Gebiet eine Chance. Zwar spielten in der Rockmusik der 70er Jahre durchaus auch Mädchen eine Rolle, aber hierbei handelte es sich fast ausschließlich als Sängerinnen, die bei Auftritten oder auf Schallplatten im Vordergrund standen und deren musikalische Fähigkeiten meist mit ihrem visuellen Eindruck und ihrem Stil verwechselt wurden. Die Rock-Ideologen legten großen Wert darauf, ihre Wertvorstellungen gegen die des Showgeschäfts abzugrenzen, aber ihre Einstellung zu Frauen war weitgehend die gleiche. Man ging einfach davon aus, daß Frauen unmusikalisch sind.

Die Männerwelt der Rockmusik spiegelt sich in den Songtexten, die die Vorherrschaft der Männer, ihren Narzißmus und ihr Selbstmitleid bestätigen, aber für die Musiker selbst ist am bezeichnendsten, daß Frauen vom Zentrum ihres Lebens – von ihrer Freundschaft und Zusammenarbeit als Kollegen im Studio, «on the road» und bei Auftritten – ausgeschlossen sind. Die Rolle der Frauen in der Rockmusik beschränkt sich immer noch hauptsächlich darauf, daß sie ihre kreativen Männer bedienen.

> Es ist fünf Uhr morgens. Phil Ochs und David Cohen (Blue) torkeln betrunken die Treppe hinauf zu der Wohnung in der Bleeker-Street. Alice (Ochs) ist im Schlafzimmer und schläft. Beide sitzen sie da, den Kopf im Nacken. Es klopft an der Tür, und Phil steht auf, um zu öffnen. Dylan kommt aufgeregt und munter hereinspaziert. Im Wohnzimmer bittet er Phil, irgend etwas zu spielen. Phil greift nach seiner Gitarre und spielt *The Power and the Glory*. Auch David Cohen spielt einen Song. Und dann spielt Dylan, zum allerersten mal überhaupt *Mr. Tambourine Man*. Phil wird schlagartig nüchtern. Er richtet sich auf und sagt feierlich zu Dylan, das sei der großartigste Song, den er je gehört habe. Alice ist von der Musik aufgewacht; sie steht im Flur und lächelt. In ein paar Minuten wird es Frühstück geben.[18]

Rockmusiker schöpfen ihre Selbstachtung aus ihrem Können als Autoren, Instrumentalisten und Interpreten. Die Intimität unter Rockmusikern beinhaltet eher Freundschaft als Sexualität, und Frauen sind von dieser Freundschaft ausgeschlossen – selbst ihre Bedeutung im Rahmen des Rock-Publikums wird bagatellisiert. Das «große Live-Rock-Erlebnis» ist nur eine Sache für Männer, und die weiblichen Fans werden auf Teeny-Bopper oder potentielle Groupies reduziert. Natürlich können auch Frauen Erfolg haben – schließlich gibt es eine ganze Anzahl weiblicher Rockstars –, aber die meisten von ihnen haben es «geschafft», weil sie weitgehend den Vorstellungen der Männer entsprachen, wie Frauen zu klingen haben, weil sie «one of the boys» wurden.

Aber warum wurden die Frauen so systematisch von der Rockmusik-Produktion ausgeschlossen? Werden die ideologischen Grenzen durch die Musik selbst gesetzt – wie der Punk meint – oder eher durch sehr viel allgemeinere Vorstellungen davon, wozu die Musik dient und was die Musiker repräsentieren?

Ursprünglich war die Rolle des populären Musikers die eines Reisenden, eines Beobachters, der von Ort zu Ort zieht und Vergnügen schafft, daneben aber auch Perspektiven eröffnet und auf die Welt außerhalb der Dorfgrenzen aufmerksam macht. «The Road», die Straße, bildete schon sehr früh den Mittelpunkt des Lebens für die Musiker – lange bevor ihre Musik zu einer Massenware gemacht wurde; man denke an die Blues-Musiker in den Südstaaten der USA oder an die Pub-Entertainer im England des 19. Jahrhunderts. Die Straße verkörperte die fast mythische Kraft, derer sich auch Woody Guthrie in den 30er Jahren für seine politische Arbeit bediente; sie ist die wichtigste amerikanische Metapher für technologische Möglichkeiten, politische Veränderungen und gesellschaftliche Mobilität – so wie das Auto das wichtigste Instrument für Freizeitgestaltung in Amerika darstellt.

Das daraus resultierende Gefühl von Überfluß, Weiträumigkeit und Freiheit hat aber auch seine Kehrseite – «keine Wurzeln, kein Heim, keine Familie, Einsamkeit» – und diese Mythologie verschmolz in den 60er Jahren mit der des großen amerikanischen Künstlers, der literarischen Boheme ohne Wurzeln und Bindungen. Das Ergebnis wurde vor allem in den literarisch-musikalischen Kulturen von New York und San Francisco in den 60er Jahren sichtbar. Der Rock-Künstler schlüpfte in die Rolle des Beatnik-Dichters: Er wurde introspektiv, exzentrisch und elitär. Bruce Cook beschreibt die Liebe der Beats für den Jazz mit den folgenden Worten:

> Es war die «gesetzlose» Atmosphäre des Jazz-Milieus, mit ihrem Anflug von Kriminalität, Sex, Drogen und Gewalt, durch die sie sich Nacht für Nacht an Orte wie das «Birdland» oder das «Fice Spot» lokken ließen ... Dort konnten sie die Solisten bewundern – ein einzelner Mann gegen den Rest der Welt, das Vorbild für jeden Dichter, jeden Künstler.[19]

Cook ist der Meinung, daß die Beats keinen Sinn für den Jazz als Musik und nur wenig Erfolg mit ihren Versuchen einer Jazz-Lyrik gehabt hätten. Aber aus den Beats wurden die Hippies, und aus dem Jazz entstand der Rock, der «Ur-Jazz»: eingängige Musik mit einem schweren Beat und einfachen Melodien – eine Musik, die leicht zu spielen und zu verstehen war; der Rock war die eigentliche Beat-Musik. Lyrik wurde wieder gesungen, die alten Kaffeehaus-Gesänge wurden verstärkt und bekamen Massenwirkung, und die Lautstärke ließ Körper und Geist verschmelzen. Alle jungen amerikanischen Literaten waren aufgerufen, die Rockmusik zu ihrem Medium zu machen.

Die Beatnik-Ideologie setzte Kreativität gleich Unkonventionalität, wobei sie Konventionen als «Wurzeln, Heim und Familie» verstand. Daraus entwickelte sich eine Ideologie der Sexualität, durch die Frauen von den Institutionen der Musik ausgeschlossen wurden. Das Problem bestand aber nicht nur darin, die Sexualität von den herkömmlichen Vorstellungen einer Verpflichtung zu befreien, sondern auch in der Einstellung gegenüber Frauen als *Verkörperung* dieser Konventionen. Es waren die Mütter und Ehefrauen, die aus dieser Perspektive das normale Leben darstellten, die die kreative Energie ihrer Männer schwächten, die sie anbinden wollten und ihnen langweilige Fragen über Essen und Kinder und Geld stellten. Die Frauen – und das wird in vielen Rock-Texten deutlich – stellen eine Bedrohung dar, eine Bedrohung der männlichen Unabhängigkeit und eine Bedrohung der männlichen Kunst. Sie waren zwar physisch unersetzlich – Phil Ochs meinte: «Die Frau hat die Aufgabe, zu Hause zu bleiben, zu kochen, sauberzumachen und sich für ihren Mann schön zu machen» – aber in psychologischer, sozialer und künstlerischer Hinsicht waren sie eine Gefahr; so glaubte Phil Ochs auch, daß die Frauenbewegung ein Komplott des CIA zur Unterwanderung der radikalen Linken war.

Dieses problematische Verhältnis zwischen Männern und Frauen deutet auf ein grundsätzliches Problem hin: Wie kann man eine soziale Lebensform auf ein anti-soziales Ideal gründen? Die Schwierigkeit dabei liegt in dem problematischen Verhältnis zwischen literarischer Boheme, die sich aggressiv von der Alltagsroutine der «normalen» Bevölkerung absetzt, und populärer Musik, die gerade als Teil dieser Alltagsroutine ihren Stellenwert gewinnt. Die fahrenden Musiker hatten ihre Distanz zu lokalen Problemen genutzt, um diese Probleme kritisch zu kommentieren: Ihre Musik beschäftigte sich mit den Erfahrungen ihrer Zuhörer und hielt den Gemeinschaften durch die Form des poetischen Realismus einen Spiegel vor. Das soziale Nicht-Einbezogensein der Musiker ermöglichte es ihnen, sich ein Urteil über das Leben ihrer Zuhörer zu bilden, ohne sie dabei zu ignorieren oder zu verachten. Ihre Kunst wurzelte in den Bedürfnissen ihres Publikums, in ihrem Stellenwert für den Rhythmus von Arbeit und Freizeit. Im Gegensatz dazu suchte die literarische Boheme die Trennung von den Massen. Ihre Kunst war nicht für den allgemeinen Konsum bestimmt, und sie ignorierten und verachteten den Geschmack des breiten Publikums. Die Kunst der Boheme war ihrem Wesen nach *elitär*, und die Gemeinschaft der Boheme beschränkte sich auf die Eingeweihten, auf andere Künstler.

Seit den 60er Jahren besteht also die Ideologie der Rockmusik aus einer uneinheitlichen Vermischung von literarischer Boheme und populärer Musik, und diese Uneinheitlichkeit wird besonders an dem Begriff der Gemeinschaft deutlich: Repräsentieren diese Musiker die Jugendkultur als ganzes oder lediglich eine Freizeit-Elite?

Rockmusik ist Massenmusik, sie ist die Musik der Städte, des Radios und der Aufnahmestudios. Für die Rockmusiker ist «The Road» in den meisten Fällen «The Street», nicht mehr Landstraße, sondern Stadt. Rockmusik ist heute fast gleichbedeutend mit dem kommerziellen Freizeitangebot der Stadt, mit Clubs und Bars, in denen sich die Boheme mit dem Lumpenproletariat mischt, in denen das Bürgertum eher geschröpft als schockiert wird; die Vergnügungen der Innenstädte stehen in immer größerem Gegensatz zur Wohlanständigkeit der Vororte. Die Musik ist hier weniger Lebensbeobachtung als vielmehr Flucht, sie bietet eine alternative Lebensweise, und nur die Freizeit-Boheme ist verwegen (oder reich) genug, sie wirklich zu leben. Die früheren Umstände innerhalb der Musik haben sich ins Gegenteil verkehrt: Heute reist eher das Publikum, und im Mittelpunkt des Interesses steht das Leben der Musiker.

Das ist der Hintergrund, vor dem die große Resonanz auf künstlerische Exklusivität (und Beckers Unterscheidung von «hip» und «square») gesehen werden muß. Musikmachen und Vergnügen nehmen immer mehr den Charakter von Risiko und Verpflichtung an, und es kommt zu einer Trennung in solche, die dieses Risiko eingehen und dabeibleiben, und solche, die es vermeiden und lieber den Heimweg antreten, bevor es zu spät ist. Musik ist nicht mehr Kritik an einer Gemeinschaft, sondern sie schafft sich ihre eigene Gemeinschaft und bietet ein Gefühl der Zugehörigkeit – nicht nur für Musiker, die sich als Bohemiens gebärden; sondern auch für die Zuhörer, d. h. für alle, die «hip» genug sind, sich wirklich auf die Musik einzulassen und an ihre Bedeutung zu glauben. Aus diesem Grunde ist die Rock-Gemeinschaft sehr zerbrechlich: Ihre Struktur ist eher ideologisch als materiell.

Ich glaube, das erklärt auch die anhaltende Faszination, die die schwarze Musik – von Gospel und Rhythm-and-Blues bis zum Reggae – auf Rockmusiker ausübt: Den schwarzen Musikern wird ein unangreifbares Gespür für Vergnügen und Freizeit zugeschrieben – die romantische Version des Rassismus ist durchaus noch lebendig: Schwarze gelten als «präsozial», und das Spielerische entspricht angeblich ihrem Naturell. In der Praxis gibt es natürlich kaum Anhaltspunkte für derart naive Vorstellungen, und einer der auffälligsten Aspekte der Rock-Gemeinschaft nach fünfundzwanzig Jahren Rock and Roll und «Streetlife» bleibt immer noch, wie wenig rassische Integration diese Gemeinschaft leistet, wie sehr sie immer noch die Probleme weißer Freizeit und weißer Jugend widerspiegelt.

III
Rockkonsumtion

Kapitel 8
Die Jugend

Rock ist die Musik der Jugend, und die Frage, die ich in diesem Kapitel stellen möchte, ist sehr einfach: Was ist das besondere an der Jugend? In der soziologischen Literatur gibt es zu dieser Frage zwei unterschiedliche Ansätze und zwei verschiedene deskriptive Begriffe: Teenager und Jugendliche (oder auch Elvis Presley und die Beatles). Diese verschiedenen Begriffe drücken zum einen unterschiedliche historische Momente, zum anderen unterschiedliche Problemstellungen aus, obwohl sie sich in vieler Hinsicht überschneiden. Teenager ist ein Begriff aus den 50er Jahren, während Jugend und Jugendkultur in den 60er Jahren entstanden sind. Darüber hinaus meint «Teenager» in der Regel die Jugendlichen aus der Arbeiterklasse, während «Jugend» eher auf die Unwichtigkeit von Klassenunterschieden hinzuweisen scheint, im allgemeinen aber Jugendliche aus der Mittelschicht meint. Beide Begriffe müssen genauer erläutert werden.

Teenager

Im Jahre 1959 erschien der Roman *Absolute Beginners* von Colin MacInnes, und darin beschreibt MacInnes treffender als alle Autoren vor ihm die Atmosphäre eines aufregenden Festes – ein Ereignis, das für den ersten öffentlichen Auftritt der Teenager in den englischen Städten so charakteristisch war:

> Dieses Fest der Teenager hatte einen richtigen Glanz, damals, als die jungen Leute entdeckten, daß sie zum erstenmal seit Ewigkeiten wirklich Geld hatten, das uns bis dahin immer unerreichbar gewesen war, wenn wir es am nötigsten gebraucht hätten, nämlich solange wir jung und stark waren, und ehe Zeitungen und Fernsehen von dem neuen Teenager-Märchen Besitz ergreifen und es ausschlachten konnten wie alles andere auch. Jawohl, ich sage euch, es war eine wirklich wilde Pracht damals, als wir merkten, daß niemand mehr einfach so auf uns spucken konnte, weil wir endlich Geld zur Verfügung hatten, und unse-

re Welt würde uns gehören, so wie wir sie haben wollten: und wir würden nicht mehr auf der Schwelle einer fremden Welt stehen und warten, bis man uns etwas Gutes tut.[1]

Der wichtigste Aspekt dieser Kategorie «Teenager» ist wohl die Definition eines neuen Konsum-Stils. In seiner wegweisenden Untersuchung aus dem Jahre 1959 über die «Teenager-Konsumenten» in England beschrieb Mark Abrams die Teenager-Zeit als die Periode vom Verlassen der Schule bis zur Eheschließung bzw. bis zum 25. Lebensjahr. Ausgehend von dieser Definition untersuchte er den Teenager-Markt und zeigte auf, daß dieser Markt – was das Geld anbetrifft – von jungen männlichen Arbeitern beherrscht wird: Die Ästhetik des Teenager-Marktes ist eine Ästhetik der Arbeiterklasse. Es gab, wie der Soziologe J. B. Mays es ausdrückte, eine Trennung «zwischen einer Kultur auf der Grundlage der Klassen-Solidarität unter den Arbeitern mit der dazugehörigen Welt der kommerziellen Unterhaltung auf der einen Seite, und einem individualistischen, mittelschichtbezogenen Karrieresystem mit Schule und Universitäten auf der anderen Seite». Die Teenager gehörten eindeutig in den ersten Bereich, und in England waren diese festgeschriebenen Klassenunterschiede innerhalb der Jugend eine Selbstverständlichkeit. Eine Schülerin der Grammar School drückte das folgendermaßen aus:

> Die anderen Teenager gehen hauptsächlich in die Coffee-Bars und Snack-Bars und so, aber ich persönlich gehe da nicht so gerne hin. Ich trinke lieber zu Hause meinen heißen Nescafe, als 8 Pence für dieses lauwarme und schale Gebräu auszugeben; dazu muß ich in diesen fürchterlichen Höhlen der Menschheit dann noch das Lärmen der Musikboxen ertragen.[2]

Die große Bedeutung von Freizeit und Vergnügen hat seitdem bei allen Berichten über die Arbeiterjugend eine wichtige Rolle gespielt. So meinte beispielsweise Jeremy Seabrook in seiner zornigen Studie über eine nordenglische Stadt, daß sich das Leben der heutigen Generation von Teenagern in Blackburn nur insofern von früheren Generationen unterscheide, als heute «ein stärkeres Gefühl von Hedonismus und der feste Entschluß» zu beobachten sei, «das Leben zu genießen». Seabrook spricht von einer Jugend, die vor allem damit beschäftigt ist, sich selbst eine Freude zu machen, und argumentiert. «Das einzig neue Element im Leben der Jugend ist die Intensität und Entschlossenheit, mit der sie sich dem Vergnügen widmet, ist die Festlegung auf Genuß und Konsum.»

Teenager sind sicherlich das beste Beispiel für einen «demonstrativen Konsum»*, und die neugierige Gesellschaft der 50er Jahre sah in der Welt

* Der Begriff stammt von Thorsten Veblen («The Theory of the Leisure Class») – d. Übers.

der Teenager nur eine Welt voller teenager-typischer Konsumgüter, «die Welt der Coffee-Bars, Motorroller und Jazzclubs», wie es die Schmonze zu dem Roman «Absolute Beginners» verkündete. Aber als diese Welt erst einmal beschrieben worden war, als ihre Ursachen in dem relativen Wohlstand der jungen Arbeiter gefunden und das Fehlen von gesellschaftlichen Zwängen für die Teenager (insbesondere nach der Abschaffung der allgemeinen Wehrpflicht in England) betont worden war, blieben trotzdem eine ganze Reihe von Fragen unbeantwortet: Was bestimmt denn nun dieses Konsumverhalten der Teenager? Auf welcher Grundlage treffen sie ihre Auswahl?

Die Antworten auf diese Fragen lassen erkennen, daß die Vorstellung, die man sich von den Teenagern machte, anfänglich ziemliche Ängste ausgelöst haben muß. Da war einmal die Befürchtung, daß die Jugend ohne jede Kritikfähigkeit konsumiere, daß sie den Manipulationen des Marktes hilflos ausgeliefert sei. Aus einer solchen Perspektive betrachtet, waren die «Teenager» nichts weiter als eine Erfindung der Werbung, und das Ergebnis war eine nihilistische Kultur, eine Generation ohne irgendwelche Interessen außer für modische, kurzlebige Vergnügungen. Die mit den Jugendlichen vertrauten Pädagogen, Lehrer und Jugendarbeiter machten sich Sorgen um die Konsequenzen. Die Konservativen verwiesen auf den «privaten Hedonismus und mangelnden Sinn für Allgemeinheit und Gesellschaft». Die Liberalen befürchteten eine Generation von entpolitisierten Arbeitern, denen es «noch nie so gut gegangen» war.

Die Medien interessierte nicht die Banalität des Teenager-Lebens, sondern die Visionen von Sex und Gewalt, die sich damit verbanden. Mindestens seit Anfang des Jahrhunderts gab es die Schreckensvision von einer eigenen Welt der Jugend, die von den Interessen der Erwachsenen unberührt ist und ausschließlich von den Normen Gleichgesinnter (peergroup) bestimmt wird. (Die Gründung zahlreicher «Boys Clubs» war eine der Folgen.) Und auch die Vorstellung von regelrechten Stadt-Gangs, bestehend aus Halbwüchsigen, verbreitete Angst und Schrecken. In den 30er Jahren verschärfte sich dieses Jugendproblem noch durch die große wirtschaftliche Rezession. In dieser Zeit gründete man die sogenannten «Roosevelt Roosts», eine Art Arbeitslager für jugendliche Herumtreiber, für herumreisende Teenager, die die Arbeitslosigkeit auf die Straße getrieben hatte und die durch ihr Weglaufen die finanzielle Situation ihrer Eltern ein wenig erleichterten. Aber diese Jugendlichen waren gerade wegen ihrer Mobilität für die Gesellschaft so gut wie unsichtbar. Pauline Fass schrieb in diesem Zusammenhang:

> Das Problem der Jugend war ein Problem von Außenseitern, von Jugendkriminalität, von jungen Prostituierten und Getto- und Slum-Kindern. Diese Jugendlichen waren die Opfer von Ausbeutung und Ver-

nachlässigung, und sie mußten assimiliert oder reformiert und in die gesunde Norm der Gesellschaft reintegriert werden.»[3]

Das Bild, das sich die Gesellschaft in den 50er Jahren von den Teenagern machte, kannte keine scharfe Trennung mehr zwischen normal und anormal, zwischen gewöhnlichen und gewalttätigen Jugendlichen: Man nahm an, daß *alle* Teenager ohne jeden Moralkodex lebten. Hier die Formulierungen aus der Schmonze von *Teenage Jungle*, einem Taschenbuch, das 1957 in den USA erschien:

> Dieses Buch ist eine erschreckende Anklage gegen jugendliche Verbrechen und Laster in den USA. Hier werden die Gewalt und der Sex-Kult der Teenager zu einem lebendigen Alptraum von Grausamkeit und Verderbtheit.
> Dies sind die gewöhnlichen Jugendlichen, von denen man jeden Tag lesen kann – «gewöhnlich» allerdings nur so lange, bis sie einen Ladenbesitzer erschießen, ein Mädchen überfallen, einen Bettler foltern oder tot im Straßengraben gefunden werden.

In England waren die Teddy-Boys das erste sichtbare Anzeichen für die erschreckenden Potentiale der Teenager – und wenn nicht ihre Delinquenz, sondern nur ihr aggressiver und unnahbarer jugendlicher Stil neu war, so hatte das lediglich die Folge, daß man diesen Stil automatisch mit «Trouble» gleichsetzte: die Begriffe «Teenager» und «Delinquenten» waren eng miteinander verknüpft.

Das Teenager-Problem in England stand in einem unmittelbaren Zusammenhang mit der Auflösung der Arbeiterklasse, so wie sie vor dem Krieg existiert hatte. Die Kinder der 50er Jahre hatten ganz andere Lebenserfahrungen als ihre Eltern in den 30er Jahren – Erfahrungen, die sich in der Tat aus den neuen Freizeit-Möglichkeiten herleiteten. Die Teenager hatten jetzt Geld zur Verfügung, und es gab eine Vielzahl von Dingen, die sie kaufen konnten. So wurden sie zum Bestandteil einer Massenkultur, die über Nachbarschafts- oder Klasseninteressen weit hinausging. Ein sehr wichtiger Aspekt dieser Entwicklung war auch die «Amerikanisierung» der englischen Jugendkultur. Der amerikanische Einfluß hatte bereits in den 20er Jahren mit Musik und Filmen seinen Anfang genommen, aber nun materialisierte er sich auch in den neuen Coffee-Bars und Dancehalls sowie im Kleidungsstil der 50er Jahre. Die englischen Teenager versuchten sich genauso zu bewegen, genauso auszusehen und genauso zu spielen wie ihre amerikanischen Vorbilder. So hatte beispielsweise der Teddyboy-Look sein Vorbild zweifellos in den Westernfilmen. Da gab es den schmalen Schlips des aalglatten Stadt-Gangsters, die Koteletten und den Gehrock – alles Dinge, die durchaus nicht dem heimischen Vorbild der englischen Aristokraten abgeguckt waren, wie fälschlich angenommen wurde. Der Teddyboy-Look lag zeitlich vor der Teddyboy-Musik, dem Rock 'n' Roll, aber die betreffenden Teenager orientierten sich schon lange an dem Ideal des «coolen» Hillbilly. So war auch der Schritt von Tennessee Ernie Ford zu Elvis Presley im Londoner «Elephant & Castle» durchaus nicht größer oder erstaunlicher als in Tennessee selbst.

Für die Engländer war also bereits der bloße Begriff Teenager mit Amerika verbunden. Die englischen Teenager waren leicht zu erkennen – an ihrer Vorliebe für amerikanische Musik, an ihren amerikanischen Idolen und ihren amerikanischen Träumen. Aber mit welchen Augen sahen die Amerikaner ihre eigenen Teenager?

Ein Großteil der gesellschaftlichen Veränderungen, die für die Befreiung der englischen Arbeiterjugend in den 50er Jahren kennzeichnend waren, hatten in den USA schon in den 20er Jahren stattgefunden. So war zum Beispiel schon damals das Auto ein beliebtes Mittel gewesen, um der Überwachung durch die Familie zu entgehen; die «dates» (Verabredungen) der Teenager wurden immer weniger streng beaufsichtigt, Make-up, modische Kleidung und Zigarettenrauchen galten nicht mehr als Attribute schlechterzogener Mädchen, und das Kino vermittelte neue Anregungen und Träume und entlarvte die Scheinheiligkeit und Konventionalität der Welt der Erwachsenen. In einer Studie von Lynd/Lynd wird ein Zeitungsbericht über eine sonntägliche Filmveranstaltung in Middletown wiedergegeben, der die negativen Auswirkungen der neuen Massenmedien auf die Kleinstadt-Moral veranschaulichen soll:

> Da saßen die Casanovas und ihre Verehrerinnen während der gesamten Vorstellung stumm und bewegungslos auf ihren Plätzen ... Der Film gab einen tiefen Einblick in die Liebeskunst, und die Jungen und Mädchen von Middletown, die geglaubt hatten, schon eine Menge über diese Kunst zu wissen, mußten feststellen, daß sie noch sehr viel zu lernen hatten.[4]

Diese kulturellen Einflüsse und die neuen Konsum-Möglichkeiten entwickelten sich parallel zu einer Veränderung der sozialen Situation der Jugendlichen: Die Trennung von Familie und Arbeit wurde zunehmend stärker, während der Einfluß der Eltern auf Ehe und Beruf ihrer Kinder immer mehr abnahm und zu einem weitgehenden Autoritätsverlust führte (insbesondere in den Großstädten, wo schon in den 20er Jahren nur noch wenige Jugendliche ihre Freizeit zu Hause verbrachten) – die High School wurde nach und nach zum eigentlichen Mittelpunkt des gesellschaftlichen Lebens der Jugendlichen. Von 1900 bis 1930 stieg die Zahl der Schüler an den High Schools um 650 Prozent, und im Jahre 1930 besuchten über 60 Prozent aller Jugendlichen in der betreffenden Altersgruppe eine Schule.

Das heißt, daß sich für die Jugendlichen seit den 20er Jahren auf dem Gebiet von Arbeit und Ausbildung, von Sexualität und Heirat, von Freizeit und Konsum immer neue Möglichkeiten eröffneten. Gleichzeitig veränderten die Massenmedien die Einstellung der Bevölkerung gegenüber den Gefahren und Chancen dieser Auswahlmöglichkeiten, und die Schule als Ort von Gleichgesinnten, begann die Familie als Orientierungsrahmen und Vorbild für neue Entscheidungsprozesse zu verdrängen. So konnten die Lynds zum Zeitpunkt ihrer zweiten Middletown-Studie bereits von einer «eigenständigen Subkultur der Jugendlichen» sprechen.

Bevor wir aber diese Subkultur mit dem Lebensstil der Teenager von 1950 vergleichen, muß ich noch auf den klassenspezifischen Charakter dieser Entwicklung hinweisen. Die erwähnten neuen Möglichkeiten und Institutionen sowie das neue Freizeitverhalten waren nämlich zum großen Teil auf die Jugendlichen aus der Mittelschicht beschränkt, sie stellten nur für Mittelschicht-Eltern, Lehrer und Studienberater ein Problem dar: Vor allem *ihre* Kinder schienen es zu sein, die für sich eine neue Moral entwickelten. Den Arbeiterkinder dagegen fehlten oft schon die materiellen Voraussetzungen für solche Veränderungen – denn Spielen und Tanzen, Verabredungen und Autofahren kosteten Geld und Zeit, und die Arbeiterkinder gingen in der Regel nicht zur Schule, sondern zur Arbeit. In gewisser Hinsicht führte die Ausweitung von Massenkultur und Konsumverhalten auf die Arbeiterklasse sogar unmittelbar zu einer Stärkung des Familienverbundes, denn dort wurden mehr und mehr Freizeitaktivitäten von der Straße weg ins Auto verlegt, und das Familienradio eroberte sich die Vorherrschaft im Wohnzimmer. Die neuen Möglichkeiten des Teenagerlebens, die für die Mädchen und Jungen der Arbeiterklasse in den 20er Jahren in greifbare Nähe rückten, wurden allerdings durch die wirtschaftlichen Schwierigkeiten der 30er Jahre – die sich übrigens auch auf die College-Kultur dämpfend auswirkten – wieder verdeckt und konnten erst in den 50er Jahren endgültig verwirklicht werden, als die Teenager aus der Arbeiterklasse genau wie in England genügend Zeit und Geld für die Konsumartikel zur Verfügung hatten, die speziell für sie angeboten wurden – wie Radioprogramme, Filme, Kleidung und Musik.

In England war die Teenager-Kultur der 50er Jahre so eindeutig eine Sache der Arbeiterklasse, daß die Jugendlichen aus der Mittelschicht von vornherein ausgeschlossen blieben. In den USA dagegen waren solche klassenspezifischen Kulturen weniger stark ausgeprägt – dort galten eher andere Unterscheidungen wie zum Beispiel Großstadt/Kleinstadt, städtisch/ländlich, Ostküste/Westküste, schwarz/weiß usw. Dennoch unterscheiden auch die amerikanischen Soziologen eine Jugendkultur der Arbeiterklasse, die an Gleichgesinntheit und Kommerz orientiert ist, und eine Jugendkultur der Mittelschicht, die sich eher an Karriere und Ausbildung orientiert. Aber in Amerika gehörten eben – anders als in England –

beide Kulturformen zu dem allgemeinen Phänomen Teenager, zu der Definition Teenager, die ideologisch erkämpft wurde.

Die Furcht, die sich in den 50er Jahren mit dem Begriff Teenager verband, war vor allem eine Furcht vor der Arbeiterjugend und hatte zwei Komponenten: einmal die Angst vor einer Normenlosigkeit, die Angst davor, daß Teenager *überhaupt* keine Normen im eigentlichen Sinne akzeptieren; zum anderen die Angst vor einer Korruption, die Angst davor, daß «schlechte» Teenager alle übrigen vom rechten Wege abbringen und selbst die fehlenden Normen liefern würden – daher auch die Befürchtung, daß sich die Grenze zwischen gewöhnlichen und kriminellen Teenagern auflösen könnte. Es war insofern eine der Hauptaufgaben der amerikanischen Jugendsoziologen in den 50er Jahren, eine *Unterscheidung* zwischen der delinquenten und der nicht-delinquenten Jugend zu treffen: Warum entschied sich eine Gruppe der Arbeiterjugend für ein abweichendes Verhalten, während eine andere Gruppe sich eher anpaßte? A. K. Cohens klassische Studie über «Delinquent Boys» aus dem Jahre 1956 unterscheidet zwischen dem «college boy» mit eher konformistischem und quietistischem Verhalten, der mit Schule und Arbeit zufrieden und in seiner Freizeit verantwortungsbewußt ist, und dem «corner boy», dem Jungen von der Ecke, den Schule und Arbeit eher langweilen und demoralisieren und der sich in seiner Freizeit in delinquentem Verhalten entlädt, um seine Entfremdung zu kompensieren und Selbstbestätigung zu erlangen.

Die Sprache spielt bei dieser Unterscheidung von gutem und schlechtem Verhalten – das College gegen die Straßenecke – eine entscheidende Rolle und wurde zu einem eigenen Klischee in den Teenager-Medien. Sie ist in Geschichten über die 50er Jahre, wie *Grease* oder *Happy Days*, immer noch zentrales Thema, auch wenn aus heutiger Sicht eine nostalgische Umkehrung stattgefunden hat und der Raufbold von damals zum Helden von heute geworden ist. Aber diese Unterscheidung ergab sich nicht einfach von selbst. Wenn nämlich das Problem in der Normenlosigkeit der Teenager lag, und wenn dieses Vakuum von den Delinquenten ausgefüllt zu werden drohte, dann blieb den Erwachsenen nur die Intervention: Die Eltern und Pädagogen mußten der Straße *Konkurrenz* machen, und das geschah nicht etwa, indem man die Macht der Teenager-Kultur leugnete, sondern indem man sie institutionalisierte und ihr einen Mittelschicht-Charakter gab nach dem Vorbild der Verhaltensformen, die die Jugendlichen in Colleges und High Schools in den 20er Jahren entwickelt hatten.

So erklärt sich auch ein Großteil der Verwirrung, mit der die Massenmedien in den 50er Jahren den amerikanischen Teenagern begegneten. Auf der einen Seite stand das Image von den Rebellen, von Messerstecher-Banden, ledergekleideten Nihilisten und Straßenjungen, auf der anderen Seite standen die «all-American» Jungen und Mädchen aus den Colleges, die Sportskanonen und Mannschaftsführer, die Startänzer von der High School und die Party-Tiger, die beim Petting immer genau wußten, wo die *Grenzen* waren. Und wenn das Delinquenten-Image die übertriebene Angst vor moralischem Verfall spiegelte, dann war das High-School-Image ein sorgfältig konstruiertes Idealbild und Teil eines großangelegten Versuchs, die Teenager «nett» zu machen. Pauline Fass zitiert einen Pädagogen, der schon 1920 den Vorschlag machte, die Tanzveranstaltungen in den Schulen nicht etwa zu verbieten, sondern sie im Gegenteil als «hervorragende Möglichkeit zum Erlernen bestimmter moralischer Normen» zu verstehen, und in den 50er Jahren beschäftigten sich Erziehungsexperten, Ärzte und Psychiater, Lehrer und Schulbehörden, mit den Problemen und Möglichkeiten, wie sie die Kultur ihrer Schüler *kontrollieren* könnten – zum Beispiel durch Förderung bestimmter Sportarten, bestimmter Organisationen, bestimmter Vergnügungsformen und bestimmter Anpassungsmechanismen.

Auch die Massenmedien bemühten sich, den verantwortungsvollen Gebrauch von Teenager-Waren zu fördern und das Konsumverhalten der Teenager in den Rahmen der idealen Mittelschicht-Familie zu stellen, die sich durch Kleinheit, Intimität, Rationalität und gegenseitige Achtung auszeichnet. Dick Clarks 1959 erschienenes Buch «Your Happiest Years» ist ein faszinierendes Beispiel für einen solchen Versuch. Clark galt als «einflußreiche Figur in der Welt der Teenager» und verbreitete in diesem Buch lauter gutgemeinte Ratschläge über Eltern, Verabredungen, Karriere, Ehe, gutes Benehmen, Gesundheit und Aussehen, die darauf abzielten, diese Teenager zu den «Erwachsenen von morgen» zu machen, die die mittelschichtspezifischen Vorstellungen von Geschlechterrollen, von Leistungs- und Konkurrenzprinzipien, von individueller Anstrengung und kollektiver Passivität möglichst wenig in Frage stellen. Clark weist zu Anfang darauf hin, daß es «viele unterschiedliche Meinungen darüber gibt, welches heutzutage der exklusivste Club in Amerika ist»:

> Wir haben wohl alle unsere eigenen Vorstellungen zu diesem Thema, und ich bin sicher, daß du – wer du auch sein magst – in deiner Schule oder deinem Heimatort wenigstens eine Organisation nennen könntest, die für dich absolute Spitze ist und in der du liebend gerne Mitglied sein möchtest. Die Sache hat nur einen Haken. In all diesen Clubs bekommst du nämlich, wenn du aufgenommen wirst, eine Clubordnung vorgesetzt, die du befolgen mußt, wenn du deine Mitgliedschaft nicht verlieren willst. In einem Sportclub beispielsweise mußt du etwas für deine Kondition tun und viel Zeit darauf verwenden, deinen Sprungwurf, deinen Bogenwurf, dein «blocking» oder «tackling» zu vervollkommnen, denn sonst wirst du immer Zuschauer bleiben. Das gleiche

gilt auch für das Tanzen: Wenn du dich nur wenig anstrengst, wirst du ein Mauerblümchen bleiben, wenn du dir aber große Mühe gibst, kannst du ein vielbegehrter Tanzpartner werden. In einen Club aufgenommen zu werden, ist unter Umständen ein reines Kinderspiel, Mitglied zu bleiben hingegen ist häufig weit schwieriger; trotzdem ist es jede Anstrengung wert, wenn man an die Belohnung denkt.
Das gleiche gilt auch für die Mitgliedschaft in dem Club, den ich für den exklusivsten – und wichtigsten – Club in unseren fünfzig Bundesstaaten halte: die «Teenagers of America, Inc.».[5]

Dick Clark beschreibt in seinem Buch die Regeln für diesen Teenager-Club und gibt vielfältige Ratschläge, was «Gefahren und Fallen, was Aufregungen und Glück dieser wundervollen Jahre» angeht. In diesen Formulierungen aus der Schmonze wird jedoch auch ein Widerspruch deutlich: Man hegt den Verdacht, daß diese Jahre nur deshalb so wundervoll und aufregend sind, weil sie *nicht* an Regeln gebunden sind.

In den soziologischen Untersuchungen über die amerikanischen Arbeiterfamilien der 50er Jahre wird eine deutliche Ambiguität in der Einstellung der Eltern gegenüber ihren Teenager-Kindern konstatiert. Auf der einen Seite findet man eine uneingeschränkte Toleranz: Die Jugend ist eine Zeit, in der man sich die Hörner abstoßen soll, in der Jungen eben Jungen sind und die Mädchen sich amüsieren sollen, solange sie noch die Möglichkeiten dazu haben. Doch auf der anderen Seite steht dagegen eine mißgünstige Intoleranz: Die Jugendlichen seien alle Faulpelze und Delinquenten mit zu viel Sexualität und zu wenig Disziplin.

Diese so ambivalente Haltung gegenüber der Jugend hat eine lange Geschichte. Bereits im 19. Jahrhundert schafften die Veränderungen der Produktionsbedingungen und des häuslichen Lebens ein neues Stadium zwischen Kindheit und Erwachsensein und rückten die Pubertätsprobleme in das Blickfeld der Öffentlichkeit; und seit dieser Zeit wurde die Phase des Heranwachsens auf der einen Seite, als eine Zeit der Unschuld und des Idealismus gefeiert, in der alle Lebensentscheidungen noch offen sind, auf der anderen Seite aber wurde sie als eine Zeit von Anarchie und Hysterie, Verantwortungslosigkeit und Egoismus verdammt. Mit dem Aufstieg der Teenager-Kultur zwischen 1920 und 1960 wurden diese Probleme immer mehr zu gesellschaftlichen Problemen, und als die Teenager zunehmend ihre eigenen gesellschaftlichen Institutionen und ihre eigenen Ausdrucksformen entwickelten, erregten sie nicht bloß Neid, sondern auch Furcht, und sie wurden nicht nur gefeiert, sondern auch stärkeren Kontrollen unterworfen. In der Tat waren die Teenager in den 50er Jahren selbst zu einem Symbol für eine viel breitere Diskussion um Arbeit und Freizeit, um Verantwortung und Vergnügen geworden.

Die Jugend

Schon vor dem Aufstieg der Beatles sprachen aufmerksame Beobachter unter den Erwachsenen im Hinblick auf die englische Teenager-Szene von der Entwicklung einer spezifischen Jugendkultur, die keineswegs auf Angehörige der Arbeiterklasse beschränkt war. So meinte beispielsweise der Held des Romans «Absolute Beginners»:

> Das Tolle an der Jazzwelt und all den Kids, die sich ihr anschließen, ist die Tatsache, daß niemand, wirklich keine einzige Seele, danach fragt, aus welcher Gesellschaftsschicht du kommst, welcher Rasse du angehörst oder wieviel Geld du verdienst, ob du ein Junge oder ein Mädchen bist, ob du unbegabt oder talentiert bist oder was auch immer – solange du nur auf diese Szene abfährst und dich einigermaßen in ihr benehmen kannst und natürlich all diesen Gesellschaftsmist vor der Tür abgelegt hast, wenn du den Jazzclub betrittst. Dann machst du nämlich die Erfahrung, daß du mit allen möglichen tollen Typen in der Jazzwelt wie mit deinesgleichen verkehren kannst, und die können dir alle möglichen Hinweise, Anregungen und Informationen geben, zum Beispiel in sozialer Hinsicht, auf kulturellem Gebiet oder in bezug auf Sexualität oder Rassenprobleme – ganz einfach fast alles, was du gerne wissen möchtest.[6]

Und George Melly behauptete 1963 in seiner Untersuchung über die klassenspezifische Bedeutung von Dialekten und Sprache in England:

> Wenn man einen dieser Rebellen, Kunststudenten, Beatniks, CND*-Anhänger oder Jazzmusiker genauer betrachtet, dann stellt man in der Regel fest, daß sie aus der unteren Mittelschicht stammen. Die meisten der jungen Leute, die so bewußt rebellieren, kommen aus unseren Vorstädten ... Ihr einziges Vergehen – und das ist nur eine Lappalie – besteht darin, daß sie manchmal ihre Herkunft verleugnen und so tun, als kämen sie aus der Arbeiterklasse.[7]

Das waren die ersten frühen Anzeichen für die Entwicklung einer englischen «Jugendkultur» – einer Kultur, die sich klassenlos und rebellisch gab, deren Grundlage aber die allmähliche Assimilierung des Lebensstils der Arbeiter-Teenager durch die Mittelschicht-Jugend war. Ein Historiker schrieb in diesem Zusammenhang:

> Am auffallendsten bei den meisten Jugendlichen war wohl das Fehlen eines ausgeprägten Klassenbewußtseins. Die Jungen aus der Arbeiterklasse verschwanden nicht mehr automatisch im Bierdunst der Arbei-

* CND: Campaign for Nuclear Disarmament = Atomwaffengegner – d. Übers.

terkneipen, und in den neuen Coffee-Bars, Jazzkellern und Jugendclubs standen die Oberschüler ganz einträchtig mit den Hauptschülern zusammen; die ‹Fish-and-Chips›-Mädchen machten sich die neuen informellen Umgangsformen ebenso zu eigen wie die Mädchen aus der vornehmen Acacia-Avenue, und beide trugen die gleichen spitzen Pfennigabsätze, mit denen sie Löcher in das Parkett bohrten. Ein Teenager war eben ein Teenager.[8]

«Jugend» wurde zu einem ideologischen Begriff: Die amerikanischen Soziologen stellten fest, daß die Mittelschichtkinder ganz bewußt die Wertmaßstäbe aus der Unterschicht übernahmen – wie etwa «Zähigkeit, Aufgeregtheit, Risikobereitschaft, Zügellosigkeit, ‹Angeberei›, Selbständigkeit und Härte» – und sich damit ganz bewußt gegen das Wertsystem ihrer eigenen Eltern stellten. Im Gegensatz dazu ging es für die Teenager aus der Arbeiterschicht wohl eher darum, sich vor dem von Anpassung geprägten «Ernst des Lebens» noch einmal so richtig auszutoben.
Die Entwicklung der Jugendkultur der 60er Jahre stand in engem Kontext mit der Entwicklung der Studentenbewegung und der sogenannten «Gegenkultur». Das bedeutendste symbolhafte Ereignis in diesem Zusammenhang war wohl der Mai 1968 in Frankreich, als sich Studenten und Arbeiter zu einer gemeinsamen politischen und kulturellen Revolte gegen den Staat zusammenfanden. Selbst eher nüchterne Beobachter sprachen dabei von einer «Krise der industriellen Gesellschaft», als die neue Studentengeneration, die sich letztlich aus der herrschenden Gesellschaftsschicht selbst rekrutierte, gegen die Herrschaft ihrer eigenen Eltern aufzubegehren begann. Die Soziologen schenkten den rebellierenden Mittelschichtkindern noch mehr Aufmerksamkeit, als sie schon dem abweichenden Verhalten der Teenager im allgemeinen gewidmet hatten. Fachzeitschriften, Tagungen und Lehrbücher beschäftigten sich mit «Alienated Youth», «The Making of the Counter-Culture» und «The Greening of America» – so einige bekannte Buchtitel. Als jedoch die Jugendrevolte der späten 60er Jahre von der hedonistischen Apathie der frühen 70er Jahre abgelöst wurde, wirkten die meisten dieser Bücher bereits ziemlich befremdend, und Tom Bottomore meint dazu sarkastisch, daß es ein großer Fehler der Studentenbewegung gewesen sei, sich mit der «Jugendkultur» einzulassen, denn Popmusik und Drogen hätten «nur einen sehr begrenzten politischen Stellenwert».

Aber wenn wir die Jugendkultur richtig einordnen wollen, dann müssen wir sie in einem größeren Zusammenhang betrachten – nicht als einen bloßen Teilaspekt des Aufstiegs und Verfalls der Studentenbewegung der 60er Jahre. Schließlich hatte diese Jugendkultur ihre Anfänge bereits in den 20er Jahren, im sogenannten Zeitalter des Jazz. Doch worin unterscheidet sich die Jugendkultur der 60er Jahre von der der 20er Jahre?

Pauline Fass beschreibt die Jugendkultur der 20er Jahre als «ein Gewirr aus Arbeit und Spiel, aus Vorbereitung auf das Berufsleben und Beziehungsgeplänkel». Ich möchte hier nicht ihre komplexe Analyse dieses «Gewirrs» wiedergeben, sondern mich auf drei wesentliche Punkte beschränken.

Erstens war die Jugendkultur der 20er Jahre eine reine Kultur von Gleichgesinnten, die sich im spezifischen Kontext des Collegelebens entwickelte und durch College-Institutionen wie den Verbindungen der Studenten und Studentinnen («fraternities» und «sororities»), die Sportclubs usw. repräsentiert wurde. Diese Kultur basierte auf den Grundprinzipien von Wettbewerb und völliger Abgeschlossenheit, und es war hauptsächlich die Konformität, die – wie Pauline Fass es formulierte – «den Leim bildete, der das Campus-Leben zusammenhielt». Selbst die Minderheit der Rebellen-Boheme, die sich in den städtischen Jazzclubs herumtrieb, Marihuana probierte und überhaupt ein «wildes Leben» führte, verstand sich eindeutig als eine Gruppe von Campus-Rebellen und fühlte sich mit Nicht-Studenten in keiner Weise solidarisch. Diese besondere Kultur verkörperte also mit anderen Worten genau das System von Campus-Konformität, Isolation und Selbstzufriedenheit, von dem sich die Jugendkultur der 60er Jahre zu distanzieren versuchte. Dabei liegen die Wurzeln dieser Distanzierung schon in den 50er Jahren, als dank der GI Bill immer mehr ältere Studenten aus der Arbeiterklasse auf den Campus drängten, und mit dem Aufkommen der «Beats» auch zum erstenmal eine aktive Boheme in Erscheinung trat.

Zweitens war die Campus-Kultur der 20er Jahre zu keinem Zeitpunkt Ausdruck und Manifestation eines Generationen-Konflikts: Man wollte zwar durchaus «anders» sein, meinte das jedoch keineswegs feindselig. Die Campus-Jugend der 20er Jahre war nicht politisch aktiv und blieb auch durchaus dem kapitalistischen Wirtschaftssystem, dem politischen Parteiensystem und dem bürgerlichen Familiensystem verhaftet. Die Schockwirkung, die von der Jugendbewegung ausging, betraf eigentlich nur den Konsumbereich: Die Backfische symbolisierten eine Art modischer Vergnügungssucht und eine ausschließliche Fixierung auf Mode, Stil und Image. Die persönliche Freiheit wurde zur wichtigsten Kategorie; das sexuelle Vergnügen wurde – für Mann und Frau gleichermaßen – fest in die Definition von Liebe und Ehe integriert. Die Campus-Jugend kostete alle neuen Freizeitmöglichkeiten wie Reisen, Freundschaften und Alkoholgenuß voll aus.

Dennoch hatte dieser Lebensstil nur begrenzte gesellschaftliche Konsequenzen: Die voreheliche Sexualität blieb auch weiterhin nur die Vorstufe zur ehelichen Sexualität, und das Streben nach persönlichem Vergnügen und Genuß war gleichbedeutend mit dem Streben nach Reichtum und Besitz. In der Tat wurde der Konsumstil der Jugend – die Orientierung an Mode, ständigem Wandel und einem Mit-der-Zeit-Gehen sowie der richtige «Stil» als Kennzeichen der Zugehörigkeit zur «in-Group» – zum Modell für das *allgemeine* Konsumverhalten überhaupt. Die 20er Jahre markieren somit den Beginn der eigentlichen Konsum-Kultur, in der immer neue Kaufprozesse mit der Behauptung stimuliert werden, die gekauften Konsumwaren würden den Käufer jung machen und jung erhalten. Die Jugend war schon lange nicht mehr eine Bedrohung für die Gesellschaft, sondern ganz im Gegenteil ein Idealbild. «Der Pfad der Verdammnis» – so beschreibt es Pauline Fass – wurde zum «Weg der Schönheit».

Der dritte Punkt steht mit diesem Sachverhalt in engem Zusammenhang: Das neue Freizeitverhalten der Mittelschicht wurde auch zum Modell für die Arbeiterjugend. Das zeigte sich ganz unmittelbar in einer Flut von Campus-Filmen, Erzählungen und Büchern: Die College-Mode wurde zum Vorbild für die Ladenmädchen, und die Campus-Clubs spielten eine wichtige Rolle für die Wochenend-Phantasien der Büroangestellten. Noch wichtiger aber ist die Tatsache, daß die Organisation des Campus schließlich – wie wir schon gesehen haben – zum Modell für die Organisation der High-School wurde: Die konformistischen Verhaltensweisen der Studenten in den 20er Jahren fanden – in einem noch viel restriktiveren Kontext – ihre Fortsetzung in der Konformität der Teenager in den 50er Jahren.

Vor diesem Hintergrund wird auch die spezifische Radikalität der Jugendlichen und der Jugendkultur in den 60er Jahren verständlich; hier wurden die Klassenverhältnisse gerade umgekehrt: Die Teenager der Mittelschicht übernahmen ganz bewußt die Wertvorstellungen und den Stil der Unterschicht-Jugend, die mittlerweile ihre eigene Macht und ihren eigenen Glamour gewonnen hatte. Das war ein Ausdruck für die Abkehr von den Normen nicht nur der «Gleichgesinnten», sondern auch des bürgerlichen Mittelstandes. Zwar ging die Jugendkultur der 60er Jahre immer noch in erster Linie von den Colleges aus, doch die studentischen Rebellen, die die Spielregeln der Bruderschaften, des Petting und des «Großen Spiels» nicht mehr akzeptierten, orientierten sich immer stärker an Wertbegriffen, die sich nicht auf den Campus beschränkten, sondern im Zusammenhang mit dem Protest der Generation gegen das etablierte politische, wirtschaftliche und sexuelle System standen. Dazu gehörte zum Beispiel auch die radikalisierende Wirkung der Bürgerrechtsbewegung in den USA.

Die Studentenbewegung wurde also durch die Verbindung mit der «Jugendkultur» keineswegs geschwächt, sondern bezog aus ihr erst ihren revolutionären Elan, und die Fragen, die von den radikalen Studenten in den 60er Jahren gestellt wurden, müssen ernsthaft untersucht werden: Gab es ein neues System von Aktivitäten, Überzeugungen und Wertmaßstäben, das auf der einen Seite die Jugendlichen von den Erwachsenen unterschied, ihnen aber auf der anderen Seite auch eine neue Identität vermittelte, die imstande war, Klassenschranken zu überwinden? Hatte die Jugendkultur überhaupt eine politische Bedeutung?

Die positive Antwort auf diese Fragen geht hauptsächlich auf eine Argumentation zurück, die ursprünglich von Karl Mannheim entwickelt wurde und die davon ausging, daß den Jugendlichen in den meisten Gesellschaften bestimmte Tätigkeitsbereiche und Rollen zugewiesen werden, die zu einem spezifischen Zusammengehörigkeitsgefühl dieser Altersgruppe führen; das Bewußtsein von der Zugehörigkeit zu einer Altersgruppe wird allerdings in der Regel nur durch die unmittelbaren Probleme des Selbstverständnisses der Jugendlichen und nur selten durch ein historisches «Generationenbewußtsein» geweckt.

In bestimmten historischen Situationen jedoch – Mannheim bezog sich dabei auf Phasen tiefgreifender gesellschaftlicher Umwälzungen und politischer Instabilität – wird aus einer spezifischen Altersgruppe wirklich eine neue Generation, und damit erlangt auch die Jugendkultur echte politische Bedeutung. Auch die positive Einschätzung der Jugendkultur der 60er Jahre basierte auf einer solchen historischen Analyse. Das Schwergewicht lag dabei auf dem kapitalistischen «Boom» von 1952 bis 1968, den Auswirkungen der Vollbeschäftigung für die Jugend, der Ausweitung der sekundären und höheren Bildungsbereiche, der wachsenden Bedeutung von Universität und Forschung, und dem Rückgang von ungelernter Arbeit. Mannheim versuchte zu zeigen, daß die Erfahrungen der Jugend in den 60er Jahren etwas völlig Neuartiges waren und daß die Jugendlichen sich durch diese Erfahrungen als selbständige Gruppe von den Erwachsenen trennten. So versuchten beispielsweise die sogenannten «Weathermen» (eine Radikalenbewegung der Linken in den USA) eine revolutionäre Jugendbewegung («Revolutionary Youth Movement» – RYM) auf der Erkenntnis aufzubauen, daß alle jungen Leute in gleicher Weise ausgebeutet und unterdrückt würden. Für sie waren die Studenten, die Wehrdienstleistenden und die Arbeitslosen alle gleichermaßen in die «Abschöpfung von Mehrwert» integriert und trugen somit zur Lösung der Überproduktionsprobleme des amerikanischen Kapitals bei – noch deutlichen richteten sich die Unterdrückungsmaßnahmen gegen alle Jugendlichen gleichermaßen: Alle jungen Leute machten die Erfahrung, daß ihre Freizeitvergnügungen – «Sex and Drugs and Rock 'n' Roll» – von der Polizei bedroht wurden, auf dem Campus genauso wie auf den Straßen und in den Kasernen.

Die Revolutionäre Jugendbewegung hatte aber nur geringen Zulauf, denn politische Bewegungen lassen sich nicht auf Abstraktionen aufbauen und Solidarität resultiert nur aus gemeinsamen Erfahrungen und dem gemeinsamen Glauben, daß kollektives Handeln Veränderungen herbeiführen kann. Es zeigte sich jedoch, daß die meisten Jugendlichen in den 60er Jahren keineswegs das *Gefühl* hatten, auf gleiche Weise ausgebeutet zu werden. Zwar stand ihnen in Gestalt der Polizei und der Drogendezernate ein gemeinsamer Feind gegenüber, aber der Kampf zur Verteidigung des Privatvergnügens bildete keine ausreichende Grundlage für eine dauerhafte politische Organisation, und die Revolutionäre Jugendbewegung verwechselte das allgemeine Gefühl von Machtlosigkeit, das die Jugendlichen auch schon lange vor den 60er Jahren kannten, mit den besonderen Problemsituationen in Berkeley und Oakland, in San Francisco und Leavenworth. So blieb die Jugendkultur trotz aller gemeinsamen Erfahrungen von Ruhelosigkeit und Frustration auch weiterhin von der Trennung der Klassen, Rassen und Geschlechter bestimmt, und die 70er Jahre sahen ein allgemeines Wiederaufleben der alten Normen und Wertvorstellungen – sowohl aus der Campus-Kultur der 20er Jahre wie auch aus der Teenagerkultur der 50er Jahre; der einzige Unterschied war, daß diese Normen und Wertvorstellungen diesmal mit einem neuen Konsumverhalten (insbesondere dem verstärkten Drogenkonsum), mit neuen Vorstellungen von persönlicher Freiheit (in erster Linie auf sexuellem Gebiet) und mit einer weit kritischeren Einschätzung des etablierten «Systems» einhergingen.

Dennoch gab es auch eine ganze Reihe von Erfahrungen, die zur Herausbildung eines echten Generationen-Bewußtseins beitrugen und nicht von der Bedeutung des Rock 'n' Roll isoliert werden dürfen. Da war zunächst einmal der Vietnam-Krieg. Es war vor allem dieser Krieg (und die damit verbundene allgemeine Wehrpflicht), der den Zündstoff für die Radikalisierung der amerikanischen Studenten lieferte und der Campus-Kultur der 60er Jahre politischen Stellenwert verlieh. Das wird auch daran deutlich, daß das Ende des Vietnam-Krieges gleichzeitig das Ende des Radikalismus der Linken in den USA bedeutete. Mir kommt es jedoch auf einen wichtigeren Aspekt an: Es gab nämlich in den 60er Jahren eine *Generation* von jungen Amerikanern, die ihr Leben nur in bezug auf den Vietnam-Krieg definieren und begreifen konnten; dabei spielte es kaum eine Rolle, ob sie wirklich in Vietnam kämpfen mußten oder nicht. In Kriegszeiten kommen zwar sehr viele junge Menschen zusammen, doch sind die Voraussetzungen für das Aufblühen oder auch nur die Existenz einer eigenen Jugendkultur in der Regel nicht sehr günstig. Der Vietnam-Krieg bildete hier jedoch eine Ausnahme; er vermittelte der Jugend eine ganz neue Art von Erfahrung, und zwar nicht nur denjenigen Jugendlichen, die die endlose Langeweile, die Sinnlosigkeit und die Angst des Kriegsdienstes mit Hilfe von Drogen und Rock 'n' Roll-Musik überlebten, sondern auch denen, die sich mit ihrer persönlichen Verzweiflung und ihrer politischen Entschlossenheit, sich nicht einziehen zu lassen, auseinandersetzen mußten.

Der zweite wichtige Faktor war das Jahr 1968 mit seinen Ereignissen in Paris, in der Tschechoslowakei und – auf anderer Ebene – auch im übrigen Europa und in Amerika, als es für eine Weile so aussah, als könnten die Gesellschaften, Institutionen und Menschen tatsächlich befreit werden. Die Auswirkungen dieser Erfahrungen sind mittlerweile durch den langen Prozeß der «Normalisierung» noch deutlicher geworden. Solche ungewohnten, «unnormalen» Erfahrungen gibt es nur selten, und die Ereignisse des Jahres 1968 veränderten das Leben der Menschen auf unerwartete und persönliche Weise; ganz gleich, wie sich der Normalisierungsprozeß im öffentlichen Leben durchsetzen konnte – im persönlichen Lebensbereich *konnte* die Situation nach 1968 nie wieder so sein wie früher. Die Ereignisse von 1968 waren für die Jugendlichen sicherlich eine viel weniger konkrete Erfahrung als beispielsweise der Vietnam-Krieg, und sie waren in ihrer Wirkung auch nicht so ausschließlich auf die Jugend beschränkt wie dieser Krieg, aber nur die Jugendlichen reagierten auf die Ereignisse von 1968 mit einer spontanen Begeisterung und ohne einen Anflug von Angst vor einer Störung der öffentlichen Ordnung und Routine, wie sie selbst den überzeugtesten Revolutionär nach jahrelanger Zurückhaltung beschleichen muß. So war die Rockmusik auch mit den Ereignissen von 1968 eng verbunden.

Wenn ich hier in erster Linie die generationsspezifische Grundlage für die Jugendkultur der 60er Jahre hervorhebe und nicht so sehr den eher oberflächlichen Aspekt des gemeinsamen Konsum-Geschmacks, dann aus dem Grunde, weil die Entstehung und Zersplitterung einer Jugendkultur in erster Linie von der Geschichtswissenschaft erklärt werden muß, nicht aber von der Soziologie. Die jungen Menschen erlebten in den 60er Jahren – insbesondere in bezug auf den Krieg und die Politik – einen immer schärferen Widerspruch zwischen gesellschaftlichen und persönlichen Verpflichtungen, zwischen Freiheit und Verantwortung, und es war vor allem die Rockmusik, die sich mehr als jede andere Ausdrucksform mit diesen Problemen auseinandersetzte und sie anschaulich machte. Aber die 60er Jahre waren in gewisser Weise eine Ausnahmesituation, und in den 70er Jahren normalisierte sich sowohl die Jugend als auch die Rockmusik. Die Disziplin, die sich mit dieser Normalität beschäftigt, ist die Soziologie, und deshalb kehren wir zu ihrer Terminologie zurück.

Die Soziologie der Jugend beschäftigt sich in erster Linie nicht mit generationsspezifischen oder geschichtlichen Erfahrungen, sondern mit Strukturen und Funktionen. Aus der Sicht der Soziologie ist eine Jugendkultur lediglich eine Lösungsform für die allgemeinen Probleme der Heranwachsenden: *Alle* jungen Menschen durchleben eine ähnliche Übergangsphase, in der sie sich von den Familien lösen, in denen sie aufgewachsen sind, und sich dem ökonomischen und gesellschaftlichen System zuwenden, in das sie sich schließlich integrieren müssen. Mit anderen

Worten, *alle* Jugendlichen haben den gleichen marginalen gesellschaftlichen Status. Gleichgültig, ob sie in der Schule oder an der Universität studieren, ob sie eine Lehre machen oder nur ungelernte Arbeiter sind – sie sind nicht wirklich in das Wirtschaftssystem integriert; und weil sie der elterlichen Familie entwachsen sind, aber noch keine eigene Familie gegründet haben, sind sie auch nicht in das soziale System integriert. Deshalb gibt es in allen Gesellschaften eine Reihe von «vorbereitenden» Institutionen, die den Zweck haben, die Jugendlichen in dieser Übergangsphase zu lenken – dabei handelt es sich nicht nur um formelle Organisationen wie die Schule, sondern auch um informelle Freizeit-Organisationen, die auf die Erwachsenenwelt vorbereiten sollen. Daher kommt es, daß alle jungen Menschen – ganz gleich, wie sehr sie sich sonst unterscheiden mögen – die gleichen Erfahrungen von Machtlosigkeit teilen.

Gemeinsame Erfahrungen schaffen auch gemeinsame Bedürfnisse; so suchen die Heranwachsenden eine Stabilität, an der sie sich in dieser Veränderungsphase orientieren können, und sie streben nach Selbständigkeit, Status und Selbstachtung, um die Zeit der gesellschaftlichen Bedeutungslosigkeit überstehen zu können. So erklärt sich zum Beispiel auch die Bedeutung der «Gruppen von Gleichgesinnten» – ein Mittelding zwischen Familie und Gesellschaft – mit ihren Symbolen von Stolz und Selbstsicherheit, von Zugehörigkeit und Ausgeschlossensein. Die Werte der «Gruppen von Gleichgesinnten» stehen dabei nicht im Widerspruch zu den Werten der Erwachsenen, sondern bereiten eher auf diese vor, und die Jugendlichen werden nur dann zu einem wirklichen Problem für die Gesellschaft, wenn sie sich weigern, erwachsen zu werden – eine Weigerung, die in den Augen der Soziologen der 60er Jahre größtenteils keine politische Bedeutung hatte, sondern ödipaler Natur war.

Der Widerstand der Historiker gegen diese Art der Argumentation bezieht sich vor allem darauf, daß sie von einer Abstraktion ausgeht: Die klassen- und geschlechtsspezifischen Erfahrungen der einzelnen Gruppen, ihr unterschiedlicher wirtschaftlicher und familiärer Status, ihre unterschiedliche gesellschaftliche Machtposition und ihre unterschiedlichen Aussichten auf bildungsmäßigen oder sozialen Aufstieg sind eben *nicht gleich* – weder aus subjektiver noch aus objektiver Sicht – auch wenn alle Mitglieder dieser verschiedenen Gruppen das gleiche Alter haben.

Jugend und Produktionssystem

Alle Jugendkulturen sind sowohl aus der Sicht der Medien wie auch aus der Sicht der wissenschaftlichen Beobachter grundsätzlich Freizeitkulturen, die jeweils auf einem bestimmten Konsum-Stil aufbauen. Was aus dieser Sicht die Jugend über sämtliche Klassen- und Geschlechtsunterschiede hinweg verbindet, ist die Tatsache, daß alle Jugendlichen den gleichen Geschmacksstil haben. So wird das Jugendproblem als ein Problem der Konsum-Auswahl definiert, und die Jugendsoziologie wurde dementsprechend zu einer Konsum-Soziologie, wobei es nur von zweitrangiger Bedeutung ist, ob die Jugendkulturen als Ausdruck von klassenspezifischen Wertvorstellungen, von Subkulturen, von psychosozialen Bedürfnissen oder von kommerziellen Zwängen interpretiert werden. Die Analyse hat allein die Aufgabe, den Geschmacksstil der Jugend im Zusammenhang mit dem vorherrschenden Wertsystem zu erklären und dann die Ursprünge dieses Wertsystems aufzuspüren. Wenn wir aber die *Unterschiede* zwischen den einzelnen Jugendkulturen ins Auge fassen, dann wird sehr schnell deutlich, daß diese Kulturen nicht nur Konsumpräferenzen und Konsumwerte zum Ausdruck bringen, sondern darüber hinaus auch die Verhältnisse von Produktion und Arbeitsmarkt widerspiegeln. So kann man beispielsweise für England eine Reihe von deutlichen Unterscheidungen feststellen.

Erstens nimmt die Zahl derjenigen Jugendlichen immer mehr zu, die in keinem richtigen Arbeitsverhältnis stehen, sondern sich bis zum Eintritt ins Erwachsenenleben ausschließlich in der Ausbildung befinden. So haben die Unterschiede zwischen den englischen und den amerikanischen Jugendkulturen der letzten 30 Jahre ihre Ursache darin, daß es in Amerika eine sehr viel größere College-Population gibt und der Anteil der Jugendlichen, die auch nach dem 16. Lebensjahr weiterhin in der Ausbildung bleiben, bei den Amerikanern sehr viel höher ist. Dabei überdecken die allgemeinen Statistiken, die sich mit Schülern und Studenten befassen, eine ganze Reihe von unterschiedlichen Faktoren, so zum Beispiel die unterschiedlichen Erfahrungs- und Lebensbereiche von Elternhaus und Campus; aber es geht mir in diesem Zusammenhang vor allem um die folgenden Punkte: Erstens hat das College-Leben eine weitgehende soziale Trennung von Studenten und jungen Arbeitern zur Folge, die sich besonders im Freizeitverhalten bemerkbar macht und unter anderem an der geringen Häufigkeit von Ehen zwischen Studenten und Arbeitern ablesbar ist. Und zweitens gelten für die Studenten völlig andersartige Formen der Kontrolle und andersartige Strukturen von Disziplin und Freizeit als für diejenigen, die im Arbeitsleben stehen.

Unter den jungen Arbeitern gibt es eine deutliche Trennung nach Geschlechtern. Der überwiegende Teil der wenigen Mädchen, die eine Lehrstelle bekommen, erhalten eine Friseusen-Ausbildung, und die wenigen, die die Möglichkeit haben, einen richtigen Beruf zu lernen, werden gewöhnlich Krankenschwestern. Die meisten Mädchen arbeiten allerdings sowieso nur als Verkäuferinnen, in Dienstleistungsbetrieben oder im Büro. Die Mädchen haben im allgemeinen nur sehr beschränkte Berufsmöglichkeiten – die wenigsten haben in ihrem Beruf eine längerfristige Perspektive –, und für die Analyse der geschlechtsspezifischen Diskriminierung spielt vor allem das Fehlen von geeigneten Ausbildungsmöglichkeiten eine Rolle, während der ungleiche Verdienst von zweitrangiger Bedeutung ist. Für einen großen Teil der weiblichen Schulabgänger ist die Ehe immer noch die einzige «Berufsperspektive» und auf lange Sicht die einzige wirtschaftliche Überlebensmöglichkeit. Deswegen sehen auch heute noch so viele Mädchen «das Hausfrauendasein als ihre Berufung an», wie es ein Wissenschaftler ausdrückte. Eine Vielzahl von Untersuchungen hat gezeigt, wie sehr sich Ehe und berufliche Perspektive entsprechen: Geringe Zukunftserwartungen führen zu frühen Heiratsabsichten und einem eher traditionellen Verständnis der weiblichen Rolle. Die Ehe stellt also auch einen Ausweg aus einer gescheiterten Ausbildung oder aus der Unzufriedenheit mit der Arbeit dar – ein Ausweg, der den Jungen nicht zur Verfügung steht.

Auf den ersten Blick scheint sich die Beschäftigungssituation der Mädchen im Vergleich mit der Situation vor dem Kriege erheblich verändert zu haben. So war beispielsweise noch im Jahre 1931 fast ein Viertel aller arbeitenden Mädchen in England im Alter zwischen 14 und 17 Jahren als Hausangestellte beschäftigt, obwohl dieser Tätigkeitsbereich schon seit der Jahrhundertwende immer mehr an Bedeutung verloren hatte. Heutzutage dagegen arbeiten Mädchen kaum noch als Bedienstete. So entstand der weitverbreitete Eindruck, daß die Freiheit und Unabhängigkeit der Teenager-Mädchen in unserem Jahrhundert immer größer geworden seien. Das Grundmuster der Arbeitstätigkeit von Mädchen hat sich jedoch kaum verändert: Mädchen werden fast überhaupt nicht in Lehrprogramme einbezogen und sind von Facharbeitertätigkeiten so gut wie ausgeschlossen. Genau wie vor hundert Jahren ist auch heute noch die Ehe der wichtigste Tätigkeitsbereich für alle Mädchen, die keinen Zugang zum höheren Bildungssystem haben. Die Teenagermädchen wissen nur zu gut, daß die Ehe nach wie vor die beste und entscheidende «Karriere» darstellt.

Innerhalb der jungen männlichen Arbeiter in England bilden die Lehrlinge die größte Gruppe. Natürlich gibt es hier erhebliche Unterschiede, insbesondere zwischen den Lehrlingen, die sich für eine Facharbeiterlaufbahn in der Industrie qualifizieren, und denen, die selbständige Handwerker werden wollen. Dennoch lassen sich einige allgemeine Aussagen treffen. Erstens haben die Lehrlinge, unabhängig von der Dauer ihrer Lehrzeit, von Anfang an eine Perspektive für das ganze Leben: Sie kennen ihre Zukunft. Zweitens führt die große Bedeutung der formalen Ausbildung für ihre späteren Tätigkeiten zur Entwicklung einer Arbeitsdisziplin, die einerseits der Schuldisziplin, andererseits aber auch den Arbeitsplatzerfahrungen der Erwachsenen entspricht. In gewisser Hinsicht ist die

Situation der Lehrlinge noch schlechter als die ihrer ungelernten Altersgenossen, denn sie werden schlechter bezahlt, haben einen niedrigeren Arbeitsstatus und sind in viel stärkerem Maße einer autoritären Kontrolle ausgesetzt; auf der anderen Seite haben sie dafür auch sehr viel stabilere Arbeitsplätze, ihre Arbeitssituation wird von den Kollegen beneidet und macht es ihnen leicht, sich den Arbeitsgewohnheiten und Verhaltensweisen der Erwachsenen anzupassen.

Diese Trennung zwischen Lehrlingen und anderen jungen Arbeitern sowie die daraus resultierende gesellschaftliche Unterscheidung in gelernte und ungelernte Arbeit hat eine lange Geschichte. Die Hierarchie der vor-industriellen Arbeit blieb – wenn auch in veränderter Form – nach der industriellen Revolution weiter bestehen, und die Arbeitsteilung wurde in der zweiten Hälfte des 19. Jahrhunderts immer rigider. John Gillis argumentiert in seiner Geschichte der Jugend, daß die «zweite industrielle Revolution» um die Jahrhundertwende nicht nur zu einer Erhöhung des Arbeitsplatzangebots für ungelernte Teenager (wie zum Beispiel der «Knabenarbeit» im Vertriebs- und Transportwesen) bei einer Verringerung der zur Verfügung gestellten Lehrstellen führte, sondern daß sie darüber hinaus bewirkte, daß ungelernte Arbeit zumindest am Anfang einen höheren Verdienst bietet als qualifizierte Arbeit. Die jungen ungelernten Arbeiter konnten von Anfang an so etwas wie einen richtigen «Erwachsenenlohn» beanspruchen, während die Lehrlinge zur gleichen Zeit nicht viel mehr als ein Almosen bekamen. Das führte zu einer Verschärfung der Unterschiede innerhalb der Arbeiterklasse selbst, denn die ärmeren Schichten waren darauf angewiesen, daß ihre Kinder so schnell wie möglich ein möglichst hohes Einkommen erzielten, während die Bessergestellten es sich leisten konnten, in die Zukunft ihrer Kinder zu investieren. Die Aufteilung der Arbeit in Lehrberufe und ungelernte Tätigkeiten erhielt den zusätzlichen Aspekt der kulturellen Aufteilung in «ehrbar» und «ungebildet».

Die moderne Forschung vertritt häufig die These, daß der «bedeutende Unterschied» zwischen den gelernten und den ungelernten Jungarbeitern vor allem auf dem unterschiedlichen Grad ihrer Identifizierung mit der Arbeit beruht. Die Lehrlinge werden durch ihre Beschäftigungssituation und durch die unmittelbare Einbeziehung in die Arbeitsinstitutionen der Erwachsenen, wie zum Beispiel die Gewerkschaften, «stabilisiert», und die «white collar»-Arbeiter schätzen die langfristigen Früchte ihrer Ausbildung ähnlich realistisch ein. Für die jungen ungelernten Arbeiter jedoch entsteht erst nach der Eheschließung die Notwendigkeit, einer «geregelten Arbeit» nachzugehen.

Die Unqualifizierten und Ungelernten nehmen im Produktionssystem eine besondere Stellung ein. Sie wechseln häufig den Arbeitsplatz (Jungen oft auch die Tätigkeit), und im Alter von 20 Jahren ist meistens schon die höchstmögliche Position, wenn auch nicht der maximale Lohn erreicht. Die ungelernten Arbeiter laufen immer Gefahr, ihre Arbeitsplätze an jüngere, billigere Arbeitskräfte zu verlieren, und die hohe Fluktuation bei ungelernten Jungen verweist sowohl auf ihre Bereitschaft, eine Tätigkeit aufzugeben, wenn sie «die Nase voll» haben, als auch auf die verbreitete Praxis der Arbeitgeber, sie im Falle von «schlechter Arbeitsdisziplin» sofort vor die Tür zu setzen.

Diese Fraktion der jungen Arbeiterschaft wurde schon immer als Quelle von Unruhen betrachtet, und hierher gehören auch die jungen «Rowdys», angefangen bei den «Scuttlers» im 19. Jahrhundert bis hin zu den «Skinheads» unserer Tage. Die soziologische Erklärung dafür lautet «Anomie»: der junge ungelernte Arbeiter hat zu dieser Zeit weder zu Hause noch in der Arbeit seinen eigenen Platz gefunden, er ist ziellos und ständig auf der Suche nach einer befriedigenden Arbeit, er ist laufend schlechten Einflüssen – sowohl krimineller als auch kommerzieller Art – ausgesetzt und stellt somit ein Problem für die Sozialarbeiter dar. Sein verantwortungsloses Freizeitverhalten ist ein Ergebnis der hohen Arbeitsunzufriedenheit – und damit sind wir wieder bei der alten Unterteilung in Straßenjunge und College-Boy.

Es besteht kein Zweifel daran, daß sich die Trennung von gelernter und ungelernter Arbeit auf das Freizeitverhalten auswirkt; weniger klar ist hingegen, daß das eigentliche Problem dabei die unterschiedliche *Einstellung* zur Arbeit und ein unterschiedliches Maß an Arbeitszufriedenheit ist. Die Lehrlinge fühlen sich in ihrem Alltag gelangweilt und frustriert und suchen ihr Vergnügen in der Freizeit, und auch die Ungelernten beurteilen ihre Arbeitsmöglichkeiten ganz ähnlich. Ihr häufiges Wechseln von einer Tätigkeit zur anderen ist oft durchaus gewollt und geplant; die Zeit, in der sie jung sind und sich amüsieren wollen, ist für sie lediglich eine Phase ihrer Entwicklung, und sie wissen genau, daß sie anschließend heiraten und ein geregeltes Leben führen werden. Für sie ist diese Phase eher ein positives als ein negatives Zwischenspiel.

Das unterschiedliche Freizeitverhalten ist eher Ausdruck von unterschiedlichen Möglichkeiten als von unterschiedlichen Wertvorstellungen. Das wird vor allem im Kontext der Jugendarbeitslosigkeit deutlich, die sich zu *dem* modernen Jugendproblem schlechthin entwickelt hat: So tragen in den USA und in Europa die Jugendlichen zwischen 16 und 25 Jahren die Hauptbürde der wirtschaftlichen Rezession. Arbeitslosigkeit ist eindeutig ein Problem des Arbeitsmarktes und nicht die Folge von persönlichen Einstellungen, und heutzutage fallen die jugendlichen Arbeitslosen und die jugendlichen Ungelernten nicht mehr in zwei verschiedene Kategorien auseinander, sondern tauchen in ein und derselben Statistik auf.

In der Vergangenheit wurde das Konzept einer unregelmäßigen und periodisch unterbrochenen Beschäftigung dadurch ermöglicht, daß den jungen Arbeitern eine Vielzahl von Tätigkeiten offenstand, die teilweise sogar gerade wegen ihrer Härte und Unregelmäßigkeit nur von ihnen übernommen werden konnte. Heute jedoch verlangen die Arbeitgeber in zunehmendem Maße eine gewisse Beständigkeit, eine reife, «verantwortungsvolle» Einstellung zur Arbeit, und auf lange Sicht wird sich dieser Wandel im Bereich der Arbeitsplätze für Jugendliche auch auf deren Freizeitverhalten bestimmend auswirken. Die immer weiter abnehmende Bedeutung der ungelernten Gelegenheitsarbeit hat den Niedergang einer Gruppe zur Folge, die immer als der eigentliche Kern der hedonistischen Teenager-Kultur galt, und gleichzeitig führt die ständig wachsende Zahl von langfristig arbeitslosen Jugendlichen auch zu einer wachsenden Zahl von jungen Leuten, die überhaupt keine Freizeit mehr haben.

Es ist behauptet worden, daß der Punk-Rock der erste Ausdruck dieser Jugendarbeitslosigkeit war. Bevor ich jedoch auf das Verhältnis der einzelnen Gruppen der Jugend zur Musik näher eingehe, möchte ich noch auf einen letzten Aspekt des Teenager-«Booms» hinweisen. Die «wohlhabenden» Teenager der 50er und 60er Jahre hatten nur deshalb so viel Geld, weil ihre Eltern wohlhabend waren und ein «frei verfügbares Einkommen» hatten. In der Vergangenheit, beispielsweise in den 30er Jahren, war es immer so gewesen, daß die Jugendlichen selbst arbeiten mußten, um den Unterhalt ihrer Familie zu sichern und den Eltern das Geld für die jahrelangen «Unterhaltskosten» zurückzuzahlen. Einer der Gründe für die Vergnügungen der Teenager in den Jahren von 1950 bis 1970 sowie für ihre plötzliche Unabhängigkeit von der Familie war also die Tatsache, daß Eltern dieser Jugendlichen voll arbeiteten und insofern ihre wirtschaftliche Lage verhältnismäßig gut war. Eine solche Unabhängigkeit muß aber nicht unbedingt von Dauer sein.

Ich bin in diesem Kapitel vor allem auf die englische Sozialstruktur eingegangen, weil ich sie aus eigener Erfahrung kenne. Als ich in den 60er Jahren die Schule und die Universität besuchte, war es mir durchaus bewußt, daß ich den gleichen Geschmack hatte wie die Kinder an anderen Schulen (die lange vor mir die Schule verlassen würden), daß aber unser Leben trotzdem sehr verschieden war und gemeinsame Vorlieben nicht gleichbedeutend sind mit einer gemeinsamen Kultur. Die gleichen Unterscheidungen von Studenten und Arbeitern, männlich und weiblich, gelernt und ungelernt, beschäftigt und arbeitslos gelten auch für die USA, wobei dort die Situation aufgrund von ethnischen und regionalen Unterschieden in bezug auf Arbeitserfahrung und Arbeitschancen noch kompliziert wird. Auch in Amerika werden die Entscheidungen von Jugendlichen nur im Zusammenhang mit Chancen und Schranken verständlich.

Dennoch bleibt die Soziologie der Jugend die Soziologie der Wahlmöglichkeiten. Selbst die Theoretiker einer jugendlichen Subkultur versuchen – anfangend bei Chicago in den 20er Jahren, endend bei Birmingham in den 70er Jahren –, die Jugend von einem Klassen-Standpunkt aus zu verstehen und konzentrieren sich auf den klassenspezifischen Charakter von *Wertbegriffen.* Jugendliche Subkulturen werden nach ihrem Stil klassifiziert; man untersucht das Freizeitverhalten der jungen Leute isoliert von der Alltagssituation in der Familie und bei der Arbeit; dabei leitet sich das Erkenntnisinteresse aus ideologischen Überlegungen her, wie zum Beispiel aus der Annahme einer Klassentradition und einer kulturellen Übertragung. «Jugendkriminalität» wird in diesem Zusammenhang als ein Etikett aufgefaßt, und das Interesse richtet sich auf diejenigen, die es verwenden – die Polizei, die Gerichte, die Presse – sowie auf die Zeichen und Symbole des Freizeitverhaltens. Die Theoretiker der Subkultur gingen ganz selbstverständlich von den Wahlmöglichkeiten der Jugendlichen aus und sahen ihre wissenschaftliche Aufgabe lediglich in der *Interpretation* dieser Auswahl.

Meine These lautet dagegen, daß für die Jugend wie für alle anderen auch der Freizeitkonsum und das Freizeitverhalten nur unter Berücksichtigung der Beziehung zwischen Auswahlmöglichkeiten und Beschränkungen gesehen werden kann. Die Schwierigkeit besteht darin, daß die Jugend schon seit den 20er Jahren zu einem Symbol für Freizeit und Vergnügungen geworden ist. Die Jugendlichen scheinen in unserer Gesellschaft mehr Freiheit zu genießen als die übrige Bevölkerung, was zum Teil mit der Standard-Erklärung der Soziologie gedeutet werden kann: Die Jugendlichen befinden sich in einer Randposition und sind – anders als die Älteren – nicht in die Zusammenhänge und Strukturen von Familie und Beruf eingebunden. Wichtig dabei ist aber, daß die Jugend nicht *wirklich* frei ist. Das wahre Wesen der Jugendkultur besteht darin, daß die Jugendlichen die Probleme ihrer Arbeit, ihrer Familie und ihrer Zukunft auf ihre freie Zeit *verlagern*; daß sie ihr Leben deshalb als Spiel verstehen und das Schwergewicht auf die Freizeit legen, weil sie eben *keine* gesellschaftliche Macht haben. Und auch für die ältere Generation ist die Jugendkultur bedeutsam, denn das Freizeitverhalten der Jugendlichen führt die Probleme von Freiheit und Beschränkungen im Kapitalismus aufs deutlichste und nachhaltigste vor Augen. Die Jugend hat nach wie vor Modellfunktion für den Konsumtionsbereich.

Kapitel 9
Jugend und Musik

Elizabeth Hardwick erinnert sich mit den folgenden Worten an ihre Jugendzeit in Kentucky vor dem Krieg:

> Unsere High-School-Tanzfeste im Winter waren kleine, miese lokale Ereignisse. Wir trugen Locken, rote Taftkleider und Satinschuhe, die in den Regenpfützen ihre neue Farbe verloren; vor allem aber trugen wir eine wilde Hoffnung auf Popularität mit uns herum. Das war wie eine Wolldecke, unter der man ersticken muß, wie ein Zelt ohne Luft. Wir standen schwer atmend und grinsend um das Klavier herum und belagerten Fats Waller, der extra aus Cincinnati zu unserem Fest gekommen war. Musikwünsche, verschwörerische Blicke, betrunkene Teenager und einschlafende Lehrer und Anstandspersonen – das war es, was wir der Musik entgegenbrachten, die, wie ich glaube, für uns den Charakter von etwas Unvermeidlichem hatte, das einfach aus dem Boden der Gemeinschaft erwuchs.[1]

Die populäre Musik war eng mit den Erfahrungen des Heranwachsens verbunden. Diese Entwicklung hatte bereits Anfang des Jahrhunderts begonnen, als die Tanzmode die amerikanischen Städte überschwemmte und die englischen Music-Halls voller «junger Männer» waren, meist Verkäufer und Büroangestellte, die sich für das Wochenendvergnügen feingemacht hatten. In Middletown standen in den 20er Jahren Musik und Radio an erster Stelle auf der Interessenliste der Jungen und Mädchen, ganz gleich, aus welcher Schicht sie kamen, und das Tanzen war, wie Robert und Helen Lynd berichten, «eine allgemein verbreitete Kunst unter den Jugendlichen und wird zunehmend zum Mittelpunkt ihres gesellschaftlichen Lebens.»

In den 30er Jahren waren Hinweise auf die «Unabhängigkeit» der Jugend bereits journalistische Gemeinplätze; der Jazz übte als Tanzmusik eine außerordentliche Anziehungskraft aus, wurde aber ebensowenig wie jede andere Form der Popmusik als direkter *Ausdruck* einer Jugendkultur angesehen. Die Musik war, wie es Elizabeth Hardwick ausdrückt, einfach *da*. Woher sie kam und für wen sie gemacht wurde – das waren unwichtige Fragen für die Jugendlichen, die nach ihr tanzten und sich zu dieser Musik verabredeten. Es war eine Musik, die von Erwachsenen gemacht wurde, und auch bei den Tanzveranstaltungen und in den Jazzclubs waren Erwachsene anwesend (selbst die High-School-Feste waren nur ein müder Abklatsch jener großen Veranstaltungen, die die Zukunft bringen sollte) und zumindest in Arbeiterfamilien waren die Radios und Schallplatten nach wie vor Familienbesitz. Der Konsumstil wurde von den Jugendlichen bestimmt, die genügend Freizeit hatten, und die Musik nahm bei ihren Aktivitäten die dominierende Rolle ein – und dennoch war es noch nicht ihre eigene Musik.

In der ersten Untersuchung über das Freizeitverhalten in England nach dem Krieg wiesen Rowntree und Lavers auf die anhaltende Bedeutung des Tanzens hin, aber sie stellten gleichzeitig fest, daß die Dancehalls von sehr jungen Leuten beherrscht wurden, «meist zwischen 16 und 24 Jahre alt, die sich aus der Arbeiterklasse und der unteren Mittelschicht rekrutieren». Rowntree und Lavers zeigten sich besorgt um die Konsequenzen:

> Der moderne Ball-Tanz könnte sehr leicht zu einer sinnlichen Form der Unterhaltung degenerieren, und die Wahrscheinlichkeit einer solchen Entwicklung wächst, wenn die Selbstbeherrschung durch den Alkohol noch weiter geschwächt wird, die Folge wäre wohl zumindest ein ungebärdiges Verhalten und häufig sicherlich auch sexuelle Unsittlichkeit.[2]

Dies waren die ersten Anzeichen für eine Teenager-Kultur, in der die Popmusik und das Jugendbewußtsein integriert wurden; diese Integration fand schließlich mit dem Rock 'n' Roll ihr eigenes Symbol. Die Jugend hatte schon immer Idole gehabt, zum Beispiel Filmstars, Sportler und Sänger wie Frank Sinatra und Johnnie Ray; das Neue am Rock 'n' Roll war nur, daß seine Künstler genauso jung waren wie das Publikum und daß sie eine ganz ähnliche Herkunft und ähnliche Interessen hatten. So kam es, daß der Aufstieg des Rock 'n' Roll auch beim Tanzen zu einer Kluft zwischen den Generationen führte, als nämlich die Dancehalls spezielle Rock 'n' Roll-Nächte veranstalteten oder ausschließlich Rock 'n' Roll-Musik spielten. Rock 'n' Roll-Schallplatten und Radiosendungen waren ausschließlich für Jugendliche gedacht (in England manifestierte sich die neue Konsumwelt der Teenager am deutlichsten in den «Browseries» – einer Kette von Selbstbedienungsläden – und den «Melody Bars»), und gegen Ende der 50er Jahre wurden die meisten Pop-Schallplatten allein von jungen Leuten gekauft. James Colemans umfangreiche Untersuchung über amerikanische Jugendliche aus dem Jahre 1961 bestätigte die Vermutung, daß die Musik zur beliebtesten Unterhaltungsform und der Rock 'n' Roll zur beliebtesten Musikform geworden war. Die große Bedeutung, die die Musik im Leben der Teenager einnahm, war für die Jugendforschung bald zur Selbstverständlichkeit geworden. Man erkannte, daß die Orientierung der Teenager am Pop auch dafür verantwortlich war, welche Fernsehprogramme sie sahen, welche Zeitschriften sie lasen, welche Cafés und Tanzveranstaltungen sie besuchten und welche «notwendigen Hilfsmittel» (wie Transistorgeräte, Plattenspieler, Tonbandgeräte, Gitarren u. ä.) sie gerne haben wollten.

In den 60er und 70er Jahren übernahm die Soziologie weitgehend die Argumentationsweise von Coleman, nach der dem Pop für die sozialen Strukturen der Teenager zentrale Bedeutung zukam. So folgerte beispielsweise eine vor kurzem erschienene Übersicht über die Literatur zum Thema Jugend in England: «In vieler Hinsicht ist die Musik für die englische Jugendkultur die wichtigste Beschäftigung geworden, aus der sich viele weitere Nebenbeschäftigungen ableiten.» Die meisten Jugendlichen zieht es vor allem deshalb in die Kneipen, Diskotheken und Jugendclubs, weil sie dort «ihre» Musik hören können, und «private Unterhaltung zu Hause» besteht in den meisten Fällen aus nichts anderem, als daß man entweder selbst Musik macht oder sich Schallplatten anhört. So stellen die Marktforscher immer wieder fest, daß Teenager ihr Geld vor allem für Tanzen und ganz allgemein für musikalische Produkte ausgeben. Dieser Zusammenhang zwischen Jugend und Musik ist keineswegs auf das kapitalistische Gesellschaftssystem beschränkt: Wenn in den USA und in England die Entstehung einer neuartigen Jugendkultur vor allem durch das Aufkommen des Rock 'n' Roll signalisiert wurde, dann trat diese neuartige Jugendkultur nach dem Erfolg der Beatles in den 60er Jahren auch in den meisten anderen europäischen Ländern, im Osten wie im Westen, in Erscheinung.

Wenn ich hier so scheinbar selbstverständliche Tatsachen strapaziere, so hat das einen guten Grund: Gerade die Selbstverständlichkeit, mit der das Musikinteresse der Jugend heute betrachtet wird, führt dazu, daß die wirklich wichtigen Fragen nicht mehr gestellt werden. Die von mir erwähnten Untersuchungen sind alle deskriptiver Natur: Sie zeigen, daß die Musik für die Jugendkultur eine Rolle spielt, aber sie sagen nichts über die Funktion dieser Musik aus. Angefangen mit Coleman sind viele Kommentatoren der Meinung, daß die Musik zwar ein universelles, allerdings auch recht oberflächliches Interesse der Teenager darstellt. So vermittelt der größte Teil der soziologischen Forschung eher den Eindruck einer Kultur, in der zwar ständig Musik gehört, der Musik aber nur selten richtig zugehört wird. Dieser Annahme möchte ich im folgenden Kapitel nachgehen und dabei einige wichtige Fragen untersuchen: Welche Bedeutung hat die Musik für die Jugendlichen? Warum ist das Heranwachsen so weitgehend eine musikalische Erfahrung? Wie wird diese Erfahrung von der Rockmusik beeinflußt und zum Ausdruck gebracht?

Der Gebrauch der Musik

Im Jahre 1973 habe ich selbst eine Untersuchung durchgeführt, bei der ich in der englischen Stadt Keighley 105 Schüler im Alter zwischen 14 und 18 Jahren befragte und auch mit ihren älteren College-Freunden redete. Die Ergebnisse dieser Untersuchung bestätigten die Tatsache, daß Rockmusik für alle Jugendlichen, unabhängig von ihrer unterschiedlichen sozialen Herkunft eine wichtige Erfahrung darstellt, aber mein besonderes Interesse galt den verschiedenen Funktions- und Geschmacksmustern, die das Verhältnis der Teenager zur Musik charakterisieren.

Auf der einen Seite war eine typische Kultur der Sechskläßler festzustellen, ein bestimmtes Gebrauchsmuster der Rockmusik, das für alle «sixth form»-Schüler (sowie für Studenten) galt, mit denen ich mich unterhielt, wobei die meisten aus der Mittelschicht kamen und über die Mindestschulzeit hinaus an der Schule blieben, um sich für das höhere Bildungssystem zu qualifizieren. Diese Schüler kauften vorzugsweise Langspielplatten statt Singles, ihr Geschmack war eher «progressiv» als «kommerziell», sie kümmerten sich nicht viel um das ganze Drumherum, der Rockmusik (wie zum Beispiel das Radio oder die Musikpresse), und sie besuchten eher Folk-Clubs oder Konzerte als Diskotheken und Tanzveranstaltungen. Die ideologische Grundlage ihrer Kultur war ein ausgeprägter Individualismus. Und auf Fragen nach ihren Geschmackskriterien antworteten sie etwa folgendermaßen:

> Ich habe meinen eigenen Geschmack, und ich lasse mich in bezug auf Musik von niemandem beeinflussen ... Ich mag das, was ich mag, und nicht das, was man mir vorschreibt oder einredet ...

Die Auswahl einer Schallplatte war für diese Jugendlichen eine persönliche Entscheidung von einiger Tragweite; so wurden LPs eigentlich so gut wie nie spontan oder auf bloße Vermutungen hin gekauft, und die «sixth formers» wiesen den Gedanken weit von sich, daß sie ihre Schallplatten auswählten, um einem Image oder einer Gruppenidentität gerecht zu werden – sie behaupteten sogar, kein besonderes Image zu haben («Ich bin ich selbst»), oder gaben nur sehr zögernd zu, daß auch sie ein Image haben könnten («Ich glaube schon, daß ich eins habe, obwohl ich das nur sehr ungern zugebe»/«Ich hoffe nicht»/«Ich *möchte* kein Image haben»). Leute, die musikalisch bewandert waren, spielten eine wichtige Rolle für die Information über Rockmusik und die Stimulierung des Interesses an dieser Musik, wobei eher Jungen als Mädchen wesentliche Funktionen bei der Geschmacksbildung hatten – aber letzten Endes war der musikalische Geschmack sehr individuell. Man hörte, bewertete und kritisierte Schallplatten im Hinblick auf ihre inhaltliche Bedeutung – die sich vornehmlich, aber durchaus nicht nur aus den Texten ergab – und man schätzte die Musik in bezug auf ihre Originalität, ihre authentische Aussagekraft und ihre Schönheit bzw. verurteilte sie ob ihrer Trivialität, Banalität und Monotonie. «Rubbish» – Mist – war die beliebteste verächtliche Bezeichnung für «kommerziellen Müll, der sich in deinem Kopf festsetzt, vor dem du nicht weglaufen kannst und der dich einfach nur ankotzt».

Für diese «sixth formers» beinhaltete Jugendkultur ein Wertsystem, das sich deutlich von dem einer älteren Generation unterschied: Ihr Selbstverständnis war, daß sie «gegen unvernünftige Ideen und konventionelle Lebensformen rebellierten», und sie befürchteten, daß auch die Jugendkultur keine wahre und sinnvolle Form der Individualität sei:

> Rockmusik ist leider sehr in Mode gekommen, und ihre Anhänger werden ausgebeutet. Es ist sehr schwierig, eine wirklich eigene Meinung von einer «konditionierten Reaktion» zu unterscheiden.

Im krassen Gegensatz zu den «sixth formers» stand die Kultur der «lower fifth», also derjenigen Schüler, die mit 16 die Schule verlassen. Sie kauften vorzugsweise Singles und sahen *Top of the Pops* im Fernsehen, sie gingen regelmäßig in Jugendclubs und Diskotheken, aber nur selten zu Konzerten, für ihren Geschmack waren Beat und Sound wichtiger als der Inhalt der Musik, und sie identifizierten sich mit bestimmten Stilrichtungen und Moden. Ihr Standardvokabular in bezug auf den Geschmack anderer bestand hauptsächlich aus Schimpfwörtern. In vieler Hinsicht ging es bei dieser Differenzierung verschiedener Jugendkulturen vor allem um die Ideologie – um die Art und Weise, wie man über Musik redet – und nicht so sehr um das aktive Verhalten, um den eigentlichen Gebrauch der Musik. In Wirklichkeit war der Unterschied zwischen dem musikalischen Individualismus der «sixth formers» und den Kult-Gruppen der «lower fifth» verhältnismäßig gering. Letztere waren sich des spielerischen Charakters ihrer Gruppen durchaus bewußt – «Das Image verändert sich dauernd – wir wollen nur unseren Spaß haben» –, und der jeweilige Stil ergab sich einfach aus den Umständen:

> Ich habe ganz verschiedene Freunde – einige «Hairies», ein paar «Crombie»-Jungs und Mädchen. Ich höre wirklich beide Arten von Musik ganz gerne und habe nichts gegen die eine oder die andere ...
> Ich bin so ein Mittelding zwischen «Skinhead» und «Hippie». Ich trage «Mod»-Klamotten, aber ich höre mir beide Arten von Musik an ...
> Ich trage «Skinhead»-Kleidung, aber ich bin durchaus nicht nur auf diese Musik festgelegt ...
> Und zu demselben Thema zwei ausführlichere Kommentare: «Ich weiß wirklich nicht, was Jugendkultur überhaupt bedeutet. Ich glaube, es hat damit zu tun, was du bist: ‹Skin›, ‹Grebo› oder ‹Hairie›. Ich bin nichts von alledem. Ich sage mir, was soll's. Die Gruppen haben alle

eine unterschiedliche Einstellung zu Sex, Drogen und Politik. Aber diese Ansichten unterscheiden sich alle von denen meiner Eltern. Mein Bruder war drei Jahre lang ein Anführer der Skinheads. Für die verschiedenen Gruppen spielt die Musik keine so große Rolle, aber mir geht es vor allem um die Musik und nicht darum, was die anderen denken.»

Ich glaube, die Musik macht etwa 75 Prozent der Jugendkultur aus, und welche Musik man mag, hängt eben davon ab, zu welchem Kult man sich zugehörig fühlt. Diese ganze Sache mit den Kults geht einfach viel zu weit. Man kann doch die Teenager nicht in Gruppen aufteilen, die sich gegenseitig hassen, nur weil sie unterschiedliche Meinungen haben. Aber so läuft das.

Andererseits war eine der militantesten Gruppen der 15- und 16jährigen die der zukünftigen «sixth formers», die sich selbst als Hairies und Hippies verstanden und den progressiven Rock mit missionarischem Eifer vertraten, während sie jeglichen kommerziellen Pop strikt ablehnten.

Rockmusik, progressive Musik und «Heavy»-Rock sind einfach spitze. Wenn es die nicht gäbe, dann wäre das ganze Leben sinnlos. Sie bilden das Rückgrat für die Musik überhaupt – sie sind ein Beispiel dafür, wie Musik sein sollte.

Aus eben dieser Gruppe kamen auch die konkretesten Aussagen über Image und gemeinsamen Geschmack. Wenn die Gruppenidentität im konventionellen Sinne ein wesentlicher Bestandteil der Teenagerkultur ist – «wenn du Soul oder Reggae-Musik magst, und die anderen Leute Rockmusik vorziehen, dann trägt halt jeder unterschiedliche Kleidung und jeder hält sich an seine eigene Gruppe» –, dann werden auch diejenigen, die einen individuellen Geschmack entwickeln, zu einer eigenen Gruppe von Individualisten, die ihre eigenen Symbole, Freunde und Institutionen brauchen, um sich als Gruppe zu identifizieren.

Meistens höre ich meine Musik zu Hause in meinem Zimmer. Ich gehe nicht sehr oft auf Parties. Auch nicht in Clubs, denn ich kenne niemanden, mit dem ich gehen könnte, und die Clubs hier in der Gegend gefallen mir eigentlich auch nicht so sehr. Mit Tanzveranstaltungen ist das so ähnlich wie mit den Clubs, und die Leute, die da hingehen, sind auch nicht gerade mein Fall. Bei Diskotheken genau dasselbe: die Leute, mit denen ich normalerweise zusammen bin, gehen da nicht hin. Ich liebe Konzerte, aber es ist für mich sehr schwierig, zu den jeweiligen Veranstaltungen hinzukommen oder Karten zu kriegen. Ich gehe, so oft ich kann. Meistens höre ich allerdings alleine und höchstens mal mit einem Freund zusammen Musik. Es gibt in unserem Dorf nicht viele Leute, die progressive Musik mögen.

Meine Untersuchung führte unter anderem zu dem paradoxen Ergebnis, daß genau die Gruppe, die den größten Wert auf individuelle Musikauswahl legte, auch die Bedeutung gemeinsamen Musikgeschmacks als Grundlage für Freundschaftsbeziehungen betonte: Diesen Leuten galt Musik als Kennzeichen für Individualität, nach dem man sich seine Freunde aussuchen konnte. Die Ironie lag darin, daß die Musik jeweils einen ganzen Komplex von Wertvorstellungen symbolisierte. Das hatte zur Folge, daß gerade die am stärksten individualistischen Gruppen am hilflosesten und betroffensten reagierten, wenn ihre musikalischen Idole die Stilrichtung änderten. Das war vor allem für die Hairies ein Problem, weil sie sich gerade dadurch als selbsternannte Elite von der Masse abhoben, daß sie einen exklusiven Musikgeschmack vertraten. Wenn einer ihrer Lieblings-Acts sich dem Kommerz «verkaufte», reagierten sie mit großer Bitterkeit:

> Was ich von T. Rex denke? Normalerweise denke ich lieber gar nicht an sie. Es verdirbt mir immer den Appetit, wenn ich an T. Rex denke. Früher, als sie noch Tyrannosaurus Rex hießen, waren sie ziemlich gut – damals kamen sie gleich nach den Beatles und den Stones. Aber die T. Rex von heute sind was für die Bopper. Die Musik ist die gleiche wie das Zeug von Tamla. Mit anderen Worten, Marc Bolan und Micky Finn sind für mich *ein und dasselbe*: Bla Bla Bla.

Die Klassen- und Bildungsunterschiede in der Jugendkultur mischten sich mit Unterschied in bezug auf Alter und Geschlecht. Ein wesentlicher Aspekt des Gegensatzes zwischen den Kulturen der «sixth formers» und der «lower fifth formers» bestand darin, daß die «sixth formers» in der Regel älter waren. Aus meiner Untersuchung wurde deutlich, daß im Alter von 15 Jahren die höchste Identifikation mit Jugendgruppen und deren Symbolen herrschte. In diesem Alter rechneten sich die meisten Jugendlichen einer solchen Gruppe zu, während sich der überwiegende Teil mit 16 Jahren bereits wieder von der Zugehörigkeit zu einer Gruppe distanzierte, und in der «sixth form» fühlte sich überhaupt niemand mehr einer Gruppe zugehörig. Die Mädchen interessierten sich stärker für das Tanzen und schenkten in der Regel auch den Texten mehr Beachtung, insbesondere wenn es sich um romantische Lieder handelte. Sie erkannten durchaus die spezifisch weiblichen Aspekte der Pop-Kultur, wie zum Beispiel die Fanclubs, die Bildzeitschriften und die Star-Persönlichkeiten; in der Regel war jedoch nur eine Minderheit an diesen Phänomenen wirklich interessiert. Im nächsten Kapitel werde ich auf die geschlechtsspezifische Trennung der Jugendkultur näher eingehen und die Diskussion meiner Untersuchungsergebnisse an dieser Stelle mit einer kurzen qualitativen Darstellung jener Schülerkulturen beschließen, die ich in Keighley angetroffen habe.

Alison und ihre Freunde waren eine Gruppe von «sixth formers» und Studenten mit einem regen und in sich geschlossenen Sozialleben; sie trafen sich jede Woche im Folkclub (die meisten von ihnen spielten selbst Gitarre), zu Parties in ihren jeweiligen Wohnungen, bei Konzertveranstaltungen, in der Bar der örtlichen Universitäten oder in bestimmten Pubs. Die Mitglieder der Gruppe kamen vorwiegend aus der Mittelschicht (d. h. aus der Schicht der Selbständigen und leitenden Angestellten am Orte), was sich auch auf die materielle Grundlage ihrer Freizeit auswirkte; so hatten sie beispielsweise Autos zur Verfügung und waren dadurch relativ beweglich. Allerdings verfügten sie über kein allzu großes Einkommen und verwandten einen großen Teil ihrer schulfreien Zeit mit Lernen, weshalb sie verhältnismäßig häufig zu Hause waren – so konnten auch «sixth formers» aus der Arbeiterschicht ohne größere Schwierigkeiten in diese Kultur integriert werden.

Die Musik bildete den Hintergrund für den Alltag der Gruppe; ständig lief das Radio oder der Plattenspieler. Bei den Schallplatten handelte es sich um Langspielplatten, die sorgfältig und individuell ausgesucht wurden und für die man oft sein Taschengeld sparte, nachdem man sie bei Freunden gehört hatte. Man hörte häufig gemeinsam Schallplatten und tauschte auch Schallplatten untereinander aus; aber nur wenige Mitglieder der Gruppe hatten eine größere Sammlung; allerdings spielte es eine wichtige Rolle für den Bezug zur Musik, wenn ältere Geschwister und Freunde eine umfangreichere Plattenkollektion hatten: Sie waren immer auf dem laufenden und machten die Gruppe mit vielen neuen Sounds bekannt. So konnte sich ein ziemlich eklektischer Musikgeschmack entwickeln, was bedeutete, daß sich einzelne mit ihren Interessen auf gewisse Bereiche spezialisierten, beispielsweise auf Folk, Heavy Metal, Singer/Songwriter oder Avantgarde-Musik; man kannte die allgemeinen Trends der Rockmusik, schenkte ihnen aber nur wenig Beachtung.

Die Mitglieder dieser Gruppe hatten ein ausgeprägtes Gruppenbewußtsein und setzten sich deutlich von der Kultur ihrer Eltern ab, aber letzten Endes wurde ihr Leben vor allem durch das Gefühl bestimmt, daß ihnen alle Möglichkeiten offenstünden. Jeder einzelne wollte weiterkommen, weiter auf die Universitäten oder Colleges, weiter in andere Städte mit neuen Möglichkeiten, weiter zu neuen sexuellen, sozialen oder chemischen Erfahrungen. Alle waren sich darüber im klaren, daß die Gruppe nur eine Übergangsphase war und die einzelnen innerhalb der Gruppe ihre Individualität beibehalten mußten. Sie waren sehr artikuliert und reflektiert und suchten diese Qualitäten auch in der Musik, die ihnen zur Bestärkung, aber auch zur Entspannung diente. Sie interessierten sich vor allem für Musik mit möglichst hohem «künstlerischem» Wert – mit technischer Komplexität oder poetischen Texten –, und diese Vorliebe entsprach auch ihrem sonstigen Interesse für andere Kunstrichtungen, für

Politik und Religion. Außer Geldmangel gab es für die Mitglieder dieser Gruppe kaum irgendwelche direkten Beschränkungen: Sie waren in der Schule genauso erfolgreich wie zu Hause und gerieten nur selten in Konflikt mit der Autorität. Aber ihr Leben war schon während der Schulzeit eindeutig auf eine Karriere ausgerichtet, und sie waren sich der Bedeutung von Prüfungen und Qualifikationen durchaus bewußt. Die daraus resultierenden Spannungen ließen die Musik nur noch wichtiger werden; sie bildete den Rahmen für Tanz und Entspannung, für Petting und Liebesabenteuer, und sie gaben ihnen vorübergehend das Gefühl von «Leck mich am Arsch!»

Craig und seine Freunde waren in ihrem letzten Schuljahr, sie waren «fifth formers», die so schnell wie möglich raus wollten. Sie würden die Schule ohne bestimmte Fertigkeiten oder Qualifikationen verlassen, aber sie waren schon seit Jahren an Mißerfolge gewöhnt und empfanden die Schule nicht mehr als eine Unterdrückung, sondern nur noch als irrelevant. Schon längst drehte sich ihr Leben hauptsächlich um die Möglichkeiten der (unqualifizierten) Arbeit – die meisten Mitglieder dieser Gruppe arbeiteten schon halbtags –, und ihr Freizeitverhalten entsprach eindeutig dieser Perspektive. Die Jugendlichen dieser Gruppe verschwendete keinen Gedanken an das Lernen, sondern sie gingen in den Jugendclub, in die Pubs, in denen sie akzeptiert wurden, zur Imbißbude, zur Bus-Station oder auf die Straße. Keiner aus dieser Gruppe war militantes Mitglied einer bestimmten Gang, aber alle hatten sie Freunde und Verwandte unter den Skinheads und konnten sich ohne weiteres diesem Kreis – wie auch den neu entstehenden Gruppen der «Mods» und «Crombies» und «Smoovies» – anschließen, und sie wußten, zu wem sie im Zweifelsfalle hielten. So gab es zum Beispiel die Tradition, daß man freitags abends nach Bradford fuhr: die Jungen zu einer Schlägerei, die Mädchen zum Tanz ins Mecca.

Diese Gruppe hatte sehr viel freie Zeit, aber nur wenig Geld und Mobilität; so konzentrierte sich das Freizeitverhalten der betreffenden Jugendlichen vor allem auf Plätze in der Öffentlichkeit, wobei sie natürlich ständig mit den Bewachern dieser Öffentlichkeit in Konflikt gerieten – sei es mit der Polizei, mit Busschaffnern oder mit den Rausschmeißern in den Pubs. Zu Hause hatten die Jungen auch keinen größeren Spielraum, also gingen sie fast jeden Abend aus, um sich die Zeit zu vertreiben und sich ein bißchen zu vergnügen. Sie waren sich dabei völlig darüber im klaren, daß dies ihre Jugendzeit war und ihre Zukunft so ziemlich genauso aussehen würde wie die Vergangenheit ihrer Arbeitereltern. Ihr gesamter Lebensbereich war von Musik durchdrungen, von ihren Zimmern bis zu den Clubs, von der Musikbox bis zur Diskothek. Ab und zu, wenn sie das Geld dazu hatten, kauften sie sich eine wirklich tolle Single, und sie kannten die großen Namen und wußten, was in der Hitparade los war und wozu man gut tanzen konnte, ohne sich jedoch genauer damit zu beschäftigen; ihnen ging es in erster Linie darum, daß sie in ihrer Gruppe auch ihre Musik hatten, die sie kannten und über die sie nicht weiter nachdachten. Und sie wußten genau, welche Musik sie haßten: Diese langhaarigen Sachen und den Heavy Rock – «ein Schwachsinn, wie das arrangiert ist, stimmts?» –, aber das spielte nur in der Schule eine größere Rolle, nicht auf der Straße, wo sie schon als Erwachsene galten und mit ihren Brüdern und Kumpels saufen gingen. Musik war in ihren Augen eigentlich eher Mädchensache. Denn es waren vor allem die Mädchen, die zu Hause blieben und Musik hörten und sogar die Bilder ihrer Lieblinge an der Wand hatten; und sie konnten den Jungens manchmal Tips geben, was sie ihren Freundinnen kaufen sollten.

Eine jüngere Gruppe aus der «fourth form», bestand aus David und Peter und ihren Freunden, alles Leute, die die akademische Routine akzeptiert hatten und ihre Zukunft in der «sixth form» und im College sahen. Davids Eltern und die Lehrer hatten gegen diese Perspektive nichts einzuwenden, aber Peters Eltern äußerten ihre Zweifel. Diese Jungs waren noch ziemlich jung und sie hatten weder die Ressourcen noch die Mobilität noch die rechtliche Möglichkeit, ein Studentenleben zu führen; das wurmte sie natürlich und verlieh ihrem Cliquen-Gebaren eine besondere Aggressivität – und zwar sowohl in der Schule als auch im Jugendclub, aber in besonderem Maße zu Hause, wo sie zusammen mit ihren Freunden um den Plattenspieler herumsaßen und der Musik lauschten, als würde Moses neue göttliche Botschaften verkünden. Darüber hinaus war es für die Mitglieder dieser Gruppe sehr wichtig, sich von allen anderen – Lehrern, Eltern und Gleichaltrigen – deutlich abzusetzen. In ihrer Kleidung, in ihrer Einstellung, in ihrem Geschmack und in den Drogen, die sie nahmen, waren sie Hippies oder Hairies, und zwar mit Leib und Seele: Sie lasen aufmerksam die Musikzeitschriften und äußerten sich leidenschaftlich über ihre neuen Schallplatten und über die Gefahren der Kommerzialisierung. Sie verstanden sich als eine Elite, die sich von der Masse abhob, auch wenn sie in derselben Schule, in demselben Jugendclub und aus derselben Straße waren.

Die meisten dieser Schüler erreichten ohne Schwierigkeiten die «sixth form» und fügten sich leicht in deren Kultur ein. Dabei wurde durch die größere Freiheit und den Erfolg, der sich einstellte, ihr angestrengtes Cliquen-Gebaren etwas entspannt, so daß sie zwar ihre Interessen beibehielten, sie aber weniger aggressiv vertraten. Allerdings gab es auch Ausnahmen. Zum Beispiel schaffte Peter nicht die Hochschulreife, so daß die Schule ihn nicht in die «sixth form» aufnehmen und noch nicht einmal an ein Technikum empfehlen wollte. Er hatte immer stärker das Gefühl, daß sein Lebensstil sich nicht mit der ungelernten Arbeit vertrug, der sein Vater und seine Brüder nachgingen, so lebte er größtenteils von der Arbeitslosenunterstützung. Er war nicht sprachgewandt genug, um das ausdrücken zu können, was er eigentlich wollte, aber er fand es in der Musik, die er hörte; das schiene das richtige Leben für ihn zu sein, sofern er es leben könnte. Er träumte davon, wenn er tagsüber in den Cafés und abends in der Hippie-Kneipe saß, wo er nebenbei immer ein wenig mit Drogen handelte und seine Freunde versorgte, die noch auf der Schule waren oder gerade zu Hause die Ferien verbrachten. Er war immer über alles informiert und glaubte stärker denn je an das, was alle einmal geglaubt hatten: daß «Rockmusik viel besser ist als die Realität»; und stärker denn je mußte er jetzt diesen Glauben um jeden Preis bewahren.

Musik und Klassenzugehörigkeit

Ich habe oben die Teenager-Kultur in einer kleinen englischen Stadt und zu einem bestimmten Zeitpunkt beschrieben, doch möchte ich daraus keine allzu großen Schlußfolgerungen ziehen. Nichtsdestoweniger wird meine Unterteilung nach Alter, Geschlecht und Klassenzugehörigkeit nicht nur von anderen englischen Soziologen bestätigt, sondern – und das ist ebenso wichtig – auch von den Marktforschern der Schallplattenfirmen. Ihr Verständnis von Jugend und Musik sieht etwa folgendermaßen aus:

In den ersten zehn Jahren (1955 bis 1964) war der Rock 'n' Roll eindeutig die Musik der Teenager aus der Arbeiterklasse. Es war eine Musik zum Tanzen, zum Flirten und zum Herumhängen – einfältige «Lovesongs» mit einem mehr oder weniger eindringlichen Beat. Auf diese Anfangsphase – in deren Verlauf die Musik immer schlechter wurde, je mehr die Plattenfirmen die ursprünglichen Rhythmen und Leidenschaften zum formelhaften Teenager-Pop verfälschten – folgte 1964 bis 1967 das goldene Zeitalter der Teenager-Musik. Die Beatles und Bob Dylan gesellten sich zu Elvis Presley, Rock 'n' Roll und Teenager-Pop vermischten sich mit Blues, Soul, Folk und Protest, und das Ergebnis daraus waren erregende, faszinierende, authentische Schallplatten – und das Publikum setzte sich hin, um genau zuzuhören. Im Jahre 1967 war die Popmusik zum Rock geworden, und damit war sie nicht mehr nur Teenager-Musik der Arbeiterklasse, sondern ein Ausdrucksmittel der gesamten Jugend, einer ganzen Generation. Das Jahr 1967 schien so etwas wie das Ende vom Anfang zu markieren: Die Rockmusik war zu einer Kunstform geworden, die eine Gemeinschaft zusammenhielt.

Aber diese Schlußfolgerung – so heißt es weiter – sei falsch gewesen. In Wirklichkeit war das Jahr 1967 der Anfang vom Ende. Die zukunftsweisenden Phänomene in den Hitparaden waren nicht *A Whiter Shade of*

Pale oder «Sgt. Pepper», sondern *I Feel Free* von Cream und *Hey Joe* von der Jimi Hendrix Experience. In jenem Jahr lernte die Branche, daß man Rockmusik als ein eigenes Genre verkaufen konnte, das nicht in den Zusammenhang von Rock 'n' Roll und Popmusik gestellt, sondern bewußt isoliert von beiden vermarktet wurde.

Die Aufteilung der Genres in Rock und Pop vollzog sich nur sehr zögernd, und zwar in zwei getrennten Schritten. In den Jahren zwischen 1967 und 1971 wurden die Produktions- und Konsumtionsformen der Rockmusik perfektioniert: Eine ständig wachsende Zahl von Bands und Künstlern drängte auf den LP-Markt – als potentielle Käufer auf diesem Markt galten in erster Linie männliche sachkundige Musik-Freaks. In dieser Zeit erlangten Jethro Tull, ELP, Pink Floyd, Yes und die anderen Super-Groups der Rockmusik ihre größte Popularität – Led Zeppelin wurde gar zur größten Konzert- und LP-Attraktion der Welt, ohne jemals in England eine einzige Single veröffentlicht zu haben. Rockmusik wurde gleichbedeutend mit zeitraubender Studio-Arbeit und einem vollen, aufwendigen Sound – es war eine Musik für teure Stereoanlagen und für den UKW-Rundfunk. Diese Musik orientierte sich nicht mehr an den Hauptströmungen des Teenager-Geschmacks, und das auf diese Weise entstandene Vakuum wurde zwischen 1971 und 1973 durch das Wiederaufleben der Pop-Musik aufgefüllt: so brachten es sowohl T. Rex als auch Slade zu gewaltigen Erfolgen und gleichzeitig konnten sowohl Teen-Stars wie Sweet, Gary Glitter und Suzi Quatro, als auch Teen-Idole wie Donny Osmond und David Cassidy im wahrsten Sinne des Wortes «produziert» werden. Verkauft wurde Popmusik in Dancehalls und Diskotheken, über *Top of the Pops* und Radio Luxemburg; gekauft wurde sie von einem Riesenpublikum von tanzenden, hitparadenhörigen weiblichen Popfans.

Im Jahre 1972, dem Jahr meiner Untersuchung, schien diese Trennung in Rock und Pop absolut zu sein – der unterschiedliche Musikgeschmack schien in erster Linie Klassenunterschiede widerszuspiegeln: Auf der einen Seite stand die Mittelschicht-Kultur der Rockmusik – anmaßend und vornehm, ganz im Zeichen bürgerlicher Vorstellungen von Kunst und der Anhäufung von Fachwissen und technischer Ausrüstung; auf der anderen Seite stand die Popmusik-Kultur der Arbeiterklasse – banal und einfältig und geprägt nach den Maßstäben einer eng verwobenen Gruppe von Geschäftsleuten.

Diese Gleichsetzung von Klassenzugehörigkeit und Geschmack war jedoch ausgesprochen oberflächlich und stellte nichts weiter dar als eine Faustregel des Marketing. Es bedurfte einer Reihe von ergänzenden Annahmen über Alter (das Pop-Publikum hatte ein jüngeres Durchschnittsalter) und Geschlecht (das Pop-Publikum war vorwiegend weiblich), aber nichtsdestoweniger war diese Unterteilung in soziologischer wie in kommerzieller Hinsicht sinnvoll; auch in Amerika ordneten die Plattenfirmen ihre verschiedenen «Geschmacksgruppen» nach ähnlichen pauschalen Kriterien. Zum Beispiel gingen auch amerikanische Soziologen ganz selbstverständlich von einer Klassentrennung innerhalb der Jugendkultur aus; es gab für sie keinen Zweifel an der Existenz einer «höheren» und einer «niederen» Geschmacksrichtung im Rahmen der Ideologie von «Drogen und Musik». Herbert Gans beschrieb das als den Gegensatz von «*Rolling Stone* versus Sunset Strip», wie Herbert Gans es audrückte; und R. Serge Denisoff teilte in seiner Untersuchung über die Rockmusik-Industrie von 1975 das Rockpublikum in drei verschiedene Gruppen: erstens die jungen, vorwiegend weiblichen «Kaugummi»-Popfans, die Singles und Poster kaufen und ihre Schlafzimmerwände mit ihren Idolen schmücken; zweitens die älteren «Punk-Rocker», die die Rockmusik als aggressive Hintergrundmusik für ihre Rituale von Tanz, Flirt und verkifften Wochenenden benutzen; und drittens die Schüler und Studenten, die Folk-Art-Rock hören, in Konzerte gehen und LPs kaufen und deren Stars auch wirklich etwas zu sagen haben.

Die amerikanischen Geschmacksgruppen sind durchaus nicht identisch mit den englischen; das hängt zumindest teilweise damit zusammen, daß akademische Unterscheidungen in den USA viel weniger ausgeprägt, weniger festgelegt und für die Jugendlichen weniger belastend sind. Denisoffs «Punk-Rocker» vermischten Elemente von Rock- und Pop-Musik, und die Rockmusik selbst stellte mit den blues-ähnlichen Konzertklängen von Cream, den Rolling Stones und Led Zeppelin Verbindungen zwischen den Punks und den Schülern/Studenten her. Auch in England gab es musikalische Bewegungen, die nicht in die Kategorien der Marketing-Fachleute paßten: «Glamrocker» wie David Bowie, Roxy Music, Rod Steward und Elton John waren sowohl für den Bereich Rock als auch für den Bereich Pop große Erfolge, und im Laufe des Jahrzehnts wurde es zunehmend unsinniger, Heavy-Metal als Musik der Schüler/Studenten zu bezeichnen. Gruppen wie Black Sabbath, Uriah Heep und Deep Purple hatten längst ihre eigene Gefolgschaft von verwahrlosten Fans aus der Arbeiterklasse, und es war symptomatisch, daß der *Rolling Stone* das gesamte Genre des Hardrock (und alle seine Vertreter außer denjenigen, die die Richtung in den 60er Jahren begründet hatten) als unwichtig überging. Die enorme Popularität von Grand Funk Railroad in den Jahren 1970/71 war das erste deutliche Zeichen für das Entstehen einer Rockkultur von Fans aus der Arbeiterklasse, die nicht einmal den *Rolling Stone* lasen, und der Aufstieg von Kiss Ende der 70er Jahre war ein noch klarer Hinweis darauf, wie Rockmusik in die herkömmlichen Marketing-Methoden des Teenager-*Pop* integriert werden konnte; das Ergebnis war eine Art von Musik, die für den «intelligenten» Rockfan – oder, um bei dem Beispiel zu bleiben, für die englische Entsprechung des amerikanischen Kiss-Fans – überhaupt keine Bedeutung mehr hatte: Die Ansprüche der

Pop-Fans sind im wesentlichen durchaus provinzieller Natur. Aus der Sicht der Schallplattenkonzerne bestand die sicherste Methode, Geld zu verdienen, jedenfalls darin, die einzelnen Konsumenten-Gruppen auf dem Rockmusik-Markt zu definieren und genau auf ihren Geschmack einzugehen. Die soziale Aufsplitterung der Rock-Konsumenten und die Professionalisierung der Rock-Produzenten, die ich im 5. Kapitel beschrieben habe, sind Ausdruck eben dieser Prozesse.

Die Soziologie des Geschmacks

Die Schwierigkeit der Definition von «Geschmacksgruppen» besteht darin, daß die einzelnen Geschmacksrichtungen nicht miteinander vergleichbar sind. Man kann das Rockpublikum nicht nur danach aufteilen, was die einzelnen Leute hören, sondern man muß auch berücksichtigen, wie die Leute Musik hören und welche Bedeutung die Musik jeweils für sie hat. So werden die Klassenunterschiede von Faktoren wie Ablehnung und Festlegung überlagert. In den 70er Jahren wurde zunehmend deutlich, daß die Rockmusik genauso kommerziell und «leicht verdaulich» werden kann wie jede frühere Form der Popmusik und daß die Entscheidung für eine bestimmte Musikrichtung nicht unbedingt etwas mit «Intelligenz» zu tun haben muß. Gegen Ende dieses Jahrzehnts zeigte sich vielmehr, daß die wichtigste und einflußreichste Musik gerade in den *Zwischenräumen* des Klassensystems entstand und überlebte.

Die gebräuchlichste soziologische Erklärung der Bedeutung von Musik für die Jugend basiert auf dem Begriff der «Gleichgesinnten»-Kultur (peer-group culture). Zum Beispiel beschreibt Colin Fletcher, wie unter dem Einfluß des Rock 'n' Roll aus den Liverpooler Straßengangs Beatgruppen wurden: Jede Gang bildete ihre eigenen Musiker heraus, stellte ihr eigenes Publikum und machte sich auf der Bühne mit dem «wilden und elementaren Sound» des Mersey-Beat laut und deutlich bemerkbar. Alan Williams, der erste Manager der Beatles, meint demgegenüber, die Beatgruppen hätten die Straßengangs nicht abgelöst, sondern sie im Gegenteil zu weiteren Aktivitäten angeregt und die Tendenz zur Gewalttätigkeit noch verstärkt – der Kampf zwischen einzelnen Bands wurde in der Regel von den Fans und nicht von den Musikern selbst ausgetragen.

Die Musik war für die englische Jugend schon immer ein besonders wichtiges Medium, um die einzelnen «Gruppen von Gleichgesinnten» voneinander zu unterscheiden:

> Was mich betrifft? Ich mag gerne «Mod»-Kleidung, aber ich trage selbst keine. Ich mag die Beatles, aber sie reißen mich nicht total vom

Hocker. Ich höre gerne Blue Beat, aber ich tanze nicht wie die Blue Beat Leute. Ich trage lange Haare und benutze manchmal auch Haarlack, aber ich laufe nicht mit einem Blue Beat Hut rum. Ich finde fast alles toll, worauf die Mods abfahren, aber deswegen mach ich noch lange nicht bei einer Mod-Bande mit. Vor einiger Zeit habe ich mal einen typischen Mod-Jungen gefragt, wie er mich wohl einordnen würde. Er sah mich prüfend an und sagte: «Du bist kein so 'n Zwischending zwischen Mod und Rocker, 'n sogenannter Mid. Deine Kleidung erinnert mich eher an den Stil der Ivy League, und wie ein Mod siehst du eigentlich nicht aus. Ich würde sagen, auf dich paßt eher der Begriff ‹Stylist›.»[3]

Die Musik wird dem spezifischen Stil untergeordnet, und amerikanische Beobachter sind häufig von den *Feinheiten* der englischen Jugendkults überrascht:

> Die echten Skinheads sehen immer sehr elegant aus. Ihre Kleidung ist geschmackvoll und teuer. Ihre Stiefel sind immer auf Hochglanz poliert. Ihre liebsten Kleidungsstücke sind Levis sta-prest-Hosen, Harrington-Jackets, Jaytex-Hemden, Ben-Hemden, Crombie-Mäntel, Bluebeat-Hüte, Doc-Martens-Stiefel, Royal-Schuhe, Monkey-Stiefel für Mädchen, Fred-Perry-Hemden und zweifarbige Anzüge von Toniks.[4]

In den USA legen die Jugendgruppen nur selten einen so großen Wert auf ihre Garderobe – aber das könnte auch auf soziologische Ignoranz zurückzuführen sein, denn Alison Lurie schrieb 1976, in der Junior High School wüßte jeder: «Freaks tragen immer Lees, Greasers immer Wranglers, und alle anderen tragen Levis.» Das ausgeprägteste Kleidungsbewußtsein findet man bei den Kulturen der Schwarzen und der Latinos. Aber es gibt hinsichtlich der Stilrichtungen in den USA nirgendwo eine solche *Genauigkeit* wie unter den weißen Jugendlichen in England, bei denen schon die geringsten Unterschiede zwischen den einzelnen Gruppen hitzige Debatten auslösen. Und die Intensität der musikalischen Identität zeigt sich am deutlichsten bei einem Konzert: alle sind genauso angezogen wie der Star.

Die Musik dient gleichermaßen dazu, die Jungen von den Alten zu unterscheiden *und* einen bestimmten Ort, eine Zeit oder einen Anlaß als jugendspezifisch zu charakterisieren. Musik aus den Transistorradios, den Plattenspielern und den tragbaren Kassettenrecordern ist für die Jugendlichen das einfachste Mittel, um zu demonstrieren, daß sie ihre Zimmer, ihre Clubs und ihre Straßenecken unter Kontrolle haben. Die Ansprüche an die Musik – wie zum Beispiel Lautstärke, Beat oder Auffälligkeit – sind eher allgemeiner Art und nicht gruppenspezifisch: Wenn die

Lautstärke stimmt, dann tut es jede Art von Lautstärke. Die Musik bildet eher den Rahmen und nicht so sehr den Mittelpunkt der Freizeit. Das zeigt sich besonders deutlich an der wichtigsten Institution der Teenager-Kultur, dem Tanzen. Bei Tanzveranstaltungen geht es in erster Linie darum, sich zu zeigen und Verabredungen zu treffen: Sie sind so etwas wie ein Tauschmarkt für Sexualpartner – und diese Funktion hatten sie auch schon lange bevor es den Rock 'n' Roll gab. Die Musik untermalt diese Aktivitäten und muß sie nicht unbedingt ausdrücken, denn – so sagte ein Fünfzehnjähriger in meiner Befragung – «wenn die älteren Leute sich nach einer Ehefrau oder einem Ehemann umsehen wollen, dann *müssen* sie einfach nach Bradford ins Mecca gehen».

Im Verständnis der Soziologen bildet die Musik ein Element der Organisation für die «Gleichgesinnten-Gruppe». In diesen Gruppen erlernen die Teenager die gesellschaftlichen Spielregeln («erlangen eine Kompetenz im interpersonellen Bereich») und entwickeln ihre geschlechtliche Identität sowie ihren sozialen Status; in diesen «Gruppen von Gleichgesinnten» erlernen sie den öffentlichen Umgang mit persönlichen Gefühlen. Alle Heranwachsenden haben Schwierigkeiten auf diesem Gebiet, alle Heranwachsenden sammeln Erfahrungen in solchen «Gruppen von Gleichgesinnten», und alle benutzen die Musik als Hintergrund und Kennzeichen, als Identifikationsmittel und als Ausdruck von Gefühlen. So gesehen ist die Jugendkultur klassenlos: Trotz aller materiellen Unterschiede zwischen den jungen Menschen teilen sie mehr gemeinsame Probleme mit ihresgleichen als mit den Erwachsenen ihrer eigenen Klasse und ihres Geschlechts. So erklärt sich auch die große Resonanz der Rockmusik bei *allen* jungen Leuten, wie sie sich in den Verkaufszahlen niederschlägt.

Aber wir haben bereits gesehen, daß diese Verkaufszahlen auch auf Unterschiede hinweisen. Es gibt unterschiedliche soziale Strukturen für die Phase des Heranwachsens, und die einzelnen «Gruppen von Gleichgesinnten» haben unterschiedliche Spieregeln. Man kann sagen, daß sich die grobe Klasseneinteilung aus meiner Untersuchung – Kultur der «sixth form» versus Kultur der «lower fifth» – auf die Heranwachsenden im allgemeinen übertragen läßt: Der kulturelle Gegensatz besteht zwischen Vorort und Straße.

Die Vorort-Kultur ist an das Heim gebunden, sie ist gesellschaftlich fragmentiert und sie ist geprägt von einer starken Familiensolidarität – Eltern und Kinder besprechen gemeinsam die Zukunftsperspektiven der Kinder. Teil dieser Kultur ist es, in der Schule sinnvoll mitarbeiten und Freizeit sowie Freizeit-Artikel sinnvoll zu nutzen. Die Vorort-Jugendlichen lernen etwas über den Zusammenhang zwischen Leistung, Belohnung und Konkurrenz; ihr Selbstwert mißt sich an ihrem Erfolg, und sie müssen mit ihrem Leben gleichzeitig zufrieden und unzufrieden sein. Ihre

«Gruppen von Gleichgesinnten» bilden nicht nur den Hintergrund für die Klassenkonkurrenz, sondern auch für die Flucht vor dem Lebenskampf, für Verantwortungslosigkeit und Sichgehenlassen. Ihre Musik ist für sie nicht nur die Quelle eines intensivierten Selbstgefühls – man meint, die Künstler drücken die persönlichen, ureigensten Ängste und Gefühle der Zuhörer aus –, sondern auch Quelle einer kollektiven Spannung, eines unerlaubten, unmittelbaren Gefühls von Solidarität und Gefahr, eines nicht-bürgerlichen Mangels an Vorsicht, einer ungeheuchelten Ehrlichkeit. Die Musik dient, mit anderen Worten, einem Teil der Mittelschicht als Zugang zur Welt der Arbeiterjugend. Rockmusik bietet die Illusion eines gemeinschaftlichen Risikos – das ist eine Funktion der Musik, die durchaus ihre Geschichte hat, denn in den 20er Jahren waren die Jugendlichen der Mittelschicht aus ganz ähnlichen Gründen vom Jazz fasziniert.

Die Straßenkultur, die auf die Vorstadt-Jugend so verlockend wirkt, ist im Grunde eine romantisierte Version der «Gleichgesinnten»-Kultur der Arbeiterklasse. Die jungen Proletarier sind ohne jede Macht und werden zu Hause, bei der Arbeit und in der Schule herumgeschubst; deshalb müssen sie sich ihren Spielraum im wahrsten Sinne des Wortes erkämpfen und ihre materielle Umwelt – Straßen, Cafés, Kneipen und Parks – auf «magische» Weise von jenen «Außenseitern» erobern, die jedoch in Wirklichkeit die Kontrolle über diese Umwelt haben. Das Klassenbewußtsein dieser Teenager ist gleichzeitig ein Bewußtsein für territoriale Ansprüche: Es sind *ihre* Straßen, die verteidigt werden müssen, auf denen sie ihren Status erkämpfen und wo die Trennung von «die» und «wir» sichtbar wird. Auch die Straßenkultur hat eine lange Geschichte mit einer mehr als hundertjährigen Tradition von Straßenbanden, die sich durch eine ausgeprägte Männlichkeit (die allerdings zu Hause von Frauen abhängig ist), durch große Empfindlichkeit und durch Mißtrauen gegenüber Fremden sowie durch eine Fixierung auf Gewalttätigkeit als dem angemessensten Gefühls-Ausdruck von Gefühlen auszeichnen. Im Rahmen solcher Gruppen, die mehr oder weniger organisiert, mehr oder weniger kriminell und mehr oder weniger verzweifelt sind, entwickeln die Jugendlichen der Arbeiterklasse ihren Status und ihre Identität – und die Musik ist nicht viel mehr als der Hintergrund für ihre Aktivitäten, oder, wie Graham Murdock es ausdrückt, «das Kleingeld im gesellschaftlichen Tauschhandel».

Trotzdem ist es vor allem diese Freizeitwelt der Straße mit ihren Betrunkenen, ihrem Nichtstun, ihrer Langeweile und ihrem Spaß, ihren Auseinandersetzungen und Kämpfen und ihrem männlichen Gemeinschaftsgefühl, die – in sentimentalisierter, distanzierter und konzentrierter Form – den Rock 'n' Roll am Leben erhält. Die Jugendmusik verherrlicht die Straßenkultur, und zwar nicht nur für ihre Teilnehmer, sondern *auch* für die Zuschauer aus den Vororten. Amerikanische Kritiker beschrieben in den späten 60er Jahren diese Verherrlichung mit wahrhaft religiösen Begriffen: Rockkonzerte waren für sie so etwas wie die Zeremonie der *geistigen* Gemeinschaft der Jugend. Doch mit solchen Hymnen versuchte man lediglich, der Komplexität des Zusammenhangs zwischen Arbeit und Spiel, zwischen Klasse und Ideologie, zwischen Traum und Realität auszuweichen.

Subkulturen

In England waren es vor allem die Theoretiker der Subkultur, die die scharfsinnigsten Darstellungen des Freizeitverhaltens der Jugendlichen geliefert haben. Seitdem in den 50er Jahren die Teddy Boys zum erstenmal an den Straßenecken auftauchten, wichen die Jugendkulturen in England und in Amerika vor allem darin voneinander ab, daß die englischen Jugendlichen aus derArbeiterschaft total auf bestimmte Stilrichtungen fixiert waren – nach den Teds kamen die Mods und Rockers, die Skinheads, die Suedes und Smoovies und Spikes, die Bowie und Soul-Boys, Funker, Punks und Rudies. Während also die amerikanischen Jugendkulturen auf dem Mythos der Gemeinschaft basieren (was dazu führte, daß Amerika die Hippies erfand), basieren die englischen Jugendkulturen auf dem Mythos des Andersseins. Dabei handelt es sich in beiden Fällen um eine Reaktion auf ein Klassen-Problem.

Auch die USA haben nämlich ihre Subkulturen – verschiedene Arten von Gangs, die Hells Angels, die Surfer usw. –, und die Unterscheidung von Straßenjunge und College-Schüler, von Vorort und Straße, hat sich schon immer durch bestimmte Stilarten ausgedrückt; so gab es in den 60er Jahren in fast jeder Stadt Freizeit-Gruppen wie die Surfer und die Greaser, die Frats und die Hitters, die Punks und die Dupers (gerade die deutlichen Grenzen zwischen diesen einzelnen Gruppen wurden mit dem Auftauchen der Hippies immer verschwommener). Aber wie Bob Christgau es formulierte: Amerika «nennt sein Klassensystem nicht gern beim Namen», und lediglich in England waren die jugendlichen Subkulturen betont klassenbewußt und basierten nicht nur auf den Straßennormen der «Gruppen von Gleichgesinnten», sondern auch wie Dick Hebdige es nannte, auf einem «Kampf um die äußeren Formen». Die englischen Subkulturen beeinflussen die Ideologie von Gesellschaftsschicht und Jugend und reagieren auf Schlagzeilen und herrschende Definition darüber, wer und was sie sind. So wie unterschiedliche Jugendgruppen für zeitgenössische Beobachter so etwas wie die «Zeichen der Zeit» sind, so benutzen auch die Gruppen selbst die Vorstellungen der Medien von Klasse, Geschlecht und Alter. Zum Beispiel übernahmen die Skinheads ihre Aufmachung von dem typischen Lumpenarbeiter aus Witzzeichnungen: Der rasierte Schädel war das Zeichen für Dummheit, die Arbeitsstiefel das Zeichen für Plackerei, die unbeholfenen Körperbewegungen das Zeichen für rohe Gewalt, die stumpfe Unwirschheit ein Zeichen von Drohung – die gesamte Aufmachung war letzten Endes die proletarische Karikatur einer bürgerlichen Witzfigur.

Die Subkulturen lassen sich am einfachsten als Variationen der Straßenkultur auffassen. Was die Fixierung auf «Zähigkeit, Aufregung, Schicksal, Autonomie und Status» anging, unterschieden sich zum Beispiel die Teds in nichts von den übrigen Jugendlichen der Unterschicht. Interessant wurden sie erst durch ihren besonderen Stil und durch die Sorgfalt, mit der sie sich den Details von Mode und Musik widmeten; dabei kreierten die Teds – wie auch die meisten anderen englischen Subkulturen nach ihnen – keineswegs ihre eigenen musikalischen Symbole, sondern übernahmen sie einfach aus dem kommerziellen Angebot. Die Musik war lediglich ein indirekter «Ausdruck» für die Subkultur, und ihre Bedeutung lag nicht so sehr in ihrer Produktion oder in ihrer Intention, sondern vielmehr in ihrer Konsumtion, in ihrer Rolle innerhalb einer Freizeit-Kultur. Die Theoretiker der Subkultur behaupten aber, daß es trotzdem eine Übereinstimmung, eine stilistische Entsprechung zwischen den Wertvorstellungen der einzelnen Gruppen und den musikalischen Formen gibt, in denen sie diese Wertvorstellungen ausdrücken; für die Soziologie geht es darum, die verschiedenen Stilrichtungen zu *dekodieren*.

Es gibt bis heute eine Vielzahl verschiedener Subkultur-Interpretationen, von denen einige sehr verständnisvoll, andere wiederum fast absurd sind; alle stellen jedoch die gleiche Frage in bezug auf die Musik: Welcher Zusammenhang besteht zwischen der Rockmusik als Stil und als Aktivität? Im Gegensatz zu den alten Theoretikern der Adoleszenz, in deren Verständnis die Musik nur den Hintergrund für die Straßenkultur darstellt, gehen die Subkultur-Theoretiker von einer romantischeren, allerdings auch politischeren Theorie aus: Für sie ist der Stil Ausdruck der persönlichen Erfahrung von Klassenunterdrückung – der Moment der Verweigerung ist in sich bereits der Beginn einer neuen Symbol-Kreation. Das Problem besteht darin, die Adoleszenz und die Subkultur in Einklang zu bringen. Die meisten Teenager aus der Arbeiterklasse schließen sich immer neuen Gruppen an, wechseln ihre Identität und spielen ihre Freizeit-Rollen lediglich zum Spaß; Stilunterschiede sind für sie weit weniger bedeutsam als zum Beispiel die Unterschiede von Geschlecht, Beruf und Familie. Auf jeden Jugendlichen, für den der Stil und die Zugehörigkeit zu einem bestimmten Kult fast schon Lebensinhalt ist, kommen Hunderte von Arbeiterkindern, die sich immer neuen Gruppen locker anschließen und ganz unterschiedlichen Gangs angehören können. An dieser Stelle zeigen sich Unterschiede zwischen der Masse und einer Elite, Unterschiede im Freizeitverhalten *innerhalb* der einzelnen Subkulturen.

Der wohl wichtigste englische Jugendkult waren die Mods in den Jahren 1962 bis 1965. Sie setzten für die Teenager neue Maßstäbe in bezug auf Mode, Musik, Drogenkonsum, Mobilität und Abgrenzung. Die Teds wirkten letzten Endes alle wie Verlierer, die sich verzweifelt um Aufmerksamkeit bemühten, während die Mods irgendein Geheimnis zu besitzen schienen, das die Welt der Erwachsenen völlig irrelevant werden ließ. Die Mods waren arrogant und narzißtisch, zynisch und verbissen; sie traten auf wie Gewinner, und der Konsum war für sie gleichermaßen Tummelplatz und letzte Zuflucht. Sie waren ständig in Bewegung – von einem Laden zum anderen, von einem Club zum anderen, auf der Tanzfläche, beim neuesten Modegag – und ständig high von Aufputschmitteln. Die Mods wurden in den 60er Jahren tatsächlich zum Symbol für den Konsum schlechthin. Der Stil der Mods wurde zum Anlaß genommen, um die Geschäftswelt (das Aufkommen der Boutiquen), die Hörgewohnheiten (Entstehung der Piratensender) und das Tanzen (Triumph der Soulmusik) zu reformieren. Und schließlich wirkte sich der Mod-Stil – auf dem Wege über die englische Beatmusik und über Los Angeles – auch auf die amerikanische Jugendkultur aus.

Es ist sehr schwierig, die Straßenkultur der Mods – Gangs, Kämpfe, lebhaftes und flüchtiges Freizeitverhalten – mit der Vorliebe der Mods für gutes Aussehen, für Konsumartikel und umfangreiches Wissen in Einklang zu bringen; und die Mods waren sich der Widersprüche innerhalb ihrer Gemeinschaft durchaus bewußt. Die «Modernisten» entwickelten sich zum Beispiel aus einer Handvoll kleinbürgerlicher Jugendlicher, den kleidungsbewußten Kindern jüdischer Trödelhändler und ein paar Drop-Outs aus der Straßenkultur. Ihr gemeinsames Interesse war darauf konzentriert, sich deutlich von der Masse abzusetzen, und sie fanden stilistische Anregungen in Amerika («On the Waterfront», die Beats und der Modern Jazz) und in Frankreich (Belmondo, der Studenten-Look, die Intellektuellen, schwarze Barrets). Den Modernisten ging es ursprünglich nicht so sehr um Solidarität als vielmehr um Exklusivität: (beispielsweise um immer neue, seltene Aufnahmen von Rhythm-and-Blues und Ska) – sie verkörperten die bewußte Ablehnung jeglicher Art von Konformität. Diese Mods waren beweglich und ehrgeizig, und sie suchten nach Alternativen; sie fuhren ganz cool mit ihren Motorrollern im 25-Kilometer-Tempo und in Formation *durch* die Straßen – denn sie lebten nicht *auf* der Straße und brauchten auch kein Territorium zu verteidigen.

Die Mod-Bewegung wurde also nicht nur in kommerzieller Hinsicht immer mehr zur Schablone, sondern auch für die Welt der Straße: Die Kämpfe zwischen Mods und Rockers wurden zum bloßen Ritual, und die Modernisten verwandelten sich in «Stylisten», um dann völlig von der

Bildfläche zu verschwinden. Penny Reel erinnert sich, wie im Jahre 1965 das coolste Pärchen den Scene Club betrat: «Gekleidet in tibetanische Gewänder, indische Seidenschals um die Handgelenke geschlungen, Sandalen an den nackten Füßen, eine Kette mit Holzperlen um den Hals und Gänseblümchen im Haar, würde aller Welt sie – wie einer der Beobachter es formuliert – für zwei bunte Zigeuner halten. Und sie verkünden jedem, der es hören will, daß die Liebe das einzig wichtige auf der Welt ist.»

In der Regel unterscheiden die Theoretiker der Subkultur zwischen Gruppen aus der Arbeiterschicht und Gruppen aus der Boheme – in den 50er Jahren die Beats, in den 60ern die Hippies. Jock Young vertritt die Meinung, daß sich die «delinquente Jugendkultur» in erster Linie deshalb auf die Freizeit konzentriert, weil ihre Mitglieder in bezug auf Qualifikationen und Chancen auf dem Arbeitsmarkt nur eine Außenseiterrolle spielen, während sich die Jugendkultur der Boheme vor allem deswegen auf den Freizeitbereich verlegt, weil ihre Mitglieder ganz bewußt die Früchte der Arbeit verachten:

> Wie für den Delinquenten dreht sich auch für den jungen Bohemien das Leben ausschließlich um die Freizeit, aber im Gegensatz zum ersteren hat er sich bewußt zu dieser Ausgliederung entschlossen – er beugt sich nicht etwa unausweichlichen Realitäten. Darüber hinaus ist seine Verachtung für die Gesellschaft durchaus artikuliert und ideologisch begründet. Er entwickelt seine eigene soziale Theorie, in der die Wertbegriffe des Untergrunds zur authentischen Handlungsanleitung werden und mit deren Hilfe versucht wird, das Problem des allesbeherrschenden Produktivitäts-Ethos anzugehen.[5]

Die Musik spielte für die Hippie-Kultur eine ganz besonders wichtige Rolle, und die Rockmusik war für die Hippies mehr als einfach nur die Musik ihrer Wahl. Richard Mill hat einmal gesagt, daß der Musik eher eine «missionarische Bedeutung» zukam; sie sollte die Wertbegriffe der Hippies in die Höhle des kommerziellen Löwen tragen und eine Reihe von Vorstellungen verbreiten helfen:

> Die allgegenwärtige Idee, ständig «angetörnt» sein zu müssen; die plötzliche Intuition; das Transzendieren der rationalen Normen und Grundgedanken – allein die mystische Erleuchtung zählte –; und die ausdrückliche Verbindung von geistiger und körperlicher Dimension: ständig «lachen und herumtollen und keine großen Fragen stellen, sondern einfach wissen, was es heißt, am Leben zu sein».

Die Musik ermöglichte die Erfahrung von Gemeinsamkeit und war gleichzeitig ihr Ausdruck:

> Die Popgruppen nahmen also in dieser Kultur eine zentrale Stellung ein. Sie verschafften und bewahrten das Erlebnis der Transformation,

auf dem diese Kultur basierte, sie lieferten die Strukturen und Rituale, in denen Ziel- und Wertvorstellungen dieser Kultur ihren Ausdruck fanden, und sie verkörperten auf diese Weise ein Minimum an sozialer und wirtschaftlicher Organisation, das zum Überleben notwendig war. Alle diese Faktoren trugen zu einer Führungsrolle für die Gruppen bei, die ihre eigentliche Funktion – nämlich die Vermittlung zwischen den unterschiedlichen Wirklichkeiten der Hippies und der Bürger – nicht nur verstärkte, sondern sie teilweise überhaupt erst hervorbrachte.[6]

Es zeigte sich jedoch, daß die Hippie-Musiker ihre missionarische Rolle in einer kommerziellen Welt auf lange Sicht unmöglich aufrechterhalten konnten. In Kalifornien, wo die Hippie-Ideologie am tiefsten verwurzelt war, sah man in den Gewalttätigkeiten des Festivals von Altamont 1969 den letzten Hinweis darauf, daß sich eine Gemeinschaft nicht allein auf der Grundlage des musikalischen Geschmacks aufbauen ließ; aber den Beweis, daß die Welt des Rock letzten Endes nur eine kommerzielle Welt sein konnte, hatten schon die voraufgegangenen Festivals erbracht: Monterey brachte das Big Business ins Spiel, und Woodstock verkörperte die völlige Trennung zwischen den Künstlern und den Konsumenten der Rockmusik.

Für die ursprünglichen Hippies hatte die Musik vor allem die Funktion, ihre Opposition gegen das «Produktivitäts-Ethos» deutlich zu machen. Sie hatten eine klare Einstellung zum Kapitalismus und zum «guten Leben», die im deutlichen Gegensatz zu der diffuseren Position der Jugendlichen aus der Arbeiterklasse stand. So war es bei den Teddy Boys beispielsweise gerade die Musik, die «ihre lebendigste Verbindung mit der zeitgenössischen Kultur» darstellt; sie war der Bereich, innerhalb dessen sie mit der Gesellschaft «eins» waren. T. R. Fyvel meint, daß die Teds zwar eindeutig gegen harte Arbeit und Karriere eingestellt waren, doch er betont:

> Allerdings sind der Schweiß und die Mühe, die auf das Erlernen der Musik verwandt werden, eine der wenigen Ausnahmen. Wenn ein Junge all seine Energien darauf verwendet, jeden Tag mit einer Band zu proben, wird er für diese Anstrengungen keineswegs ausgelacht. Selbst in den härtesten Kreisen der Teds gilt musikalischer Ehrgeiz als völlig legitim.[7]

In der Auseinandersetzung zwischen «neuer Jugendkultur» und Bürgertum waren die Hippies im Gegensatz zu den Teddy Boys mit einer Ideologie bewaffnet: Der Rock 'n' Roll symbolisierte nicht etwa die Unabhängigkeit der Teddy Boys, sondern eher ihre fortgesetzte Integration in die Konsumwelt der Teenager.

Auf die Mods läßt sich dieser klassenkulturelle Vergleich allerdings nur bedingt anwenden. Abgesehen von der Resonanz, die sie auf der Straße fanden, waren sie in ihrer Rolle ein Vorläufer der Hippies und ein Element der Boheme. Penny Reel beschreibt Beardy Pegley, eine angesehene Londoner «Mod-Persönlichkeit», mit folgenden Worten:

> Er ist nicht nur der erste Junge, bei dem ich Haarlack und Lippenstift gesehen habe, er ist auch der erste auf der Szene, der ein rosafarbenes Stehkragenhemd, eine graue hochgeschlossene Strickjacke, einen gestrickten Schlips, ein rotes Wildlederjackett mit passendem Lederkragen, einen marineblauen Crombie-Mantel, weiße ausgestellte Hosen und bonbonfarbene Ringelsocken trägt, und er ist der erste Mod, der ein Loblied auf Laurel Aitken, James Brown, die Pretty Things, den Flamingo Club in der Wardour Street, Lawrence Ferlinghetti und Marihuana singt und der Eden Kane im Chez Don beleidigt – und er ist auch der einzige Mann, den ich kenne, der ein Paar smaragdgrüne Pelzstiefel besitzt – und das alles schon 1962.[8]

Es ist nicht leicht, in diesen Symbolen den Ausdruck einer *Klassen*-Ideologie zu sehen. Sie repräsentieren vielmehr ein bestimmtes Stilgefühl, sie stützen die Behauptung, daß die Freizeit der einzig wichtige Teil des Lebens ist.

Bei meiner Untersuchung in Keighley wurde deutlich, daß die Musik gerade für diejenigen Schüler von großer Bedeutung war, die sich der Kultur ihrer eigenen Klasse verweigerten – sei es, daß sie aus der Mittelschicht stammten und den Erfolg ablehnten, sei es, daß sie aus der Arbeiterklasse kamen und die Arbeit ablehnten. Peter Willmott entdeckte in seiner Studie über Arbeiterjugendliche in London darüber hinaus noch «eine neue Art von Rebellen»:

> Er war allein und spielte gerade ein paar Schallplatten von Billy Holiday und Miles Davis. Über seine Eltern sagt er: «Sie würden mich in hundert Jahren noch nicht verstehen. Wie den meisten durchschnittlichen Leuten im East End geht es ihnen im Leben um nichts anderes als eine regelmäßige Arbeit, und darum, sich mit einer hübschen kleinen Frau in einem hübschen kleinen Haus oder Apartment niederzulassen und das ganze Leben hindurch jeden Tag das gleiche zu tun. Die Sachen, die ich so mache, finden sie völlig verrückt.» Was sind das für Sachen? «Also, ich nehme mir vielleicht einfach den Tag frei und gehe rüber in den Park und setze mich da hin und meditiere. Oder ich besuche meinen Freund in seiner Wohnung, wo wir dann den ganzen Abend verbringen. Wir sitzen mit ein paar Leuten zusammen, trinken Whisky, rauchen Grass und unterhalten uns darüber, was Glück bedeutet und so Sachen.» Er erzählt, daß er und seine Freunde auch regelmäßig «Purple Hearts» nehmen: «Manchen Leuten mag das wie eine Sünde

erscheinen, aber wir sind halt noch jung, wir wollen unseren Spaß haben und die Bombe vergessen.» Er liest Jack Kerouac, Norman Mailer und James Baldwin – «Deren Sachen finde ich unheimlich gut. Ich glaube, ich bin einfach noch auf der Suche.»[9]

Willmott schreibt, solche «Rebellen» seien die Ausnahme, aber ihre Bedeutung für die Rockmusik dürfe nicht unterschätzt werden. Solche örtlichen Musik-Insider waren für die Jugendkultur der 60er Jahre nicht nur deswegen wichtig, weil sie uns mit Blues, Politik und Dichtung bekanntmachten, sondern auch, weil sie als Verbindungsglied zwischen den kulturellen Abenteurern aus allen Gesellschaftsschichten fungierten. Sie waren es, die von den Beats bis hin zu den Punks für eine Kontinuität bürgerlichen Gedankenguts sorgten. Für die meisten jungen Leute steht der Genuß der Freizeit nicht im Gegensatz zur Arbeit, sondern er ist ein Aspekt des Arbeitslebens: Arbeit und Freizeit ergänzen sich gegenseitig. Nur die «Rebellen» suchen in der Rockmusik nach alternativen Ideen – nur für die «Rebellen» ist die Musik nicht bloße Verzierung der Freizeit, sondern deren Mittelpunkt.

Einige Leute weichen nicht in ihrer Wertschätzung der Musik von der Norm ab, sondern in der Art und Weise, wie sie Musik konsumieren: Sie sind echte Fanatiker, und ihr ganzes Leben dreht sich nur um ihr Idol: Sie versuchen es zu imitieren, es spielt die Hauptrolle in ihren sexuellen Träumen, und sie haben das zwanghafte Bedürfnis, ihre Verehrung nach außen hin sichtbar zu machen. Es gibt aber auch Musikfanatiker: Insbesondere in England und Frankreich findet sich eine lange Tradition von Jazz-, Blues- und Soul-Freaks, von Kundigen, die nicht als feste Gruppe auftreten, sondern eher als ein Netzwerk der Kommunikation fungieren. Diese Puristen treffen sich nur, um ihre Musik zu spielen bzw. anzuhören, und das wiederum tun sie ausschließlich in ihren eigenen Clubs, Kneipen und Konzerthallen. In England wimmelt es von Jazzclubs und Folkclubs, von Rock 'n' Roll-Nächten und Rockabilly-Wochenenden; alte Teds treffen sich, um Gene Vincent zu gedenken, im Norden des Landes tanzen Soultänzer nächtelang zu *obskurer* Motown-Musik, und die Funker bilden menschliche Pyramiden. Für alle diese jungen Leute ist die Musik weder oberflächliche Untermalung ihrer Freizeit noch Zeichen ihrer Subkultur, sondern in erster Linie ein Hobby.

Die unterschiedliche Verwendung der Musik – sei es als Hintergrund, als Ideologie oder als Hobby – ist der Ausdruck unterschiedlichen Freizeitverhaltens und der unterschiedlichen Beziehungen zwischen Spiel und Arbeit. Auch innerhalb der jeweiligen Jugendkulturen gibt es in dieser Hinsicht beträchtliche Unterschiede; so war der englische Punk-Rock – nach Dick Hebdige ein «Beispiel für Chaos auf allen Ebenen» – sowohl eine Straßenbewegung als auch eine radikale Kunstform. Malcolm McLaren und Bernard Rhodes, die als die ersten Manager der Sex Pistols bzw. der Clash eine entscheidende Rolle bei der Entwicklung des politischen Stils der Punks spielten, waren beide in den 60er Jahren auf der Kunstschule gewesen und gehörten zur Randgruppe der «Situationisten». Diesen Situationisten ging es – ähnlich wie den Punks – um die Praxis des Alltags, um die Ästhetik der Langeweile. McLaren hatte den ehrgeizigen Plan, die Szenerie – die passiv erlebte Realität der Konsumenten – in eine aktive Situation zu überführen, in der Strukturen und Spielregeln, Handlungschancen und Spielräume deutlich werden.

Zumindest außerhalb Londons zeichnete sich die Punk-Kultur vor allem dadurch aus, daß sie ursprünglich keinen direkten Bezug zur Arbeiterklasse hatte. In der Provinz setzte sich die Punk-Szene in erster Linie aus den üblichen «hip kids», den Kunststudenten, Hippies und Aussteigern zusammen. Punk war eher eine Boheme-Kultur; zwar waren Mitglieder dieser Boheme auch in den Reihen der Arbeitslosen zu finden, aber ihr Leben wurde keineswegs von der Arbeitslosigkeit geprägt. Johnny Rotten meint dazu: «Ich weiß, daß es nicht einfach ist, von der Stütze zu leben, aber so schlimm ist es nun auch wieder nicht. Als ich auf Stütze war, wurde ich fürs Nichtstun bezahlt, und das fand ich irrsinnig stark. Das war die beste Methode, das ganze System zu sabotieren.»

Und Robert Christgau schreibt:

> Punk ist nicht so sehr eine Arbeiter-Jugendbewegung, als vielmehr eine Art Boheme der Arbeiterklasse, die nicht nur die «haute boheme» der Rock-Avantgarde, sondern auch den geheiligten Mythos von der Klassenlosigkeit der Boheme ablehnt. Punk möchte keinesfalls als Boheme gelten, denn die Boheme ist nur eine «Pose». Aber unabhängig davon, wie sehr die Frage der Authentizität zum Problem wird, spielt die Boheme eine historisch wichtige Rolle – sie kultiviert die ästhetische Sensibilität.[10]

Diese Aussage läßt sich durchaus verallgemeinern, denn seit der Kunststudent John Lennon das «lose Leben» von Hamburg kennenlernte, war der Lebensstil der Boheme stets typisch für die englische Rock-Kultur. Das radikale Proletariertum der englischen Rocker entwickelte sich in erster Linie aus der Verbindung der Rockmusik mit dem Freizeitverhalten des «Lumpenproletariats», und die kulturelle Bedeutung des Punk besteht nicht in der Artikulation der Probleme der Arbeitslosigkeit, sondern vielmehr in dem Experimentieren mit der Ästhetik des proletarischen Spiel-Verhaltens. Hier liegt die Grundlage für die Politik des Punk: Punk ist nicht die Stimme der arbeitslosen Jugend, sondern er ist ein klarer Ausdruck der bürgerlichen Forderung nach «ordentlicher» Konsumtion.

Andererseits war Punk aber auch der erste Jugendkult in England, der nicht nur die Konsumtion, sondern auch die Produktion der Musik erfaßte. Künstler wie Straßenpublikum hatten ein gemeinsames Anliegen, und der Standpunkt der Boheme wurde zum Klassenstandpunkt. Die Besonderheit des Punk liegt darin, daß er für eine kurze Zeit wirklich eine Avantgarde-Musik für die Massen darstellte: eine Straßenmusik, die sich mit dem Straßen-Leben auseinandersetzte; eine Popmusik, die eine Herausforderung an Amerika bedeutete; eine Arbeitermusik, die sich mit Politik beschäftigte. Punk konzentrierte sich auf das Verhältnis zwischen Individualismus und Kollektivismus, zwischen Unterprivilegierten und Privilegierten, zwischen Überleben und Langeweile; letzten Endes waren es nicht die Schockeffekte dieser Musik, die die Plattenindustrie aufschreckten, sondern vielmehr die Tatsache, daß das gesamte Marketing-System in Frage gestellt wurde. Auf der einen Seite war Punk nur primitive englische Tanzmusik, doch auf der anderen Seite stand Punk-Rock keineswegs auf derselben Stufe wie beispielsweise Disco-Musik, denn die Punk-Rocker wollten ihr Publikum sehr wohl zum Nachdenken bringen. Punk war kein Pop und keine AM-Musik, andererseits aber auch kein Rock und damit keine FM-Musik. Als die Kritik versuchte, diese neue Musik auf ihren Klassencharakter festzulegen, scheiterte sie an ihrer Doppeldeutigkeit, denn der Punk stellte nicht die Frage: «Wer konsumiert diese Musik?», sondern: «*Wie* wird diese Musik konsumiert?».

Punk symbolisierte eine neue Art von Straßenkultur: Eine Kultur von Jugendlichen aus der Innenstadt, die ihren Familien entwachsen waren, eine Kultur von radikalen «Profis», von Hausbesetzern und Kommunarden, Studenten und Pseudo-Studenten, von rassischen Minderheiten und Schwulen, die alle nicht «integriert» und angepaßt waren und denen es darum ging, zu protestieren und zu überleben. Diese Straßenkultur nahm ihren Anfang mit den Hippies in den amerikanischen Städten, und sie stellte sowohl die Boheme als auch das Lumpenproletariat vor völlig neue Verantwortungen und Risiken. Die Boheme hatte bis dahin immer so getan, als dürfe es keine Grenzen geben und das Lumpenproletariat hatte einfach keine Möglichkeit zu wählen, aber für den Punk ging es im Gegensatz dazu um die Freizeitchancen, um den Zusammenhang zwischen Auswahl *und* Beschränkung.

Jugend und Freizeit

Jugendliche haben nicht etwa mehr Freizeit als Erwachsene, aber ihre freie Zeit ist wirklich noch frei: frei von den umfassenden Restriktionen der Kindheit (durch Familie und Schule) und noch nicht eingebunden in die Verpflichtungen der Erwachsenenwelt (Familie und Arbeit). Das führt aber dazu, daß die Jugendlichen in ihrer Freizeitgestaltung einem sehr viel direkteren Druck ausgesetzt sind als jeder andere – nämlich einem Druck von seiten des Staates, von Sozialarbeitern, Schulen, Polizei und von der kommerziellen Organisation der Teenager-Ideologie.

Außerdem haben Jugendliche je nach ihrer Stellung auf dem Arbeitsmarkt unterschiedliche Freiheits-Spielräume. Die meiste Freiheit genießen die jungen ungelernten Arbeiter – in meiner Felduntersuchung also die «lower fifth»-Kultur –, und diese Gruppe erweist sich gleichzeitig als die größte Problemgruppe für die Jugendbehörden. Ihre lockere Einstellung zur Arbeit, ihre hohe Absentismusquote und ihre derben Scherze und Spiele finden ihre Entsprechung in einem ebenso lockeren und zügellosen Freizeitverhalten. Die Jugendlichen aus dieser Gruppe haben nicht die für verheiratete Männer typischen Verpflichtungen und es fehlt ihnen auch deren Beständigkeit – dafür fehlen ihnen ebenfalls die Bindungen, der Konservatismus und die Immobilität der verheirateten Männer. Während die meisten Arbeitsplätze in der Industrie nur für verheiratete Männer über 22 Jahre – möglichst mit Kindern und Hypotheken belastet, offen sind – gibt es durchaus auch Aufgaben, für die «freie» Gelegenheitsarbeiter gebraucht werden – die Armee ist dafür das wichtigste Beispiel. In der Tat wird allgemein erwartet, daß junge Männer ein paar Jahre warten, bevor sie sich häuslich niederlassen, und frühe Eheschließung wird nicht gefördert. Allerdings besteht die Schwierigkeit darin, daß die jungen Männer zur rechten Zeit willens und in der Lage sein müssen, eine Familie zu ernähren, und deshalb werden die Jugendlichen ständig daran erinnert, daß ihre Jugendzeit nur vorübergehend ist. Die Jugendkulturen sind also der Definition nach unbeständig. Ihre Mitglieder «stoßen sich die Hörner ab», und wenn ihnen dann nichts anderes mehr übrig bleibt, werden sie «normal».

Der Lebensstil der jungen gelernten Arbeiter, der Lehrlinge, ist von einer ähnlichen Unbeständigkeit gekennzeichnet wie der der jungen Ungelernten, aber ihr Hedonismus ist nicht ganz so ungezügelt. Lehrlinge gehen weniger aus und sind in ihrem Freizeitverhalten risikobewußter – sie haben eine Laufbahn vor sich und können es sich nicht leisten, ihren Lehrherren Anlaß zum Zweifeln zu geben. Sie kennen die Grenzen ihrer Freiheit und wissen, daß die meisten Arbeitgeber nicht darauf achten, was sie in ihrer Freizeit tun, solange ihre Arbeitsdisziplin nicht darunter leidet und sie regelmäßig am Arbeitsplatz erscheinen. Auch innerhalb der Familie ist die Freiheit der Teenager ähnlich geregelt: Die meisten jungen Arbeiter leben bei ihren Eltern, bis sie selbst heiraten, und sie können sich amüsieren, weil sie von der Voraussetzung ausgehen, daß ihnen in der Gegenwart ein ausreichender Familienverdienst und in der Zukunft ein solides Familieneinkommen sicher ist. Arbeitslose Jugendliche haben in dieser Hisicht paradoxerweise viel weniger Freiheiten als ihre arbeitenden Altersgenossen, weil ihre Zukunft völlig unsicher ist. Ihre Untätigkeit ist nicht frei gewählt, sie können sich nicht auf die Zukunft vorbereiten und haben nicht die Möglichkeiten, sich zu amüsieren. Sie werden nicht nur durch die ständige erniedrigende Erfahrung der Job-Suche eingeengt, sondern auch durch die Unsicherheit, die sich daraus ergibt, daß sie keinerlei produktive Tätigkeit ausüben können. Die Gefühle dieser Jugendlichen, die sich selbst überlassen waren, fanden ihren Ausdruck im Arbeitslosen-Rock und der Aggressivität des Punk – allerdings artikulierten beide Musikrichtungen weniger eine Gruppenidentität, sondern sie sind eher ein mühsames Lebenszeichen.

Für die meisten Teenager jedoch – gleich, ob sie ausgebildet, ungelernt oder sogar arbeitslos sind (und immer noch hoffen, jetzt bald eine Arbeit zu finden) – ist Freizeit (genau wie für Craig und seine Freunde in Keighley) gleichbedeutend mit Vergnügen, gleichbedeutend damit, sich spontan und ungebunden auszutoben. Freizeit heißt Trinken und Lachen und Nichtstun und Sex und Alles-einmal-probieren-Dürfen, ehe man sein ganzes Leben lang nur noch arbeiten muß. Für diese jungen Leute befriedigt die Musik an sich noch keine Bedürfnisse und symbolisiert auch keine Werte, sondern sie bildet lediglich den lärmenden und aufmunternden Kontext für alle übrigen Aktivitäten. Die beliebtesten Musikrichtungen – sei es Punk, Heavy Metal oder Disco – unterscheiden sich nur wenig voneinander und dienen ganz ähnlichen Zwecken. Indem die Jugendlichen älter werden und ihre Freunde wechseln, bewegen sie sich von einer Gruppe in die andere, ohnehin verbringen sie den größten Teil ihrer Jugend, ohne sich auf irgendeinen speziellen Sound festzulegen. Die Teenager haben immer gewußt, daß sie ausgebeutet werden: Der Reiz der Sache liegt genau darin, daß diese gewaltigen kommerziellen Anstrengungen gerade ihnen gelten!

In vieler Hinsicht benutzen Studenten die Rockmusik zu ähnlichen Zwecken wie die jungen Arbeiter, nämlich als Mittel zur Entspannung. Zwar geben sich die Studenten einem ganz ähnlichen Hedonismus und Vergnügen hin, zwar trinken und rauchen sie genausoviel und kommen beim Tanzen ins Schwitzen, doch unterscheiden sie sich von den jungen Arbeitern darin, daß bei ihnen die Grenze zwischen Arbeit und Freizeit verwischt ist. Malcolm Cowley meint sogar, daß die Campus-Kultur, die sich in den 20er Jahren herausbildete, weitgehend von Freizeit-Gewohnheiten bestimmt wurde: «College-Studenten leben in einer eigenen bequemen Welt, und abgesehen von den wirklich Reichen und einem bestimmten Typ der kinderlosen Ehefrau bilden sie die einzige Gesellschaftsschicht in Amerika, für die Freizeit eine Selbstverständlichkeit ist.»

In der Tat ist der Tagesablauf der Studenten nur wenigen unmittelbaren Zwängen unterworfen; sie haben wenig Geld und müssen viel lernen, aber die dafür notwendige Zeiteinteilung sieht bei jedem einzelnen anders aus und läßt sich oft nur schwer klassifizieren: Studenten verbringen einen großen Teil ihrer Zeit damit, daß sie planlos lesen oder schreiben oder nachdenken, während sie gleichzeitig Freunde zu Besuch haben und der Plattenspieler auf vollen Touren läuft. Ist das nun Arbeitszeit oder Freizeit?

Diese besondere Form der Zeiteinteilung wirkt sich auch in mancher Hinsicht auf den Gebrauch von Musik aus. Studenten führen zwar meistens – weil sie auf dem Campus zusammenleben und nicht auf viele Elternhäuser verstreut sind – ein sehr viel gruppenbezogeneres Leben als die meisten jungen Arbeiter, doch ihre Erfahrungen haben trotzdem einen viel stärkeren Übergangscharakter. Die Studentenzeit ist beschränkt auf den Zeitraum des Studienganges, und wenn der abgeschlossen ist, kommt es höchst selten vor, daß die Studenten weiter am selben Ort wohnen bleiben oder sogar dieselben Freunde behalten. Der Schutz der Unabhängigkeit und Identität entspricht nicht nur den unmittelbaren Erfordernissen des Studiums, sondern auch den langfristigeren Erwartungen an ein ganz anderes Leben, und wir haben bereits bei der «sixth form»-Kultur gesehen, daß die Musik zum Schlüsselsymbol für persönlichen Geschmack und individuellen Stil werden kann. Sie ist keineswegs die einzige oder die allgemeinste Grundlage für diese Form der Identität, denn Studentengruppen umfassen mit ihren Kulten und Freundschaften eine Vielzahl von Interessen und Aktivitäten, aber wenn die Musik bei studentischen Freundschaften eine Rolle spielt, dann steht sie ganz im Mittelpunkt – die Rockmusik erfüllt eine ideologische Funktion, die in der normalen Jugendkultur der Arbeiterklasse selten notwendig wird.

Die studentische Freizeit wird noch zusätzlich durch die Erkenntnis kompliziert, daß zur höheren Bildung nicht nur die Mühe des Studiums selbst gehört, sondern daß sie einen viel umfassenderen «Zivilisationsprozeß» beinhaltet. Höhere Bildung vermittelt nicht nur Wissen, sondern auch Kultur, und «Freizeit»-Aktivitäten sind in die gesamte Lernerfahrung integriert. Freizeit bedeutet nicht nur Unterhaltung, sondern auch Kunst, und wenn die Studenten die Konventionen der traditionellen «hohen Kultur» kennenlernen, dann wird bisweilen auch das Thema Rockmusik mit in die Diskussion geworfen: sie wird ästhetisch und intellektuell überhöht und dient nicht einfach dem Vergnügen. Die Studenten legen großen Wert auf ihren persönlichen Geschmack, wie auch auf ihre Fähigkeit, diesen Geschmack begründen zu können, und damit bekommt die Musik einen eigenen Wert.

Wie die Straßenkultur der Arbeiterjugend für die «rebellischen» Vorstadt-Kinder zum romantischen Ideal wird – als Traum von spontanem Stil, spontanem Vergnügen und spontaner Aufregung –, so wird die Studentenkultur zum romantischen Ideal für die «rebellischen» Straßenkinder – als Traum von Selbstfindung, von sexueller Freiheit, Kunst und dem Ausdruck von Ängsten. Diese Träume richten sich auf die Freizeit, auf unterschiedliche Lebensweisen und unterschiedliche *Möglichkeiten* – und die größten Unterschiede in den Freizeitmöglichkeiten betreffen nicht die Gesellschaftsschichten, sondern die Geschlechter: Die widersprüchlichsten Bedeutungen der Musik drehen sich um das Verhältnis zwischen Rockmusik und Sexualität.

Kapitel 10
Rock und Sexualität

Bisher habe ich immer nur von den Jungen gesprochen, aber natürlich gehören zur Jugend auch die Mädchen. Sie tauchen in den Berichten über die Jugendkultur immer am Rande der Szenerie auf: Sie sitzen als Beifahrerinnen auf den Motorrädern, sie beobachten die Kämpfe der Jungen aus sicherer Distanz und sind für die Jungen als «Torten» oder «Miezen», als »Votzen» oder «Mäuse» von vorübergehendem Interesse; sie ergreifen niemals selbst die Initiative. «Skinhead-Mädchen», so meinte eine von ihnen, «bewundern die Art und Weise, wie ihre Jungen sie behandeln: nämlich daß sie so tun, als gäbe es die Mädchen gar nicht». Und der Mod Pete Meaden sagte: «Frauen, das waren für uns halt die Leute, die hinten in der Ecke bei den Lautsprechern tanzten.»

Mädchen und Jugendkultur

Die Mädchen führen ein völlig anderes Leben als die Jungen, und die Unterschiede lassen sich nicht allein mit unterschiedlichen Wertvorstellungen erklären, denn die verschiedenen Wahlmöglichkeiten spiegeln die unterschiedlichen Chancen wider, und jede Analyse der sexuellen Differenzierung des Freizeitverhaltens muß von der Tatsache ausgehen, daß die Mädchen einen sehr viel größeren Teil ihrer Zeit zu Hause verbringen als die Jungen.

Es gibt drei unmittelbare Gründe dafür, daß die Mädchen mehr zu Hause bleiben. Der erste und wichtigste Grund ist die größere Kontrolle durch die Eltern, die den Mädchen verbieten, jeden Abend auszugehen, und die bestimmen, wohin, mit wem und für wie lange sie gehen dürfen. Die Jungen sind derartigen Kontrollen weit weniger ausgesetzt, was bedeutet, daß Mädchen als Teenager sehr viel enger an das Familienleben gebunden werden. Schon im frühen Alter werden die Kinder auf bestimmte Geschlechterrollen vorbereitet, und die engen Familienbeziehungen, die es vor allem in der Arbeiterklasse häufig gibt, sind geschlechtsspezifisch strukturiert: die Mädchen mit der Mutter, die Jungen mit dem Vater. Die Welt der Frauen ist das Haus, und der Spielraum Freizeit ist dem männlichen Geschlecht vorbehalten.

Der zweite Grund folgt unmittelbar aus dem ersten: Im Gegensatz zu den Jungen müssen die Mädchen eine Rolle im Haushalt übernehmen. Zu ihren Aufgaben gehören das Babysitting und das Aufpassen auf die Kinder; es wird von ihnen erwartet, daß sie – wenn auch in beschränktem Umfang – beim Saubermachen und Kochen mithelfen, und sie sind ein Teil der Haushaltsorganisation; ökonomisch sind sie viel abhängiger von ihren Eltern als die Jungen, und sie haben viel weniger Möglichkeiten, als Teenager außerhalb der Familie eigenes Geld zu verdienen.

Der dritte Grund liegt auf einer ganz anderen Ebene, wirkt sich aber ähnlich aus: Mädchen verwenden viel mehr Zeit als Jungen darauf, sich mittels Kleidern, Kosmetika und Toilettenartikel für das Ausgehen vorzubereiten. Die Kultur der Mädchen ist auch eine Kultur des Freiens – ich werde darauf noch zurückkommen.

Das Leben der Mädchen ist zwar sehr viel stärker auf das Haus beschränkt, doch das bedeutet nicht, daß sie völlig in die Familie eingebunden und von der Jugendkultur ausgeschlossen wären (auch wenn sie bei den dramatischsten und am genauesten analysierten Höhepunkten der Jugendkultur keine entscheidende Rolle spielen). Sie sind vor allem von der *Straßen*-Kultur ausgeschlossen. Das Leben der Jungen spielt sich auf der Straße ab; sie bewegen sich zwischen einer Vielzahl von Banden und lernen auf diese Weise schon in jungen Jahren die Spielregeln von Loyalität, Angeberei und «öffentlicher» Freizeit. Für die Mädchen dagegen verbinden sich mit dem Leben auf der Straße ganz andere Aspekte, und ihre Jugendkultur beschränkt sich eher auf das Schlafzimmer, wo sie mit ihren Freundinnen zusammensitzen, Musik hören und neue Schmink-Raffinessen erlernen, neue Tänze üben, sexuelle Erfahrungen austauschen, gegenseitig ihre Kleidung kritisieren und ganz einfach klatschen. Dadurch, daß sie gezwungen sind, zu Hause zu bleiben, wird das Haus zu einem Ort der Jugend: Die Freundinnen können bei den Hausarbeiten mithelfen, die Mädchen dürfen sich gegenseitig besuchen, und selbst abendliche Verabredungen mit Jungen werden geduldet, wenn man früh wieder nach Hause kommt.

Die jüngsten Mädchen, die am wenigsten Freiheiten haben, werden Teenyboppers. Die Teenyboppers sind sehr junge Mädchen im Alter zwischen 10 und 13 Jahren, und die Teenybopper-Kultur kreist normalerweise um einen Popstar. Solche Teen-Stars halten sich im Schnitt etwa drei Jahre. Das Grundsymbol dieser Kultur ist nicht die Schallplatte, sondern eher die Zeitschrift- und Fan-Produkte wie T-Shirts und Tabletts mit den Bildern der Idole verkaufen sich ohnehin mindestens ebensogut wie Schallplatten; zum Beispiel entfiel nur etwa ein Fünftel der Einnahmen von David Cassidy auf seine Schallplatten. In dieser Altersgruppe sind die kulturellen Aktivitäten der Mädchen sehr stark davon abhängig, was ihnen zu Hause direkt zur Verfügung steht; für sie ist das Fernsehen wichtiger als das Radio und das Aussehen der Stars wichtiger als ihre Musik. Die Teenager-Magazine für Mädchen (in England kam im Jahre 1955 als erstes Magazin dieser Sorte *Marilyn* auf den Markt, heute ist wohl *Jackie* das wichtigste; in Amerika hat *16* unter Tausenden von Zeitschriften den größten Einfluß) waren immer von «einem dominanten Interesse an Popstars und der Pop-Szene» geprägt, aber dieses Interesse galt nicht in erster Linie der Musik, sondern vor allem Klatsch, Kleidung, Besitz und Fotos. Die Zirkulation derartiger Magazine ist unmittelbar von der Kraft abhängig, die von dem Image des jeweils neuesten Teenager-Idols ausgeht; wenn die Teenybopper ihr Idol persönlich sehen können, dann ist nicht diese Erfahrung an sich wichtig, sondern der Status, der sich damit verbindet – nun gibt es in jeder Gruppe ein paar Mädchen, die noch stolzer herumlaufen können. Der gelegentliche Ausdruck der Teenybopper-Identität in der Öffentlichkeit kann, genau wie bei den Straßengruppen der Jungen, heftig, aggressiv und komisch sein. Der böseste Brief, den ich als Rockkritiker je bekam, war eine Reaktion auf eine David-Cassidy-Kritik. Ein Mädchen schrieb mir: «Wie kannst du es wagen, Donny Osmond mit David Cassidy zu vergleichen?» – «Mag sein, daß sein Anzug zu eng war», schrieb eine andere, «aber er hat wenigstens ein paar Eier zum vorzeigen, was bei Dir bestimmt nicht der Fall ist.»

Die Mädchen entwachsen dieser Traumwelt der Teenybopper-Sexualität, wenn sie anfangen, sich mit Jungen zu verabreden, zu tanzen und in ernsterer Absicht mit ihnen auszugehen, aber die Verbindung von Musik und Schlafzimmer bleibt weiter bestehen. Der Gebrauch von Musik in der Öffentlichkeit mag bei den Mädchen ähnlich sein wie bei den Jungen – die Musik dient als Hintergrund und zum Tanzen –, aber zu Hause spielt die Musik für Mädchen eine andere Rolle, und die Betonung liegt auf der Person der Stars. Die Mädchen-Zeitschriften beschäftigen sich in erster Linie mit den Stars und nicht so sehr mit der Musik; das mangelnde weibliche Interesse an «ernsthafter» Rockmusik wird vor allem an der Struktur der Leserschaft der Musikpresse bzw. an der Struktur des Publikums von Radio und Fernsehen deutlich. Selbst in der Kultur der «sixth form» und der Studenten sind die Mädchen sehr viel weniger an Musik interessiert als die Jungen: Sie klimpern vielleicht ein bißchen auf der Gitarre, aber während die Jungen sich für Komplexität und Hi-Fi begeistern, interessieren sich die Mädchen eher für die Texte, für Singer/Songwriter und für Rockmusik als Ausdruck von Ängsten. In meiner Untersuchung in Keighley wurde deutlich, daß die Mädchen aus sämtlichen Gruppen sich viel stärker mit den Rock-Texten beschäftigen, während die Jungen sich eher für die Show interessierten. Offensichtlich wurde das Verhältnis zur

Rockmusik durch das unterschiedliche Verhältnis zur Sexualität bestimmt.

Bei der männlichen Musik, dem sogenannten «Cock-Rock», ist die musikalische Darbietung oder Show ein eindeutiger, roher und «meister»-hafter Ausdruck von Sexualität – eine Haltung, die an dem Gesangsstil von Robert Plant und dem Supergitarristen-Stil von Jimmy Page (beide Mitglieder der Gruppe Red Zeppelin) exemplarisch deutlich wird. Die Musiker des Cock-Rock sind aggressiv und prahlerisch; sie sind immer bestrebt, die Aufmerksamkeit des Publikums auf ihre Fertigkeiten und die Beherrschung ihre Instrumente zu lenken. Sie stellen ihre Körper zur Schau (tief ausgeschnittene Hemden und enge Hosen betonen Brustbehaarung und Genitalien), Mikrophon und Gitarren sind Phallus-Symbole oder werden wie weibliche Körper liebkost, und die Musik ist sehr laut, hat einen eindringlichen Rhythmus und funktioniert nach dem Prinzip von Erregung und Befreiung. Die Texte sind sehr selbstbezogen und arrogant, obwohl die einzelnen Formulierungen nicht so bedeutsam sind wie der eigentliche Gesangsstil, das gellende Rufen und Schreien. Im Grunde wird bei solchen Hard-Rock-Shows auf onanistische Weise der «Penis Power» zelebriert, und Mädchen sind von dieser Rock-Erfahrung strukturell ausgeschlossen: Hier werden die Grenzen der *männlichen* Sexualität dargestellt. Das Cock-Rock-Image ist das des umherreisenden ungezügelten Mannes, der Hotelzimmer auseinandernimmt und Groupies aufs Kreuz legt, und die Musik des Cock-Rock verstärkt noch die eindeutige Körperlichkeit des Rhythm-and-Blues, die der Öffentlichkeit gnadenlos aufgezwungen wird. Die musikalischen Fertigkeiten der Cock-Rocker sind gleichbedeutend mit ihren phallischen Fertigkeiten, und Künstler wie Ted Nugent sind gleichzeitig Betthelden und Gitarrenhelden: Die beiden Aspekte verbinden sich zu einem einzigen, einheitlichen Markt-Image.

Im Gegensatz dazu hat die weibliche Musik, der Teenybop, eher den Charakter einer vertraulichen, privaten Unterhaltung. Sie schafft, wie Jenny Taylor und Dave Laing es formuliert haben, «eine Beziehung zwischen Sänger und Publikum, aus der die Illusion erwächst, daß eine ‹versteckte sexuelle Wahrheit› enthüllt werde». Die Anziehungskraft der Teenybop-Idole beruht auf Selbstmitleid, Verletzlichkeit und unerfüllten Bedürfnissen. Das Image dieser Musik ist der Junge von nebenan: traurig, nachdenklich und hübsch. Teenybop-Songs handeln von Enttäuschungen, von Einsamkeit und Frustrationen; die Musik ist nicht so körperlich wie der Cock-Rock und lehnt sich an das bekannte Schema der alten romantischen Balladen an. Sexualität wird als eine Art von geistigem Streben dargestellt, wobei körperliches Verlangen nur in vagen Andeutungen vorkommt. Der Sänger sucht jemanden, den er liebhaben kann – nicht fürs Bett, sondern mehr fürs Herz: Während der Cock-Rock in erster

Linie auf männliche Vorstellungen von Sexualität – Animalität, Oberflächlichkeit und Unverbindlichkeit – anspielt, verkörpert Teenybop-Musik eher weibliche Vorstellungen von Sexualität: Ernsthaftigkeit, Diffusität und die totale gefühlsmäßige Bindung.

Diese beiden Bereiche schließen sich weder gegenseitig aus, noch erschöpfen sie alle sexuellen Bedeutungen der Rockmusik – aber sie sind sehr weit verbreitet und entsprechen allgemeinen Rollenverteilungen zwischen den Geschlechtern: Die männlichen Konsumenten identifizieren sich mit den Rock-Künstlern, und zwar öffentlich und gemeinschaftlich (in diesem Sinne erinnern Rockkonzerte an Fußballspiele und andere Anlässe männlicher Kameraderie: die mit solchen Ereignissen verbundene Euphorie basiert auf dem symbolischen Ausgeschlossensein von Frauen). Im Gegensatz dazu werden die weiblichen Konsumenten der Musik als Individuen, als potentielle Objekte der persönlichen Bedürfnisse und Wünsche der Künstler angesprochen. Darüber hinaus beschränkt sich die Identifizierung der männlichen Zuhörer mit den Musikern nicht auf die sexuelle Ebene – sie beinhaltet auch eine Aneignung der Dominanz und Macht, des Selbstvertrauens und der Fertigkeit der Musiker. Wie wir bereits gesehen haben, interessieren sich die Jungen vor allem für Rock als Musik; sie wollen selber Musiker, Techniker, Experten werden. Es sind vor allem Jungen, die den harten Kern des Rockpublikums ausmachen und die Rockkritiker und Sammler werden (im Gegensatz dazu betätigen sich weibliche Rock-Fanatiker eher als Fotografinnen). Die Auseinandersetzung mit dem Rock 'n' Roll führt zu einer geschlechtsspezifischen Differenzierung seines Publikums: Für die Jungen der öffentliche Auftritt, für die Mädchen der private Konsum.

In der Tat: Die Mädchenkultur beginnt und endet im Schlafzimmer, und eine Romanze findet ihren Abschluß immer mit der Heirat der Heldin, deren Mädchenzeit damit ihr Ende findet; aber im Grunde ist der Übergang von der einen Haushaltsorganisation in die andere für die Mädchen weit weniger mit einem abrupten «Rückzug» verbunden als für die gleichaltrigen Jungen. Das Problem besteht ausschließlich darin, einen geeigneten Ehemann zu finden – so erklärt sich auch die große Bedeutung des Tanzes in der Mädchenkultur. Die meisten jungen Bräute lernen ihre zukünftigen Ehemänner beim Tanzen kennen, und das auffälligste Phänomen im weiblichen Freizeitverhalten ist die Plötzlichkeit, mit der die Frauen das Tanzen aufgeben, sobald sie verheiratet sind. Wenn also die Ehe das Karriereziel der Mädchen ist, dann ist ihre Freizeit gleichzeitig ihre Arbeit; sie wird zum Ausgangspunkt der weiblichen Karriere und dient dem Zweck, einen geeigneten Ehemann zu finden. Die Tatsache, daß seit dem Krieg immer mehr verheiratete Frauen einen Beruf ergreifen, hat an dieser Situation nichts grundlegendes verändert. Früher mögen Ehe und Mutterschaft als Alternativen zur Berufstätigkeit verstanden worden sein, aber deswegen ist Arbeit für die Mädchen heutzutage keine Alternative zur Ehe und Mutterschaft. Vielmehr ergänzen häusliche und außerhäusliche Arbeit einander: Die Berufstätigkeit muß sich mit den häuslichen Pflichten vereinbaren lassen, und bei Arbeit und Spiel haben die Mädchen stets die Ehe im Auge.

Der Prozeß setzt bereits zu Hause ein, und zwar mit der «Arbeit», sich so attraktiv wie möglich herzurichten; Marktforscher weisen immer wieder darauf hin, daß Mädchen einen großen Teil ihres Geldes für Kleider und Kosmetik ausgeben. Die Arbeit des Ankleidens und Schminkens, die Vorbereitung der weiblichen «Show», ist das wichtigste Geheimnis der Mädchenkultur; die künstlichen Gesichter und die Taschentuch-Busen werden noch in der privaten Sphäre des Schlafzimmers angelegt werden – in der Öffentlichkeit ist dann die Damentoilette der Ort, an dem Mädchen gemeinsam arbeiten, intrigieren und lachen können. Aber auch wenn diese weiblichen Aktivitäten als kollektive Beschäftigung mit Spaß, Stilgefühl und Kunst verbunden sind, dienen sie letzten Endes dem individuellen Ziel, den Jungen zu gefallen. Erst die Aufmerksamkeit der Männer gibt der weiblichen Arbeit des «Schönmachens» ihre eigentliche Bedeutung. So erklärte Dick Clark seinen Teenagers im Jahre 1959:

> Die Burschen haben nichts gegen Make-up, wenn es richtig eingesetzt wird. Richtig eingesetzt heißt, daß es eure natürliche Schönheit betont – und die hat jede von euch – und zwar unauffällig. Für manche Mädchen ist das sehr leicht, für andere dagegen sehr schwierig. Die Schwierigkeit liegt darin zu entscheiden, wieviel man benutzen kann, ohne daß es zu auffällig wird. Der Trick ist dabei, zwar Lippenstift, Puder usw. zu benutzen, aber gleichzeitig die Jungen zu überzeugen, daß das alles tatsächlich nur du selbst bist und kein Make-up.[1]

Natürlich legen auch die Jungen Wert auf Mode und Äußerlichkeit, aber ihr Aussehen ist bei aller Sorgfalt im wesentlichen narzißtisch und sucht seine Bestätigung ebenfalls in der männlichen Bewunderung. Die Mods, die von Kleidung geradezu besessen sind und eine ausgesprochen «unmännliche» Schönheit und Sorgfalt nach außen kehren, wurden von den Rockern völlig zu Recht als «weibisch» bezeichnet – ihr Verhalten war in der Tat das von Frauen, und sie kleideten sich (ähnlich wie die Rocker selbst), um den Männern zu gefallen. Bill Norman erinnert sich:

> Auf der Arbeit warst du ein Nichts. Wenn du dir dann also endlich deinen Wildleder- oder Mohair-Anzug und deine Desert-Stiefel anziehen kannst, um zur Dancehall zu gehen, dann willst du bei deinen Kumpels was Besonderes sein. Es sind in erster Linie die Kumpels, bei denen man Eindruck machen will, und nicht die Mädchen. Man definiert sich durch seine Kleidung, seinen Tanzstil oder seinen Motorrol-

ler. Mann mußte einfach cool sein. Wenn man den Mädchen nachlief, dann galt das als weich und ein bißchen rührselig. Und man wollte natürlich vor den anderen Jungen nicht sein Gesicht verlieren.[2]

Die Konvention verlangt, daß das Mädchen sich passiv verhält, wenn man ihm den Hof macht – sie wartet darauf, daß sie zum Tanzen aufgefordert wird, und geht dann in den Besitz des Jungen über – aber in Wirklichkeit ist es das Mädchen, das sich aktiv um einen Partner bemüht. Es sind die Mädchen und nicht die Jungen, die als Versager gelten, wenn sie am Ende des Abends niemanden gefunden haben, und das Mädchen muß darüber entscheiden, was ein Junge wert ist, wo die Grenzen sind und wie sich die Sache entwickeln soll. Die Spielregeln bei Verabredungen werfen in der Praxis eine Fülle ambivalenter Fragen auf: Wann ist jemand «in festen Händen»? Wann wird eine Beziehung «ernst»? Welche sexuellen Pflichten sind mit welchen sozialen Beziehungen verbunden? Alle diese Fragen beziehen sich auf die *öffentliche* Bedeutung des Sexualverhaltens, und diese Bedeutungen entspringen im wesentlichen nach wie vor einer Doppelmoral. Die Auffassungen eines Mods aus dem Jahre 1964 gelten auch heute noch für die Situation der Teenager:

> Vielleicht heirate ich irgendwann, wenn ich ein anständiges Mädchen finde. Ich glaube, es ist mir ziemlich egal, ob es noch Jungfrau ist oder nicht, solange sie nicht zu sehr rumgebumst hat. Die Mädchen, die jeder ausprobiert hat, werden viel zu schnell alt. Mädchen meinen immer, daß Jungen nur auf eine Sache aus sind, aber wenn sie es fertigbringen, daß der Junge sie respektiert, dann sieht das ganz anders aus. Wenn ich ein Mädchen nicht ganz besonders gern mag, würde ich wahrscheinlich keine Zeit verschwenden, wenn es nicht gleich mit mir ins Bett gehen will. Ich glaube, die meisten Jungen denken da genauso – das ist ganz natürlich.[3]

Mädchen gehen meist in Gruppen zum Tanzen – sie bereiten sich als Freundinnen gemeinsam vor, unterstützen und beraten sich gegenseitig, tanzen zusammen und helfen sich dabei, ihre Selbstachtung und gute Laune zu behalten. Der Zweck des ganzen Unterfangens besteht aber eindeutig darin, «aufgerissen» zu werden: Die Mädchen brauchen ihre Freundinnen, um sich mit ihrer Hilfe auf das Ereignis vorzubereiten, das zum Ende ihrer Freundschaft führt. Die amerikanischen «Sororities»* suchen beispielsweise ihre neuen Mitglieder nicht danach aus, wer und wie sie sind, sondern ob sie die richtige Sorte von Männern anziehen.

Wenn ein Mädchen seinen Jungen gefunden hat, finden seine romantischen und sexuellen Aktivitäten im wesentlichen unter Ausschluß der Öf-

* Vereinigung von College-Studentinnen – d. Übers.

fentlichkeit statt, aber seine Heiratschancen sind weitgehend von seinem «guten Ruf» abhängig, der wiederum auf der öffentlichen Kenntnis seines Privatlebens beruht. (Das eindeutigste öffentliche Zeichen einer privaten Handlung ist in diesem Zusammenhang eine Schwangerschaft.) Deswegen bleiben auch dann noch bestimmte Verhaltensschranken bestehen, wenn das Mädchen einen Partner gefunden hat. Ein Beispiel dafür sind die traditionellen Verhandlungen darüber, wer einen nach dem Tanzen nach Hause begleiten darf:

> Viele der Mädchen sind sehr zurückhaltend, wenn es darum geht, sich von einem Jungen nach Hause fahren zu lassen, und viele machen sich ganz allein auf den Heimweg – meist per Taxi –, statt mit den Jungen zu gehen, die sie im Laufe des Abends kennengelernt haben. Mädchen lassen sich nur ungern nach Hause fahren, es sei denn, die Jungen machen einen «vertrauenswürdigen» Eindruck. Die Tatsache, daß dieses Kriterium der «Vertrauenswürdigkeit» bei den Mädchen tatsächlich existiert, wird zum Beispiel daran deutlich, daß ich einige Male von einer Gruppe von Mädchen gebeten wurde, sie nach Hause zu fahren, als sie feststellten, daß ich allein im Auto war (und natürlich, daß ich absolut vertrauenswürdig war!). Bei dieser Gelegenheit sagten sie mir, daß sie keine Angst hätten, mit mir zu fahren, weil sie in der Überzahl waren (drei gegen einen) – trotzdem stritten sie sich noch zum Spaß darum, wer als letzte aussteigen sollte.[4]

Für Mädchen ist die Musik – genau wie für die Jungen – eine Art Hintergrund, wenn sie küssen und schmusen wollen, aber sie ist auch noch Hintergrund für andere Aktivitäten und führt zu unterschiedlichen Verhaltensweisen. Zum Beispiel tanzen Mädchen häufiger und in der Regel besser als Jungen, die – abgesehen von spezifischen Tanzkulten wie Mod oder Disco – eigentlich überhaupt nicht sehr tanzfreudig sind. Die Mädchen kaufen Tanzplatten, nach denen sie auch üben (und die so zu einem Bestandteil des Gruppenlebens der Mädchen werden) und sie fangen viel früher an zu tanzen als die Jungen. In der Tat war die Dance Hall seit den 20er Jahren einer der wenigen Orte, an denen sich Mädchen körperlich austoben konnten. Darüber hinaus erleichtert Musik den Umgang mit den sexuellen und gefühlsmäßigen Spannungen, die die weibliche Rolle mit sich bringt: Sie drückt diese Spannungen aus und bietet gleichzeitig die Möglichkeit, sich abzureagieren. Musik und Musiker-Idole spielen in den Träumen der Mädchen eine ähnlich wichtige Rolle wie Pop- und Filmstars in den Träumen ihrer Mütter und Großmütter.

Sobald die Mädchen einen festen Freund gefunden haben, ändert sich ihr Freizeitverhalten grundlegend, und die meisten dieser Spannungen lösen sich auf. Als Teil eines festen Paares und mit der Aussicht auf baldige Heirat muß sich das Mädchen nicht mehr mit den Problemen der Partnersuche und Partnerwerbung herumschlagen und kann sich auf seine zukünftige Rolle als Ehefrau und Mutter vorbereiten. Es geht von nun an eigentlich nur noch mit seinem Freund aus, und in dieser Phase werden die Unterschiede zwischen achtbaren und weniger achtbaren Mädchen am deutlichsten: Die Jungen nehmen ihre festen Freundinnen mit in anständige Clubs und Pubs, während sie mit ihren männlichen Kumpanen auch in unfeinere Lokale gehen – entsprechend leidet der gute Ruf jener Mädchen, die sich in derartigen Kneipen sehen lassen. Wenn ein Mädchen einen festen Freund hat, darf es per definitonem nur mit ihm ausgehen, und seine übrigen Freizeitaktivitäten dürfen auch nicht das geringste mit Sexualität zu tun haben.

Während dieser Phase beginnen die Mädchen, sich von ihren Freundinnen zu lösen – eine Trennung, die in England durch die traditionelle «hen party» vor dem Hochzeitstag symbolisiert wird:

> Ich habe bis heute im City Centre Club noch keinen Donnerstag erlebt, an dem nicht mindestens eine «hen party» stattfand, und manchmal waren es sogar vier auf einmal. Man erkennt diese Parties sofort an dem traditionellen Hut der zukünftigen Braut. Ich weiß nicht, woher diese Sitte ursprünglich stammt, aber sie war auch in London verbreitet. Wenn ein Arbeitermädchen heiratet, dann machen ihre Arbeitskolleginnen ihr einen riesigen Papphut, der mit Papierblumen, Flitter, Troddeln und oft auch mit anzüglichen Witzen über die Hochzeitsnacht usw. geschmückt ist. Außerdem wird ihr oft ein L-Schild* ans Kleid oder an den Mantel gesteckt.[5]

Die Freizeit der Mädchen ist in Wirklichkeit keine echte «freie Zeit», keine Arbeitspause, sondern fester Bestandteil ihrer Hausfrauenrolle, und so müssen auch die größten romantischen Vorstellungen der Mädchenkultur einem gewissen Realitätssinn weichen. Zum Beispiel gibt es bei den Mädchen kein Gegenstück zur sexuellen Phantasiewelt der *Playboy*-Kultur bei den jungen Männern, und in gewisser Hinsicht sind es eher die Jungen, die Sexualität romantisieren – die ganz bewußt das «Sich-Verlieben» vom «Herumspielen» trennen, und für die Liebe echt und kostbar und mit Besitzdenken und Eifersucht verbunden ist. Für Mädchen hat eine solche romantische Auffassung von Liebe durchaus ihre Vorteile (sie dient unter anderem dazu, Forderungen an den Freund zu stellen nach dem Motto: «Wenn du mich wirklich liebst ...»), aber sie selbst romantisieren eher die Mutterschaft als die Ehe. Männer sind zwar in finanzieller und gesellschaftlicher Hinsicht notwendig, aber Babies haben eine viel stärkere emotionelle Bedeutung. Aus den Erfahrungen in

* In England muß das Fahrzeug eines Anfängers in der ersten Zeit nach dem Führerscheinerwerb mit einem roten «L» (Learner = Anfänger) gekennzeichnet sein – d. Übers.

ihren eigenen Familien wissen die Arbeitermädchen genau, daß die Frauen ihre engste und befriedigendste Beziehung zu ihren Kindern und nicht zum Ehemann haben – das ist der emotionelle Grund dafür, daß Frauen an das Haus gebunden sind.

Arbeitermädchen sind sich auch durchaus der Tatsache bewußt, daß sie viel mehr Möglichkeiten haben, sich zu amüsieren, als ihre Mütter. Es gibt bestimmte Gelegenheiten und Orte, an denen die direkten sexuellen Schranken ihre Macht verlieren – zum Beispiel im Urlaub; und es gibt durchaus Leute (beispielsweise durchreisende Popstars), mit denen Mädchen ihren guten Ruf aufs Spiel setzen können, ohne daß ihre Umwelt etwas davon erfährt. Und die meisten Mädchen verstoßen sowieso irgendwann gegen die meisten Spielregeln. Ihre Mütter sagen immer: «Amüsiert euch», denn trotz aller Schwierigkeiten, mit denen das Erwachsenwerden für Mädchen verbunden ist, verbringen sie zumindest einen Teil ihrer Zeit außerhalb des Hauses – um zu tanzen, zu spielen und Träumen nachzugehen, die für sie noch nicht völlig verloren sind. Die Liebeslieder, die in den 90er Jahren des letzten Jahrhunderts in den Music Halls gespielt wurden, beschrieben die Zeit der Partnerwerbung als kurze, bitter-süße Erinnerung, und Ehe und eheliche Sexualität als schlichtes Mittel zum Überleben. In den 20er Jahren stellten die Lynds der weiblichen Bevölkerung von Middletown die Frage, was sie anfangen würden, wenn der Tag eine Stunde mehr hätte: «Ausruhen», sagten die Arbeiterfrauen, oder auch einfach: «Ich weiß nicht.» Eine andere Antwort, die häufig vorkam, lautete: «Ich würde alles tun, nur um aus dem Haus zu kommen.» Denn: «In den letzten drei Monaten, seit wir hierher gezogen sind, habe ich nur zweimal das Haus verlassen.» Und Bruce Springsteen erzählt:

> Ich brauche mir bloß meine Schwester und ihren Mann anzusehen. In gewisser Weise leben sie so, wie meine Eltern gelebt haben. Sie haben Kinder und sie müssen hart arbeiten. Das sind Leute – die haben so einen gewissen Ausdruck in den Augen ... Ich habe meine Schwester gefragt, «Was macht ihr denn, wenn ihr euch amüsieren wollt?» – «Wir amüsieren uns nicht», meinte sie darauf. Das war kein Witz.[6]

Mit anderen Worten, man darf die Restriktionen, denen die Freizeit der Arbeitermädchen unterworfen ist, auch nicht überbewerten, denn ihre Mütter waren noch viel schlechter dran. Ich bin immer nur von der Voraussetzung ausgegangen, daß die Ehe *die* weibliche Karriere schlechthin ist; wo das nicht zutrifft, eröffnen sich auch weitergehende Freizeitmöglichkeiten. Frauen können durch ihre Arbeit und ihren Verdienst durchaus unabhängig werden und ein feministisches Bewußtsein und eine feministische Politik entwickeln, und Mädchen können genauso militant gegen kulturelle Erwartungen rebellieren wie Jungen. Bei dieser Rebellion hat auch die Rockmusik eine entscheidende Bedeutung.

Jugend und Sexualität

Die Mädchen-Kultur, die ich beschrieben habe, ist eine typische Teenagerkultur und im wesentlichen in der Arbeiterklasse verbreitet. Doch die Studenten-Kultur hat ganz ähnliche sexuelle Schranken, auch wenn die geschlechtsspezifische Chancenverteilung für die Jugendlichen der Mittelschicht eine vergleichsweise geringe Rolle spielt. Gerade auf dem College-Campus bildeten sich in den 20er Jahren viele Konventionen für das Sexualverhalten der Teenager heraus. Zum Beispiel waren es College-Mädchen, die zum erstenmal definierten, welche sexuellen Aktivitäten für ein Mädchen zulässig sind und welche nicht, und es waren die College-Jungen, die den Sex zum erstenmal zu einer kollektiven männlichen Aktivität machten und Verführungen als «Treffer» verbuchten. Am College wurde auch die typisch amerikanische Sexualpraktik des «petting» zu einer Selbstverständlichkeit. Die College-Jugendkultur wurde seinerzeit insbesondere für die beteiligten Mädchen als «befreiend» empfunden – aber das war keineswegs gleichbedeutend mit dem Ende der herrschenden Doppelmoral.

Die Freizeit der Mädchen wird, wie wir gesehen haben, dadurch eingeschränkt, daß sie auch der Suche nach einem Partner dient, und diese Suche kann selbst wiederum nur im Zusammenhang mit einer bestimmten Ideologie der Ehe verstanden werden. Diese Ideologie gibt den Mädchen durchaus eine gewisse Freiheit, nämlich die Freiheit der Partnerwahl. Historiker haben behauptet, daß die Jungen schon viel eher als die Mädchen eine richtige Jugendphase, eine Phase des Übergangs von der Kindheit zum Erwachsensein durchlebten – nämlich die Phase der Loslösung von zu Hause und der Konzentration auf die Arbeitswelt. Und da der gesellschaftliche Status der Jugendzeit auf einer gewissen Unabhängigkeit basiert, hatten Mädchen so lange keine eigentliche Jugend, wie sie in der Pubertätszeit streng behütet und an den Haushalt gebunden wurden und mit der Heirat sofort in den nächsten Haushalt überwechselten. Mädchen konnten erst zu Teenagern werden, als die freie Wahl des Ehepartners zur allgemeinen Regel erhoben und die Liebe als Voraussetzung für die Ehe akzeptiert wurde. Daraus ergab sich auch für Frauen die Notwendigkeit einer Übergangsphase, in der sie sich auf dem Ehemarkt umsehen konnten. Diese Vorstellung wurde jedoch erst zu Beginn unseres Jahrhunderts zur allgemeinen Norm, und gleichzeitig entstanden auch der Ragtime und das Tanzfieber. Rudi Blesh und Harriet Janis zitieren in diesem Zusammenhang die *Sedalia Times* aus dem Jahre 1900:

> Wenn die Mädchen am Abend nur noch zu dem Zwecke ausgehen, einen jungen Mann aufzureißen und mit ihm spazierenzugehen, dann wird es Zeit, das Ausgehverbot für Kinder auch auf diejenigen auszu-

dehnen, die älter als 16 Jahre sind. Die Unruhe, die junge Mädchen an warmen Sommerabenden überkommt, wird ernste Probleme nach sich ziehen, wenn sie nicht schnellstens unter Kontrolle gebracht wird. Anständige Männer suchen sich ihre Frauen nicht auf der Straße, und ein anständiges Mädchen wartet, bis der richtige Mann zu ihr nach Hause kommt.[7]

Lawrence Stone ist der Meinung, daß die Ideologie der sentimentalen Liebe und der «wohlerprobten Zuneigung» als Grundlage der Ehe von der europäischen Aristokratie ausging und gegen Ende des 18. Jahrhunderts von der Bourgeoisie übernommen wurde – eine Entwicklung, die sich auch im Aufstieg des romantischen Romans spiegelt, und die im Verlauf des 19. Jahrhunderts immer weitere gesellschaftliche Schichten erfaßte. Dieser Ideenwandel war jedoch weder naturgegeben noch problemlos, und die frühe Partnersuche brachte neue Gefahren mit sich – es drohte das sexuelle Chaos und die elterliche Autorität wurde in Frage gestellt.

Diese Gefahren schienen sich durch das Entstehen einer Arbeiterjugend noch zu verstärken. Schon im frühen 19. Jahrhundert warnten die Moralisten der Mittelschicht vor den Auswirkungen der industriellen Revolution insbesondere auf die Familienstruktur der Arbeiterklasse – denn in den neuen Fabriken arbeiteten die Mädchen zusammen mit den Jungen am gleichen Arbeitsplatz und entwickelten auf diese Weise ebenfalls eine «unnatürliche» Unabhängigkeit vom Elternhaus. Die Bourgeoisie selbst übernahm allmählich die Ideologie der romantischen Liebe als geeignetes Mittel zur Regulierung der jugendlichen Sexualität und als Garant für einen geordneten Übergang zum Erwachsenenleben. Die romantische Liebe wurde im bürgerlichen Roman, in Liebesliedern, Erzählunigen und Gedichten idealisiert und setzte sich auch in den Vororten, in den Clubs, bei den Sport- und Tanzveranstaltungen der Mittelschicht durch: Dort kamen die jungen Mädchen mit Jungen zusammen, die die Gewähr boten, geeignete Partner für Liebe und Ehe zu sein. An die Stelle der Eltern traten jetzt die «Gruppen von Gleichgesinnten» als Kontrollinstanz für korrektes Sexualverhalten.

Gegen Ende des 19. Jahrhunderts wandten die bürgerlichen Reformatoren den «romantischen Ansatz» auch auf die Probleme der Arbeiterjugend an. So pries man beispielsweise in England und Frankreich das romantische Verhalten als Ersatz für die Kontrolle der Arbeitersexualität durch die Gemeinschaft, und die jungen Arbeiter wurden ermuntert, sich ihren eigenen «vernünftigen» Gleichgesinnten- und Freizeitgruppen anzuschließen: den Jugendclubs, Fahrradclubs, Sportclubs usw. In den USA war – zumindest nach 1918 – die High School die wichtigste Instanz für die Kontrolle der jugendlichen Sexualität. Pauline Fass meint, daß die

20er Jahre für die Entwicklung der amerikanischen Jugendkultur besonders wichtig waren, weil sich gerade in dieser Zeit die Ideologie der sentimentalen Liebe mit einer neuen Betonung der sexuellen Lust verband. Es war, so sagt sie, «dieser parallele Prozeß der Sexualisierung der Liebe und der Verherrlichung der Sexualität, der dazu beitrug, die Grundsteine für das amerikanische Ehekonzept des 20. Jahrhunderts zu legen: das Ideal von ‹Pferd und Wagen›».

Die «Sexualisierung der Ehe» wurde insbesonder durch die Verbreitung relativ sicherer Verhütungsmittel gefördert. Die Planbarkeit von kleinen Familien begünstigte eine Art von Kameradschaftsehe; und die Sexualität wurde über die Reproduktionsfunktion hinaus als besondere emotionelle Ausdrucksform, als Quelle gegenseitigen Vergnügens neu interpretiert: Seit den 20er Jahren wurde die weibliche Sexualität auch in den Ehehandbüchern der Mittelschicht anerkannt. Die Kehrseite dieser Entwicklung war jedoch die Domestifizierung der Sexualität. Indem die Sexualität als Selbstzweck zum wesentlichen Vergnügen und Inhalt der Ehe wurde, wurde entsprechend die Ehe als notwendige Voraussetzung für möglichst lustvolle Sexualität definiert: die Notwendigkeit dieser Voraussetzung entsprang nicht der überlieferten Moral, sondern eher der neuen Romantik: Liebe war die Voraussetzung für Sexualität, und wahre Liebe beinhaltete die Verpflichtung zur Ehe. Eine Verlobung oder eine feste Freundschaft stellte in der «neuen» Jugendkultur die moralische Voraussetzung dar, um «bis zum letzten zu gehen»; und seit den 20er Jahren konnten die Mädchen aus der Mittelschicht als zukünftige Ehefrauen ihre «sexuelle Persönlichkeit» auch öffentlich entfalten und sexuelle Hilfsmittel wie Make-up zu Hilfe nehmen – Dinge, die bis dahin nur von Prostituierten, von «losen Frauen» benutzt wurden.

Die anfängliche Schockwirkung dieser Ideologie beruhte darauf, daß die sexuelle Betätigung der Jugendlichen als ein notwendiges Element der Partnersuche legitimiert wurde. Damit verloren die Eltern nicht nur die Kontrolle über die Eheentscheidungen, sondern auch über das Sexualverhalten ihrer Kinder. Wieder mußten sie ihre Funktion an die «Gleichgesinnten-Gruppen» abtreten, die neue Spielregeln der Sexualität aufstellten, nach denen ein gewisses Maß an vorehelichem Vergnügen sowohl für Jungen als auch für Mädchen erlaubt war; dabei durfte jedoch der romantische Übergang zur Ehe nicht in Frage gestellt werden. Pauline Fass zitiert eine Studentin der Ohio State University, die im Jahre 1922 ihre leiblichen Vergnügungen – «Rauchen, Tanzen wie Wodu-Anhänger, tief ausgeschnittene Kleider, Petting und Alkohol» – rechtfertigte. Sie tat das auf folgende Weise:

> Die Dinge, die uns gefallen, mögen aufrührerisch und schrankenlos erscheinen, aber das ist noch kein Anlaß zur Besorgnis. Das College-

Mädchen von heute – insbesondere an den gemischten Colleges – ist ein mutiges und besonnenes Individuum mit gesundem Menschenverstand. Sie verliert nicht so leicht den Kopf – sie kennt das Spiel, und sie beherrscht es auch. Sie ist bewaffnet mit der Kenntnis sexueller Zusammenhänge ... Sie ist auch in den kritischsten Situationen selbstsicher, sie kennt ihre Grenzen, und ihr Wissen macht sie so sicher, daß sie fast das gesamte Spektrum verschiedener Erfahrungen gefahrlos durchlaufen kann.[8]

In den 50er Jahren war die Kenntnis der «Grenzen» ein Aspekt, der für die gesamte Teenager-Kultur Geltung hatte; aber die Kontrollfunktion der «Gleichgesinnten-Gruppen» für die Sexualität der Teenager betraf in Wirklichkeit vor allem das Sexualverhalten der Mädchen. Mädchen, die moralischen Normen folgten, galten als keusch, und Schwangerschaft war gleichbedeutend mit weiblichen «Problemen». Bei den Jungen war es die Gewalttätigkeit, um die sich die Erwachsenen Sorgen machten, weil sie die Ordnung bedrohte, aber nur bei den Mädchen sorgte man sich hinsichtlich der Sexualität, weil sie die Familie bedrohte. Und diese Ängste betrafen alle Mädchen gleichermaßen, nicht nur die «Delinquenten».

Der Rock 'n' Roll der 50er Jahre wird gewöhnlich als eine Ausdrucksform mit betont sexuellem Charakter, als Quelle körperlicher «Befreiung» beschrieben, aber die Teenager-Kultur war schon lange vorher sexualisiert. Deshalb richtet sich die Frage, der wir hier nachgehen müssen, weniger auf den Stellenwert der Musik für den allgemeinen Ausdruck der Sexualität, als vielmehr auf die Ordnungsfunktion der Musik. Sexualität ist nämlich nicht ein bestimmtes Phänomen, das entweder ausgedrückt oder verdrängt wird; der Begriff umfaßt einen weiten Bereich von Lust und Erfahrungen sowie die vielen Möglichkeiten, wie Menschen sich als geschlechtliche Wesen verstehen. Sexuelle Vorstellungen beinhalten sowohl Verbote als auch Möglichkeiten, sowohl Tabus als auch Spielräume. In diesem Zusammenhang bestand die wichtigste Funktion der Teenager-Kultur der 50er Jahre nicht darin, Sexualität zu «verdrängen», sondern sie im Rahmen von Liebe und Ehe so zu artikulieren, daß die männliche und die weibliche Sexualität völlig verschieden organisiert waren. Und der Rock 'n' Roll brachte keine Veränderung dieser sexuellen Ordnung mit sich. So hatte beispielsweise die Sexualität eines Elvis Presley für seine männlichen und weiblichen Fans ganz unterschiedliche Bedeutungen, und es gab einen deutlichen Widerspruch zwischen seiner Vereinnahmung durch weibliche Fans als Teenybop-Idol. Die Historiker des Rock 'n' Roll weisen immer wieder auf die «Entmannung» dieser Musik hin, aber der «Verfall» (von der rauhen, wilden Tanzmusik hin zu den ausgefeilten romantischen Balladen und den Saubermann-Idolen) ist keineswegs ein Zeichen für eine gescheiterte Rebellion, sondern eher für ein neues Verständnis von Sexualität: Die Musik verlagerte sich von der Straße in die Schlafzimmer. Doch wurden weder hier noch dort die sexuellen Konventionen der «Gleichgesinnten-Gruppen» in Frage gestellt.

In den 60er Jahren entwickelte sich eine Jugendkultur, die in sexueller Hinsicht weitaus rebellischer war: Der Angriff gegen das System richtete sich auch gegen die Institution Familie. Die Ideologie der Häuslichkeit wurde untergraben, die Sexualität von der Institution der Ehe getrennt und die romantische Liebe mit einem flüchtigen Hedonismus vermischt. In den Worten von Tom Hayden entwickelte sich «eine Generation von jungen Weißen mit einer neuen, weniger repressiven Einstellung zu Sexualität und zur Lust; und das Mittel zu ihrer Befreiung war die Musik».

Rockmusik wurde von Männern wie von Frauen als eine neue Artikulationsform der Sexualität erlebt. Diese Musik war, wie Sheila Rowbottom es ausdrückt, «die große Befreiung nach den vielen tröstlichen Balladen». Und Karen Durbin schreibt, Rockmusik «gab mir und einer ganzen Reihe von Frauen die Möglichkeit, unsere Bedürfnisse zu artikulieren und zu unserer Sexualität zu stehen, ohne uns dafür entschuldigen und jeden Anflug von Leidenschaft mit dem traditionellen ‹weiblichen› Verlangen nach wahrer Liebe und Ehe zu beschönigen zu müssen – und das war ein großer Schritt in Richtung Befreiung». Zu dieser Zeit wurden Mädchen noch von allen Seiten dazu angehalten, ihre Sexualität im Zusammenhang mit Romantik zu interpretieren und Vorstellungen von Liebe und Verbindlichkeit in den Vordergrund zu stellen; deshalb wirkten Rockkünstler wie die Rolling Stones so erfrischend mit ihrer antiromantischen Haltung, mit ihrer Betonung der «dunklen Aspekte der Lust», mit ihrem Interesse an Sexualität als Ausdruck von Macht und bloßem Gefühl. Aber es ergab sich sehr bald eine neue Schwierigkeit: Es ging nicht mehr darum, ob die Rockstars sexistisch waren, sondern ob auch Frauen in ihren Reigen aufgenommen werden konnten, ob sich auch Frauen ihre Musik zu eigen machen konnten, ohne damit gleichzeitig «eine von den Jungs» zu werden.

Sexualität und Rock

Die männliche Sexualität ist ebensowenig «von Natur aus» aggressiv, anmaßend und ungeduldig, wie die weibliche Sexualität «von Natur aus» passiv, demütig und feinfühlig ist. Aber es geht hier nicht um die Natur der Sexualität, sondern um ihre Darstellungsformen, und diese erzielen ihre Wirkung nicht dadurch, daß sie Gefühle beschreiben, sondern daß sie Gefühle erzeugen. Der sexuelle Inhalt der Rockmusik läßt sich nicht eindeutig aus den Texten ablesen, denn die Texte müssen eher als Klangzeichen einer Stimme verstanden werden, und auch der Klang der Instrumente hat keine festgelegte Bedeutung. Das sexuell ansprechende Moment der Musik wird gewöhnlich im Rhythmus gesehen – es ist der Beat, der eine direkte körperliche Reaktion hervorruft –, aber die Sexualität der Rockmusik hat auch noch andere Komponenten. Die Rock-Erfahrung ist vor allem eine soziale Erfahrung, die eine Beziehung zwischen den einzelnen Zuhörern beinhaltet und auf die Beschäftigung mit anderen Genres und anderen Klang-Assoziationen verweist; und was die Sexualität angeht, ist unsere Reaktion auf Musik wohl in erster Linie eine Reaktion auf die besondere «Struktur» einer Stimme, auf den «touch» eines Instrumentalisten – sie beruht auf einem Gefühl für das Spielerische. Das «Vergnügen am Text» ist das Vergnügen am Musikmachen selbst, und einer der Gründe für die Auflösung des großen Befreiungsanspruchs der Rockmusik und die festgefahrenen Strukturen in den 70er Jahren liegt zweifellos in der unvermeidlichen Übertragung eines offenen Textes in ein geschlossenes Schema: Der Cock-Rock schließt schon von seiner Definition her jede Möglichkeit für Überraschungen und Entzükken aus. Die Frage aber ist: Warum dieses Schema? Der Rock der 60er Jahre richtete sich ausdrücklich gegen die Ideologie von Liebe und Ehe, die für die Teenager-Kultur typsich war – wie konnte es also geschehen, daß diese Musik am Ende eine noch rigidere Doppelmoral verkörperte?

Der Jugendbegriff, der der Rockmusik (und anderen Medien) in den 60er Jahren zugrunde lag, ging von der Annahme aus, daß «guter Sex» gleichbedeutend sei mit Spontaneität, Ausdrucksfreiheit und einer «Aufrichtigkeit», die sich nur an den unmittelbaren Gefühlen messen ließ. Aus diesem Grund meinte man, Sexualität könne am besten *außerhalb* der einengenden Sphäre der Ehe mit ihren irreführenden Vorstellungen von Liebe und dauerhafter Bindung erfahren werden. Im Prinzip handelte es sich dabei um eine Ideologie der sexuellen Gleichberechtigung: Männer und Frauen hatten das gleiche Recht, die Grenzen ihrer sexuellen Erfahrungen selbst zu bestimmen.

Diese Permissivität war Ausdruck einer ganzen Reihe von Veränderungen der materiellen Situation der Mittelschicht-Jugend. Inzwischen gingen immer mehr Jugendliche immer länger aufs College – Ende der 60er Jahre waren mehr als ein Viertel aller 21- bis 24jährigen in den USA am College bzw. an der Universität –, und sie verfügten über einen ganz neuen Wohlstand (der sich aus dem steigenden Einkommen der Eltern erklärte) und über eine große Mobilität und Unabhängigkeit. Es eröffneten sich also immer mehr Möglichkeiten, Sex zu genießen, ohne dabei gleich an Ehe zu denken, und insbesondere die Pille ermöglichte es den Frauen, ein Liebesleben ohne Rücksicht auf Familie, Gemeinschaft oder «Gleichgesinnten-Gruppe» zu entwickeln. Sex wurde einfach zu einer neuen Form der Freizeitgestaltung, und auch die Ideologie der Freizeit selbst veränderte sich langsam. Das Freizeitverhalten wurde zunehmend impulsiver, irrationaler und unproduktiver; es zielte eher auf unmittelbaren Lustgewinn als auf Nützlichkeit, Ansehen und Verantwortungsgefühl. Mit anderen Worten, die Ausweitung des sexuellen Spielraums vollzog sich im Zusammenhang mit einer immer stärker hedonistischen Freizeitgestaltung; die Folge war, daß das Erlebnis der Sexualität zum Konsumgut wurde und wie jedes andere Freizeitangebot zum sofortigen Verbrauch bestimmt war. Sexualität wurde nicht mehr im Kontext der Ideologien von Häuslichkeit und romantischer Liebe definiert, doch blieb sie weiterhin durch geschlechtsspezifische Unterschiede gekennzeichnet: Im allgemeinen waren die Männer die sexuellen Konsumenten, während die Frauen die Rolle von sexueller Ware spielten, deren Vorzüge für die Konsumenten in einer unüberschaubaren Menge von Magazinen und Filmen «dargelegt» wurden.

Die Sexualität der Rockmusik entwickelte sich im Kontext dieser Permissivität, auch wenn sie sich – zumindest in der Anfangsphase – ausdrücklich gegen jene Art von «Plastik»- oder Konsum-Sex wandte. Rock-Sex entsprach eher dem Sex der Boheme: erdverbunden, «echt» und «frei». Doch auch hier spielten Frauen weiterhin eine untergeordnete Rolle.

Die Freiheit der Boheme, insbesondere in der Version der jungen Rebellen, definiert sich primär gegen die Familie. Es sind nämlich zuallererst die Familien, aus denen die Jugendlichen entkommen müssen, und gerade durch die Familienstreitigkeiten erkennen sie sich als Rebellen – und mit der Weigerung, sich in ein ehrbares häusliches Leben zurückzuziehen, bekommt diese Rebellion dauerhaften Charakter. Die junge Boheme entsteht also aus einer Revolte gegen Frauen, die als Mütter oder Schwestern in ihrer potentiell domestizierenden Funktion mit dem Zuhause identifiziert werden. Die jungen Rebellen müssen Einzelgänger sein, die ständig in Bewegung sind, und die weibliche Sexualität bekommt einen repressiven, eingrenzenden und umklammernden Charakter. In der Hollywood-Version der jungen Rebellen – die sich in den letzten 30 Jahren in einer Vielzahl von Filmen niedergeschlagen hat, auch wenn James Dean immer noch das klassische Vorbild für den Rebellen im Rock 'n' Roll ist – wird die Botschaft ganz deutlich: Der Junge will weggehen, und das Mädchen versucht ihn zurückzuhalten. Die ursprünglichen Jugendrebellen der amerikanischen Mittelschicht – die Bohemiens, die um die Jahrhundertwende von den Großstädten mit ihrem bunten Leben und ihren vielen Freizeitmöglichkeiten angelockt wurden – waren gerade von den proletarischen Errungenschaften – Glücksspiel, Alkohol und Sportarten wie Billard – fasziniert, die, wie Ned Polsky es ausdrückt, Elemente einer «Subkultur der Junggesellen» darstellten: Diese Institutionen waren vor allem für alleinstehende Männer da, die einzigen intimen Beziehungen, die für Bohemiens in Frage kommen, sind die Freundschaftsbeziehungen untereinander.

Aber selbst Rebellen sind auf die sexuellen und häuslichen Dienste von Frauen angewiesen; das wird unter anderem an der Herausbildung der symbolischen Hippie-Frau – der schnellfüßigen Erdmutter – in den 60er Jahren deutlich. Für die Boheme war die ideale Frauengestalt von jeher die «unschuldige» Prostituierte, die ausgesprochen anti-häuslich ist und die Flüchtigkeit des sexuellen Vergnügens symbolisiert. Ähnlich wie die Rockstars ihre Groupies behandeln, wird auch die Prostituierte mit einer Mischung von Herablassung und Verachtung behandelt – so als hätte sie keine eigene autonome Sexualität. Sex als persönlicher Ausdruck bleibt weiterhin das Vorrecht des Mannes, und die Frau ist nur das Objekt für *seine* Bedürfnisse und Phantasien – sie wird zwar in gewisser Weise bewundert, weil sie keine romantischen Illusionen hat, aber gleichzeitig wird sie wegen ihrer Anonymität auch verachtet.

Sexuelle Beziehungen beinhalten eine ganze Reihe von notwendigen Gegensätzen. Diese Gegensätze müssen nicht auf die Sexualpartner verteilt sein und sie sind auch nicht geschlechtsspezifisch; aber sie machen es notwendig, daß ständig verhandelt, erforscht, gekämpft und experimentiert wird. Diese Verhandlungen vermitteln sowohl sexuelles Vergnügen als auch Schmerz, und die Probleme, um die es dabei geht – Unabhängigkeit/Abhängigkeit, Risiko/Sicherheit, Aktivität/Passivität, Bewegung/Stabilität, Einzelsituation/Routine, Kreativität/Konsum – fließen auch in die bessere Rockmusik ein, die sich mit den sexuellen *Reibereien* in den Partnerbeziehungen auseinandersetzt und die Tatsache verdeutlicht, daß eine wirklich interessante Beziehung offen und lebendig sein muß. Im allgemeinen jedoch betonen Rock-Musiker – einmal abgesehen von engagierten Musikern wie Neil Young, Van Morrison oder Joni Mitchel – sexuelle Kriterien (Bewegung, Unabhängigkeit, Kreativität, «action» und Risiko), die das genaue Gegenteil der Definition von weiblicher Sexualität darstellen, wie sie auch von der Straßenkultur der Arbeiterjugend festgelegt ist (Stabilität, Abhängigkeit, Passivität, Sicherheitsbedürfnis). Frauen sind schon per definitionem von dieser Rebellion ausgeschlossen – die anti-häusliche Ideologie der Rockmusik befreit die Frau nicht etwa aus dem Heim, sondern läßt sie auf ihrem Platz: sie ist nicht gleichwertig.

Es geht mir in erster Linie um die sexuelle Ideologie und nicht um die sexuelle Praxis – das tatsächliche Verhalten von Männern und Frauen ist in Wirklichkeit viel komplizierter, als es die Ideologie ahnen läßt. Trotzdem möchte ich auf einen praktischen Aspekt eingehen. Die Jugendkultur der 60er Jahre setzte Impulsivität gegen Berechnung, Irrationalität gegen Rationalität, Gegenwart gegen Zukunft, aber diese Wertvorstellungen stellten Jungen und Mädchen vor völlig unterschiedliche Probleme. Mädchen dürfen nicht die Kontrolle verlieren; sie können nicht so unbekümmert Alkohol trinken oder Drogen nehmen wie die Jungen, denn wenn sie die Kontrolle verlieren, dann müssen sie ernste Konsequenzen befürchten: Das deutlichste Zeichen dafür ist eine Schwangerschaft («Ich war auf einer Party betrunken ...»), das allgemeinste ist ein schlechter Ruf («Die tut *alles* ...»). Solange die weibliche Attraktivität an den Blicken der Männer gemessen wird, stehen die Mädchen unter dem ständigen Druck, ihr Aussehen zu kontrollieren; sie können es sich nicht leisten, sich gehen zu lassen. Eine betrunkene, «laute» Frau gilt nach wie vor als ein häßlicher Anblick, und einen wilden Keith Richard umgibt immer noch mehr *Glamour* als eine wilde Janis Joplin oder Grace Slick. Mädchen konnten die irrationalen Elemente der Gegenkultur – das Prinzip von «Sex and Drugs and Rock 'n' Roll» – nicht so leicht übernehmen wie die Jungen, ohne daß dabei ihr Selbstverständnis, ihre Beziehungen, ihr ganzes Leben in Mitleidenschaft gezogen wurde.

In den 70er Jahren suchten die Frauen eine eigene Antwort auf die Fragen der Gegenkultur nach Sexualität, Häuslichkeit und Liebe – sie stellten die Bedingungen der männlichen Vorherrschaft in Frage. Aber die Neufestlegung der sexuellen Spielregeln durch die feministische Bewegung führte bei den Männern unter anderem zu noch irrationaleren Formen der sexuellen Machtausübung: Vergewaltigungen, Gewaltphantasien und eine neurotische Unfähigkeit, sexuelle Beziehungen aufrechtzuerhalten. Wenn ein männliches Besitzrecht (als Ehemann) in Frage gestellt wird, setzt sich in verstärktem Maße ein anderes (als Käufer) durch: Mit der Sexualität wurden auch die Frauen zur bloßen Ware degradiert. Am Ende des Jahrzehnts schrieb Lester Bangs über Debbie Harrie:

> Ich glaube, wenn die Jungs in Amerika irgendwie die Gelegenheit hätten, mit ihrem begehrtesten «poster girl» ins Bett zu gehen und einen Nachmittag lang total über diesen legendären Körper verfügen zu dürfen, würden sich mindestens 75 Prozent aller Jungen im Lande dafür entscheiden, ihn zu verprügeln.

In diesem Zusammenhang müssen wir auch die musikalischen Ausdrucksformen der Sexualität in den 70er Jahren – Punk und Disco – analysieren.

Punk-Sex und Disco-Vergnügen

Die Punks lehnen sowohl die romantische als auch die permissive Konvention ab, und sie wandten sich vor allem dagegen, Sexualität zur Ware zu machen. Sie paradierten in der Öffentlichkeit mit den Sex-Artikeln aus den Porno-Läden, sie rückten die Massenproduktion von Porno-Phantasien ins Blickfeld der Öffentlichkeit und versuchten, die entmenschlichende Wirkung dieser Phantasien durch Schock und Provokation aufzuheben, was die Medien jedoch nicht daran hinderte, immer wieder Fotos von «Punkerinnen» in Korsett und Netzstrümpfen zu veröffentlichen. Die Punks leugneten, daß Sexualität für sie überhaupt irgendeine Bedeutung habe. Mark Perry von Alternative TV meinte stolz: «Meine Liebe ist schlaff», und Johnny Rotten fragte: «Was ist denn Sex eigentlich? Nichts weiter als dreißig Sekunden schmatzende Geräusche.»

Punk war die erste Form von Jugendmusik, die nicht auf Liebesliedern aufbaute – die Rocktexte der Gegenkultur der 60er Jahre hatten zum größten Teil an der Romantik festgehalten –, und das führte unter anderem dazu, daß von Schallplatten, von Bühnen und aus Radios ein ganz neuer Typus von weiblicher Stimme zu hören war: schrille, arrogante, «unreine» Stimmen – die Sängerinnen waren nicht mehr Objekt, sondern Subjekt. Die weiblichen Punkmusiker zeichneten sich durch eine gellende Eindringlichkeit aus, die mit dem Appeal der meisten Glamour-Girls der Nachkriegszeit so gut wie nichts mehr zu tun hatte. (Das einzige, was zum Beispiel an der Sexualität von Debbie Harrie überraschte, war die Tatsache, daß sie für eine ganze Generation von jungen Mädchen zum Teenybop-Idol wurde.)

Der Punk brach mit der für die Rockmusik charakteristischen Gleichsetzung von Sex und Vergnügen – auch wenn die Implikationen dieser Entwicklung immer noch im dunkeln liegen. Die englische Subkultur der Punks unterschied sich in sexueller Hinsicht nur wenig von den anderen Bewegungen der Arbeiterjugend: Die Jungen führten, und die Mädchen (allerdings in geringerer Zahl) machten mit; und letzten Endes war die sexuelle Bedeutung des Punk für die Künstler wichtiger als für das Publikum, denn zum erstenmal erhielten auch Frauen Zugang zu einer Musiker-Gemeinschaft, von der sie bis dahin ausgeschlossen waren; das führte zu einer neuen Diskussion um Sound, Konventionen und Image, um die Sexualität der Darbietung und die Darbietung der Sexualität. Es bleibt abzuwarten, ob diese Diskussion zu neuen Erkenntnissen führen wird, aber zumindest eröffneten die Punks die Möglichkeit, daß Rockmusik *gegen* den Sexismus Partei ergreifen konnte.

Disco hatte einen ganz anderen Ursprung und auch eine andere Wirkung und wurde zwischen 1974 und 1978 zum beherrschenden Sound der Massenmusik auf der ganzen Welt. Der Erfolg von *Saturday Night Fever* war lediglich eine Bestätigung für die große Popularität eines Genres, das es in den USA bereits zu einer Industrie mit einem Umsatz von rund 8 Milliarden Dollar gebracht hatte und aus dessen Reihen rund die Hälfte der LPs und Singles stammten, die in den «Hot Hundred»-Listen von *Billboard* auftauchten. Disco veränderte den Sound der Radioprogramme, die Struktur der Schallplattenfirmen, den Status der Club-Disc-Jokkeys und die Vorstellungen von einem «tollen Abend» – eine Entwicklung, die im Zusammenhang mit der Entwicklung der Sexualmoral in den 70er Jahren verstanden werden muß. Discomusik war – anders als der Punk – keine direkte Reaktion auf den Rock, sondern sie stellte ihn indirekt in Frage, indem sie sich mit dem Verhältnis von Musik und *Tanz* beschäftigte.

Die Tanzfläche ist der Ort, an dem die sexuelle Bedeutung der Musik für die Öffentlichkeit am deutlichsten sichtbar wird, und dieser Ort entwickelte sich zu einer wichtigen Arena für die Jugendkultur. Diese Entwicklung begann mit dem Tanzfieber um die Jahrhundertwende, als afroamerikanische Rhythmen das Freizeitverhalten der weißen Mittelschicht beeinflußten und neue Normen für die Darstellung, Berührung und Bewegung des menschlichen Körpers setzten. Seit dieser Zeit spielt das Tanzen für die Bedeutung der populären Musik eine entscheidende Rolle. Insbesondere Mädchen strömten scharenweise in die Dancehalls – nicht nur um einen Ehemann zu finden, sondern auch zu ihrem eigenen Vergnügen. Ihre Kleidung, ihr Make-up und ihr Aussehen mag in erster Linie den lauernden Jungen gelten, doch ihre Energie und Beweglichkeit auf der Tanzfläche ist ihre eigene Sache. So sind zum Beispiel die hingebungsvollsten Tänzer in England – die Soul-Fans in den Städten des Nordens –, ganz in sich selbst versunken, und in dem Film «Saturday Night Fever» – wo die Macht des Tanzens von Pop-Interessen verwässert wird – setzt sich John Travolta allein durch seine totale Hingabe über die unbeholfene Hollywood-Choreographie hinweg: Schon in der ersten Szene, in der er durch die Straßen geht, ist sein Blick immer auf ihn selbst gerichtet. Das Wesentliche an der Darstellung der Sexualität auf der Tanzfläche ist die Körperbeherrschung, und was auch immer geschehen mag – John Travolta wird sich niemals gehen lassen.

Das Tanzen als «way of life» und als Besessenheit hat in Amerika eine lange Geschichte. Schon Shorty Snowdon, in den 20er Jahren der John Travolta des Savoy Ballroom, litt am «Sunday Night Fever»:

> Wir fingen schon am Sonnabend mit den Vorbereitungen für den Sonntag an. Das wichtigste war, unseren einzigen schicken Anzug am Sonnabendnachmittag zum Aufbügeln zum Schneider zu bringen. Anschließend trafen wir uns im Billard-Salon und spuckten große Töne, was wir am nächsten Abend auf der Tanzfläche alles machen würden ...[9]

Der Tanzkult der 20er Jahre griff sehr bald auf die «eingeweihten» weißen Teenager über, die versuchten, sich genauso anzuziehen, so zu bewegen und so zu tanzen wie die modischen schwarzen «dudes»; in der Depression setzt sich das Tanzen auch bei den weniger Eingeweihten durch. An jedem Wochenende lärmten in Tausenden von kleinen billigen Tanz-Bars

Klaviere, Plattenspieler, Radios und Musikboxen. Solche Tanzveranstaltungen der Arbeiterklasse waren von großer Bedeutung für die Kultur der Liebeswerbung, aber das Tanzen selbst hatte noch eine weitere, wichtigere Funktion: Es war eine Art Flucht, in der die Realität für einen Moment aufgehoben war; es gab auch den Arbeitslosen die Möglichkeit, ihre Körperlichkeit und Beweglichkeit auszudrücken und ein Gefühl für menschliche Kraft und Anmut zu entwickeln, das in ihrem Leben sonst keinen Platz hatte. Dieses Gefühl muß nicht notwendigerweise aus einer sexuellen Konkurrenzsituation erwachsen – auch wenn das oft genug der Fall ist; Wochenend-Parties als Ausbrüche von körperlichen Vergnügen bildeten schon immer – ob mit Sex oder ohne – den lebendigsten Hintergrund für die Musik der Arbeiterklasse, vom Ragtime bis zum Punk.

Parties haben natürlich für diejenigen die größte Bedeutung, die am meisten auf Parties angewiesen sind, und unabhängig davon, was in den 50er und 60er Jahren aus der Massenmusik wurde, gab es immer viele Menschen (schwarze und amerikanische Arbeiter und englische Arbeiterjugend, die weitgehend die gleiche Musik hörten), die nie aufhörten zu tanzen. Auch die Discomusik der 70er Jahre entwickelte sich musikalisch in den Clubs der Schwarzen und war kommerziell abhängig vom anhaltenden Interesse der weißen Jugendlichen. In sexueller Hinsicht jedoch erlangte Disco seine größte Bedeutung als Ästhetik der Homosexualität, und das überraschendste soziale Moment war zweifellos die Übernahme dieser Ästhetik durch die große Masse der Mittelschicht.

Disco ist perfektionierte Tanzmusik – ihr Inhalt wird von der Form bestimmt. In der Vergangenheit – selbst in den 30er Jahren – wurde bei der Tanzmusik der Mittelschicht die Form immer durch den Inhalt bestimmt. Es waren in erster Linie einflußreiche Tanzlehrer, Noten-Verkäufer und Bandleader, die die Spielregeln von Partnerschaft, Anstand, Haltung und Anmut festlegten. In der Discomusik gibt es solche festen Regeln nicht, doch andererseits ist individueller Ausdruck ohne jede Bedeutung, wenn es keine Individualität gibt, die man ausdrücken könnte. Aller Kritik zum Trotz hat Disco mit synthetischer «muzak» nichts gemein. Die Wirkung von «muzak» ist untergründig – sie soll ihre Zuhörer zu allem möglichen ermuntern, aber nicht zum Zuhören. Disco dagegen wirkt ganz eindeutig und zielt darauf ab, daß die Zuhörer sich voll auf die Musik konzentrieren.

Und was hören sie in dieser Musik? Am deutlichsten ist wohl ein erotischer Anreiz – «Ganzkörperlichkeit», wie Richard Dyer es formulierte. Tanzen bedeutet immer eine Konzentration auf körperliche Empfindungen, und Discomusik eröffnete diesen Empfindungen ganz neue Möglichkeiten. Das Vergnügen an Disco ist nicht streng abgegrenzt und in Songstrukturen mit Anfang und Ende der Musik eingebunden – es kann sich in einer unbegrenzten Folge von Wiederholungen mit variierender

Intensität entfalten. Dyer hat darauf hingewiesen, daß Disco zwar den rhythmischen Puls der Rockmusik übernommen hat, nicht aber ihren Phallo-Zentrismus: Disco ist festgelegt auf den 4/4-Takt mit all seinen Implikationen. Der Disco-Tanzstil ist eher fließend und vermeidet die ruckartigen, zuckenden und maschinenhaften Bewegungen des Rock: Die Disco-Tänzer wirbeln und gleiten und nutzen alle erotischen Ausdrucksmöglichkeiten ihres Körpers.

Das körperliche Vergnügen am Tanzen ist eigentlich immer so stark, daß es alle anderen Interessen vergessen läßt, aber Disco eröffnete diesem Vergnügen ganz neue Dimensionen: Das Disco-Erlebnis wird zu einer überwältigenden Erfahrung des «*Jetzt-Seins*», und diese Erfahrung wird durch Drogen wie Amylnitrat noch zusätzlich intensiviert; solche Drogen machen das Erleben des Tänzers ausgesprochen ich-bezogen, gleichzeitig aber auch ich-los, total sexualisiert, aber in geschlechtlicher Hinsicht auch vollkommen unspezifisch. Auf der Tanzfläche der Disco gibt es keine Konkurrenz und keine Isolation, und Disco will – anders als die Boheme – nichts bedeuten und nichts aussagen. Die Boheme steht für einen alternativen Lebensstil, während Disco ganz einfach ein anderes Lebensgefühl vermittelt.

Die Disco-Version von Erotik und Ekstase ist ihrem Wesen nach nicht selbst homosexuell, aber die ästhetische Verwendung dieser Erfahrungen von Erotik und Ekstase spiegelt ein homosexuelles Bewußtsein wider. Zum Beispiel waren diese Erfahrungen mit einer Schwulen-Romantik verbunden: Disco wurde mit den flüchtigen emotionellen Kontakten und den kurzlebigen Beziehungen einer Kultur assoziiert, in der alle Aspekte einer Liebesaffäre in einer einzigen Nacht erfahren werden können. Darüber hinaus wurde die Disco-Erotik zum Zeichen für eine Sexualität, die in ihrem Aufbau nie abgeschlossen war. Gerade dieser Prozeß des Aufbaus und die damit verbundene Künstlichkeit der Disco-Erfahrung machten ihre Erotik aus. Disco war so etwas wie eine neue Version des «Camp»: Die besten Disco-Platten waren die, die ein Gefühl für Ironie, ein aggressives Selbstbewußtsein und eine Vorliebe für Äußerlichkeiten erkennen ließen. Es gab eine ganz deutliche Verbindung zwischen dem Gesangsstil des Disco und den flammenden Songs der 30er Jahre. Billie Holiday und Donna Summer zeichneten sich beide dadurch aus, daß sie Gefühle stilisierten, Schmerz relativierten und die Dimension der Sexualität voll ausschöpften. (Das war auch der Grund dafür, daß Discomusik, die von den Punkrockern prinzipiell verachtet wurde, bei der Nach-Punk-Avantgarde erstaunlich beliebt war.)

Die durchschnittliche Discomusik – das «Saturday Night Fever» der Teenager aus der Arbeiterschicht – beruhte in ihrer Wirkung weiterhin auf dem traditionellen Muster der «street party»; Teenager tanzten einen völlig anderen Stil und nach völlig anderer Musik als die Schwulen. Aber es war vor allem die Disco-Ästhetik der Schwulen, die nach 1974 von den Tänzern der Mittelschicht übernommen wurde. Wenn die «permissive» Sexualideologie der 60er Jahre ein Ausdruck der neuen Möglichkeiten von Freizeit und Sexualität gewesen war, so spiegelte die Discokultur der 70er Jahre die emotionellen Auswirkungen dieser Möglichkeiten. Disco war eine Musik für Singles-Bars, für sexuelle Freizügigkeit, heterosexuelle Streifzüge, Wochenend-Affären und flüchtige Phantasien. Die Schwulen-Kultur spiegelte auf ihre Weise die Probleme und Möglichkeiten von Sexualität ohne Häuslichkeit, von Liebe ohne die konventionelle Aufteilung nach männlich und weiblich. Derartige Probleme und Möglichkeiten bekamen mittlerweile auch für die Heterosexuellen eine immer größere Bedeutung.

Disco behandelte Erotik und Ekstase als materielle Güter, die ihren Ursprung nicht in geistiger oder emotioneller Arbeit, in Gott oder in der Liebe hatten, sondern die mittels Technologie, Chemie und Reichtum erzeugt wurden. Die Disco-Erfahrung – Musik und Stimmung, Popper und bunte Lichter – verdeutlichten den künstlichen und flüchtigen Charakter von sexuellen Gefühlen. Diese Gefühle waren dazu da, um konsumiert zu werden, und das Disco-Vergnügen wurde mit der zunehmenden Orientierung am kommerziellen Massengeschmack zum Vergnügen am Konsum überhaupt. Das zeigte sich besonders deutlich an der Schickeria im Studio 54, galt aber in gleichem Maße für die Fabrikarbeiter-Mädchen aus der englischen Provinz, die genauso elegant gekleidet vor Tiffanys auf und ab spazierten. Disco erhob keinerlei Anspruch auf volkstümlichen Status, und es gab keine kreative Discogemeinschaft. Die Musik war vielmehr das neue internationale Symbol der amerikanischen Konsumgesellschaft. Überall auf der Welt entstanden modische Discos, die alle das Geheimnis der ewigen amerikanischen Jugend zu verkörpern schienen; in solcher Umgebung waren Lust am Konsum und Lust am Sex ein und dasselbe.

Das Problem des Eskapismus besteht nicht in der Flucht selbst, sondern in dem, was nach der Flucht übrig bleibt – wenn der Montagmorgen graut, dann regnet es immer noch. Wenn man etwas konsumiert hat, dann ist es dahin; man braucht ständig neue Waren, neue Erfahrungen, neue Highs und neuen Sex. Disco war, wie viele Beobachter feststellten, Ende der 70er Jahre so etwas wie eine Droge geworden, aber im Bereich der Freizeit selbst hatte sich eine neue Verzweiflung breitgemacht. In Andrew Hollerans Disco-Roman «Dancer from The Dance» sind es gerade die eingefleischtesten Disco-Besucher, die das dringendste Bedürfnis haben, zu fliehen:

> Sie machten nur selten einen glücklichen Eindruck. Im Fahrstuhl gingen sie wortlos aneinander vorbei wie stumme Schatten in der Hölle und warteten wie besessen auf den nächsten Blick eines schönen Frem-

den. Die nächste Welle der Erregung von einem Popper. Die nächste Platte, die ihre Knochen zu Gummi werden ließ, und sie auf die Tanzfläche trieb, wo sie mit zurückgeworfenem Kopf und fast geschlossenen Augen verweilten – in der Ekstase von Heiligen, denen ihre Stigmata aufbrechen. Sie erlebten diese Dinge mit einer solchen Hingabe, daß sie nach der zweiten oder dritten Saison von einem wild-verstörten Aussehen und einer tödlichen Entschlossenheit geprägt waren. Einige hatten jeglichen Ausdruck aus ihren Gesichtern gewischt und ihre Persönlichkeit auf ein Nichts reduziert. Aber wenn man den Vorraum betrat, wo sie auf Einlaß warteten, dann drehten auch sie sich ganz plötzlich und instinktiv nach einem um (so wie wir uns selbst in einem Spiegel betrachten, den wir nicht als solchen erkennen) und in allen Gesichtern stand der gleiche Satz geschrieben: Bring mich fort von hier.[10]

IV
Rock und Freizeit

Die meisten Soziologen verstehen Jugendkulturen als Freizeitkulturen, und die Bedeutung der Freizeit wird ganz selbstverständlich vorausgesetzt: Freizeit ist eben «freie Zeit». Diese Freiheit bedarf jedoch einer näheren Untersuchung. Freizeit bedeutet nämlich auch eine bestimmte Strukturierung der freien Zeit und muß im Zusammenhang mit der Struktur der Arbeitszeit gesehen werden. Die Historiker, die die Entstehung der Freizeit im 19. Jahrhundert als einen Aspekt des industriellen Kapitalismus untersucht haben, verweisen auf zwei wichtige Tatsachen.

Erstens entwickelte sich die industrielle Produktion auf der Grundlage des Prinzips einer rationellen Arbeitsdisziplin: die Arbeiter waren der sozialen Organisation der Fabrik und den technischen Erfordernissen der Maschinen untergeordnet, und die Arbeit selbst wurde zunehmend bloße Routine, die sich ständig wiederholte und keinerlei Flexibilität für die Nutzung von Zeit und Raum erlaubt. Diese Arbeitsdisziplin konnte natürlich nur in Verbindung mit einer ebenso rigiden Freizeit-Disziplin entwickelt werden, bei der die traditionellen Verhaltensmuster der Befreiung und des Austobens den zeitlich festgelegten Erfordernissen des industriellen Arbeitsprozesses untergeordnet werden mußten. Am Ende des letzten Jahrhunderts hatte Freizeit den Charakter von festlichen Anlässen – wie Jahrmarkt, Karneval oder Erntefest – verloren und war zur Routine, zur alltäglichen Erfahrung von «Nicht-Arbeit» geworden.

Zweitens führte die Industrialisierung zu einer immer schärferen Trennung von Haus und Arbeit, von Produktion und Konsumtion. Freizeit wurde zu der Zeit, in der die Menschen Waren kauften und konsumierten und Mehrwert realisierten, und gegen Ende des 19. Jahrhunderts hatte sich ein eigener Markt für langlebige Konsumgüter etabliert. Die Produktion dieser Waren war für den Aufschwung des Kapitalismus von zentraler Bedeutung, und ihre Konsumtion wurde durch die Entwicklung neuer bindender Kredit- und Mietkauf-Verträge ermöglicht. Freizeit war also mit bestimmten neuen Verpflichtungen verbunden.

Die Ideologie dieser neuen Gesellschaftsordnung ging davon aus, daß die Menschen arbeiten, um ihre Freizeit nach eigenen Vorstellungen genießen zu können – das Geld, das sie verdienten, wurde für die Dinge ausgegeben, die sie haben wollten. Die Wirklichkeit sah im Gegensatz dazu so aus, daß die Menschen auf ihre Freizeit angewiesen waren, um arbeitsfähig zu bleiben. Zu Beginn des 19. Jahrhunderts hatten die Malthusianer behauptet, wenn die Arbeiter so wohlhabend würden, daß sie Zeit für Muße hätten, dann würden sie vielleicht überhaupt nicht mehr arbeiten wollen, aber in der Realität blieben Arbeit und Alltag die einzigen Gründe, die eine solche Muße rechtfertigten. Beispielsweise war die Massenarbeitslosigkeit in den 30er Jahren keineswegs gleichbedeutend mit Massenfreizeit, sondern sie verstärkte im Gegenteil die Notwendigkeit eines Arbeitsplatzes, denn freie Zeit ohne Arbeit bedeutete Schande und Langeweile. Auch der Wohlstand der Nachkriegszeit basierte nicht auf Müßiggang, sondern auf Überstunden – die Menschen arbeiteten immer mehr, um sich die Freizeitgüter zu kaufen, die sie aus Zeitmangel gar nicht ausnutzen konnten.

Vom marxistischen Standpunkt aus gesehen erfüllt die Freizeit drei wichtige Funktionen für das Kapital: Erstens dient sie der körperlichen Reproduktion der Arbeitskraft für den nächsten Arbeitstag; zweitens soll sie den Arbeiter ideologisch auffrischen, damit er am nächsten Arbeitstag wieder bereit ist zu arbeiten; und drittens ist sie notwendige Zeit für die Warenkonsumtion und dient insofern der Realisierung von Mehrwert. Die Freizeit ist also einigen direkten Einschränkungen unterworfen. Die Ressourcen des einzelnen sind abhängig von dem Umfang der Lohntüte; Arbeitserwartungen und Aufstiegschancen bestimmen die Risikobereitschaft bei der Freizeitgestaltung, und die Arbeitsdisziplin sowie die geistige und körperliche Beanspruchung am Arbeitsplatz begrenzen die Energie, die man in Freizeitbeschäftigungen investieren kann. Am deutlichsten wird der Zusammenhang zwischen Arbeit und Freizeit, wenn man das Wochenende betrachtet: Parties finden immer Freitag- oder Samstagabend statt, denn am nächsten Morgen muß man nicht zur Arbeit gehen. In dieser Hinsicht ist Freizeit überhaupt keine freie Zeit, sondern lediglich eine besondere Organisation der Nicht-Arbeit, die von den Bedingungen der kapitalistischen Produktion bestimmt wird.

Es wird gemeinhin angenommen, daß junge Leute erheblich mehr Freizeit haben als andere und daß sie über ihre Freizeit auch freier verfügen können. Sie sind nicht, wie ihre Eltern, ökonomischen Zwängen unterworfen und müssen kein Haus und keine Familie unterhalten; sie sind bei der Arbeit und auch sonst weniger verantwortungsbewußt, und sie sind rein körperlich wesentlich leistungsfähiger als die Erwachsenen. So wurde die Jugend zum *Symbol* für Freizeit. In der Welt der Werbung sind die Vergnügungen und Freiheiten der Jugend das Vorbild für den Rest der Bevölkerung. Vom Standpunkt der Marxisten und aus der Sicht der Kritiker der Massenkultur sind die Jugendlichen jedoch in erster Linie Opfer der Freizeit. Der sozialistische Journalist Robert Blatchford schrieb 1894 in seinem Aufsatz *The Labour Prophet:*

> Die jungen Leute gingen zum Tanzen; ich ging mit, um ihnen zuzusehen, und wurde von einer großen Melancholie ergriffen. Gegen elf Uhr war die Party zu Ende und ich ging nach Haus; auf dem Heimweg wurde ich von düsteren Gedanken befallen und sagte zu mir selbst: «Diese armen Kreaturen wissen nicht einmal, was Spielen heißt.» Die Mädchen, die an dieser Party teilnahmen, waren fast alle Fabrikarbeiterinnen aus Lancashire, und die jungen Männer arbeiteten durchweg in Fabriken oder Kohlengruben. Ich hatte sie in den schmutzigen, übelriechenden, krankmachenden Werken und den düsteren Minen bei der Arbeit beobachtet und es war mir dabei nicht halb so deutlich wie jetzt zu Bewußtsein gekommen, wie schwer, wie langweilig, wie entsagungsvoll und unerfreulich ihr Leben ist.
>
> Es gab kaum ein einziges schönes Mädchen im Raum, und der größten Beliebtheit erfreuten sich diejenigen, die vielleicht einmal schön waren oder es zumindest gewesen sein sollten. Es gab nicht *ein* Mädchen im ganzen Raum, das sich anmutig oder ungezwungen bewegen oder einfach dastehen konnte. Sie ließen alle mehr oder weniger ihre Schultern hängen. Ihre Gesichter sahen kränklich und düster aus, und ihre Stimmen waren rauh und laut. Ihre Kleidung war unvorteilhaft und verriet schlechten Geschmack, und sie wirkten ängstlich, abgestumpft und *müde*. Es herrschte eine sonderbare, eher lärmende Lustigkeit, aber keine Spur von «Glück» war zu entdecken: keine Heiterkeit, kein Glanz, keine Leichtigkeit.
>
> Es stimmt, daß diese Menschen nie gelernt hatten, glücklich zu sein.
>
> Ja, aber darüber hinaus hatten sie auch nie gelernt, was es heißt, frei zu sein.

Vierzig Jahre später, im Jahre 1934, beklagte sich J. B. Priestley in «English Journey» darüber, was aus dem Gänsemarkt von Nottingham geworden war:

> Die eigentlichen Herren von derartigen Märkten sind die Jugendlichen im Teen-Alter, und sie drängten sich zu Tausenden pfeifend und schreiend durch die Menge. In dem Wirbel der bunten Lichter sah man die grinsenden und leeren Gesichter der Jungen, die zum Teil wie Angehörige einer Rasse von Untermenschen wirkten, die aus dem Innern der Erde emporgeströmt waren. Die dick gepuderten Gesichter der Mädchen erinnerten an kleine weiße Masken ohne jede Linie, nur vollgeschmiert mit Rot und Schwarz; sie sahen aus wie Puppen aus einem höllischen Spielzeugladen. Sie alle wirkten gleichzeitig faszinierend

und erschreckend. Das war also der Gänsemarkt, das war «Merrie England».

Und weitere dreißig Jahre später, im Jahre 1964, schrieb Paul Johnson im *New Statesman* über das Phänomen Pop:

> Beide Fernsehprogramme bringen einmal in der Woche eine Sendung, in der man den Teenagern Schallplatten vorspielt, über anschließend gesprochen wird. Während die Musik läuft, verharrt die Kamera unerbittlich auf den Gesichtern des Publikums. Welch ein bodenloser Abgrund von Leere tut sich da auf! Die riesenhaften Gesichter, aufgedunsen von billigen Süßigkeiten und beschmiert mit Make-up aus dem Warenhaus, mit hängenden Mündern und glasigen Augen; die Hände, die im Takt der Musik stumpfsinnig mittrommeln; die kaputten Pfennigabsätze; die kitschige, stereotype, aber «moderne» Kleidung. Hier zeigt sich das kollektive Porträt einer Generation, die zum Sklaven einer kommerziellen Maschinerie geworden ist. Als ich kürzlich aus einem Fernsehstudio kam, stolperte ich in eine Gruppe solcher jungen Leute, die gerade aus einer dieser Veranstaltungen strömten. Wie trübselig und teilnahmslos sie wirkten: junge Mädchen, kaum älter als 16 Jahre, verkleidet als Erwachsene und bereits dazu auserwählt, dem System der Ausbeutung als Futter zu dienen.

Alle zitierten Autoren gehen von der Annahme aus, daß die Fähigkeit der jungen Menschen, ihre Freiheit zu gebrauchen und sich auf sinnvolle Weise zu amüsieren, durch die routinisierte, geistlose und abstumpfende Arbeit selbst zerstört wird. Und die kommerziellen Freizeitangebote sind ihrerseits darauf ausgerichtet, die kulturelle Unfähigkeit der Arbeiter noch zu bekräftigen. Das Ergebnis ist ein erniedrigender Begriff von Vergnügen, der insbesondere den Jugendlichen jede Möglichkeit nimmt zu erkennen, daß ihr Leben ganz anders aussehen könnte. Es scheint, als ob das allmächtige Kapital einer ansonsten inhaltslosen Erfahrung den Stempel seiner eigenen Freizeit-Begriffe aufdrückt. Jugend wird dadurch zum grotesken Produkt der kommerziellen Kräfte – ohne eigene kulturelle Interessen. Für diese Autoren ist also – genau wie für die Kritiker der Massenkultur, die im 3. Kapitel erwähnt wurden – das Publikum eine selbstverständliche Gegebenheit.

In Wirklichkeit jedoch gibt es keine eindeutigen Klassenstrukturen im Freizeitverhalten. Die Kapitalisten des 19. Jahrhunderts wollten ganz einfach den Mehrwert maximieren, indem sie den Arbeitstag immer weiter ausdehnten und die Bedürfnisse der Arbeiter auf das bloße Überleben zu beschränken suchten. Daraufhin organisierten sich die Arbeiter mit Erfolg, um den Arbeitstag zu verkürzen und den Bedürfnissen des Proletarierlebens zu ihrem Recht zu verhelfen. Die unmittelbare Folge der

British Factory Acts (Fabrikgesetzgebung) war der freie Samstagnachmittag. Die Arbeiter wurden in ihren Kämpfen durch einige «fortschrittliche» Kapitalisten unterstützt, die einerseits glaubten, daß zufriedene Arbeiter leistungsfähiger und zugänglicher wären als diejenigen, die ihre Arbeitskraft nur «unter dem dumpfen Zwang der Notwendigkeit» verkauften, und die andererseits erkannten, daß Arbeiter gleichzeitig ja auch Konsumenten sind. Marx wies in diesem Zusammenhang darauf hin, wie unterschiedlich die Kapitalisten gegenüber Arbeitern eingestellt waren, die sie selbst beschäftigten, und die bei anderen Arbeitgebern in Lohn standen.

In der kapitalistischen Organisation der Freizeit von Arbeitern gibt es einen deutlichen Widerspruch zwischen der Notwendigkeit, die freie Zeit so zu kontrollieren, daß die Arbeitszeit nicht gestört wird, und der ideologischen Bedeutung der freien Zeit als der Zeit, in der sich die Arbeiter als freie Menschen fühlen können. Die Kontrolle der Freizeit muß indirekt erfolgen, und die Freizeitangebote müssen eingeschränkt, dürfen aber nicht vorgeschrieben werden. Dabei geht es nicht einfach darum, den passiven Konsumenten bürgerliche Normen aufzuzwingen. Freizeitwaren festigen auch nicht unbedingt die erwünschte Ordnung. Alkoholkonsum war beispielsweise immer ein umstrittenes Thema in der Bourgeoisie, seit die liberalen Fabrikanten sich über die konservativen Brauereibesitzer beschwerten. Ein ganz ähnlicher Widerspruch zeigte sich auch bei der kommerziellen Ausbeutung des Punk-Rock: Die Gruppen, die von den städtischen Bühnen verbannt wurden, konnten in Privatclubs auftreten, und die Firma Virgin übernahm die Sex Pistols, als sie von EMI und A&M fallengelassen wurden. Es finden sich immer Kapitalisten, die alles vermarkten, was einen Profit verspricht, auch wenn es noch so schädliche Folgen für die Moral, für Recht und Ordnung oder für die Profite der anderen hat. Wenn Pornographie, Drogen, Waffen und Revolutionen sich verkaufen lassen, dann werden sie auch verkauft.

Auf Grund dieser Bedingungen – d. h. der ideologischen Freiheit der Arbeiter als Konsumenten und der widersprüchlichen Interessen der Warenproduzenten – ist es sehr schwierig, das Freizeitverhalten zu «kontrollieren». Kontrolle hat schon immer eine größere Rolle gespielt als Unterdrückung (abgesehen von so vorübergehenden Experimenten wie dem der Prohibition), und der kapitalistische Freizeitbereich entwickelte sich im Rahmen von Lizenzen und Behörden. Auch die moderne Polizei diente ursprünglich nicht der Verbrechensbekämpfung – sie war vielmehr dazu da, die Freizeit und die Einhaltung der Lizenz-Vorschriften zu überwachen. Im 19. Jahrhundert hatte man in den Industriestädten die Arbeiterklasse in ihren eigenen Bezirken und in ihren eigenen Aktivitäten isoliert, und der Polizei kam die Aufgabe zu, die Pubs, die Versammlungen und die Straßenecken zu überwachen und die Einhaltung der Vorschriften bei

Alkoholausschank zu kontrollieren. Dabei lag das Schwergewicht auf Überwachung, nicht auf Prävention: Die Polizei sollte verhindern, daß das Freizeitverhalten der Arbeiter zu öffentlichen Unruhen führte und daß aus offiziellen Feiertagen politische Ereignisse wurden. Der Polizist war, wie Robert Storch es formulierte, eine Art «Inlands-Missionar», der die Beherrschung und Anständigkeit der Mittelschicht in das Leben der Arbeiter hineintragen sollte. Im 19. Jahrhundert wurde seine bloße Anwesenheit zum Symbol für die Klassen*trennung* in der Freizeit: Arbeitgeber und Arbeiter hatten in ihrer freien Zeit keine gemeinsamen Kontakte (wie sie noch für den Landadel und dessen Pächter und Arbeiter typisch waren, die bei ländlichen Festen und Sportveranstaltungen zusammenkamen – die Aristokratie hatte sich in vergleichbarer Form auf der Rennbahn und am Boxring mit dem Lumpenproletariat getroffen). Polizisten waren also – trotz ihrer Rolle bei der Verbrechensbekämpfung – auf den Straßen nicht gern gesehen. Für die Sänger der englischen Music Halls war die Polizei gleichbedeutend mit «Ärger», und einzelne Polizisten wurden zum Gegenstand zahlloser Witze. In den USA wurde die Polizei zu «The Man» – zudringliche, gewalttätige und korrupte Polizisten kontrollierten die Straßen, Bars und Tanzschuppen und arbeiteten mit verstaubten Paragraphen und Gesetzen über Drogen, Schnaps und Sex.

Die Regulierung der unerwünschten Freizeitaktivitäten ging mit der Förderung erwünschter Aktivitäten einher. Auch dieser Prozeß verlief weitgehend indirekt: Wohungspolitik, Bildungspolitik, Gesundheits- und Familienpolitik, sie alle beeinflussen auf die eine oder andere Weise die Möglichkeiten der Freizeitgestaltung. Aber es gab auch zwei verschiedene Gruppen von Unternehmern im Freizeitbereich: Die einen hatten ein moralisches Interesse daran, eine «vernünftige Erholung» durchzusetzen, die anderen hatten rein kommerzielle Interessen und produzierten aus Profitsucht immer neue Freizeitwaren.

Für die Moralapostel des 19. Jahrhunderts wardie Freizeit ein wichtiges Instrument zur Entwicklung der Persönlichkeit. Freizeit wurde als Bildungseinrichtung verstanden, und man betonte die nützlichen Wirkungen einer «vernünftigen Erholung». Der englische Pädagoge Sir James Kay-Shuttleworth beispielsweise war um die Mitte des letzten Jahrhunderts ein eifriger Verfechter des musikalischen Unterrichts. «Lieder», so erklärte er, «leisten einen wichtigen Beitrag zur Bildung einer fleißigen, tapferen, loyalen und religiösen Arbeiterklasse.» Sie könnten, so seine Überlegungen, «eine freudige Einstellung zur Industrie vermitteln und Vergnügen mit Pflicht in Einklang bringen».

Das 19. Jahrhundert definierte Freizeit sowohl für die Bourgeoisie als auch für die Arbeiter nach moralischen Begriffen, und die Überlegung, daß auch die Vergnügungen der Mittelschicht funktional sein müssen, hat auch heute noch ihre Gültigkeit: das beweist Vorstadt-Kultur der Jogger,

Freizeit-Gärtner und Hobby-Köche. Grundlage dieser Aktivitäten ist die protestantische Arbeitsmoral: Vergnügen muß legitimiert werden, und auch die Freizeit sollte Anstrengung und Selbstdisziplin beinhalten. Diese Unterordnung der Freizeit unter die Arbeit hat auf der einfachsten Stufe dazu geführt, daß das gesellschaftliche Leben der Mittelschicht vor allem von Geschäftsinteressen bestimmt ist und daß die Nützlichkeit jeglicher Aktivitäten für die Karriere eine große Rolle spielt. Gleichzeitig gibt es jedoch auch eine ideologische Unterscheidung zwischen lehrreichen Erfahrungen – die durch bestimmte Kunstformen und Sportarten vermittelt werden – und einem «verschwenderischen» Hedonismus. Gegen Ende des 19. Jahrhunderts wurde die Trennung in vernünftige und unvernünftige Freizeitgestaltung auch institutionell durchgesetzt: Vernünftige Freizeitgestaltung fand in den Schulen, den öffentlichen Parks und den Bibliotheken statt, und die unvernünftigen Aktivitäten wurden durch die Polizei überwacht. Einige Formen der Freizeitgestaltung eigneten sich besser als andere für diese Art von «Rationalisierung». In England waren Lehrer, Geistliche und Journalisten systematisch bemüht, dem Arbeitersport die moralischen Prinzipien des traditionellen Schulsports aufzupropfen: Disziplin, Leistung, Wettbewerb, Teamgeist und gute Manieren. In den USA gab es, um ein anderes Beispiel zu nennen, örtliche Vereine, die schwarze Blasorchester und Tanzorchester initiierten, sie in Uniformen steckten und dann mit den Bands der anderen Städte einen musikalischen Wettstreit veranstalteten.

Die Schwierigkeit für die Moral-Aufklärer bestand darin, daß «vernünftige» Erholung ein sehr widersprüchlicher Begriff ist. Freizeit ist als Gegensatz zu Arbeit, Pflicht und Routine definiert und beinhaltet von ihrer Definition her eine «Schwächung der moralischen Struktur». Aus dem gleichen Grund bildet Freizeit aber auch den Hintergrund für nichtalltägliche Erfahrungen von Liebe, Kunst und Ekstase. Im 19. Jahrhundert lag das Problem darin, wie sich die notwendige Disziplin und Entspannung, die notwendige Ordnung und Unordnung miteinander verbinden ließ, und infolge der Schwächung kirchlicher Kontrolle über das Freizeitverhalten entstand eine neue Klasse von kommerziellen Unternehmern – Warenverkäufer, die sich darauf spezialisierten, die Freizeit-«Bedürfnisse» auf die angebotenen Freizeitwaren abzustimmen.

In den 20er Jahren zeigte sich in der Mittelschicht eine Verlagerung von einem religiösen zu einem profanen Freizeitverständnis. Beispielsweise lag der Campus-Kultur mehr an Hedonismus als am Pflichtgefühl. Die Unterscheidung von öffentlich und privat wurde neu definiert: Freizeit wurde zum Bestandteil der Privatsphäre, und Spiel wurde zu einer individuellen Ausdrucksform. Dabei trat der Konsum an die Stelle der Weiterbildung, Lustgewinn an die Stelle von Pflicht und individueller Geschmack an die Stelle von Anstand.

Doch auch die kommerziellen Unternehmer standen vor einem Problem von Ordnung und Routine; auch sie waren gegen eine «unvernünftige» Freizeitgestaltung, gegen Spontaneität, Trunkenheit und Aufruhr. Für den Kommerz lag die Schwierigkeit jedoch nicht im Inhalt, sondern in der Form. Die Logik der unternehmerischen Produktion bevorzugte eine Organisation der Freizeit nach den Prinzipien von Professionalisierung und Planbarkeit – was das kommerzielle Risiko verringerte. So hatten die Besitzer der englischen Music Halls von Anfang an für die Moralität der Musik nicht allzu viel übrig – sie hatten ihre eigene Vorstellung von guter Ordnung. *The Era*, das Fachblatt für lizensierte Schankwirte, schrieb dazu im Jahre 1885:

> Für intelligente Menschen, die die Unterhaltungsstätten besuchen, um sich sowohl von der Politik als auch vom Geschäft ablenken zu lassen, gibt es wohl nichts Schlimmeres, als wenn ihnen die Meinungen der Tageszeitungen in Versform von einem Music-Hall-Sänger an den Kopf geworfen werden. Die Leute, die Unterhaltungsstätten aufsuchen, um sich unterhalten zu lassen – und das ist unserer Meinung nach bei dem überwiegenden Teil der regelmäßigen, zahlenden Kundschaft der Fall – sind viel zu intelligent, um ihre Privatmeinung dadurch kundzutun, daß sie irgendwelchem geistlosen Unsinn mit politischem Hintergrund Beifall klatschen.[11]

Um 1890 spickten die Besitzer dieser Music-Halls ihre Künster-Verträge mit einer Unzahl von Klauseln: Anstößige Anspielungen auf die Regierung, «derbe Witze und rohe Sprache» waren untersagt, Spottlieder mußten mindestens zwei Tage im voraus dem Management zur Begutachtung vorgelegt werden, und den Künstlern war es nicht gestattet, «sich außerhalb des eigentlichen Ablaufs der Darbietung direkt an das Publikum zu wenden». Das Bestreben, dem zahlenden Stammpublikum das zu bieten, was es verlangte, wurde neu definiert: Es ging nun mehr um das kommerzielle Interesse an einem «ordentlichen» Massenpublikum – diese Definition wurde im Laufe der Entwicklung der Massenmedien und ihrer bürokratischen Kontrollinstanzen immer weiter verfeinert. Der Aufstieg von Kino, Radio und Fernsehen führte nicht nur zur Standardisierung der populären Unterhaltung, sondern auch zur Kontrolle ihrer spontanen, aufrührerischen und anarchischen Elemente. «Professionelle Unterhaltung» hatte nach den Kriterien der Moralapostel des 19. und 20. Jahrhunderts zwar nur selten erbauliche oder bildende Wirkung, doch war sie auf ihre Art immer ungefährlich – sie entwickelte ihre eigenen Regeln für die Überführung von Arbeitervergnügen in Mittelschicht-Klischees.

Bisher habe ich mich darauf beschränkt, die verschiedenen Formen zu beschreiben, wie Freizeit organisiert und kontrolliert wird – durch direkte und indirekte Vorschriften und durch die Förderung bestimmter Waren und bestimmter Aktivitäten –, aber diese Darstellung ist immer noch zu einseitig. Die Unternehmer und Missionare, die ich erwähnt habe, haben zwar einen beträchtlichen Einfluß auf das Freizeitverhalten der Arbeiterklasse ausgeübt, doch sie waren durchaus nicht allein ausschlaggebend für die Herausbildung der Formen dieses Freizeitverhaltens. Wir müssen auch berücksichtigen, welchen Gebrauch die Arbeiter selbst von ihrer Freizeit machten und wie sie auf die zitierten Bedingungen reagierten.

In der radikalen Tradition der Arbeiterklasse diente die Freizeit vor allem der Weiterentwicklung, der politischen Bildung und der Herausbildung eines disziplinierten Bewußtseins. Die Sozialisten haben sich genausoviel Mühe gegeben wie die bürgerlichen Moralapostel, um eine «vernünftigere» Ausnutzung der Freizeit durchzusetzen (beispielsweise engagierten auch sie sich in der Temperenzler-Bewegung), und die sozialistische Kritik des Eskapismus, des kommerziellen Spiels und der «leichten» Unterhaltung übt nach wie vor einen großen Einfluß aus – was sich unter anderem in der Verurteilung der Disco-Kultur als «geistlosem Hedonismus» durch die Punks zeigte.

In diesem Zusammenhang stößt man häufig auf die Annahme, es gäbe eine deutliche Trennung zwischen einer «primitiven» und einer «ordentlichen» Arbeiterklasse, wobei sich diese Unterscheidung vor allem auf das unterschiedliche Freizeitverhalten bezieht. Das «unkultivierte» Freizeitverhalten – Alkohol und Drogen, Gewalttätigkeit und allgemeines Rowdytum – ist von der Mittelschicht nicht nur als Gegenstand von Kontrollversuchen betrachtet worden – es wurde von ihr auch romantisiert. Zum Beispiel geht die englische Theorie der Subkultur davon aus, daß die wildesten Gruppen von Jugendlichen gleichzeitig auch das ausgeprägteste Klassenbewußtsein haben und am wenigsten an bürgerlichen Wertvorstellungen orientiert sind. Diese Unterscheidung ist jedoch irreführend, denn es geht nicht um eine einmalige Entscheidung – wild *oder* angepaßt –, sondern um unterschiedliche Kombinationen von wild *und* angepaßt. Für die meisten jungen Arbeiter sind Honky-Tonks, Bars, Tanzschuppen und die üblichen Kämpfe und Streitereien am Samstagabend nur ein Teil der Freizeitgestaltung, die auf der anderen Seite auch Hobbies sowie sportliche und familiäre Aktivitäten umfaßt. Die wildesten Freizeitstätten stehen in der Tat in engem Zusammenhang mit «unnormalen» Arbeitssituationen, sei es in Häfen und Kasernenstädten, in Holzfällerlagern und auf Ölbohrstationen: Menschen, die an solchen Orten arbeiten, sind dauernd unterwegs und haben kaum Kontakt zu ihrer normalen Freizeit-Umgebung. Das Ideal der Boheme von einer wilden Freizeit geht an der Realität vorbei: Die Anarchie der freien Zeit ist nur für denjenigen entspannend, der nicht den nächsten Arbeitstag vor Augen haben muß. Auch das wilde Freizeitverhalten der Arbeiterklasse findet vor allem am Wochenende statt; es mag dabei zunächst um Flucht gehen, um Flucht vor der Langeweile und vor dem Gefühl, ein Versager zu sein, dahinter steht doch das tiefere Bedürfnis nach einer gewissen Kontrolle über die eigenen Gefühle, die eigenen körperlichen Fähigkeiten, das eigene Leben. Das wilde Freizeitverhalten – so betonen die Sozialisten – ist oft nur ein Ausdruck für die geringe Kontrolle der Betroffenen über ihr eigenes Leben – und für ihre Verzweiflung.

Darüber hinaus gibt es ein Spannungsverhältnis zwischen dem individuellen Aspekt (Bereich der persönlichen Auswahl) und dem kollektiven Aspekt (Bereich der Solidarität) der Freizeit. Die staatliche Freizeitpolitik stand stets im Zeichen einer Angst vor öffentlicher Unruhe, im Zeichen der Betonung von Gefahren, die mit dem «dancing in the streets» verbunden sind, von Gefahren der Klassenverschwörung und der Anarchie der Jugend. Andererseits ist der Massenmarkt von bestimmten Formen der Kollektivität abhängig, und darum wird Freizeit in kommerzieller Hinsicht mit Geselligkeit und Kameradschaft assoziiert. Die daraus resultierende Spannung zwischen öffentlichem und privatem Bereich wird vor allem durch die Institution der Familie vermittelt: Das Heim als Zufluchtstätte nach der Arbeit ist der wichtigste Ort für den massenhaften Freizeitkonsum. Marx hat behauptet, daß sich der Arbeiter unter kapitalistischen Gesellschaftsbedingungen «nur während seiner Freizeit zu Hause fühlen kann», und diese Beziehung läßt sich genausogut umkehren: Gegen Ende des 19. Jahrhunderts sammelten die Arbeiter immer mehr Haushaltsgegenstände, machten Familienurlaub und gestalteten ihre Freizeit im Kreise der Familie. Für die Frauen hatte die Gleichsetzung von Freizeit und Heim jedoch einen doppelten Nachteil: Durch ihre Arbeit wurde das Haus erst zum gemütlichen Heim, aber sie waren damit gleichzeitig von der allgemeinen Trennung der Bereiche Arbeit und Freizeit ausgenommen. In bezug auf Vergnügen und Unterhaltung waren die Frauen in noch viel stärkerem Maße als die Männer auf das Heim angewiesen, das jedoch gleichzeitig auch ihr Arbeitsplatz war.

Aus der Sicht der Frauen vollzog sich die wichtigste Integration von Heim und Freizeit in den 20er und 30er Jahren, als die Massenproduktion von Automobilen jene Entwicklung vervollkommnete, die Freizeit zum alltäglichen Bestandteil des Familienlebens werden ließ. (Die Lynds verweisen in ihrer Untersuchung in Middletown auf die gleichzeitige Entwicklung der «Garten-Kultur» und des Familien-Picknicks.) Im Verhältnis zu diesem häuslichen Leben wird heute das «wilde» Freizeitverhalten definiert und in diesem Zusammenhang bekommen die Freizeitaktivitäten der Jugend überhaupt ihre Bedeutung: In den letzten dreißig Jahren sind Freizeitaktivitäten vor allem von den Jugendlichen bewahrt und weiterentwickelt worden, die nicht an das Heim oder die Familie gebunden sind. In den englischen Provinzstädten sind die Jugendlichen zum Beispiel die einzigen, die abends noch die öffentlichen Freizeitstätten bevölkern: die Straßen und Kneipen der Innenstadt, die Kinos, Diskotheken und Clubs. Die Jugendkultur befaßt sich mehr als jede andere Massenkulturform mit dem Problem von privater und öffentlicher Freizeit, von Individuum und Gemeinschaft, von Heim und Straße, von Abhängigkeit und Unabhängigkeit, und es sind vor allem die Jugendlichen, die die Regulierung der «Spiel»-Räume am deutlichsten erfahren.

Die Kritiker der Massenkultur übersehen in diesem Zusammenhang jedoch, daß die Rockmusik keine gewöhnliche Ware ist, sondern eine Freizeit-Ware. Ihr Gebrauchswert liegt vor allem im Freizeitbereich, und wenn man verstehen will, wie Freizeit-Waren als Bedeutungsträger wirken, dann muß man sie mit Bedeutungskategorien in Beziehung setzen, die sich durch eine eigene Dynamik von Konstruktion und Disput auszeichnen: Die kulturelle Bedeutung der Rockmusik entsteht aus einer Beziehung zwischen Form und Gebrauch.

Der Rock 'n' Roll begann nicht nur im Hinblick auf seinen Inhalt, sondern auch im Hinblick auf seine Funktion als eine typische Arbeitermusik: Er wurzelte in der Musik der herumreisenden schwarzen und weißen Tanzorchester, in einem Vergnügungsstil, der nicht durch die Kriterien der professionellen Unterhaltung, sondern durch die unmittelbaren dringenden Wochenendbedürfnisse des Proletariats definiert wurde. Die typische Rock 'n' Roll-Erfahrung basierte auf der für beide Seiten fruchtbaren Beziehung zwischen dem Publikum und den Musikern, nicht aber auf einer gemeinsamen Existenz. Die Rock 'n' Roll-Sänger waren nicht das Volk, aber sie waren auch keine bloßen Erfolgs*symbole*, keine schlechten Beispiele für das, was jedermann erreichen konnte. Viel wichtiger war, daß sie öffentlich *demonstrierten*, wie total sie über ihr eigenes Leben verfügten. Sie waren Arbeiter, deren Leistungen sich in Erregung und Anmut äußerten und die das erreichten, was Roland Barthes «die Sublimierung der Arbeit durch ihre magische Auslöschung» nennt. Und sie waren Arbeiter, deren Leistungen man beurteilen konnte. Die Beherrschung von Bewegung, Geschwindigkeit, Überfluß und Raum.

Obwohl die Rockmusik immer mehr zur Schallplattenmusik wurde, behielt sie ihren Freizeit-Charakter, wenn auch in anderem Rahmen: als Partymusik, als Autofahrmusik, als Musik für unterwegs und für die Straße, als Musik, die die Sinne und die Umwelt prägt. Das Paradoxe an der Freizeitfunktion des Rock 'n' Roll, die Wirkung seiner umfassenden Intensivierung des Gefühls, bestand darin, daß sich ein neuartiges Freiheitsgefühl entwickelte, das gleichzeitig Ausdruck von Entwurzelung und Entfremdung war. Dies ist das traditionelle Thema der amerikanischen Populärmusik, der schwarzen wie der weißen, der Folk-Musik wie der kommerziellen Musik, von «ain't it hard to stumble, when you got no place to fall» bis zu «freedom's just another word for nothing left to lose» – aber in der Rock 'n' Roll-Musik war dieses Thema mit dem Image vom jugendlichen Rebellen verknüpft, der nicht seßhaft werden kann, weil er nicht weiß, wo er hingehen soll.

Dieses Paradox der Freizeit als einem Freiheitsgefühl von solcher Stärke, daß damit gleichzeitig auch ein Gefühl von Einsamkeit verbunden ist, hat seine Wurzeln in der Arbeitserfahrung der Arbeiterklasse – in der Entfremdung. Der Bereich der Freizeit ist zur einzigen Sphäre geworden, in der eine Selbsterfahrung möglich ist, in der man seine eigenen Fertigkeiten und Fähigkeiten ausprobieren und kreative Beziehungen zu seinen Mitmenschen entwickeln kann. Diese Erfahrung ist jedoch in ihrem Wesen immer eine vorübergehende, und Rock 'n' Roll ist die Musik der amerikanischen Arbeiterklasse – die Musik einer Gesellschaftsschicht, deren Klassencharakter nur selten sichtbar wurde. Das amerikanische Klassenbewußtsein ist durch die historischen Leitbilder von individuellem Erfolg und individuellem Versagen vermittelt; die Arbeiter sehen ihre Geschichte eher unter dem Gesichtspunkt der Mobilität als dem der Solidarität, eher unter dem Gesichtspunkt der Selbstversorgung als dem des Sozialismus. Wenn der Rock 'n' Roll Einsamkeit und Rebellion thematisiert, dann tut er das grundsätzlich im Kontext eines Lobgesangs auf die Ursachen ihrer Entstehung: Der beherrschende Grundwert der Rockmusik war immer die Toleranz.

Die Rock 'n' Roll-Erfahrung war eine Erfahrung von Gemeinschaft: der Gemeinschaft der Teenager und der Freundschaft der Tanzschuppen – aber diese Gemeinschaft stand nicht wirklich im Mittelpunkt des Rock 'n' Roll. Die Musik schaffte sich ihre eigene Gemeinschaft, indem sie die anderen ausschloß, doch diese Gemeinschaft hatte nur einen Übungscharakter: Die Leute wurden erwachsen und änderten ihren Geschmack, und die wahren Freunde und Beziehungen fanden sich woanders, nämlich zu Hause und bei der Arbeit. Der kulturelle Wert des Rock and Roll basierte nicht auf der Erfahrung als solcher, sondern er entstand erst im Kontext ganz spezifischer Arbeits- und Machtverhältnisse. Mit der Entwicklung des Rock and Roll zur Rockmusik der 60er Jahre wurde die Musik zunehmend aus diesem Kontext herausgelöst und verlor ihre ursprüngliche Bedeutung. Das Klassenbewußtsein wurde zum Mythos von der «Bruderschaft des Rock»; die Rock 'n' Roll-Erfahrung wurde immer konsumierbarer – Kultur wurde zur Ware.

Diese immer wieder beschriebene Entwicklung markiert den charakteristischen Schritt von einer «Volkskultur» zur «Massenkultur». Nach meinem Verständnis bezieht sich diese Entwicklung aber weniger auf die Veränderung der Art und Weise, wie Musik gemacht wird, als vielmehr auf die Art und Weise, wie sie gebraucht und interpretiert wird. Es handelt sich dabei nicht um eine Entwicklung vom «Volk» zur «Masse» – diese Begriffe wirken nur verschleiernd –, sondern um Bedeutungsverschiebungen innerhalb einer Klassenkultur. (Alle populäre Musik, auch wenn sie kommerziell produziert wird, beinhaltet einen Kampf um Bedeutungen – was sich unter anderem ganz deutlich an der Geschichte des Punk oder der Entwicklung des Reggae ablesen läßt.) Wenn man von den ideologischen Wirkungen der Massenmedien spricht, so meint man in der Regel die Aufsplitterung der kollektiven Organisation der Kultur der Arbeiterklasse in individuelle passive Konsumtionsprozesse. Die Entwicklung der Rockmusik zum Massenmedium ging jedoch in eine andere Richtung: Hier wurde den Menschen in den Vorstädten der Traum einer Gemeinschaft verkauft, der sich aus Bildern der innerstädtischen Unterschichtkultur zusammensetzte.

Die kapitalistische Kultur basiert als Konsumkultur auf einer ständig unbefriedigten Erwartungshaltung. John Berger hat das folgendermaßen beschrieben: «Das, was kommt, entleert das, was ist.» Diese Kultur hat jedoch auch eine positive Wirkung, denn sie bestärkt den unvergänglichen Traum, daß *alles* veränderbar ist, und und dieser Traum ist im Grunde ein proletarischer Traum, der sich gegen die unerschütterliche Herrschaft der Bourgeoisie richtet. Harold Rosenberg schreibt dazu: «Die amerikanische Zivilisation setzt sich aus Menschen zusammen, die daran arbeiten, sich selbst zu verändern. In der Vergangenheit waren die Pioniere und Immigranten die großen Stars, heute sind es die Jugendlichen und die Schwarzen.»

In dieser Entwicklung liegt auch ein Stück Ironie. Man geht davon aus, daß die Schwarzen, der unfreieste Teil der amerikanischen Bevölkerung, die meiste freie Zeit haben – ihr Freizeitverhalten gilt als besonders «verantwortungslos», «vergnüglich» und «cool». Die schwarze Musik steht jedoch für den gesamten Lebensstil der Schwarzen, nicht nur für ihre Freizeit. Die Arbeitssituation der Schwarzen ist noch viel hoffnungsloser als die, in der die jungen Weißen gefangen sind, aber dennoch ringen die schwarzen Musiker diesem Leben ihr Vergnügen ab, und auch die Jugendlichen streben nach Veränderung. Der Rock 'n' Roll spiegelt als Jugendmusik auf seine Weise die Auseinandersetzungen innerhalb der kapitalistischen Kultur und die Probleme, die entstehen, wenn Träume abgepackt und verkauft werden.

Die Ideologie der Rockmusik hängt nicht nur von der Beziehung zwischen Produzenten und Konsumenten ab, sondern sie wird auch davon beeinflußt, inwieweit es den Vermittlern der Rockmusik gelingt, die Bedeutungen der Musik zu definieren. Rockmusik erreicht ihr Publikum auf dem Umweg über andere Medien – Radio, Fernsehen, Zeitungen und Musikpresse. Für die meisten Rock-Konsumenten sind diese Medien ausschlaggebend für ihre Kenntnisse und Interpretationen der verschiedenen Stilrichtungen, Stars und Sounds. Der Punkstil wurde beispielsweise von kleinen Gruppen streitlustiger Jugendlicher entwickelt – das heißt, daß sich seine Bedeutung für die späteren Fans nicht nur aus der Musik selbst ergab, sondern auch aus den verschiedenen Images und Theorien, die von den Medien verbreitet wurden.

Die Auseinandersetzung um die Bedeutung der Rockmusik wird vor allem von drei Aspekten bestimmt. Erstens gibt es immer wieder Versuche, die Rockmusik auf ihre Unterhaltungsfunktion zu reduzieren, um auf diese Weise sicherzustellen, daß ihr Freizeitwert auf eine bestimmte Art von Freizeitverhalten, auf vorübergehende Entspannungsperioden beschränkt bleibt. Dies gilt zum Beispiel für die Funktion der Rockmusik im Radio – hier wird der Musik alle Macht entzogen, so daß schließlich auch der tollste Disco-Rhythmus, der intelligenteste Punk-Protest und der mitreißendste Heavy-Metal-Sound wie synthetische «muzak» klingt und zur fröhlichen Untermalung der Hausarbeit wird. Eine ähnliche Einstellung wird auch in der Musikpresse deutlich. Der *Rolling Stone* entwikkelte sich von einer Zeitschrift, für die der Freizeitwert des Rock and Roll Anlaß zu einer Kritik der Politik und des Produktionssystems gab, zu einer Zeitschrift, für die Musik nur noch eine amüsante Form des Konsums darstellt. Der *Rolling Stone* wurde, wie die übrige Musikpresse auch, zu einem bloßen Konsum-Leitfaden; er ist beispielhaft für die Art und Weise, wie kommerzielle Unternehmer versuchen, Freizeit und Vergnügen einen *geregelten* Charakter zu geben.

Ein zweiter Aspekt dieses Prozesses ist der fortgesetzte Versuch, das Rockpublikum in das Schema des Marktgeschmacks zu pressen. Nicht nur die Schallplattenfirmen selbst, sondern auch die Programmdirektoren des Rundfunks, die Musikzeitschriften, Disc-Jockeys und Autoren versuchen, musikalische Erwartungen zu definieren und damit ihre Erfüllung zu erleichtern. Wenn es gelingt, einem Publikum einzureden, daß ein bestimmter Stil oder ein bestimmtes Genre, ein Künstler oder ein Image seinen Bedürfnissen entspricht und die Antwort auf seine speziellen Freizeitprobleme darstellt, so fördert das nicht nur die kommerzielle Ausbeutung dieses Publikums; es entschärft darüber hinaus die beunruhigenden, herausfordernden und lehrreichen Elemente der Rockmusik, so daß sie nur noch den konventionellen Geschmack bestätigen.

Das führt uns zu dem dritten Aspekt, nämlich dem ständigen Versuch, die kollektive Bedeutung der arbeitsfeindlichen Elemente der Rockmusik als Freizeitkultur zu individualisieren. Dabei stellte sich das gleiche Problem wie schon im 19. Jahrhundert: Wenn das Freizeitverhalten der Arbeiter allzu aufregend und anregend ist, dann könnte die Folge sein, daß die Arbeiter die Arbeit in Frage stellen und sie zu revolutionieren versuchen. Deshalb wird es notwendig, diesen kreativen Elementen ihre Spitze zu nehmen und sie nicht nur an die Erfordernisse der Unterhaltungsindustrie, sondern der Industrie überhaupt anzupassen. Als deutlichstes Beispiel für diese Bemühungen gilt in der Regel die Kommerzialisierung der Gegenkultur; doch die Fans verfolgen sehr genau, welche

Musiker «sich verkauft» und die Rock-Gemeinschaft für ihre eigenen Interessen verraten haben. Im Grunde war die zunehmende Individualisierung von Pop-Auftritten und von Pop-Konsum in den 60er Jahren ein Zeichen dafür, daß die Musik in immer stärkerem Maße von der Mittelschicht konsumiert wurde. Rock and Roll verlagerte sich in die Vorstädte und auf den Campus und wurde schließlich als neue Form der professionellen Unterhaltung zur bloßen Schablone.

Dies ist das Klagelied der Rockkritiker, aber ich möchte es nicht bei dieser Resignation bewenden lassen. Es ist nämlich trotz alledem eine Tatsache, daß die Musik immer noch und vor allem eine Quelle von Kraft und Freude ist, daß sie sowohl stört als auch entspannt – was sich deutlich an der Widersprüchlichkeit des Punk zeigt. Ganz gleich, ob das Kapital die Verwendung der Rockmusik kontrolliert oder nicht – es kann nicht alle Bedeutungen der Musik festlegen. Die Probleme von Gemeinschaft und Freizeit lassen sich nicht so einfach lösen, und die Bedingungen, die zu der Entwicklung dieser Musik geführt haben, sind immer noch die gleichen.

Rockmusik ist kapitalistische Musik. Sie gewinnt ihre Bedeutung aus den kapitalistischen Produktionsverhältnissen und trägt als Freizeitaktivität zur Reproduktion dieser Verhältnisse bei. Die Musik stellt das System nicht in Frage, sie spiegelt und beleuchtet es nur. Rockmusik handelt von Träumen und von der Beeinflussung von Träumen, und die Macht der Rockträume liegt letzten Endes nicht in ihrer Symbolwirkung, sondern sie erwächst aus dem Bezug auf die Erfahrungen von Arbeit und Freizeit. Es geht nicht darum, wie man – nach Art der Hippies – außerhalb des Kapitalismus leben kann, sondern wie man innerhalb dieses Systems leben kann. Die Bedürfnisse, die in der Rockmusik zum Ausdruck kommen – Freizeit, Kontrolle, Macht und *Leben*sgefühl – sind Bedürfnisse, die vom Kapitalismus erzeugt werden. Außerdem ist Rock eine Massenkultur. Er ist weder Volksmusik noch Kunst, sondern ein zur Ware gemachter Traum: er verschleiert ebensoviel wie er aufdeckt. Für jede einzelne individuelle, erhellende Wahrnehmung unserer Realität gibt es hundert Massenmusikprodukte, die sie wieder verschleiern. Die Macht der individuellen Träume mag noch so groß sein – die Rockmusik bleibt in die Form einer Massenkultur eingezwängt. Die Geschichte der Rockmusik ist, wie die Geschichte Amerikas selbst, eine Geschichte des Klassenkampfes – des Kampfes um das Vergnügen.

Danksagung

In dieses Buch sind meine Erfahrungen aus Jahren des Gesprächs, des Schreibens und der Diskussion über Rockmusik eingegangen. All jenen, die mir bei den verschiedensten Gelegenheiten als Freunde zur Seite standen, die mich ermutigten und mir zahlreiche Anregungen gaben, sei an dieser Stelle gedankt: Lester Bangs, Bob Christgau, Iain Chambers, Simon Clarke, James Donald, Gill Frith, Charlie Gillett, Dave Laing, Greil Marcus, Dave Marsh, Angela McRobbie, Richard Williams und Wendy Wolf (deren Geduld weit über das Maß hinausging, das die Pflicht ihr auferlegte).

Anmerkungen

Einleitung

1 Die englische Originalversion dieses Buches war gespickt mit Fußnoten. Der überwiegende Teil bezog sich auf englische Publikationen, die meist schwer zugänglich waren, so daß es nicht sinnvoll erscheint, sie hier zu wiederholen. Meine empirischen Angaben können jederzeit im Original-Buch nachgelesen werden: Simon Frith, The Sociology of Rock, London 1978.

Kapitel 1: Rock und Musikkulturen

1 Richard Middleton, Pop Music and the Blues, London 1972; das Alan-Price-Zitat entstammt einem unveröffentlichten Interview mit David Robson vom Mai 1973.
2 Aus: *The Sinking of the Titanic*, einem Song von Stringbeans aus dem Jahre 1918; zit. nach: Marshall und Jean Stearns, Jazz Dance, New York 1979, S. 240.
3 Eileen Southern, The Music of Black Americans, New York 1971, S. 103.
4 Marshall Stearns, The Story of Jazz, London 1970, S. 282.
5 Soul-Deejay Enoch Gregory; zit. bei: Michael Haralambos, Right On: From Blues To Soul In Black America, London 1974, S. 106.
6 Ian Hoare (Hg.), The Soul Book, London 1975, S. 152.
7 Paul Garon, Blues and the Poetic Spirit, London 1975, S. 149.
8 Ian Birchall, «The Decline and Fall of British Rhythm and Blues», in: Jon Eisen (Hg.), The Age of Rock, New York 1969, S. 96.
9 Haralambos, a. a. O., S. 123f.
10 Zit. nach Joachim-Ernst Berendt, Jazz: A Photo History, London 1980, S. 221. (Deutsch: Photo-Story des Jazz, Frankfurt/M. 1978)
11 Hoare, a. a. O., S. 209.
12 Leroi Jones, Blues People, New York 1963, S. 223.
13 M. und J. Stearns, a. a. O., S. 158.
14 Daniel Kingman, American Music: A Panorama, New York 1979, S. 288.
15 Southern, a. a. O., S. 165.
16 Henry Pleasants, The Great American Popular Singers, New York 1974, S. 121.
17 Bill C. Malone, Country Music USA, Austin 1968, S. 229f.
18 Arnold Shaw, Honkers and Shouters, New York 1978, S. 322f.
19 Marc Eliot, Death of a Rebel, New York 1979, S. 51.
20 Dave Laing (Hg.), The Electric Muse, London 1975, S. 48, 78f.
21 Eliot, a. a. O., S. 93.
22 Ronald Pearsall, Victorian Popular Music, Newton Abbot 1973, S. 47.
23 Lester Bangs, Blondie, New York 1980. (Deutsch: Schaan 1980)
24 Zit. nach Pearsall, a. a. O., S. 123, 199.

Kapitel 2: Rock und Massenkultur

1 Jon Landau, It's Too Late To Stop Now, San Francisco 1972, S. 40.
2 David Holbrook, «Pop and Truth», in: English in Australia Now, Cambridge 1973, S. 154.
3 Theodor W. Adorno: «Zeitlose Mode. Zum Jazz», in: Prismen, Frankfurt/M. (1955) 1976, S. 154f.
4 Ebd., S. 160f.
5 Zit. nach: Pearsall, a. a. O., S. 208.
6 Landau, a. a. O., S. 130.
7 Greil Marcus, Mystery Train, New York 1975, S. 115. (Deutsch: Reinbek bei Hamburg 1981)

8 Michael Lydon, «Rock for Sale», in: Jon Eisen (Hg.), The Age of Rock, Bd. 2, New York 1970, S. 56, 60.
9 Robert Levin, «Rock and Regression», in: John Sinclair und Robert Levin, Music and Politics, New York 1971, S. 131.

Kapitel 3: Die Ideologie der Rockmusik
1 Karl Marx, Grundrisse der Kritik der politischen Ökonomie, Berlin (DDR) 1953, S. 198.

Kapitel 4: Die Produktion von Schallplatten
1 Steve Chapple und Reebee Garofalo, Wem gehört die Rockmusik?, Geschichte und Politik der Musikindustrie, Reinbek bei Hamburg 1980 (ROWOHLT Sachbuch 7313), S. 362.
2 Colin McInnes, «Socialist Impresarios», in: *New Statesman* vom 15. Juni 1962.
3 Tony Hatch, So you want to be in the music business, London 1976, S. 12.
4 Robert Stephen Spitz, The Making of Superstars, New York 1978, S. 210.
5 *Melody Maker* vom 19. Oktober 1974.
6 Hatch, a. a. O., S. 73.
7 Michael Wale, Vox Pop, London 1972, S. 224.
8 Spitz, a. a. O., S. 131.
9 *New Musical Express* vom 3. November 1973.
10 Wale, a. a. O., S. 67.
11 *Melody Maker* vom 23. März 1974.
12 Aus einem unveröffentlichten Interview von Simon Frith und Charlie Gillett aus dem Jahre 1973.

Kapitel 5: Das Geld
1 *Music Week* vom 9. Juni 1973.
2 R. Serge Denisoff, Solid Gold, New Brunswick 1975, S. 119.
3 *Melody Maker* vom 4. Mai 1974.
4 PRS. «Membership of the Performing Rights Society», London 1976, S. 5.
5 Zit, nach: Mike Jahn, Rock from Elvis Presley to the Rolling Stones, New York 1973, S. 69.

Kapitel 6: Musikradio und Musikpresse
1 Hy Weiss, Chef eines unabhängigen amerikanischen Plattenlabels.
2 Erik Barnouw, The History of Broadcasting in the US, New York 1970, Bd. 3, S. 303f.
3 Ebd.
4 Geoffrey Stokes, Star-Making Machinery, Indianapolis 1976, S. 165.
5 Brian Savin von der BRMB, zit. in: *Radio and Record News*, Sonderheft zur «ILR Success Story», 1978.
6 Alan Smith vom *New Musical Express*, zit. in: Gavin Millar, Pop! Hit or Miss?, London 1963, S. 2.
7 Chet Flippo, «The History of *Rolling Stone*», in: Popular Music and Society, iii, 1973–74.
8 *Melody Maker* vom 6. Februar 1971.

Kapitel 7: Die Musiker
1 Marshall und Jean Stearns, a. a. O., S. 296.
2 Howard S. Becker, «The Professional Jazz Musician and his Audience», in: R. Serge Denisoff und R. A. Peterson (Hg.), The Sound of Social Change, New York 1972, S. 254.

3 «Tommy Steele: ‹the story of ambition›», in: *The Listener* vom 10. Oktober 1974.
4 The Rolling Stones, Our Own Story, London 1964, S. 13, 187.
5 «Pete Townshend: ‹a bit of dreamland›», in: *The Listener* vom 10. Oktober 1974.
6 John Pidgeon, Eric Clapton, London 1976, S. 43.
7 Lennon über Lennon, Abschied von den Beatles, Reinbek bei Hamburg 1981, S. 147f.
8 Simon Frith, «Hello, Hurray – the Super Sane World of Arthur Brown», in: *Creem*, Mai 1973.
9 Al Kooper, Backstage Passes, New York 1977, S. 111.
10 Cliff Richard, It's Great To Be Young, London 1960, S. 89.
11 *Rolling Stone* vom 28. September 1968, S. 14.
12 Francis Newton, The Jazz Scene, London 1961, S. 199f.
13 *Rolling Stone* vom 19. August 1971, S. 28.
14 Lennon über Lennon, a. a. O., S. 105.
15 *The Listener* vom 10. Oktober 1974.
16 Lennon über Lennon, a. a. O., S. 28.
17 Peter Guralnick, Lost Highway, Boston 1979, S. 85f.
18 Eliot, a. a. O., S. 66.
19 Bruce Cook, The Beat Generation, New York 1971, S. 220.

Kapitel 8: Die Jugend

1 Colin MacInnes, Absolute Beginners, London 1959, S. 6.
2 Brian Jackson, Working Class Community, London 1968, S. 143.
3 Pauline S. Fass, The Damned and the Beautiful, New York 1977, S. 14.
4 Robert S. und Helen M. Lynd, Middletown, New York 1929, S. 267.
5 Dick Clark, Your Happiest Years, New York 1959, S. 7.
6 Ebd., S. 49.
7 George Melly, «Didn't I?», in: *New Society* vom 13. Juni 1963.
8 Harry Hopkins, The New Look, London 1963, S. 429.

Kapitel 9: Jugend und Musik

1 Elizabeth Hardwick, «Billie Holiday», in: *New York Review of Books* vom 4. März 1976.
2 B. S. Rowntree und G. R. Lavers, English Life and Leisure, London 1951, S. 282.
3 Charles Hamblett und Jane Deverson, Generation X, London 1964, S. 20.
4 Aussage eines 14jährigen Mädchens; zit. nach dem *Schools Bulletin* 1971 des West Riding County Council Education Committee.
5 Jock Young, The Drug Takers, London 1971, S. 147.
6 Richard Mills, Young Outsiders, London 1973, S. 123–141.
7 T. R. Fyvel, The Insecure Offenders, London 1963, S. 240.
8 Penny Reel, «The Young Mod's Forgotten Story», in: *New Musical Express* vom 14. April 1979.
9 Peter Willmott, Adolescent Boys of East London, London 1969, S. 175f.
10 Robert Christgau, «We have to deal with it», in: *Village Voice* vom 9. Januar 1978.

Kapitel 10: Rock und Sexualität

1 Clark, a. a. O., S. 70.
2 Richard Barnes, Mods!, London 1979, S. 15.
3 Zit. nach Hamblett/Deverson, a. a. O., S. 132.

4 Coventry City Centre Report, 1980, S. 5.
5 Ebd., S. 7.
6 Zit. nach Dave Marsh, Born To Run, New York 1979, S. 154f.
7 Rudi Blesh und Harriet Janis, They All Played Ragtime, New York 1971, S. 33.
8 Fass, a. a. O., S. 307.
9 M. und J. Stearns, a. a. O., S. 322.
10 Andrew Holloran, Dancer From The Dance, London 1979, S. 38f.
11 Zit. nach: Peter Bailey, Leisure and Class in Victorian England, London 1978, S. 165.

Bibliographie

Der Rock and Roll ist bisher auf nur wenig wissenschaftliches Interesse gestoßen. Das hat für die Forschung nicht nur Nachteile, sondern auch Vorteile. Die Nachteile liegen auf der Hand: Der größte Teil an wichtigen Diskussionen und Analysen der Rockmusik findet nur in Einzelheften von Magazinen und in flüchtigen Unterhaltungen statt. Es erscheinen zwar immer wieder Rockbücher, doch meist sind sie nach kurzer Zeit wieder verschwunden, da sie nicht wie ernsthafte Untersuchungen *wirken* und insofern nur selten in Universitätsbibliotheken aufgenommen werden. Das Sammeln von Rock-Dokumenten kann jedoch ebenso zur Manie werden wie das Sammeln von Rock-Platten – aber die gegenwärtige Situation hat den Vorteil, daß ein großer Teil der Literatur über Rockmusik ausgesprochen erfrischend und anregend ist – Unsinn und Tiefsinn sind eng miteinander verquickt. Die meisten Rockschreiber schreiben aus Liebe zum Thema und haben es weder auf einen akademischen Grad noch auf das große Geld abgesehen – im Gegenteil: Rockbücher müssen den Verlegern geradezu abgeschwatzt werden. Die Beschäftigung mit Rockmusik ist also unbelastet von akademischen Querverweisen und methodologischer Paranoia. Kurz: Rockbücher sind schwer zu finden, aber sie sind eine unterhaltsame Lektüre.

Diese Bibliographie enthält alle die Bücher, die ich zur Arbeit an diesem Buch herangezogen habe. Natürlich gibt es noch andere gute Bücher, die ich nicht gelesen oder nicht gefunden habe – meine Lektüre spiegelt natürlich die Tatsache wider, daß ich in England lebe –, und die meisten Bücher, die ich gelesen habe, sind vergriffen. Trotzdem erscheint es wichtig, sie hier anzuführen, selbst wenn es nur dazu dient, den Leuten die gebührende Ehre zu erweisen, die ohne Forschungsstipendien (und unter dem Druck von Terminen und ängstlichen Redakteuren) hart gearbeitet haben, um ihre und meine Neugierde auf die Rockmusik zu durchleuchten.

Rockkultur

Nik Cohn war der erste, der mich dazu angeregt hat, über Popmusik nachzudenken. Mitte der 60er Jahre schrieb er für das Magazin *Queen* und schien dasselbe Vergnügen am Rock zu haben wie ich. Sein Buch «Pop From The Beginning» (London 1969; deutsch: «AWopBopaLooBop ALopBamBoom. Pop-History», Reinbek 1971, rororo 1542) ist nicht nur eine Geschichte des Rock and Roll, sondern es ist gleichzeitig immer noch das beste Buch über die englische Rock-Ästhetik der 60er Jahre. Cohn war für England ein außergewöhnlicher Schriftsteller, und ich erinnere mich an keine Namen anderer Autoren, die zu jener Zeit für die englischen Musikzeitschriften arbeiteten. Rockliteratur als Kulturkritik ist ohnehin fast ausschließlich die Domäne der Amerikaner. Der größte Teil dieser Literatur ist nur noch schwer zugänglich, in alten Ausgaben von *Rolling Stone, Creem* und *Village Voice* und in den ersten Heften von *Crawdaddy, Who Put The Bomp* und *Cheethah* – die wichtigsten Kritiken sind jedoch auch in Büchern zu finden (mit der bedauernswerten Ausnahme von Ellen Willis). Robert Christgaus «Any Old Way You Choose It» (New York 1973) enthält gesammelte Aufsätze aus den Jahren 1967 bis 1973, die dank seiner politischen Sensibilität noch längst nicht veraltet sind. «Mystery Train» von Greil Marcus (New York 1975; dt.: «Mystery Train. Der Traum von Amerika in Liedern der Rockmusik», Reinbek 1981) ist der ehrgeizige und geglückte Versuch, die Wurzeln des Rock and Roll in den Mythen der amerikanischen Literatur zu suchen; den Höhepunkt dabei bildet das Kapitel *Presleyade*. «Born To Run» von Dave Marsh (New York 1979) und «Blondie» von Lester Bangs (New York 1980; dt.: Drei Sterne Verlag, Schaan 1980) sind zwei Biographien von Rockstars, die zwar das Verlegerinteresse am Rock spiegeln, aber durchaus als kritische Werke gelten können: Beide Bücher beschäftigen sich weniger mit dem direkten Thema als vielmehr mit wichtigen Überlegungen zu der Frage, was Rockmusik bedeutet. Doch Lester Bangs Artikel aus den 70er Jahren (vor allem jene für *Creem*) verdienten es auch, in einer eigenständigen Anthologie zusammengefaßt zu werden, denn Bangs ist einer der ganz wenigen Rockkritiker, die nicht in den 60er Jahren stehengeblieben sind. Richard Meltzers pseudo-philosophische Abhandlung «The Aesthetics of Rock» (New York 1970) habe ich nie lesen mögen, aber einige seiner beiläufig entstandenen Artikel wurden unter dem Titel «Gulcher» (San Francisco 1972) veröffentlicht – kein anderer hat die Rockmusik so gekonnt auf ihre Pop-Dimension reduziert. Jon Landaus Buch «It's Too Late To Stop Now» (San Francisco 1972) ist als KritiK zwar überholt, charakterisiert aber zusammen mit Ralph J. Gleasons freudig naivem «The Jefferson Airplane and the San Francisco Sound» (New York 1969) sehr gut das Musikverständnis der Zeitschrift *Rolling Stone*. (Eine realistischere und historisch genauere Darstellung der San-Francisco-Ideologie findet sich in Greil Marcus (Hg.), «Rock and Roll Will Stand!», Boston 1969.)

Es gibt nur wenige englische Rockbücher, die ähnlich intelligent und kontrovers sind. Dazu gehören «The Sound of Our Time» von Dave Laing (London 1969), ein früher Versuch, Rockmusik mit den Begriffen der marxistischen Kulturkritik zu erfassen, und George Mellys «Revolt Into Style» (London 1970), eine scharfsichtige Beschreibung der englischen Rockkultur von 1964 bis 1969 mit den Augen eines Außenseiters.

Es gibt ferner eine Reihe nützlicher Anthologien. «The Age of Rock» (2 Bände) von Jon Eisen (New York 1969 bzw. 1970) enthält neben vielen oberflächlichen Artikeln auch wichtige Beiträge, z. B. Tom Smuckers Aufsatz *Movement vs. Groovement*. (Eisens «Twenty-Minute Fandangos and Forever Changes» [New York 1971] ist dagegen bloßes Gewäsch.) R. Serge Denisoff und R. A. Peterson (Hg.), «The Sound of Social Change» (New York 1972) ist ein weitgehend trockener wissenschaftlicher Reader. Eine Sammlung von eher verspielten wissenschaftlichen Beiträgen zum Thema Populärkultur ist «Side-Saddle on a Golden Calf» von George H. Lewis (Pacific Palisades 1972). Greil Marcus (Hg.), «Strandet» (New York 1979) (eine Reihe von Rockkritikern erzählen, welche Platten sie mit auf eine einsame Insel nehmen würden), gibt einen nützlichen Überblick über die Theorien zur Rockkultur Ende der 70er Jahre.

Das unterhaltsamste Rockbuch ist die informationsreiche, *wahre* Geschichte der Beatles von Mark Shipper: «Paperback Writer» (Los Angeles 1977).

Musikalische Kulturen

Es gibt eine Fülle von gelehrten, halb gelehrten und reinen Fan-Büchern über die verschiedenen Musikrichtungen, und ich kann hier nur die Bücher aufführen, die für mein Thema von Bedeutung waren.

Schwarze Musik

Die beste allgemeine Einführung liefern «The Music of Black Americans» von Eileen Southern (New York 1971) und «Music: Black, White and Blue» von Ortitz Walton (New York 1972). «They All Played Ragtime» von Rudi Blesh und Harriet Janis (New York 1971) beschreibt auf hervorragende Weise die schwarze Musik und den Aufstieg von Tin Pan Alley. Marshall Stearns «The Story of Jazz» (London 1970) liefert den klarsten Überblick über den Jazz; Francis Newtons «The Jazz Scene» (London 1961) ist die beste Soziologie des Jazz. Politische Aspekte dieser Musik werden in folgenden Werken angesprochen: Sidney Finkelstein, «Jazz: A People's Music» (New York 1948), Leroi Jones, «Blues People» (New York 1963; dt.: «Blues People. Schwarze und ihre Musik», Darmstadt 1969), und «Black Music» (New York 1967; dt.: «Schwarze Musik», Frankfurt/M. 1970), und Frank Kofsky, «Black Nationalism and the Revolution in Music» (New York 1970). Den fundiertesten Einstieg in die Analyse des Blues bietet zweifellos Paul Olivers «The Meaning of the Blues» (New York 1963), anregender aber ist Paul Garons Buch «Blues and the Poetic Spirit» (London 1975) mit seinem «freudianisch-surrealistischen» Ansatz. (Vgl. dazu auch die Rezension von Carl Boggs, *The blues tradition from poetic revolt to cultural impasse*, in: *Socialist Review*, 38/1978.) Tony Russell, «Blacks, Whites and Blues» (London 1970), ist eine wichtige Darstellung jener Bereiche, in denen sich die ländliche Musik der Schwarzen und Weißen überschneidet. Tony Heilbut, «The Gospel Sound» (New York 1975), und Marshall und Jean Stearns, «Jazz Dance» (New York 1979), sind zwei liebevolle Untersuchungen, die als wichtige allgemeine Beiträge zur amerikanischen Sozialgeschichte gelten können.

Charles Keil, «Urban Blues» (Chicago 1966), und Michael Haralambos, «Right On: From Blues To Soul In Black America» (London 1976), sind zwei bedeutende soziologische Werke über den Wechsel vom Blues zum Soul. Charlie Gillett, «The Sound of the City» (London 1970); dt.: «The Sound of the City. Die Geschichte der Rockmusik», (Frankfurt/M. 1979, erschienen bei 2001) und Arnold Shaw, «Honkers and Shouters» (New York 1978), bieten eine Fülle von historischen Details und beschreiben nebenbei das Musikgeschäft der 50er und 60er Jahre. Ray Charles» «Brother Ray» (London 1979) liefert als Insider-Bericht wichtige Einblicke, und «The Soul Book» von Ian Hoare (Hg.) (London 1975) enthält ein hervorragendes Kapitel des Herausgebers über Soul-Texte.

Es gibt leider noch keine gute Geschichte der Reggae-Musik. Erschienen sind Reiseberichte – Stephen Davis und Peter Simon, «Reggae Bloodlines» (New York 1977), und Adrian Boot und Michael Thomas, «Jamaica: Babylon on a Thin Wire» (London 1976) – sowie polemische Beiträge: Rolston Kallydyr und Henderson Dalrymple, «Reggae: A People's Music» (London o. J.), und Henderson Dalrymple, «Bob Marley: Music, Myth and the Rastas» (London 1976). Die Bedeutung des Reggae für die in England lebenden Jamaikaner behandelt John Plummer in «Movement of Jah People» (Birmingham 1978), und Linton Kwesi Johnson hat mit seinem Artikel, *Jamaica Rebel Music* (in: *Race and Class*, 17/1976) eine interessante Untersuchung von Reggae-Texten geliefert.

Country-Musik

Von allen Formen der amerikanischen Populärmusik ist die Country-Musik am genauesten untersucht worden, und das grundlegende Buch von Bill C. Malone, «Country Music USA» (Austin 1968), bietet sowohl den Wissenschaftlern wie den Fans eine Fülle von Informationen. Eine Ergänzung sind Douglas B. Green, «Country Roots» (New York 1976), und Bill C. Malone und Judith McCulloh (Hg.), «The Stars of Country Music» (New York 1976). Die wichtigste unter den zahlreichen Country-Folk-Artikeln ist Archie Greens *Hillbilly Musik: Source and Symbol* (in: *Journal of American Folklore*, 78/1965). «The Nashville Sound» von Paul Hemphill (New York 1970; dt.: «Nashville Sound», Tübingen, Stuttgart 1971) und John Grissims «Country Music: White Man's Blues» (New York 1970) sind solide journalistische Beiträge zum Thema Nashville-Szene und Entwicklung der Country-Musik zum Big Business. An wichtigen Biographien wären zu nennen: Alanna Nash, «Dolly» (London 1979), Christopher S. Wren: «Johnny Cash» (London 1973) und vor allem Loretta Lynn, «Coal Miner's Daughter» (London 1979). Richard Peterson hat sich mit der Soziologie der Produktion und Konsumtion von Country-Musik beschäftigt; vgl. dazu *The production of cultural change: the case of contemporary country music* (in: *Sociological Research*, 45/1978) und zusammen mit Paul Di Maggio: *From region to class, the changing locus of country music* (in: *Social Forces*, 53/1975). Das beste Buch von allen ist jedoch *Country. The Biggest Music in America* von Nick Tosches (New York 1977) – eine witzige, erstaunliche und revisionistische Geschichte der vielen wichtigen Elemente der Country-Musik, die von den langweiligen Nashville-Verkäufern unterschlagen werden: Sexualität, Rassenprobleme, Drogen, Geld. (Tosches beschäftigt sich im Magazin *Creem* weiterhin mit den Hintergründen der Geschichte der schwarzen und weißen Musik.)

Folk-Musik

Das englische Standardwerk über Folk-Musik ist «Folk Song in England» von A. L. Lloyd (London 1975), es sollte aber in Verbindung mit Dave Harkers Studien über die Geschichte der englischen Folk-Ideologie gelesen werden. Leider geht diese Folk-Welt in Harkers bislang einzigem Buch «One For The Money» (London 1980) in einer trivialen trotzkistischen Pop-Theorie unter. Das beste Buch über die amerikanische Folk-Bewegung ist «Great Day Coming» von R. Serge Denisoff, eine zynische Untersuchung von Folk und Radikalismus (Urbana 1971). Dave De Turk und A. Paulin Jr. (Hg.), «The American Folk Scene» (New York 1967), enthält eine nützliche Sammlung von Aufsätzen und Diskussionsbeiträgen aus der New Yorker Folk-Szene der 60er Jahre, aber die Entwicklung zum Folk-Rock wird in Marc Eliots Biographie von Phil Ochs, «Death of a Rebel» (New York 1979), am klarsten – als Biographie ist dieses Buch sehr viel aufschlußreicher als beispielsweise Anthony Scadutos Buch über Bob Dylan. Zur Folk- und Rockmusik in England vgl. Dave Laing (Hg.), *The Electric Muse* (London 1975) (deutsche Ausgabe in Vorbereitung bei Rowohlt).

Pop-Musik

Die beste Untersuchung der populären Musik des 19. Jahrhunderts stammt von Ronald Pearsall, «Victorian Popular Music» (Newton Abbot 1973). Die besten Bücher über die englische Music-Hall sind: D. F. Cheshire, «Music Hall in Britain» (Newton Abbot 1974), und Colin MacInnes, «Sweet Saturday Night» (London 1967). Einen nützlichen Überblick über die englische Populärmusik bieten außerdem Edward Lee, «Music of the People» (London 1970), und Francis Rust, «Dance in Society» (London 1969).

Die Autoren, die sich mit der amerikanischen Populärmusik beschäftigen, verfallen oft in eine nostalgische Kritiklosigkeit; deshalb gibt es auch keine gute Untersuchung über Tin Pan Alley. Am besten ist immer noch Ian Whitcomb, «After The Ball» (London 1973), und zwar vor allem wegen seiner groben Verallgemeinerungen. Detaillierte und ziemlich eintönige Standardwerke sind: Isaac Goldberg, «Tin Pan Alley» (New York 1930), und David Ewen, «The Life and Death of Tin Pan Alley» (New York 1964). Eddie Rogers bietet mit «Tin Pan Alley» (London 1964) einen interessanten Insider-Einblick in das englische Pop-Song-Business. Arnold Shaw, «Frank Sinatra» (London 1968), ist eine nützliche Beschreibung der Institutionalisierung eines amerikanischen Pop-Sängers. Die *Kunst* des amerikanischen Liedes ist das Thema einer Reihe von amüsanten und intelligenten Untersuchungen: Alec Wilder, «American Popular Song» (New York 1972), Henry Pleasant, «The Great American Popular Singers» (New York 1974), und Ira Gershwin, «Lyrics on Several Occasions» (London 1977).

Die Massenkulturdebatte

Diese Debatte wird schon so lange geführt, daß eine ausführliche Bibliographie an dieser Stelle nicht notwendig ist. Die entscheidenden amerikanischen Beiträge von den 30er bis zu den 50er Jahren finden sich in B. Rosenberg und D. M. White (Hg.), «Mass Culture» (New York 1957); in diesem Buch ist auch der Aufsatz von David Riesman über Jugend und Musik abgedruckt. Die marxistische Diskussion der Massenkultur wird von der Frankfurter Schule beherrscht, und es gibt eine nützliche Zusammenstellung der wichtigsten Diskussionen, die in den 30er Jahren zu diesem Thema stattgefunden haben: Ernst Bloch et al., *Aesthetics and Politics* (London 1977), mit einem ausgezeichneten Nachwort von Frederick Jameson. Adornos Position wird in einem seiner letzten Aufsätze deutlich: *Culture Industry Reconsidered* (in: *New German Critique*, 12/1977; deutsch: *Résumé über Kulturindustrie*, in: Dieter Prokop (Hg.), «Massenkommunikationsforschung 1: Produktion», Frankfurt/M. 1972). Für die Rockideologen bleibt jedoch Herbert Marcuses «One-Dimensional Man» (Boston 1964; dt.: «Der eindimensionale Mensch», Neuwied 1980) das wichtigste Werk der Frankfurter Schule. Zu seiner Bedeutung vgl. auch John Sinclair und Robert Levin, «Music and Politics» (New York 1971).

Die englischen Theoretiker der Massenkultur verbinden ihre marxistische Position mit Argumenten des Literaturkritikers F. R. Leavis; vgl. dazu beispielsweise Stuart Hall und Paddy Whannel, «The Popular Arts» (London 1964). Die Argumentation von Marx/Leavis wurde insbesondere von den Folk-Puristen auch auf die Rockmusik angewandt; vgl. dazu: Trevor Fisher, «We're Only In It For The Money» (Birmingham 1972), Charles Parker, *Pop Song: the Manipulated Ritual* in: P. Abbs (Hg.), «The Black Rainbow» (London 1975), und die Auseinandersetzung zwischen Leon Rosselson, Gary Herman und Ian Hoare in: Carl Gardner (Hg.), «Media, Politics and Culture» (London 1979).

Die pluralistische Rechtfertigung der Massenkultur ist im großen und ganzen nicht sehr weit gediehen: vgl. beispielsweise die unbefriedigende Darstellung der «Geschmacks-Kulturen» von Herbert Gans in «Popular Culture and High Culture» (New York 1974). Für mich haben die Theorien des Kultur-Kampfes größere Überzeugungskraft. Der interessanteste (und am wenigsten orthodoxe) marxistische Massenkultur-Theoretiker ist Walter Benjamin; vgl. seine Bücher «Illuminations» (London 1970; dt.: Illuminationen, Frankfurt/M. 1977), «Understanding Brecht» (London 1973; dt.: «Versuche über Brecht», Frankfurt/M. 1975) und «Charles Baudelaire» (London 1976; dt.: Frankfurt/M. 1974). Der Ansatz von Benjamin spielte für die Kulturpolitik der 60er Jahre eine wichtige Rolle; vgl. dazu Hans Magnus Enzensberger, *Constituents of a Theory of the Media* (in: New Left Review, 64/1970; deutsch: *Baukasten zu einer Theorie der Medien*, in: *Kursbuch 20*, Frankfurt/M. 1970, S. 159–186).

Musik und Bedeutung

Zu musikwissenschaftlichen Aspekten der Rockmusik vgl. Henry Pleasants, «Serious Music and All That Jazz» (London 1969), Richard Middleton, «Pop Music and the Blues» (London 1972), und Wilfred Mellers' Studie über die Beatles, «Twilight of the Gods» (London 1973). Keiner dieser Autoren geht präzise auf das Thema der jeweiligen Musik ein; sie reißen Texte aus ihrem Zusammenhang und verfallen in anthropologische Klischees, wenn sie sich darüber Gedanken machen, was die populäre Musik für ihre Zuhörer bedeutet. John Shepherd et al., «Whose Music? A Sociology of Musical Language» (London 1977), und Graham Vullimay und Ed Lee (Hg.), «Pop Music in Schools» (Cambridge 1976), untersuchen die musikalische Sprache aus der Perspektive der allgemeinen Interaktionstheorie und bringen Klassen-Kategorien in die Diskussion. Andrew Chester und Richard Kertons Diskussion *For A Rock Aesthetic* (in: *New Left Review*, 59/1970) und Iain Chambers, *It's More Than A Song To Sing* (in: *Estatto do Annali-Anglistica*, Neapel, 22/1979), bemühen sich, die Rockmusik selbst als ideologische Form zu verstehen. Roland Barthes behandelt in seinen Büchern «Image-Music-Text» (London 1977) und «The Eiffel Tower» (New York 1979) die Musik in kurzer, anregender Form. Diese Werke sollten in Verbindung mit Susan Sontag, «Against Interpretation» (London 1967; deutsch: «Kunst und Antikunst», München 1980), gelesen werden.

Die Entstehung des englischen Punk und seine Wurzeln werden am deutlichsten bei Caroline Coon, «1988 The New Wave Punk Rock Explosion» (London 1977), und bei Fred und Judy Vermorel, «The Sex Pistols» (London 1978). Julie Burchill und Tony Parsons, «The Boy Looked At Johnny», ist eine schlecht gemachte, zwanghafte und ärgerliche Geschichte des Punk, bei der der Grundcharakter des Punk vor allem an der Art und Weise deutlich wird, *wie* dieses Buch geschrieben ist. Die beste analytische Behandlung der Punk-Musik findet sich bei Dave Laing, *Punk Rock* (in: *Marxism Today*, April 1978).

Plattenproduktion/Das große Geld

Die wenigen Rocksoziologen, die es gibt, konzentrieren sich vor allem auf die Produktion, und ich beziehe mich besonders auf die Arbeiten von Paul Hirsch: «The Structure of the Popular Music Industry» (Michigan 1970), *Sociological Approaches to the Pop Music Phenomenon* (in: *American Behavioral Scientist*, 14/1971), und *Producer and Distributor Roles Among Cultural Organizations* (in: *Social Research*, 45/1978). Die Theorie der Marktkonkurrenz und der kulturellen Konjunkturen wurde am überzeugendsten erarbeitet von Richard Peterson und D. G. Berger, *Entrepreneurship and organization: evidence from the popular music industry* (in: *Administrative Science Quarterly*, 16/1971), und Richard Peterson, *Cycles in symbol production: the case of popular music* (in: *American Sociological Review*, 40/1975). R. Serge Denisoff, «Solid Gold» (New Brunswick 1975), liefert eine allgemeine Soziologie der amerikanischen Schallplattenindustrie, bei der einige Aspekte (Radio) besser und andere (Plattenfirmen) schlechter dargestellt sind. Denisoffs fröhliche Naivität ist mir weit lieber als der allwissende Journalismus von Steve Chapple und Reebee Garofalo, «Rock 'n' Roll Is Here To Pay» (Chicago 1977; deutsch: «Wem gehört die Rockmusik?», Reinbek 1980, Rowohlt Sachbuch 7313), aber letzteres Buch stellt die beste Quelle für Zahlen und Fakten des Rockgeschäfts dar. (Das entsprechende englische Buch, wäre Michael Cable, «The Music Industry Inside Out», London 1977.) Eine einfache Einführung in das Musik-Business ohne die anti-kommerzielle Einstellung von Chapple/Garofalo bieten zum Beispiel: S. Shemel und M. W. Krasilovsky, «This Business of Music» (New York 1964), Tony Hatch, «So You Want To Be In The Music Business» (London 1976), und Sharon Lawrence, «So You Want To Be A Rock And Roll Star» (New York 1976). Das weitaus beste Buch über die amerikanische Rock-Industrie ist Geoffrey Stokes «Star-Making Machinery» (Indianapolis 1976), eine detaillierte Untersuchung der Produktion und Vermarktung einer Commander-Cody-LP und gleichzeitig eine scharfe Analyse der Praktiken des Rockgeschäfts im allgemeinen. Vgl. in diesem Zusammenhang auch Bob Greens ausgezeichnetes Buch über eine Alice-Cooper-Tournee: «Billion Dollar Baby» (New York 1974).

Ein Großteil der Informationen über das Musikgeschäft in diesem Buch stammt aus formellen und informellen Gesprächen mit Leuten aus der Rock-Welt bzw. aus Interviews, die in den Musik- und Fachzeitschriften abgedruckt wurden. Es gibt zwei sehr nützliche Sammlungen derartiger Interviews: Robert Stephen Spitz, «The Making of Superstars» (New York 1978), für den Bereich der USA und Michael Wale, «Vox Pop» (London 1972), für den Bereich England. Die Bände «Rock File» 1 bis 5 von Charlie Gillett und Simon Frith (Hg.) (London 1972, 1974–1976, 1978) bieten eine repräsentative Auswahl von Statistiken und Diskussionen.

Zur Musikindustrie in den 50er Jahren vgl. Dick Clark, «Rock, Roll and Remember» (New York 1976), und – insbesondere für England – John Kennedy, «Tommy Steele» (London 1959). Zum Aufstieg des englischen Beat vgl. Alan Williams, «The Man Who Gave The Beatles Away» (London 1975) – Williams war der erste Manager der Beatles vor Brian Epstein –, und Michael Braun, Love Me Do (London 1964), ein eingehender Bericht über eine Beatles-Tournee. Zum Aufstieg des Rock vgl. Clive Davis, «Clive» (New York 1974), ein merkwürdig schüchterner, aber dennoch faszinierender Bericht über die Entwicklung von CBS als Rocklabel, und Derek Taylor, «As Time Goes By» (London 1972), die erst recht schüchternen Memoiren des (unter anderem) Beatles-Publizisten. Der finanzielle Zusammenbruch der Firma Apple wird in Peter McCabe und Robert D. Shonfeld, «Apple To The Core» (London 1972), genau dargestellt. Robert Stephen Spitz, «Barefoot in Babylon» (New York 1979), ist eine umfassende und erschöpfende Geschichte des Woodstock Festivals, die mit jeder Illusion aufräumt, daß es sich bei diesem Ereignis um etwas Positives gehandelt habe. Die beste Beschreibung der Rockindustrie in den 70er Jahren liefert der sensationelle Roman von Stephen Holden, «Triple Platinum» (New York 1979). Zum Kulturimperialismus und zur multinationalen Plattenindustrie vgl. Jeremy Turnstall, «The Media Are American» (London 1977), und Armand Mattelart, «Multinational Corporations and the Control of Culture» (Sussex 1979).

Zu einzelnen Plattenfirmen vgl. Charlie Gilletts Geschichte des Labels Atlantic, «Making Tracks» (New York 1974). Leider ist Gilletts Buch die einzige Untersuchung dieser Art, obwohl auch Peter Benjamins glattere «The Story of Motown» (New York 1979) viele nützliche Informationen vermittelt. Im Zusammenhang mit diesem Buch sollte man Elaine Jesters «Numer One With A Bullet» (London 1974) lesen, eine Geschichte im Stile von Harold Robbins über ein «erfolgreiches unabhängiges Soul-Label», die sich genau mit den Aspekten beschäftigt, die ich vermieden habe: Beteiligung der Mafia, Gangster, Drogen, und – was mit dem Geld der Plattenfirmen geschieht.

Was Plattenproduzenten betrifft, vgl. George Martin, «All You Need Is Ears» (London 1979), Richard Williams Buch über Phil Spector, «Out Of His Head» (New York 1972), und Edward Kealys ausgezeichneten Artikel *From Craft to Art: the Case of Sound Mixers and Popular Music* (in: *Sociology of Work and Occupation*, 6/1979). Zum Thema Song-Verleger vgl. Alan Peacock und Ronald Weir, «The Composer in the Market Place» (London 1975), und Ernst Roth, «The Business of Music» (London 1969).

Radio und Presse

Das grundlegende Werk über die Geschichte des amerikanischen Rundfunks ist Erik Barnouws, «The History of Broadcasting in the United States», Bd. 1 bis 3 (New York 1966, 1968, 1970). Zum Radio in England vgl. Asa Briggs «The History of Broadcasting in the United Kingdom», Bd. 1 und 2 (London 1961, 1965), und Tom Burns, «The BBC: Public Institution and Private World» (London 1977). Zum amerikanischen Pop-Radio vgl. Arnold Passman, «The Deejays» (New York 1971).

Es gibt nur wenig Literatur über die Musikpresse; vgl. aber: Roger Lewis, «Outlaws in America» (London 1972), über die Underground Presse, und Chet Flippo,

The History of Rolling Stone (in: *Popular Music and Society*, 3/1973–4). Zur Ideologie des *Rolling Stone* vgl. die Anthologien der Zeitschrift, insbesondere «Rolling Stone Record Review», Bd. 1 und 2 (New York 1971, 1974), und Ben Fong-Torres (Hg.), «What's That Sound?» (New York 1976). Über die englische Musikpresse gibt es keine Literatur.

Musiker

In den Musikzeitschriften wimmelt es von Interviews mit den Stars. Die meisten sind nicht besonders interessant; Ausnahmen finden sich vor allem in «The *Rolling Stone* Interviews», Bd. 1 und 2 (New York 1971, 1973), und in Michael Lydons einfühlsamen Unterhaltungen mit (in der Regel schwarzen) Künstlern: «Rock Folk» (New York 1973) sowie «Boogie Lightning» (New York 1974). Die besten Bücher über amerikanische Populärmusiker sind jedoch: Peter Guralnick, «Feel Like Going Home» (New York 1971), und «Lost Highway» (Boston 1979). Howard Becker liefert mit seinem Buch «Outsiders» (New York 1963) dt.: «Außenseiter. Zur Soziologie abweichenden Verhaltens», Frankfurt/M. 1973) die klassische soziologische Studie über das Leben der Berufsmusiker, und Robert R. Faulkners «Hollywood Studio Musicians» (Chicago 1971) ist eine gelungene Studie über die Arbeit der Studiomusiker. «Backstage Passes» von Al Kooper (New York 1977) sind die spannenden Erinnerungen eines Pop-Musikers im New York der 60er Jahre, und «Rock Family Trees» (London 1980; in Deutschland über 2001-Versand) vermittelt interessante Geschichten über die Entwicklung fast aller großen Rockstars.

Das Angebot an Musikbüchern wird von den schnell produzierten Biographien der neuesten Stars beherrscht. Die meisten dieser Werke sind ebenso banal wie die Interviews in den Musikzeitschriften, aber es gibt eine Reihe von Lebensgeschichten, denen doch einige Bedeutung zukommt. Von den größten Stars gibt es natürlich fundierte Biographien (vgl. Scaduto Davies für Bob Dylan, Jerry Hopkins für Elvis Presley, Hunter Davies für die Beatles), ich persönlich finde aber die Billigprodukte weit interessanter: Red West et al., «Elvis: What Happened» (New York 1977), oder Larry Sloman, «On The Road With Bob Dylan» (New York 1978). Die Rolling Stones waren das beliebteste Objekt für Schund-Biographien, und man sollte die Hagiographien – von den Rolling Stones und ihrem «Our Own Story» (London 1964) bis hin zu Barbara Charone, «Keith Richards» (London 1979; dt.: München 1981) –, mit dem Klatsch vergleichen: Robert Greenfield, «Stones Touring Party» (London 1974), und Tony Sanchez «Up and Down with the Rolling Stones» (New York 1979; dt.: «Die Rolling Stones. Ihr Leben, ihre Musik, ihre Affären», Rastatt 1980).

Zu den Musikern der 50er Jahre vgl. John J. Goldrosen, «Buddy Holly» (London 1975), und Cliff Richard, «It's Great To Be Young» (London 1960). Zu den Musikern der 60er Jahre: David Leaf, «The Beach Boys und the California Myth» (New York 1978; deutsch: «Beach Boys», München 1980), und David Henderson, «Jimi Hendrix» (New York 1978). Eine unterhaltsame und witzige Anti-Biographie ist Fred und Judy Vermorel, «Kate Bush» (London 1980).

Die Verbindung mit der Boheme läßt sich an Hand folgender Bücher rekonstruieren: Mezz Mezzrow und Bernard Wolfe, «Really the Blues» (New York 1946;

deutsch «Jazz Fieber. Eine Autobiographie», Zürich 1956), Ross Russell, «Bird Lives!» (London 1972), George Kelly, «Owning Up» (London 1965), über das Leben eines englischen Jazzmusikers in den 50er Jahren, Bruce Cook, «The Beat Generation» (New York 1971), und Jerry Hopkins und Danny Sugarman, «No One Here Gets Out Alive» (New York 1980). Letzteres Buch ist eine dürftige Biographie über Jim Morrison, in der jedoch deutlich wird, wie unangenehm die Leute sind, die die Rock-Stars ständig umlauern; außerdem wird auf eindrucksvolle Weise vermittelt, wie weit man es mit wenig Talent bringen kann, sofern es optimal als Poesie und Revolte verkauft wird.

Ian Hunters «Diary of a Rock 'n' Roll Star» (London 1974) schildert auf interessante Weise das Leben «on the road», aber es gibt meines Wissens (trotz vieler Versuche) keinen wirklich guten Roman über den Alltag im Rock and Roll. Einige Geheimnisse des Musikmachens werden in Josef Skvoreckys Buch «The Bass Saxophone» (London 1978) enthüllt – ein Bericht über Jazzmusiker in der Tschechoslowakei – und das gleiche gilt für Guy Peelart und Nik Cohn, «Rock Dreams» (London 1974), ein Buch über Musikträume von Fans.

Jugend

Es gibt eine umfangreiche wissenschaftliche Literatur über das Thema Jugend, die jedoch für die Analyse der Jugendkultur und Musik nur in geringem Umfang von Bedeutung ist. Hier einige ausgewählte Literaturangaben:

John Gillis, «Youth an History» (New York 1974; deutsch: «Geschichte der Jugend», Weinheim 1980), gibt einen nützlichen historischen Überblick. Detailliertere Untersuchungen sind: Joseph F. Kelt, *Adolescence and Youth in Nineteenth Century America* (in: T. K. Rabb und R. I. Rotberg [Hg.], «The Family in History», New York 1973), und Ted W. Margudant, *Primary Schools and Youth Groups in Pre-War Paris* (in: *Journal of Contemporary History*, 1978). Clarence Rook, «The Hooligan Nights» (1899, Reprint Oxford 1979), ist ein journalistischer Bericht über das Leben der Teenager in London in den 90er Jahren des vorigen Jahrhunderts, und Robert Roberts, «The Classic Slum» (London 1973), ist eine faszinierende Erinnerung an das Teenagerleben in einer nordenglischen Stadt am Anfang unseres Jahrhunderts. «The Damned and the Beautiful» von Pauline S. Fass (New York 1977) liefert eine brillante Darstellung der amerikanischen Jugendkultur der 20er Jahre und «Hard Travellin'» von Kenneth Alsopp enthält wichtiges Material zur Jugendarbeitslosigkeit in Amerika in den 30er Jahren.

Zur Entwicklung der Teenager-Kultur in den USA vgl. A. L. Hollingshead, «Elmtown's Youth and Elmtowns Revisited» (New York 1970), Edgar Z. Friedenberg, «The Vanishing Adolescent» (New York 1959; dt.: «Die manipulierte Adoleszenz», Stuttgart 1971), James S. Coleman, «The Adolescent Society» (New York 1961), und E. W. Vaz (Hg.), «Middle Class Juvenile Delinquency» (New York 1967). Die umfassendsten Darstellungen der englischen Teenagerkultur der 50er Jahre finden sich bei Ray Gosling in seiner jugendlichen Autobiographie «Sum Total» (London 1962) und in Colin MacInnes journalistischen Beobachtungen «England, Half English» (London 1961). Die Marktuntersuchung von Karl Abrams, «The Teenage Consumer» (London 1959), hatte großen Einfluß auf die englische Soziologie – vgl. dazu J. B. Mays, «The Young Pretenders» (London

1965). Zur englischen Jugendkultur in den 60er Jahren vgl. Timothy Raisen (Hg.), «Youth in New Society» (London 1966), die auch Colin Fletchers Aufsatz über Gangs und Gruppen in Liverpool enthält; ferner Peter Wilmott, «Adolescent Boys in East London» (London 1969), und Jeremy Seabrooks böses Buch «City Close-Up» (London 1971). Zu den 70er Jahren vgl. Dave Robins und Philip Cohen, «Knuckle Sandwich» (London 1978).

Die wichtigsten soziologischen Versuche zu einer Theorie der Jugend sind: Karl Mannheim, «Diagnosis of Our Time» (London 1943; dt.: «Diagnose unserer Zeit», Zürich 1951), zum Generationenproblem sowie S. N. Eisenstadt, «From Generation To Generation», zum strukturellen Funktionalismus. Zu den Reaktionen der politischen rechten und linken Soziologie auf die Jugendkultur der 60er Jahre vgl. Bryan Wilson, «The Youth Culture and the Universities» (London 1970), und Richard Flacks, «The Youth and Social Change» (Chicago 1971).

Zur Theorie der Subkultur vgl. A. K. Cohen, «Delinquent Boys» (London 1956), über die Straßenjungen und College-Boys sowie H. Finestone, *Cats, Kicks and Color* (in: *Social Problems*, 5/1957) – der Artikel bezieht sich ausschließlich auf Straßenjungen. Die amerikanische Theorie der Subkultur wurde in England von David Downes bekannt gemacht: «The Delinquent Solution» (London 1966) beschäftigt sich mit englischen College- und Straßenjungen, und Stan Cohen, «Folk Devils and Moral Panics» (London 1973), setzt sich mit dem Verhältnis zwischen den Mods, den Rockers und der Presse auseinander. Stuart Hall et al., «Resistance Through Rituals» (London 1975), und Mike Brake, «The Sociology of Youth Culture and Youth Subcultures» (London 1980), schildern, wie die Theorie der «Birmingham-Schule» in den 70er Jahren weiterentwickelt wurde.

Die meisten Untersuchungen zu spezifischen Stilrichtungen der Jugendkultur stammen aus England. (Für Amerika vgl. jedoch Stephen Buff, *Greasers, Dupers and Hippies: Three Responses to the Adult World*, in: L. K. Howe [Hg.], «The White Majority», New York 1970.) Zu den Teddy-Boys vgl. T. R. Fyvel, «The Insecure Offenders» (London 1963), sowie Chris Steel-Perkins und Richard Smith, «The Teds» (London 1979). Zum Thema Mods vgl. Charles Hamblett und Jane Deverson, «Generation X» (London 1964), Tom Wolfe, «The Pump House Gang» (New York 1968; deutsch: «Das silikongespritzte Mädchen und andere Storys von Amerikas rasendem Pop-Reporter», Reinbek 1976, Rowohlt Taschenbuch 1929), und Richard Barnes, «Mods!» (London 1979). Zu den Skinheads vgl. «The Paint House» (London 1972). Zu den Hippies: Richard Neville, «Play Power» (London 1970), Jock Young, «The Drug Takers» (London 1971), Richard Mill, «Young Outsiders» (London 1973), sowie Paul Willis, «Profane Culture» (London 1978). Zu den Punks und allem, was nach ihnen kam: Dick Hebdige, «Subculture: the Meaning of Style» (London 1979), und Peter York, «Style Wars» (London 1980).

Eine brauchbare allgemeine Geschichte liefert Philip G. Altbach mit «Student Politics in America» (New York 1974). Zum Radikalismus der Studenten in den 60er Jahren vgl. Jeff Nuttall, «Bomb Culture» (London 1970), Julian Nagel (Hg.), «Student Power» (London 1969), und David Widgery, «The Left in Britain 1956–68» (London 1976). Zum Revolutionary Youth Movement vgl. Harold Jacobs (Hg.), «Weathermen» (San Francisco 1970). Das eindrucksvollste theoretische Argument für eine Jugendbewegung stammt von John und Margaret Rowntree, *The Political Economy of Youth* (in: *Our Generation*, 6/1968); vgl. auch Paul Piccone, *From youth culture to political praxis* (in: *Radical America*, 3/1969).

Zum Verhältnis von Jugend und Musik in den 20er und 30er Jahren vgl. Neil Leonards interessante Studie «Jazz and the White Americans» (London 1964). Bruce Chipman, «Hardening Rock» (Boston 1972), und Alfred Wertheimer, «Elvis '56» (London 1979), sind zwei Fotobände, die den Stellenwert des Rock 'n' Roll für die Teenagerkultur der 50er Jahre dokumentieren. Mick Golds «Rock on the Road» (London 1976) leistet ähnliches bezüglich der englischen Teenager in den 70er Jahren. Graham Murdock und Guy Phelps, «Mass Media and the Secondary School», liefert einen gut strukturierten Überblick über Musikgeschmack und Musikgebrauch von Jugendlichen in einer englischen Provinzstadt.

Die besten Berichte darüber, was es heißt, mit Musik aufzuwachsen, finden sich letzten Endes in Romanen. Besondere Einblicke verdanke ich Colin MacInnes' Roman «Absolute Beginners» (London 1959) und Richard Price: «The Wanderers» (New York 1974; deutsch: «Scharfe Zeiten», Reinbek 1979, Rowohlt Taschenbuch 4540) über das Straßenleben in England und Amerika, ferner Ed Sanders: «Tales of Beatnik Glory» (New York 1975; deutsch: «Glanz und Gloria der Beatniks», Basel 1979) über die New Yorker Boheme und Andrew Hollerans Roman «Dancer From The Dance» (New York 1978) über die Disco-Kultur. In der amerikanischen Nachkriegsliteratur finden sich zahlreiche weitere Hinweise.

Rock und Sexualität

Es gibt nur wenig Literatur über die sexuelle Differenzierung der Jugend in der Rockkultur. In England habe ich viel aus Angela McRobbies Werken gelernt: *Working Class Girls and the Culture of Feminity* (in: Women's Study Group, «Women Take Issue», London 1978) und «Jackie: an Ideology of Adolescent Feminity» (Birmingham 1978) sowie *Settling Accounts with Subcultures* (in: Screen Education, 34/1980). Eine allgemeine Beschreibung der weiblichen Adoleszenz findet sich bei Sheila Rowbotham, «Woman's Consciousness, Man's World» (London 1973), sowie bei Sue Sharpe, «Just Like A Girl» (London 1976), bei Ann Whitehead, *Sexual Antagonism in Herefordshire* (in: D. Barker und S. Allen, Hg.: «Dependence and Exploitation in Marriage», London 1976), und schließlich bei Diana Leonard, «Sex and Generation» (London 1980).

Zum Thema Rock und Sexualität vgl. Simon Frith und Angela McRobbie, *Rock and Sexuality* (in: *Screen Education*, 29/1978–9), und die Replik bei Jenny Taylor und Dave Laing, *Disco-Pleasure-Discourse* (in: *Screen Education*, 31/1979). Terri Goddard et al., *Popular Music* (in: J. King und M. Stott, Hg.: «Is This Your Life?», London 1977), liefert eine gute Analyse von Rock-Texten. Zwei brillante Beschreibungen der Zusammenhänge von Tanz und Sexualität finden sich bei: Geoff Mungham, *Youth in pursuit of itself* (in: G. Pearson und G. Mungham, Hg.: «Working-Class Youth Culture», London 1976), über die Dance-Halls der Arbeiterklasse sowie bei Richard Dyer, *In Defence of Disco* (in: *Gay Left*, 8/1979), über die Schwulen-Discos.

Freizeit

Der größte Teil der sogenannten Freizeitsoziologie ist ermüdend und für eine Untersuchung der Rockmusik irrelevant. Die nützlichsten Bücher für mein Thema fand ich eher an der Peripherie dieses Forschungsgebietes. Zur Geschichte des englischen Freizeitverhaltens habe ich mich hauptsächlich auf folgende Arbeiten gestützt: Peter Bailey, «Leisure and Class in Victorian England» (London 1978), Hugh Cunningham, «Leisure in the Industrial Revolution» (London 1980), Robert D. Storch, *The policeman as domestic missionary* (in: *Journal of Social History*, 9/1976), und Jeff Nuttalls Beschreibung der Lebensgeschichte des Vorkriegs-Komikers der Music Halls, Frank Randle: «King Twist» (London 1978). Richard Dyers Buch «Light Entertainment» (London 1973) stellt einen interessanten Versuch dar, die herrschende Ideologie der Freizeitmedien nach dem Krieg zu verstehen.

Über amerikanische Freizeitgewohnheiten und ihre Entwicklung in diesem Jahrhundert läßt sich viel aus Robert und Helen Lynds Studien «Middletown» (New York 1929) und «Middletown Revisited» (New York 1937) lernen. Neuere Erkenntnisse über das Freizeitverhalten der amerikanischen Arbeiterklasse finden sich bei Joseph T. Howell, «Hard Living On Clay Street» (New York 1973). Die beste Einführung in das Thema Freizeit und amerikanische Boheme liefert Ned Polsky mit «Hustlers, Beats and Others» (New York 1969).

Die Bücher mit den klassischen Freizeittheorien – Thorstein Veblen, «The Theory of the Leisure Class» (New York 1899), und Johan Huizinga, «Homo Ludens» (London 1949; deutsch: Reinbek 1981, Rowohlt Taschenbuch), gehören auch heute noch zur Pflichtlektüre. Weitere wichtige Ideen habe ich bei drei bedeutenden zeitgenössischen Kulturkritikern gefunden: Harold Rosenberg (vgl. beispielsweise «The Tradition of the New», New York 1959, und «Discovering the Present», Chicago 1973), John Berger (vgl. u. a. «About Looking», London 1980; deutsch: «Sehen. Das Bild der Welt in der Bilderwelt», Reinbek 1974, Rowohlt Sachbuch 6868) sowie C. L. R. James (vgl. sein Buch über Cricket, «Beyond A Boundary», London 1963). Jeder dieser Autoren ist auf seine Weise von Karl Marx beeinflußt, der ebenfalls eine wichtige Grundlage für mein Verständnis von Rockmusik und Jugend, von Kapital und Freizeit bildet.

Sachregister

Fettgedruckte Seitenzahlen verweisen auf längere Abhandlungen (Kapitel) zum Thema des Stichworts; Zeitschriftentitel sind kursiv gesetzt.

Personenregister

1013/1